Hildebrand's Urlaubsführer

Impressionen
Bilder des Landes
Reiseerlebnisse und Betrachtungen

Informationen
Länderkunde
Regionen und ihre Sehenswürdigkeiten
Praktische Hinweise
Index

Anhang: Urlaubskarte

Hildebrand's Urlaubsführer Indonesien

Herausgeber
K+G Verlagsgesellschaft mbH
Schönberger Weg 15–17
6000 Frankfurt/Main 90

Autor
Kurt Goetz Huehn

Redaktion
Gabriele Kellermann

Fotos
Kurt Goetz Huehn, Mauritius

Illustrationen
Eckart Müller, Peter Rank, Manfred Rup

Kartographie
K+G, KARTO+GRAFIK Verlagsgesellschaft mbH

Lithographie
Haußmann-Repro, 6100 Darmstadt

Satz
LibroSatz, 6239 Kriftel

Druck
Schwab Offset KG, 6452 Hainburg/Hess.

Alle Rechte vorbehalten
© K+G KARTO+GRAFIK
Verlagsgesellschaft mbH
6000 Frankfurt/Main 90
3., überarbeitete Auflage 1989
Gesamtherstellung K+G Verlagsges. mbH
Printed in Germany
ISBN 3-88989-112-8

Hildebrand's Urlaubsführer
INDONESIEN

Bhinneka tunggal ika

(Einheit in Vielfalt)

KARTO+GRAFIK VERLAGSGESELLSCHAFT MBH

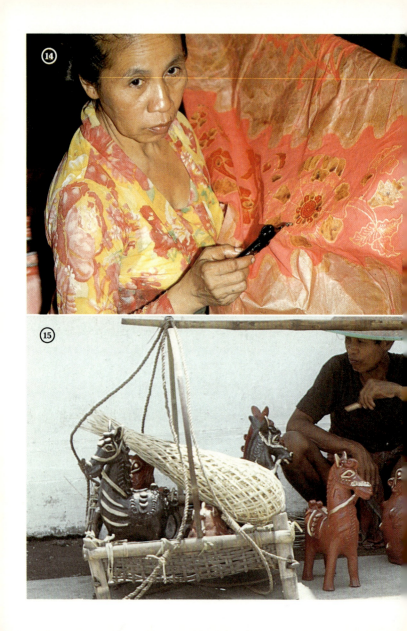

Bildlegenden

1. Zentral-Java. Was den einen erfrischt, bringt den anderen zum Schwitzen. Javanische Marktfrauen tragen ihre schwere Last jedoch mit Würde. Ihre Heimatdörfer liegen teilweise mehr als 60 km vom Markt entfernt. Ihre Gewinne sind minimal und kaum kostendeckend. Der Tagesverdienst beträgt im besten Fall 1 500–2 000 Rupiahs.

2. Nord-Sumatra. Toba-Batak-Mädchen von der Insel Samosir. Der von ihr getragene Hochzeitsschmuck ist der Brautpreis des Bräutigams. Nicht selten wird er schon seit Generationen vererbt.

3. In entlegenen Gebieten Irians begegnen sich Fremde und Papuas meist beiderseitig mit großer Neugier. Sprichwörtlich ist die Gastfreundschaft vieler Stämme. Bietet sich dem Reisenden einmal die große Chance sich zu revanchieren, sollte er unbedingt davon Gebrauch machen.

4. Nord-Sumatra. Das Volk der Batak ist heute weitgehend christianisiert. Zum Kirchgang und zu anderen besonderen Gelegenheiten zieht man rund um den Toba-See sein bestes Gewand an. Die Batak im Gebiet um Tapanuli sind jedoch größtenteils Moslems. Beim Gang in die Moschee tragen sie eine weniger bunte Kleidung.

5. Zentral-Java. Die Palastwächter im Kraton von Surakarta und Yogyakarta sind selbst adligen Geblütes. Häufig fungieren sie auch als Fremdenführer und können den Besucher mit zwei bis vier Fremdsprachen überraschen. Die Kopfbedeckung des Mannes, ein „Blankon", ist in Yogyakarta etwas anders geformt als in Surakarta.

6. Süd-Nias. Ein alter Mann aus Nias im Kriegsornat. Um seinen Hals trägt er einen „Kalabubu", einen Ring, der als Zeichen des erfolgreichen Kopfjägers gilt. Seit mehr als 30 Jahren gibt es auf Nias jedoch keine Kopfjagd mehr.

7. Die Danis in Irian Jaya bewohnen die Gegend des Baliem-Tales. Ihre ruhige und freundliche Wesensart wird von vielen Besuchern als besonders angenehm empfunden. Das Wort „primitiv", das auf diese Menschen angewendet wird, wirkt, wenn man ihre angepaßte autarke Lebensweise bedenkt, stark überheblich und ist fehl am Platze. Seiner technischen Hilfsmittel beraubt, ist so mancher Tourist aus der „zivilisierten" Welt in den Regenwäldern Irians völlig hilflos und nicht zu dem „primitiven" Verhalten der Eingeborenen fähig.

8. Im Inneren Kalimantans wohnt das Volk der Dayaks. Als Jagdwaffe dient vielen der dortigen Stämme noch das Blasrohr. Es besteht im Normalfall aus einem Hartholzstab, der der Länge nach mit einer Eisenstange ausgehöhlt wurde. An seinem Ende befindet sich meist eine eiserne Speerspitze. Das Gift für die Blasrohrpfeile stammt vom „bohon Ipoh" (Baumart) und wirkt auf das zentrale Nervensystem.

9. Auch bei den Dayaks bedeuten Kinder Reichtum. Sie sind nicht nur der Stolz ihrer Eltern, sondern zugleich auch ihre Altersversicherung. Die meisten Kinder, die entlang der schiffbaren Flußabschnitte Kalimantans leben, besuchen heute Schulen. Hier lernen sie, daß ihre Zukunft in den Städten liegt. Auf der Suche nach gutbezahlter Arbeit wandern sie früher oder später auch dorthin ab. Doch das Stadtleben ist teuer – für die Eltern bleibt nur wenig übrig.

10. Süd-Sulawesi. Wasserbüffel sind für die Kinder der Torajas treue Spielgefährten. Häufig sind die Kinder Zeuge, wie ihr „Karbau" (indonesischer Name für Wasserbüffel) während eines Totenfestes geschlachtet wird. Doch neben der Traurigkeit sind sie manchmal auch stolz, daß es gerade ihr Büffel ist, der den Verstorbenen ins Jenseits begleiten darf.

11. Neugier, Verlegenheit und Angst gegenüber Fremden sind bei den Kindern schwer voneinander zu trennen.

12. Kinder – die Zukunft Indonesiens. Mehr als 50% der Landesbewohner sind heute unter 15 Jahre alt. Obwohl die meisten Kinder eine Schule besuchen können, ist für viele von ihnen die Chance, später einen Arbeitsplatz zu bekommen, sehr gering.

13. West-Java. Das Pflanzen des Reises ist hier meist Frauensache. In den fruchtbaren vulkanischen Schüttebenen kann 2–3 mal pro Jahr geerntet werden.

14. Java-Batik – Traditionell oder modern, aber handgemacht. Im Gegensatz zur „batik cap" (gestempelte Batik) wird bei der „batik tulis" das Muster aus freier Hand mit dem „canting" auf den Stoff gebracht.

15. Zentral-Java. Ein Souvenir-Verkäufer muß geduldig sein. Nur selten sind sie selbst die Produzenten ihrer Ware; sie haben sie meist nur in Kommission.

16. In der Nähe von Fürstenhöfen war schon immer das Kunsthandwerk zu Hause. In Kota Gede, im Süden Yogyakartas, arbeiten die Silberschmiede heute nicht mehr nur für den Sultan, sondern auch für den Touristen. Man sollte daran denken, daß die verhältnismäßig günstigen Preise auf dem niedrigen Arbeitslohn der Schmiede beruhen.

17. West-Java. Im Gegensatz zu Ceylon und Indien verfügt Indonesien über einen ausgeprägten bäuerlichen Teeanbau. Pflege und Ernte in den bäuerlichen Teegärten, die sich meist auf den im Lande selbst vielgetrunkenen „grünen Tee" spezialisiert haben, werden von der Familie vorgenommen. Die Verarbeitung geschieht jedoch genossenschaftlich. Dieses System hat Erfolg. In den traditionellen Teeanbaugebieten stieg die Flächenproduktion schneller als der Anbauumfang. Übrigens: Auch der Inlandsverbrauch an Tee stieg von 7 000 t in 1972 auf gegenwärtig über 30 000 t an.

18. Terrassierte Reisfelder mit ihrem komplizierten Bewässerungssystem gibt es in Indonesien schon seit mehr als 1 000 Jahren. Nach modernen Gesichtspunkten ausgebildete Fachleute könnten die Bewässerung der Terrassen nur mit Pumpen, Rohrleitungen und Energie bewerkstelligen.

19. Im 8. Jh. n. Chr. erbaut, ist der Borobudur heute die größte und großartigste bauliche Manifestation des Weltbuddhismus. Da der Borobudur als Teil eines Denkmalparks geplant war, wurden mehrere Dörfer, die haupt-

sächlich vom Besucherstrom des „Klosterberges" lebten, umgesiedelt. Die Restaurierungsarbeiten wurden nach zehnjähriger Arbeit am 23. Februar 1983 beendet.
20. Die Tempelanlage des Prambanan geht vermutlich auf das 9. Jh. n. Chr. zurück. Der zentral gelegene 46 m hohe Lara-Jonggrang-Tempel ist der Hindu-Gottheit Shiva geweiht. Über vier Treppen, die nach den vier Haupthimmelsrichtungen ausgerichtet sind, können vier Innenräume betreten werden, in denen je ein Standbild steht. Sie stellen Shiva, Shivas Frau Durga, Shivas Sohn Ganesh (der Gott mit dem Elefantenkopf) und Shiva als Lehrer dar.
21. Süd-Sulawesi. Toraja-Totenkult – Blick in eine andere Welt. Die ersten Felsengräber in Lemo wurden vermutlich im 17. Jh. angelegt.
22. Die Tau-Tau verkörpern verstorbene Ahnen des Toraja-Adels (makada). Die Begräbnishöhlen des normalen Toraja-Volkes werden nicht von Tau-Taus bewacht, die übrigens auch als zeitweiser Sitz der Totenseele angesehen werden. Früher gab es im Kastensystem der Toraja neben hohem Adel (tana bassi), dem gewöhnlichen Adel (tana karurang) und dem freien Volk (bulo diappa) auch Sklaven (tane kua kua). Für sie standen im Regelfall keine Begräbnishöhlen zur Verfügung.
23. Die Moschee ist das gesellschaftliche Zentrum moslemischer Dörfer, Orte und Stadtviertel. Der Islam kam im 13. Jh. durch meist friedliche Vermittlung arabischer, indischer und persischer Händler in den malaiischen Archipel.
24. Süd-Nias. Dorfbewohner führen einen alten Kriegstanz vor. Der Widerstand dieses kleinen tapferen Inselvolkes konnte von den Kolonialherren nur mit Mühe und nach mehreren Anläufen gebrochen werden.
25. Nord-Sumatra. Das Blasinstrument dieses Mannes hat einen dudelsackähnlichen Klang. Es gehört zum Instrumentarium einer „Gondang Band", die außerdem noch aus mehreren Gongs und 1 bis 2 Lauten besteht. Eine klangmäßig abgestimmte Serie von Trommeln gehört ebenfalls dazu. Die Batak sind in Indonesien aber hauptsächlich wegen ihrer melodiösen Gesänge bekannt.
26. Bali. Am Tage nach der Kremation wird in einer Prozession die Asche des Toten dem Meer übergeben. Die Zahl der Turmdächer gibt den Rang des Verstorbenen an. Brahmanen erhalten bis zu 11 Dächer, niedrige Kasten müssen sich dagegen mit 3 bis 9 Dächern begnügen.
27. Nord-Bali. Typisch für die Tempel im nord-balinesischen Barockstil ist der Pura Beji bei Sangsit. Er ist der Reisgöttin Sri Dewi gewidmet. Bei den Tempeln Nord-Balis fehlen meist die Merus und Schreine. Ganz in der Nähe gelegen und hauptsächlich wegen ihrer Reliefs (abgebildet sind Autos, Flugzeuge, Fahrräder etc.) bekannt sind der Pura Jagaraga in Sawan und der Pura Medruwe Karang in Kubutambahan.
28. Das Ramayana ist ein balinesisches Tanzdrama. Meistens bekommt man es nur in der speziell für Touristen entwickelten Form zu sehen. Sein Ursprung ist ein auf das 3. Jh. v. Chr. zurückgehender Hindu-Epos Indiens.

29. Indonesische Tiger – ca. 600 leben auf Sumatra, maximal 3 auf Java, und auf Bali sind sie bereits völlig ausgerottet. Im Jahre 1973 schätzte man die Zahl der Sumatra-Tiger auf maximal 800; innerhalb der letzten 11 Jahre wurden nach Angaben des World Wildlife Fund ca. 70% aller Sumatra-Tiger ausgerottet. Den Java-Tiger hat man, ebenso wie die ehemals kleinste Unterart auf Bali, bereits aufgegeben.

30. Der Musang ist ein gefürchteter Hühnerdieb. Hat man ein Wellblechdach auf dem Haus, so stört er gerne die Nachtruhe, indem er sich darauf zu schaffen macht.

31. Die einzige Nashornvogelart in Irian ist die des Burung Tahun. Die Nashornvogelarten auf Kalimantan, Sumatra, Siberut und anderen Inseln Indonesiens nehmen nicht selten einen zentralen Platz in der Mythologie der dortigen Naturvölker ein.

32. Orang Utans kommen auf Sumatra und Kalimantan nur noch selten in freier Wildbahn vor. In sogenannten Rehabilitationszentren werden jedoch viele wieder auf das Leben in Freiheit vorbereitet.

33. Der Komodo-Waran ist Aasfresser und geschickter Jäger zugleich. Wilddiebe aus Sumbawa, die auf ihren Jagdzügen nach Rehwild auch nach Komodo kamen, legten hier schon mehrfach Buschfeuer; obwohl der Bestand an Riesenechsen darunter litt, schätzt man ihre Zahl auf über 2 000.

34. Indonesien beherbergt mehr als 2 000 Orchideen-Arten. Zuchtbetriebe exportieren sie von hier in alle Welt.

35. Bali. An Sanurs Stränden ist auch der Nichtschwimmer sicher. Ein Korallenriff hält die Gefahren des Meeres ab. Die Auslegerboote am Strand können zu Ausflugsfahrten gemietet werden.

36. und 37. Die Welt unter Wasser ist nicht weniger bunt. Das vielfältige Leben in den Korallengärten Indonesiens macht einen Tauchgang zu einem unvergeßlichen Erlebnis.

38. Regenwald auf Kalimantan – 59% der Landoberfläche Indonesiens sind mit Primärwald bedeckt. In den Urwäldern Borneos gibt es noch doppelt so viele Baumarten wie in ganz Afrika. Die Holzwirtschaft – es dürfen nur Bäume mit einem Durchmesser von mehr als 60 cm gefällt werden – zerstört bei ihren Arbeiten den stufenförmigen Vegetationsaufbau des Regenwaldes. Viele bisher noch unbekannte Baum- und Pflanzenarten gehen dabei zugrunde. Nicht nur die Zukunft Indonesiens, sondern die der ganzen Welt hängt von der „Klimaküche Regenwald" ab.

39. Von Indonesiens 300 Vulkanen zeigen ca. 125 Anzeichen von Aktivität. Neben Zerstörung spenden sie auch fruchtbare Böden. Auf dem hier abgebildeten Bromo in Ost-Java opfern die Tenggeresen am 14. und 15. Tag des Monats Kesada dem Gott des Berges, Dewa Kusuma. Im Hintergrund erkennt man den Batuk mit seinen ausgeprägten Erosionsfalten. Er wird fälschlicherweise häufig Bromo genannt.

40. Sonnenuntergang am Krakatau-Beach bei Carita. Am Horizont erhebt sich die gleichnamige Insel Krakatau, die man von hier aus in vier Stunden Fahrt erreicht.

Selamat datang –
Herzlich willkommen

Unser Jet befindet sich im Anflug. Unter uns ziehen die Kepulauan Seribu (Tausend Inseln) vorbei, die wie Smaragde im türkisblauen Meer vor Jakarta liegen. Ihre leuchtendweißen Sandstrände gehen in grüne Palmenhaine über, in denen kleine Fischerhütten zu erkennen sind. Dort, wo Dünung und Riff aufeinander treffen, trennt ein Ring schaumgekrönter Wellen die verschiedenen Blautöne des umspülten Riffsockels vom Dunkel des Meeres. Am dunstigen Horizont hebt sich langsam die Nordküste Javas als graubraune Linie ab. Flughöhe 4 000 Fuß. Die Maschine sinkt weiter. Deutlich sind nun die schwerbeladenen Bugis-Schoner zu erkennen, die unter uns mit prall gefüllten Segeln langsam aber stetig dem Seglerhafen Sunda Kelapa bei Jakarta zustreben. In der Ferne kann man jetzt auch die Vulkane des Bandung-Plateaus erspähen. Die Farbe des Meeres hat sich mittlerweile durch die an der Küste einmündenden sedimentreichen Flüsse in Graubraun verwandelt.

Einen Augenblick später befinden wir uns bereits über Land, das auch hier, wie in vielen anderen Gebieten Indonesiens, von roten Lateritböden bedeckt ist. Kokospalmen, die immer wieder mit den verschiedenen geometrischen Formen vorbeiziehender Reisfelder wechseln, werden nach und nach von Kampungs und Industrieanlagen abgelöst.

Schließlich liegt das schier unendliche Häusermeer der 6-Millionen-Stadt Jakarta unter uns. Die ziegelroten Dächer scheinen lückenlos ineinander überzugehen. Hier und da werden sie jedoch durch breite Straßenzüge und Kanäle unterbrochen. In diesen von Staub erfüllten Verkehrsadern pulsiert ein buntes exotisches Leben in einer für uns unvorstellbaren Dichte. Jakarta gliche aus der Vogelperspektive einem farbenfrohen Dorf, wenn sich nicht die Hochhäuser an der Jalan Thamrin, einer achtspurigen Prunkstraße im Herzen der Stadt, schemenhaft in der Ferne abzeichnen würden. Flughöhe 200 Fuß. Fahrradtaxis – die berühmten Becaks –, Ochsenkarren, Straßenläden, Häuser, Gärten, Autos, Menschen und nochmals Menschen: alles zieht zu schnell am Kabinenfenster vorbei. Man kann diese auf sich eindringenden exotischen Bilder nicht mehr der Reihe nach erfassen.

Ein leichtes Quietschen und die unter Schubumkehr dröhnenden Triebwerke zeigen die vollendete Landung auf Jakartas Flughafen Soecarno-Hatta an. Während des Ausrollens der Maschine läßt der flimmernde Asphalt der Runway die hohen Temperaturen erahnen, die sich, gemischt mit der tropischen Feuchtigkeit, beim Öffnen der Kabinentür sogleich Zutritt verschaffen. Der anfängliche „Würgegriff" des tropischen Klimas macht beim Herabsteigen von der Gangway einem euphorischen Gefühl Platz. Endlich ist das Ziel der langen Reise erreicht –

Jakarta, die Hauptstadt des großen indonesischen Inselreiches. Eine hübsche Bodenstewardess hilft mit ihrem freundlichen „Selamat Datang – Herzlich Willkommen" dem Bewußtwerdungsprozeß der ausländischen Gäste etwas nach. Auf dem Vorfeld mischt sich der bekannte Geruch des Kerosins mit dem würzigen Duft einer fremden tropischen Vegetation, die die Kulisse des Flughafens bildet. Das Empfangsgebäude ist von dem angenehmen Duft der Kretek- oder Nelkenzigaretten erfüllt, die von vielen Indonesiern mit Hingabe geraucht werden. Er erzeugt hier in der nüchternen Architektur westlicher Prägung die nahezu mystische Atmosphäre eines weihrauchgeschwängerten Hindu-Tempels.

Während man sich in der Warteschlange langsam zur Paßkontrolle vorwärts bewegt, wird die Geduld des Besuchers schon auf eine harte Probe gestellt. Der freundlich lächelnde Immigration-Officer, der mit ruhiger und geübter Hand Stempel und Vermerke in die Reisepapiere einträgt, verdeutlicht dem Fremden einen weitverbreiteten Wesenszug der Indonesier. Nur durch eine ausgeglichene und höfliche Verhaltensweise gegenüber ihren Mitmenschen

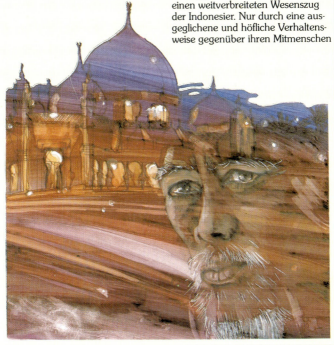

können sie ihrem Dasein in den feuchtheißen Tropen auf Dauer eine angenehme und lebenswerte Seite abgewinnen. Sabar – Geduld – ist daher die große Zauberformel, mit der man in Indonesien fast immer zum Ziel kommt. Nach dieser Erkenntnis in Sachen Verhalten bietet das Warten auf die Auslieferung des Gepäcks eine günstige Gelegenheit, sich wie ein erfahrener Indonesien-Kenner von der Gruppe der Ungeduldigen abzusetzen.

Später vor dem Ankunftsgebäude erfaßt einen das Leben mit ungeahnter Heftigkeit. Hier kämpfen die Fahrer mehrerer Taxi-Unternehmen um ihre tägliche Existenz. „Hallo Mister, where you go?", stürmt es von mehreren Seiten auf uns ein. Ehe man sich versieht, sitzen wir schon in einem Uralt-Modell eines amerikanischen Straßenkreuzers in Richtung City. Das Gesicht des Fahrers strahlt ein gewisses Siegesbewußtsein aus, denn er hat sich – nach eigener Auskunft – heute endlich mal gegen die drohende Konkurrenz der blauen und gelben Taxis durchsetzen können, die besonders von einheimischen Fahrgästen bevorzugt werden. Unser Fahrer heißt Sitompul und gehört zum Stamme der Bataker, die rund um den Toba-See in Nord-Sumatra leben. Mit seinen 36 Jahren hat er bereits eine fünfköpfige Familie zu ernähren, was ihm bei 14 Stunden Arbeit täglich gerade so gelingt. Er übernahm vor fünf Jahren die Stelle seines Bruders, der bei einem Unfall arbeitsunfähig geworden war und jetzt ebenfalls von ihm unterstützt wird. Trotz dieser Probleme ist Sitompul ein zufriedener und lebensfroher Mensch. Während er schwärmend von der Sangeskunst und den Liedern seiner Heimat erzählt, schiebt er zur Verdeutlichung eine Musikcassette in die lose installierte Stereo-Anlage seines Fahrzeugs. Erfüllt mit schönen Klängen, die der polynesischen Inselwelt des Zentralpazifik entstammen könnten, bahnt sich unser Wagen einen Weg durch den immer dichter werdenden Verkehr. Um uns fahren Becaks, Helicaks, Bemos, Bajais und Oplets und verbreiten einen ohrenbetäubenden Lärm. Das Aussehen dieser Verkehrsmittel ist noch exotischer als ihr Name. Eine Vielzahl „fliegender Händler", darunter Kinder im Vorschulalter, beherrschen hier das Straßenbild. Ihr Versuch, Zeitschriften und Süßigkeiten an Fahrzeuginsassen zu verkaufen, scheint nur selten von Erfolg gekrönt zu sein.

Auf einer vierspurigen Schnellstraße nähern wir uns nun zügig der Jalan Thamrin, der einer Autobahn gleichenden Hauptverkehrsader Jakartas. Wo anfänglich Holzhäuser dichtgedrängt den Straßenrand säumten, stehen jetzt riesige Verwaltungsgebäude und Hotels, die wie mahnende Finger in den sich rötenden Abendhimmel ragen. Mit der in Äquatornähe üblichen kurzen Dämmerungszeit senkt sich die Tropennacht über die Stadt. Vorbei an großzügig angelegten Plätzen, in deren Mitte riesige Denkmäler an den lange währenden Freiheitskampf der Indonesier gegen die Kolonialmacht der Niederlande erinnern, geht die Fahrt zu unserem Hotel.

Abends, als ein leichter Wind für willkommene Abkühlung sorgt, sitzen wir draußen auf der Veranda.

Eine schwere gußeiserne Petroleumlampe wirft zuckende Schatten an Wände und Decken und scheint die Geister vergangener Zeiten beschwören zu wollen. Der süße und narkotisierende Duft eines Kambodjabaumes macht unempfindlich gegen den nur noch aus der Ferne ans Ohr dringenden Verkehrslärm. Langsam wird deutlich, daß in dieser quirligen Millionenstadt die Vergangenheit noch nicht aufgehört hat, Gegenwart zu sein. Die ineinanderfließenden Grenzen zwischen Tradition und Moderne machen mit Sicherheit den Reiz der touristisch doch etwas umstrittenen Metropole aus. Die Freundlichkeit und Offenheit ihrer Bewohner besitzt eine zusätzliche Anziehungskraft, die eine Überbrückung der starken Gegensätze ermöglicht.

Strandleben

Am östlichen Horizont weicht das Dunkel der Nacht einem glühenden Rot. Auf Pulau Dewata, der Insel der Götter, wie man Bali auch früher im Inselreich nannte, bricht ein neuer Morgen an. Vom Hahnengeschrei umliegender Dörfer begleitet, laufen wir über die Dämme der Reisfelder dem Strand entgegen. Beim Begehen der Dämme ist Vorsicht geboten, denn das durch Zertreten eines Erdwalls ungewollt abfließende Wasser kann die mühevolle Arbeit eines Tages zunichte machen. Die Morgenröte ergreift nun auch Besitz vom Glanz der bewässerten Sawahs. In ihnen spiegeln sich die Kronen der Kokospalmen, die sich – Fächern gleich – in der kühlen Morgenbrise wiegen. Gurgelnd und plätschernd bahnt sich ein kleiner Bach, der die vielen Bewässerungskanäle speist, seinen Weg durch die ländliche Idylle. In Sarongs gekleidete Frauen und Kinder sind bereits dabei, in langen Bambusrohren Wasser nach Hause zu tragen. Als wir uns auf dem schmalen Damm begegnen, ziehen wir es vor, ein paar Schritte durch das unbepflanzte Feld zu gehen; die Entgegenkommenden tun es uns lachend gleich. Höflichkeit ist hier das halbe Leben. In einem dunklen Palmenhain, der vom Tageslicht noch nicht durchdrungen wird, steht der Rauch, der aus den palmblattgedeckten Dächern der umliegenden Hütten quillt. Hier hören wir bereits das dumpfe Donnern der Brandung, die an der Südwestküste Balis ganz unterschiedliche Wassersport- und Badebedingungen schafft. „Today it's really great", ruft uns Mike, ein baumlanger Australier, zu. Er fährt gerade mit einem gemieteten Fahrrad sein Surfboard zum Strand. Als wir unter den Kokospalmen hervorkommen, sehen wir das Meer, das gestern glatt wie ein Spiegel vor uns lag, heute mit hohen Wellen gegen den Strand rollen. Ungeübte Schwimmer bleiben vorerst doch besser im Pool ihres Hotels oder fahren nach Sanur, wo ein Korallenriff die Wucht des Meeres bricht.

Im weiten Bogen verläuft vor uns die weißgrüne Küstenlinie von der bergigen Halbinsel Nusa Dua im Süden über die ins Meer gebaute Runway des Flughafens und Kuta Beach bis an den fernen westlichen Horizont. Je nach Wetterlage kann an diesem kilometerlangen Strand jeder Badegast zu seinem Recht kommen. Wenn man sich jedoch zu weit hinausbegibt, können plötzlich auftretende starke Seitenströmungen auch dem geübten Schwimmer zu schaffen machen. Vor Barrakudas, Haien und Korallenschlangen allerdings braucht sich hier niemand zu fürchten. Kinder und Gelegenheitsschwimmer sollten aber besser den beaufsichtigten Strand bei Kuta benutzen. An touristisch unbekannten Küsten Indonesiens empfiehlt es sich, die örtliche Bevölkerung um Rat zu fragen, mit welchen Besonderheiten in dem jeweiligen Abschnitt zu rechnen ist. Die Badeorte an der Südküste Javas, die nicht in den schützenden Buchten liegen, sind besonders wegen der unberechenbaren Strömungen berüchtigt. Auch gehören hier manchmal Haie zu den „Badegästen".

Während sich die ersten Frühaufsteher vor uns in den Wellen tummeln, belebt sich langsam der Strand. „Do you want massage?", ruft eine ältere, in Sarong-Kebaja gekleidete Balinesin den sich im Sande räkelnden Urlaubern zu. Es handelt sich dabei nicht um die zweifelhafte Offerte einer Liebesdienerin, son-

dern um das handfeste Angebot einer nach altüberlieferten Methoden arbeitenden Masseuse. Sie hat schon so manchen Touristen die Folgen eines Sonnenbrandes oder einer durchzechten Nacht vergessen lassen.

Mit der ansteigenden Temperatur beginnen Wind und Wellen nachzulassen. Vor und nach der großen Mittagshitze, der nur wenige unermüdliche Sonnenanbeter standhalten können, wird der Strand durch eine Vielzahl „fliegender Händler" belebt. Von sonnengereiften Ananas bis zu kunstvoll verzierten Schachbrettern hat man vieles anzubieten. Man sollte in dem Broterwerb dieser Menschen den positiv zu bewertenden Versuch erkennen, dem preissteigernden Tourismus nicht durch Betteln, sondern durch Warenverkauf eine Existenz abzuringen. Der kleine Djandra läuft, einen großen Turm von Strohhüten auf seinem Kopf balancierend, durch den heißen Sand. Das Dorf, in dem er wohnt, liegt weit entfernt am Batur-Vulkan. Dort arbeiten jung und alt an dieser, für die Bauern Javas und Balis typischen Kopfbedeckung. Ein älteres Urlauber-Ehepaar hat in seinen handfertig geflochtenen Hüten ein schönes Mitbringsel für die Daheimgebliebenen erkannt und kauft Djandra gleich mehrere ab. Die Fahrtkosten nach Kuta hat er damit bereits verdient.

Weit draußen durchfurchen die Windsurfer mit ihren grellbunten Segeln die blauen Wogen. Auch sie gehören seit kurzem zum alltäglichen Bild an den Stränden Balis. Manche vollführen in den Wellen gewagte Sprünge. Sie schießen, Delphinen gleich, aus der schäumenden Gischt, in die sie nach kurzem Flug zurücktauchen.

Ganz in die Traumwelt spielender Kinder versunken, sieht man drei braungebrannte balinesische Jungen hinter ihren an Leinen schwebenden Drachen durch den weißen Sand einherjagen. Layang-Layang heißen diese Papierdrachen. Sie sind neben selbstgemachten Puppen und mit Rädern versehenen Stöcken meist das einzige Spielzeug der indonesischen Kinder. Wie man sieht, ist das kein Grund zur Traurigkeit.

Am späten Nachmittag hat sich das Meer vollends beruhigt. Wir laufen durch die direkt am Strande brechende leichte Dünung, die in gleichmäßigem Rhythmus auf die Küste trifft. In den hier und da im Sande verbleibenden Fußabdrücken sammelt sich zurücklaufendes Wasser. Die im schräg einfallenden Sonnenlicht silbrig erscheinende Spur wird jedoch im Nu wieder vom Meer verschlungen. Langsam fließen in einer unbeschreiblichen Farbenexplosion die Linien von Himmel und Meer ineinander über. Weit hinter Legian fahren beleuchtete Auslegerboote hinaus in die goldfarbenen Fluten. Die dunklen Silhouetten der Bootskörper mit ihren typisch geschnittenen Segeln heben sich deutlich vor der rotglühenden Sonnenscheibe ab. Ein Hauch von Abendwind bringt den Geruch trocknender Kokosnüsse von den Palmhainen herüber. Die mit ihrem Stakkato einsetzenden Zikaden begleiten die einfallende Dämmerung. Für solch ein stimmungsvolles Bild fährt so mancher bis ans Ende der Welt.

Selamat makan – Guten Appetit

Nachdem er mit Sorgfalt die letzten Schüsseln und Platten auf dem bereits überfüllten Tisch abgestellt hat, wünscht uns Amir, der Kellner, „Selamat Makan". Vor uns steht eine komplette indonesische Reistafel, die aus mehreren javanischen und sumatranischen Gerichten zusammengestellt ist. Einige Flaschen eines in Indonesien gebrauten wohlschmekkenden Bieres bilden das Zentrum dieses kulinarischen Augenschmauses. Unter den farbenfrohen und frisch zubereiteten Speisen ist für jeden Geschmack etwas dabei. Außer großen gegrillten Königskrabben, in Kokosflocken gebratenem scharfem Rindfleisch, in Teig gebackenen Bananen, in roter Pfeffersoße marinierten Makrelen, außer Jackfrucht und Hühnerfleisch in Kokosmilch und einer großen Portion Reis gibt es noch viele andere Leckereien.

Zu den dampfenden und wohlriechenden Gerichten werden noch verschiedene Gewürze gereicht. Die wichtigsten davon sind Sambal und Kecap. Das Wort Kecap (sprich: Ketjap) bedeutet schlechthin Soße, die im allgemeinen aus Sojabohnen hergestellt wird. Im benachbarten Malaysia benutzten die Engländer den Begriff auch für Tomatensoße, die man seither Tomatenketchup nennt. Mit dem aus zerriebenen Pfefferschoten, Tomaten und Salz verfertigten Sambal, von dem es noch mehrere andere Zubereitungsvarianten gibt, sollte man anfangs vorsichtig sein. Die fortgeschrittenen „Rijsttafel"-Kenner nutzen ihn jedoch, um ihre Geschmacksempfindung zur Höchstleistung anzuspornen. Wie die Schreibweise des Wortes „Rijsttafel" schon zeigt, waren die Niederländer als Kolonialherren hier, im vormaligen Niederländisch Ost-Indien, ihre Schöpfer. Sie stellten sie aus der Vielzahl der indonesischen Speisen zusammen, die ihrem Geschmack am nächsten kamen, und das waren nicht wenige. Eine normale indonesische Mahlzeit sah und sieht meist weniger üppig aus. Neben Reis, verschiedenen Gemüsen und einer wür-

zigen Soße ist eine Fleisch- oder Fischbeilage beim alltäglichen Nasi Campur (gemischter Reis) keine Selbstverständlichkeit. Nicht wenige Indonesier sind sogar schon mit „blankem" Reis zufrieden.

Damit man aber die Vielseitigkeit der indonesischen Küche kennenlernen kann, sollte wenigstens einmal eine Rijsttafel auf dem Plan stehen. Wie schnell man sich an sie gewöhnt, zeigt die große Anzahl der indonesischen Restaurants in den Niederlanden, auf deren Speisekarten steht die Rijsttafel immer zentral. Da aber hier im Herkunftsland der Gewürze und Zutaten alles frischer und großzügiger verarbeitet werden kann, bleibt die Originalität gewahrt. Der von einigen Urlaubern so sehr gefürchtete Knoblauch tritt hier durch eine andere Zubereitungsweise sehr angenehm in Erscheinung. Man vermißt ihn schnell, wenn er mal nicht dazugehört.

„Tuan sudah selesai?", fragt Amir nach einer Weile, und mit einem breiten Grinsen, das die prachtvollen schneeweißen Zähne in seinem bronzefarbenen Gesicht leuchten läßt, räumt er die leeren Schüsseln und Teller ab. Seine Frage, ob wir die Mahlzeit schon beendet hätten, müssen wir mit Bedauern bejahen. Gerne würden wir im Genuß dieser Köstlichkeiten fortfahren. Da wir am Abend ein weiteres kulinarisches Abenteuer eingeplant haben, halten wir uns jedoch etwas zurück. Denn wer nach dem Verspeisen einer Rijsttafel glaubt, den Speisezettel des Landes zu kennen, hat weit gefehlt. In einigen indonesischen Landesteilen benutzt man an Stelle des Reises, der u. a. auch in roten und schwarzen Sorten auf dem Markt ist, Sago oder Süßkartoffeln als Basis der täglichen Mahlzeiten. Die schärfsten Rezepte besitzt die Küche West-Sumatras, welche man in den Padang-Restaurants, die überall im Lande anzutreffen sind, wiederfindet. Hat man in einem solchen Restaurant erst einmal Platz genommen, serviert der Kellner, ohne die Bestellung des Gastes abzuwarten, sofort mehrere Gerichte. Keine Angst – nur die verzehrten Speisen müssen bezahlt werden.

Die Speisen Javas, wie auch die der östlich gelegenen Inseln, werden meist milder zubereitet und haben teilweise einen etwas süßlichen Charakter. Obwohl Indonesien überall Spezialitäten vorzuweisen hat, kann man doch die Kochkunst Javas und Sumatras als den kulinarischen Höhepunkt bezeichnen. Auch die vielen chinesischen Restaurants bieten dem Gourmet viel Neues in „Originalfassung". Hier bekommt man Fische und Schalentiere besonders schmackhaft zubereitet. Bei den Sundanesen in West-Java werden die Goldfische aus Omas Aquarium in Fischteichen auf eine ansehnliche Größe gebracht, um dann auf dem Grill zum Ikan Mas Bakar zu werden.

Wer morgens statt des American Breakfast etwas Kräftiges liebt, entscheidet sich am besten für das indonesische Frühstück. „Nein, nicht schon wieder Reis", werden manche rufen, wenn sie die Bedienung dann mit einem Nasi goreng (gebratener Reis) erscheinen sehen. Wer den Hunger aber für den Vormittag verbannen und seiner durch Zeitverschiebung und Hektik aus dem

Rhythmus geratenen Verdauung entgegenkommen will, hat in jedem Fall die richtige Wahl getroffen. Als wir uns abends in einem Taxi der Pecenongan, einer Straße im Norden Jakartas, nähern, fallen uns die vielen mobilen Essensstände, sogenannte Kaki lima, auf. Die an einer Schultertrage hängenden oder auf einem zweirädrigen Gefährt untergebrachten Kochutensilien werden zur Bereitung verschiedener kleiner Zwischenmahlzeiten benutzt. Außer der Martabak, einer Art Pfannkuchen, werden auch Saté (Fleischspieße) und Bami-Gerichte (Nudeln) angeboten. Als unser Taxi in die Pecenongan einbiegt, sieht es von weitem so aus, als ob der von Feuchtigkeit glänzende Asphalt in Flammen steht. Beim Näherkommen sehen wir eine Menge großer und kleiner Garküchen, die beiderseits der Straße ihre Zelte und Stände aufgeschlagen haben. In großen halbrunden Pfannen, die vom Schein züngelnder Flammen in rötliches Licht getaucht sind, werden hier besondere Leckerbissen zubereitet. Ein dicker chinesischer Koch, der wegen der Hitze an seinem Arbeitsplatz nur mit Unterhemd und Sporthose bekleidet ist, macht auf uns einen besonders fachmännischen Eindruck. Von Feuer und Dampf eingehüllt, wendet er mit einer blitzschnellen Handbewegung im Fett brutzelnde Froschschenkel um. Noch ein Schuß Öl in die heiße Pfanne, das sich sofort entzündet und als Flamme unter das Zeltdach züngelt – schon kann das Gericht serviert werden. Während der Koch wieder eine Portion Brokkoli zubereitet, hastet der Kellner mit der eben fertig gewordenen Speise zu den Gästen. Überall herrscht Leben und Geschäftigkeit. Bunt bekleidete Straßenmusikanten sorgen, für die Unterhaltung der Gäste. Obwohl die Sitzplätze nicht sehr komfortabel sind und man auch dem Straßenlärm ausgesetzt ist, zieht die Art und Qualität der Speisen sowie die lebendige Atmosphäre allabendlich viele Gäste an.

Nach dem vergeblichen Versuch, dem Koch einige „Zubereitungskniffe" abzuschauen, gehört nun auf unsere Souvenir-Liste auch ein „Indochinesisches Kochbuch".

Welt unter Wasser

Das Auslegerboot Aquanaut 1 – unsere Ausgangsbasis – dümpelt im tiefblauen Meer vor der Insel Bunaken. Schräg unter uns im glasklaren Wasser sieht man deutlich die Konturen des Riffs in gelbgrünen Farben. Unmittelbar daneben, wo ein dunkles Blau aus dem Abgrund leuchtet, führt es in einem steilen Abbruch 90 m in die Tiefe. Hier liegt das Ziel unseres Tauchausfluges – das Unterwasser-Naturschutzgebiet von Nord-Sulawesi. Loky Herlambang, der neben mir auf der Bordwand sitzt, hatte die für diesen Tauchgang erforderlichen Erlaubnisschreiben durch sein Tauchcenter in Manado rechtzeitig besorgen lassen. Glücklicherweise wurden hier Maßnahmen getroffen, um der drohenden Zerstörung der Riffe entgegenzuwirken. Das Abbrechen von Korallen sowie das Jagen mit der Harpune wurde unter Strafe gestellt. Um Kontrolle ausüben zu können, wird die Begleitung lizenzierter Taucher vorgeschrieben.

Loky überprüft zur Sicherheit nochmal den Sitz der Atemgeräte.

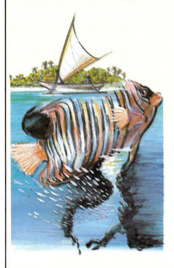

Ein letzter Blick fällt auf den paradiesischen Strand vor uns, auf dem die weit ausladenden Kokospalmen nach dem türkisfarbenen Meer zu greifen scheinen. Unweit von uns wird die Szenerie von dem mächtigen Kegel eines erloschenen Vulkans beherrscht, der hier steil aus dem Meer ragt. Seine Flanken sind von üppiger tropischer Vegetation bedeckt. Der Entschluß, dieses sonnendurchflutete Paradies gegen das ungewisse Dunkel der Unterwasserwelt einzutauschen, fällt anfänglich doch etwas schwer. Loky, der nun alle Vorbereitungen abgeschlossen hat, gibt das Zeichen zum Tauchen. Die Maske festhaltend, lassen wir uns rückwärts von Bord fallen. Wir sehen, wie der stahlblaue Himmel über uns hinwegkippt und tauchen kurz darauf, von Tausenden kleinerer und größerer silbern glänzender Luftblasen umgeben, in eine schillernd blaue Welt.

Als die zur Oberfläche zurückperlende Luft endlich die Sicht freigibt, breitet sich vor unseren Augen das phantastische Bild einer nahezu unberührten Korallenlandschaft aus. Große und kleine Fische, die durch unser plötzliches Eindringen erschreckt das Weite suchten, kommen nun neugierig herbeigeschwommen. Ihre außerordentliche Farbenpracht läßt sich mit Worten kaum beschreiben. Die verschwenderisch leuchtenden Schuppenkleider wirken wie eine Vision. Man vergißt nur allzu schnell, daß sie im Ernst des Riffalltags der Revierverteidigung und Partnersuche dienen. Von einer leichten Strömung getragen, gleiten wir über eine Gruppe von Hirnkorallen hinweg, auf denen die Sonne das Spiel der Wellen zeichnet. Wir erkennen in den unterschiedlichen Strukturen des Riffs unzählige Tierarten, die hier ideale Lebensräume gefunden haben.

Langsam kommt die Riffkante näher, hinter der das dunkle Blau ins Unendliche zu führen scheint. Kopfüber verschwindet der Tauchpartner in der Tiefe, in der das Farbenspektrum nach und nach nur noch in blau-grauen Tönen wiedergegeben wird. Im Lichtkegel der Handlampe erstrahlt jedoch das Leben in den phantastischsten Farbkombinationen. Von einem großen Drückerfisch, der uns interessiert beobachtet, begleitet, folgen wir der abwärts führenden Strömung. Vor uns passieren unzählige Wimpelfische, die sich hier, wo das senkrechte Riff nur wenig Deckung bietet, zu Schutzgemeinschaften zusammenfinden. Von unserem fremdartigen Aussehen in Panik versetzt, sucht eine große Karettschildkröte, ihre Mahlzeit im Stich lassend, das Weite.

Mehr fliegend als schwimmend bewegen wir uns durch einen Wald von Blatt-, Fächer- und Röhrenkorallen, die in ihrer Farb- und Formgebung an eine surrealistische Kulisse erinnern. Uns in mehr als 40 m Tiefe bewegend, können wir in diesem ungewöhnlich klaren Wasser deutlich die Umrisse der Aquanaut an der Meeresoberfläche erkennen, die dort der Spur unserer Luftblasen folgt. Bunte Schwämme und Seelilien, die eher Pflanzen als Korallen ähneln, lassen uns vergessen, daß wir vom Medium Wasser umgeben sind. Eine Schule Schwarzwale zieht schemenhaft in der Ferne vorbei. Bei unserem Versuch, näher an sie zu kommen, lösen sich ihre Umrisse im monochromen Licht des Meeres auf.

In die Strömung entlang des Riffsockels zurückkehrend, beginnen wir langsam an den Aufstieg zu denken. Wie stählerne Raumschiffe gleiten die im Licht der Lampen silbrig glänzenden Leiber großer Almaco-Makrelen vorbei. In ihrem Gefolge bewegt sich ein dunkler Schatten, der die für lange Brustflossen charakteristischen Linien aufweist. Mit kurzen harten Schlägen der Schwanzflosse schwimmt ein großer Weißspitzhai gegen die uns tragende Strömung an. Sein starres Auge, das wir deutlich sehen können, nimmt jedoch kaum Notiz von uns. Bevor uns diese gespenstische Begegnung richtig ins Bewußtsein dringt, ist sie auch schon wieder vorbei. Das Verhalten der Haie ist meist besser als ihr Ruf. Den warmblütigen Makrelenhaien des offenen Meeres sollte man jedoch ausweichend begegnen. Das Tauchen in tropischen Meeren wird in jedem Falle risikoreicher, wenn durch das Harpunieren von Fischen Beutespuren gelegt werden.

Bei unserem letzten Dekompressionsstop bei 5 m hat die sonnendurchflutete Unterwasserwelt bereits einen Teil ihrer Farben, wenn auch nur in Pastelltönen, zurückerlangt. Ein Junge der Bootsbesatzung kommt uns, mit einer Taucherbrille ausgerüstet, entgegen. Er macht uns auf einen Igelfisch aufmerksam, der sich, um wenig appetitanregend auf seine Verfolger zu wirken, kugelrund aufgeblasen hat.

Unsere Atemluft geht zur Neige und zwingt uns zum Abbruch dieser fesselnden Entdeckungsreise. Als ich direkt neben dem Boot auftauche, sehe ich die lachenden Gesichter der Bootsbesatzung. Sie freuen sich über unsere Rückkehr, denn die Tagestemperatur hat 40 Grad Celsius im Schatten erreicht. Erst als der Außenbordmotor für Fahrtwind sorgt, atmen alle erleichtert auf. Hinter uns bleibt eine zauberhafte Inselwelt zurück, deren außerordentliche Schönheit ihr hoffentlich nicht zum Verhängnis werden wird.

Menschen

Draußen laufen die Triebwerke unseres „Luftriesen" warm. Aufrufe für Flüge nach Tokio, Manila, Sydney und Amsterdam. Der Geruch des Kerosins vergegenwärtigt die Aufbruchstimmung, die hier im internationalen Flughafen von Jakarta herrscht. Es geht zurück – nach Hause? Um mich herum sitzen braungebrannte Urlauber und blasse, abgespannte Geschäftsleute. Besonders die Touristen scheinen gedanklich noch auf ihren palmenumrauschten Urlaubsinseln zu verweilen.

War es nicht alles nur Traum, was sich da in den letzten Wochen vor den Augen des Besuchers abspielte? Graziöse Tänze aus uralten Zeiten, Tempel, die auch dem „Ungläubigen" das Gefühl der Ehrfurcht vor dem Überirdischen vermitteln, große unerforschte Regenwälder, in denen die Evolution des Lebens ungestört voranschreitet...

Während ich über die Erlebnisse meines Urlaubs nachdenke, fühle ich, wie die Ruhe und die Harmonie, die mich seit dem ersten Tage meiner Ankunft in diesem Land umgaben, in der hektischen Atmosphäre des Flughafens zu entgleiten drohen. Vor meinem inneren Auge erscheinen nochmals Bilder – Bilder von den indonesischen Menschen. Ich sehe wieder die Fischer Javas, die im Licht der untergehenden Sonne gemächlich und mit sicherer Hand ihre Boote in die Brandung schieben. Ihr Leben verläuft noch im Rhythmus des Meeres und seiner Gezeiten. Während von einer nahen Moschee die Botschaft des Korans ertönt, fahren sie hinaus in die sich herabsenkende Nacht, um ihr Leben erneut aufs Spiel zu setzen. Ich erinnere mich an den freudigen Tanz, den sie nach einem großen Fang aufführten. Wie feinfühlig und gewandt diese stämmigen kleinen Menschen plötzlich doch sein konnten! Deutlich sehe ich sie mit ihren groben und rauhen Händen in symbolhaften Gesten die unsichtbaren Netze auswerfen und einholen. Ihre Gesichter drückten Zufriedenheit und Harmonie aus. Da war auch noch die Begegnung mit den bewundernswerten Papuas in den Bergen und Urwäldern West-Neu-Guineas, die mich trotz meines für sie fremden Aussehens und meiner Sprache in unermüdlicher Gastfreundschaft beherbergten und verpflegten und mich mit ihrer interessanten Kultur vertraut machten. Gemeinschaftlich überquerten wir viele reißende Flüsse. Wurde es mal brenzlich, war meist schnell eine der vielen dunkelhäutigen Hände zur Hilfe bereit. Obwohl die dampfenden Urwaldpfade und das Gepäck jedem von uns viele Kräfte abverlangten, sangen wir am abendlichen Lagerfeuer gemeinsam fröhliche Lieder. Noch im Schlaf machten ihre breitnasigen Gesichter einen zufriedenen Eindruck, obwohl ihre nackten Füße vom Marsch einiges abbekommen hatten. Erst die Strapazen dieser Tour haben mich die Faszination ihres naturnahen Lebens völlig begreifen lassen. Hier war soziales Verantwortungsgefühl für den Mitmenschen, egal, wer er war und woher er kam, noch nicht in Gesetzbücher verbannt, sondern existierte in springlebendiger Form in den Seelen meiner einst als „primitiv" verkannten Gastgeber. Der Abschied von diesen liebenswürdigen Menschen zeigte mir, daß sich Tourismus und Völkerverständigung nicht unbedingt gegenseitig ausschließen müssen. Doch gerade dort, wo Naturvölker nur wenig Kontakt mit der „Zivilisation" hatten und daher bisher keine schlechten Erfahrungen sammeln konnten, begegnet man ihnen auch heute noch in friedlich und autark lebenden Gemeinschaften. Es ist daher zu überlegen, ob es wirklich nötig ist, auch noch in diese letzten Schutzzonen ihres Daseins einzudringen.

In den Städten lernte ich aber auch Menschen kennen, die ihren traditionellen dörflichen Ursprung verleugneten, um in den Augen des Besuchers nicht als rückständig zu gelten. Machmut war einer von ihnen. „Batik ist etwas für alte Leute", sagte er mir. „Wenn du wiederkommst, bring mir Jeans mit". Während er sich eine teure Markenzigarette anzündete, wies er stolz darauf hin, daß der Preis für ihn kein Problem sei.

Machmuts Vater ist dagegen ein einfacher und bescheidener Mann, der, wie seine Vorväter, als Kleinbauer sein Auskommen sucht. Mit dem Wasserbüffel seines wohlhabenden Nachbarn bepflügt er, wie die meisten javanischen Reisbauern, einen knappen Hektar Land. Er hatte nicht viele Wünsche in seinem bisherigen Leben gehabt und sie sich deshalb nahezu alle erfüllen können. Über den Lebenswandel Machmuts, für den Allahs Lehre nicht mehr im Mittelpunkt seines Alltags steht, macht er sich jedoch Sorgen. Kinder sind der größte Besitz, den ein einfacher Mann in Indonesien haben kann; nicht allein versorgen sie die Eltern im Alter, sie sind hier, wie überall auf der Welt, ihr Stolz und ihre Freude.

Kindern begegnet man in Indonesien überall. Mehr als 50% der indonesischen Bevölkerung ist heute unter 15 Jahre. Aus diesem Geburtenzuwachs werden in Zukunft noch große Probleme für das Land entstehen.

Ich höre noch deutlich das lebhafte Lachen und fröhliche Geschrei dieser Kinder und erinnere mich, wie sie mich häufig als „gute Geister" auf einen versteckten Tempel hinwiesen, einem verlorenen Gegenstand hinterher brachten oder nur einen Weg zeigten (wenn auch manchmal in die falsche Richtung). Kinder sind in Indonesien, besonders auf Bali, bevorzugte Wesen. Die Seele eines Neugeborenen ist nach Meinung der Balinesen dem Himmel sehr nahe. Sein Denken und Handeln ist rein von jeder Schuld und darf daher die als unrein angesehene Erde nicht berühren. Es wird ständig von Familienmitgliedern getragen und wächst dabei besonders fest in die Gemeinschaft hinein. Kann der „Zuwachs" erst einmal laufen, ist es bald mit dem „Service" vorbei. Schon sehr früh erhalten Jungen und Mädchen ihre ersten verantwortungsvollen Aufgaben. Wasserholen, den Büffel zum Baden führen, auf die jüngeren Geschwister aufpassen und bei der Reisernte helfen, ist nur ein Teil davon. Für das Erwachsenwerden an sich ist jedoch kein Termin gesetzt. Vielleicht rührt daher die ausgeglichene Wesensart der Bevölkerung. Wie andere Menschen haben sie selbstverständlich auch Fehler. Kritik am Mitmenschen ist ihnen zufolge aber wertlos, solange man die eigenen Mängel nicht mit einbezieht.

Der Aufruf meiner Flugnummer reißt mich plötzlich aus meinen Gedanken. Kurze Zeit später zieht unser Jet in einer großen Schleife über Jakarta, wo einst diese Reise durch den Archipel begann. Alle Menschen, die mir hier begegneten, ob es die kleinen stämmigen Bataker oder die dunklen und teilweise sehr großwüchsigen Papuas waren, ob Reisbauer oder Geschäftsmann, alle hatten eines gemeinsam – das offene und herzliche Lachen der Indonesier.

Wunderwelt Dschungel

Unberührt von jeglicher Zivilisation fließen die bräunlichen Fluten des Urwaldstromes lautlos in die vor uns liegende Meeresbucht. Die breitfächrigen Baumkronen des tropischen Regenwaldes, die hinter dem hohen Buschwerk des gegenüberliegenden Ufers in den blassen Morgenhimmel ragen, sind noch von Nebelschwaden verhangen. Langsam vom Waldboden durch die einzelnen Stockwerke des Urwaldes aufsteigend, durchdringen sie schließlich das grüne Blätterdach. Auch über dem Fluß schweben noch vereinzelt Nebelbänke. Über dieser Ur-Landschaft, die wir von einem Hügel aus weit überblicken können, liegt paradiesische Ruhe. Nur manchmal hallt aus der Weite der bellende Ruf großer Nashornvögel. Kalimantan, die nur wenig bekannte Urwaldinsel, breitet sich vor uns aus. Geheime Wünsche lockten Forscher und Abenteurer unter das schier endlose Laubdach dieser sogenannten grünen Hölle. Unerfahren und schlecht ausgerüstet erlagen viele den Strapazen, die mehrwöchige Reisen in diesem Gebiet mit sich bringen. Ihr Verschwinden wurde meist zu Unrecht auf das Konto der Stämme geschrieben, die im Innern der Insel leben und teilweise Kopfjäger waren.

Unkontrollierbare und von Mangroven überwucherte Küstenlinien bildeten ideale Verstecke für Piraten wie Sandokan und die Seeräuber der Makassarstraße. Borneo, wie diese drittgrößte Insel der Erde auch genannt wird, besitzt heute noch große Urwaldgebiete, die aber mehr und mehr den Motorsägen der Holzgesellschaften zum Opfer fallen.

Nachdem wir unsere Zelte und Rucksäcke zusammengepackt haben, brechen wir zum Fluß auf. Auf einem kleinen Pfad, der bald im Dunkel zwischen den säulenartigen Stämmen der Urwaldriesen verschwindet, laufen wir über Wurzeln und Steine den Hügel hinab. Hier empfängt uns neben dumpfem modrigem Geruch die scheinbar wirre Geräuschkulisse eines vielschichtigen Lebens. Die Zikaden tun sich dabei besonders hervor. Vom Boden durch die einzelnen Wachstumsebenen bis zum 60–70 m hohen Urwalddach kriecht, springt, läuft, klettert, fliegt und gleitet so manches Tier, das man erst bei genauerer Beobachtung der Umgebung entdeckt. Ein Tapangbaum, der zu den höchsten des Regenwaldes zählt, versperrt uns mit seinen großen Brettwurzeln den Weg. Da beiderseits dieses Giganten die mit scharfen Haken bewehrten Blattrippen der Rotanpalme jedes Vorankommen unmöglich machen, entschließen wir uns, die Wurzelhürden zu überklettern. Sie sind vom Auswurf vieler Tiere bedeckt, die in und auf diesem Baumriesen ihr Zuhause gefunden haben. Weit oben in seiner Krone haben sich Beos niedergelasssen, die unsere Anwesenheit im Wald anderen Mitbewohnern durch lautes Krächzen und Pfeifen kundtun.

Die Luftfeuchtigkeit beträgt hier in Bodennähe mehr als 90%. Zusammen mit der hohen Temperatur, die im Schatten des Waldes ca. 32°C ausmacht, führt auch die kleinste Anstrengung zu einem Schweißausbruch. Da unsere Umgebung aber mit soviel schönem und seltenem Leben erfüllt ist, fallen die lästigen Nebenerscheinungen dieses Biotops kaum ins Gewicht.

Im Lichtkegel eines Sonnenstrahls, der bis zu uns vorgedrungen ist, tanzen zwei metallisch-grüne Schmetterlinge um einen kleinen Wassertümpel. Ihr Name – Troides Brookiana – erinnert an den Engländer James Brooke, der als weißer Raja das im Norden der Insel gelegene Sarawak beherrschte, das heute zu Malaysia gehört. Auch die vielen metallisch-bunten Schild- und Prachtkäfer, von denen es auf Borneo Hunderte von Arten gibt, gehören zu den Farbtupfern, die man auf dem Weg durch den Regenwald entdecken kann.

Beim Überschreiten einer Lichtung hören wir aus der direkten Umgebung den typischen Ruf der Gibbonaffen. Gleich darauf sehen wir die Horde über uns hinwegtoben. Als sie uns entdecken, halten sie einen Augenblick inne. Der Anführer der Affen läßt sich an einem Fuß kopfüber aus den Blättern hängen, um uns genauer zu begutachten. Das Ergebnis seiner Untersuchung fällt nicht gerade positiv aus. Nach kurzem höhnischem Gelächter schwingt er sich seiner Gruppe voran weiter in Richtung Fluß.

Auf einem umgestürzten Baum in der Lichtung sehen wir eine Orchidee, die ihre Farbenpracht meist in den oberen „Etagen" des Urwaldes entfaltet, wo Licht, Luft und Nährstoffe im richtigen Verhältnis vorhanden sind. Ein paar Schritte weiter hängt eine Luftkannenpflanze. Da der Regenwaldboden, entgegen einer weit verbreiteten Meinung, nur wenig Nährstoffe, aber viele Abnehmer besitzt, hat sie sich auf eine andere Art der Nahrungsgewinnung spezialisiert. In einem zu einer Kanne ausgewachsenen Blatt fängt die Kannenpflanze (Nephentes mirabilis) Insekten, die ihr die lebenswichtigen Nitrate und andere Stoffe liefern.

Sibuling, unser ortskundiger Führer, ruft uns plötzlich aufgeregt herbei. An einem großen heruntergebrochenen Ast hat er ein Büschel rotbrauner Haare entdeckt. Seit zwei Wochen ist dies unsere erste Spur eines Orang Utans. Die Bewohner des indonesischen Archipels nannten ihn so, da sie ihn für einen Menschen hielten, der in den Wald geflohen war, um den Mühen des Lebens zu entgehen. Der Orang Utan oder Waldmensch gehört zu den am stärksten bedrohten Menschenaffenarten. Schon im 18. Jahrhundert fielen sie den eindringenden Europäern zum Opfer, die sie in Massen für wissenschaftliche Untersuchungen und zoologische Sammlungen einfingen und töteten. Heute ist der Orang Utan endlich streng geschützt. Man trifft ihn jedoch außerhalb der ihm zugedachten Reservate wie Bohorok in Nord-Sumatra oder in Borneo nur noch recht selten an. Wir sind daher besonders froh, daß wir am letzten Tag unserer langen Entdeckungsreise durch den Urwald eine eindeutige Spur von diesen seltenen Tieren gefunden haben.

Als es kurze Zeit später „Leinen los" heißt, sehen wir uns mit zwiespältigen Gefühlen von dieser grandiosen Natur Abschied nehmen. Wer einmal diese besondere Atmosphäre verspürt hat, die in der kirchenähnlichen Düsternis eines tropischen Regenwaldes herrscht, wird für immer von diesem lebenden Naturmonument fasziniert sein.

Faszination eines alten Erbes

Dichtgedrängt sitze ich mit Männern, Frauen und Kindern auf den harten Bänken eines Bemos, das die steilen Straßen am Hange des Gunung Agung hinunterjagt. Auch draußen auf den Trittbrettern stehen noch Passagiere, denen der Fahrtwind die Haare zerzaust. Ein großes Hängebauchschwein liegt, wohlig grunzend, in einem Bastkorb gebunden, vor unseren Füßen. Ich habe eine anstrengende und erlebnisreiche Zeit am Batur-Vulkan hinter mir. Jetzt, nach dem Besuch des Besakih-Tempels, zieht es mich wieder hinab zu den tropischen Stränden der Küste, die man von den Bergen Balis, an klaren Tagen, deutlich in der Ferne erkennt.

Die Gesichter der in traditionelle Sarungs gekleideten Marktfrauen lassen deutlich die Mühen des Tages erkennen. Ihre großen Körbe sind bis auf wenige Gemüsereste leer. Das Geschäft lief scheinbar gut. Als sich unsere Blicke begegnen, lächeln ihre vom Betel rot gefärbten Münder verschmitzt vor sich hin. Ein kleiner Junge verbirgt sich verlegen hinter einem Sarungzipfel seiner Mutter. Plötzlich lachen wir alle. Hat man doch erkannt, daß der Fahrgast aus dem fremden und fernen Land auch aus Fleisch und Blut ist.

Schüttelnd und quietschend fährt unser kleines Fahrzeug in die Abenddämmerung. Aber dann auf einmal ist die Fahrt zu Ende. Scheinbar haben die Leyaks, Dämonen der Insel Nusa Penida, wieder einmal ihr Unwesen getrieben. Ein heftiges Klopfen aus dem Motorraum zeigt an, daß vorerst keine Reparatur weiterhilft. Gemeinschaftlich schieben wir das Fahrzeug von der Straße. Die Handbremse hält das Auto bis morgen am Platze. Diebstahl gibt es hier bei den tief religiösen Balinesen nicht. Nur an der Touristenküste, wo das Geld herrscht, fühlen sich auch dunkle Elemente aus den Großstädten des Archipels angezogen.

Ich will gerade meine sieben Sachen packen und mir ein anderes Fahrzeug suchen, als ich plötzlich wieder das typische „Hallo, Mister" höre. „You want to see Odalan?", fragt mich einer der Fahrgäste des gerade zum Stillstand gekommenen Gefährts. Odalan nennt man das Geburtstagsfest eines Tempels, das einmal im 210 Tage zählenden balinesischen Jahr zum Jahrestag seiner Einweihung stattfindet. Obwohl es Tausende von Tempeln auf Bali gibt und die Kette der Odalan-Feste nicht abreißt, hatte ich bisher noch nicht das Glück gehabt, einem beizuwohnen. Ich nehme daher die freundliche Einladung gerne an. Mein Gastgeber heißt I Gusti Ketut. Eine meiner Taschen tragend, läuft er neben mir über den noch die Hitze des Tages ausstrahlenden Asphalt. Der Geruch von brennendem Holz, der von den Kochstellen der umliegenden Höfe herrührt, ist für diese Tageszeit typisch. Überall bereitet man die Nachtmahlzeit.

Wir biegen von der Straße auf einen kleinen sandigen Weg ab, der, von Palmen und Strauchwerk umgeben, von der motorisierten Welt Balis wegführt. Aus weiter Ferne dringt die Musik eines Gamelan-Orchesters an unser Ohr, die der Stille etwas Festliches verleiht. „Disana ada Pesta odalan – dort findet das Odalan-Fest statt", sagt Gusti Ketut, und das Weiß seiner Augen leuchtet erwartungsvoll in der Dunkelheit.

Auf der Mauer eines Gehöftes stehend, bellt ein Hund die große silbrige Scheibe des Vollmonds an, die langsam zwischen den Palmenstämmen emporsteigt. „Wir glauben, daß schlechte Menschen als Hunde wiedergeboren werden", erzählt mir mein Begleiter, „wir fühlen uns nachts in ihrer Gegenwart nicht gerade sehr wohl." Auch mir läuft bei dem klagenden Gejaule ein Schauder über den Rücken. Auf Bali glaubt man an die Wiedergeburt. Jeder erstrebt jedoch durch ein fehlerfreies religiöses Leben diesen Kreislauf irdischen Lebens zu verlassen, um zu einem Teil des Göttlichen zu werden. Auch der alte animistische Glaube an die beseelte Natur, der in Steinen, Pflanzen, Bergen und Seen den Wohnort von Göttern und Dämonen sieht, ist noch existent. Wer Bali verstehen will, muß seinen Geist daher dem Mysteriösen öffnen.

Die Umrisse eines Totentempels (Pura dalem), vor dem die Kremation Verstorbener stattfindet, liegen zur Rechten vor uns. Wir verspüren die verwunschene Atmosphäre, die über den vermoosten Schreinen und Gemäuern liegt. Der religiöse Atem Balis ist hier deutlich zu verspüren. Obwohl der Tod für die Balinesen etwas Positives und Natürliches ist, macht die Nähe dieses Tempels Ketut Unbehagen.

Aus der Dunkelheit tauchen nun immer mehr Menschen auf. Ich sehe, wie die schlanken Silhouetten von

Frauen, Schalen mit hoch aufgetürmten Opfergaben auf ihrem Haupt balancierend, vor uns einen Hügel empor schreiten. Die schwarzen turmartigen Merus des dort gelegenen Tempels scheinen in die silbrige Unendlichkeit des Weltalls zu ragen. Über allem liegt der geheimnisvolle metallische Klangteppich des Gamelan-Orchesters. Dies ist nicht mehr die Touristeninsel, hier ist Bali unter sich.

Ketut zupft mich am Ärmel und weist mir einen Platz zu, von dem ich, ohne zu stören, das Geschehen überblicken kann. Kurz darauf verschwindet er, von religiösen Pflichten gerufen, in der Menge. Um die andächtige Szenerie nicht zu stören, behalte ich Foto und Blitzlicht in der Tasche. Eine unendliche Prozession mit kunstvoll verzierten Opferschalen, auf denen sich mit Blumen besteckte bunte Reiskuchen und Obst zu meterhohen Türmen stapeln, erscheint aus dem Nichts. Die Trägerinnen, die die durch Shiva gewährte Fruchtbarkeit verkörpern, sind in farbenprächtige Sarung Kebayas gekleidet. Das Odalan-Fest vereinigt Leute aus allen Lebensstellungen, die im Dharma Hindu-Bali den Maßstab ihres Lebens sehen.

Mittlerweile defilieren die langen Reihen der Gläubigen an den Schreinen vorbei und knien schließlich im inneren Hof des Tempels nieder. Die einfachen Tempelpriester (pemangkus) nehmen die Opfergaben in Empfang, um sie zusammen mit dem Oberpriester (pedanda) den gottgewordenen Ahnen zu weihen. Opferspenden sind auf Bali ein wesentlicher Bestandteil eines jeden Rituals. Segen, Weihrauch und Beschwörungen lassen die Substanz des Opfers zu den vergöttlichten Ahnen emporsteigen. Am Ende des Festes werden die Opfergaben im Familienkreis verspeist. Mit dem heiligen Wasser segnen die Priester die Gruppe der Gläubigen, die damit Mund und Hände reinigen. Dabei legen sie die Hände zu hinduistischer Gebetshaltung zusammen und schmücken sie mit einer Blüte. Erneut tritt der Priester mit dem Weihwasser vor die Sitzenden, die davon trinken und die Stirn bestreichen. Am Ende der Zeremonie wird jedem Gläubigen eine geweihte Blume ins Haar gesteckt. Eine Spur Reis auf der Stirn versinnbildlicht den Kontakt mit dem Göttlichen.

Gewissenhaft erfüllen die Gläubigen ihre religiösen Handlungen, ohne sich dabei in steifer Feierlichkeit zu ergehen. Immer mehr Menschen drängen herbei. Mit kräftigen Schlägen setzt das Gamelan-Orchester erneut ein. Kleine Hämmer in zuckenden Händen versetzen die Bronzeplatten der Xylophone in rasendem Spiel ins Schwingen, um sie im nächsten Augenblick mit der Hand wieder zu dämpfen.

Wie auf ein Zeichen aus der Geisterwelt schweben urplötzlich junge Mädchen, in prachtvolle Brokatgewänder gekleidet, aus dem mit Fahnen, Schirmen und Stoffbahnen geschmückten Tempeltor. Göttinnen gleich schreiten sie in höchst stilisierten Schritten mit ihren kleinen Füßen über den Boden, scheinbar ohne ihn zu berühren. Die Geschmeidigkeit ihrer Silhouette ist Inbegriff von Weiblichkeit und Anmut. Im klassischen Legong, der hier vor meinen Augen in wundervoller

Weise dargeboten wird, sprechen Hände, Füße und Augen in feiner Symbolik. Ihre Botschaft wird uns nüchternen Westlern meist verschlossen bleiben.

Vom Säugling bis zum weißhaarigen Greis schaut alles gebannt auf dieses faszinierende Spiel der Gesten, das früher hauptsächlich am Hofe balinesischer Fürsten dargeboten wurde und heute zum Wohlgefallen und zur Unterhaltung der im Tempel weilenden Götter aufgeführt wird. Es ist aber auch eine Andachtsübung für die irdischen Bewunderer. Das schnelle Vibrieren der Finger, das kontrollierte Spiel der Augen und die tastenden Bewegungen der Füße zeigen deutlich, daß die Tänzerinnen ihre eigenen Wesen mit denen der darzustellenden Gestalten vertauscht haben. Bald tanzen sie in spiegelgleichen Bewegungen, um sich im nächsten Augenblick wieder zu verselbständigen.

Da der Legong der schönste unter den klassischen Tänzen Balis ist, träumen schon die Mädchen im Vorschulalter von der Ausbildung zur Legong-Tänzerin. Ihr Training beginnt teilweise schon mit fünf Jahren; mit dem Erreichen der Pubertät hören sie auf zu tanzen.

Die heute noch existierenden über 50 verschiedenen Tänze Balis sind in ihrer Darstellung und Ausdrucksweise sehr unterschiedlich. Der Kecak, bei dem ein über hundert Mann starker, in schwarz-weiß karierte Sarungs gekleideter Chor, im Kreis sitzend, das wilde auf- und abflauende Stakkato des Ke-cak-ke-cak-ke-cak ertönen läßt, sowie der vom guten Barong und der bösen Hexe Rangda beherrschte Barong-Tanz gehören zu den wildesten und eindrucksvollsten Darbietungen auf Bali. Besonders, wenn beim Barong die in Trance verfallenen Tänzer im Kampf gegen das Böse plötzlich, durch die schwarze Magie der Hexe, den Kris (Zeremonialdolch) gegen sich selbst erheben, um sich zu töten, reicht die vordergründige Phantasie vieler Besucher nur noch dazu aus, um in dem wilden Durcheinander Reste „primitiver Kulthandlungen" zu sehen. Schon mancher Tourist verließ entsetzt die Aufführung. Daß solch ein Schicksalstanz das Böse aus der Dorfgemeinschaft verbannen und neben der Festigung sozialer Bindungen auch die Beseitigung von Ängsten und Sorgen aus dem Umkreis der Menschen zur Aufgabe hat, wird leider nur wenigen klar. Für die Touristen hat man daher diesen Tanz, in dem Selbstbedrohung und Unverwundbarkeit nicht gespielt, sondern aus der Tiefe der menschlichen Seele gespeist werden, entschärft. Der Trance-Teil, der tiefreligiöse Bedeutung hat, wird für sie nur in simulierter und gekürzter Fassung aufgeführt. In dieser Form kann man dem Barong jedoch nicht entnehmen, daß er als Spiel magischer Wirklichkeit auch heute noch großen Einfluß auf das Leben der Balinesen hat.

Der nun langsam ausklingende Legong zeigt den fließenden Übergang von Mythos und Alltag. Gusti Ketut zupft mich wieder am Ärmel. Er hat mir von den Opfergaben seiner Familie, die nun nach Ende der Zeremonie verspeist werden dürfen, ein paar bunte Reiskuchen mitgebracht. Bali ist die Welt des Teilens und Teilhabenlassens. Aber auch auf Java machte ich die Erfahrung, daß das Teilen von Freud und Leid, Glück und Unglück tief in der Wesensart der Menschen verankert ist.

Einen Fremden läßt man natürlich lieber an frohen Ereignissen teilhaben. So kam es, daß ich beim Besuch Yogyakartas von der Straße weg zu einer Schattenspielvorführung eingeladen wurde, die im Innenhof eines Hauses stattfand. Auch als Fremder durfte ich an dieser zu einer Hochzeitsfeier gehörenden Darbietung teilnehmen. Die Nacht war hier ebenfalls die Bühne menschlicher Emotionen, welche alle auf eine von einer Öllampe erleuchtete Leinwand gerichtet waren. In dem flackernden Licht einer dem Göttervogel Garuda nachgebildeten Lampe huschten die Schatten von Fürsten, Dämonen, Prinzessinen und Göttern, Gespenstern gleich, in wilden ruckartigen Bewegungen hin und her. Von der nahezu unsichtbaren Hand des Dalang geführt, erwachten die Figuren des Ramayana- und Mahabaratha-Epos zu neuem Leben.

Niemand von uns würde ganze Nächte lang immer wieder denselben Erzählungen und ihrer Darstellung beiwohnen. Für den Indonesier, der gebannt dem Spiel der Schatten folgt, ist es jedoch die immer wieder faszinierende Begegnung mit dem Erbe der Ahnen. Wenn man die Gesichter der Zuschauer beobachtet, merkt man, wie sie, in die Welt der Schatten versunken, in tiefem Einverständnis mit sich und ihrer Umgebung verharrend, in ihre Vergangenheit schauen. Nur selten sieht man die Zuschauer vor Morgengrauen aufbrechen.

Mit der Erlaubnis meines Gastgebers warf ich einen Blick hinter die Kulissen. Hier saß der Dalang mit einigen Musikern eines kleinen Gamelan-Orchesters auf einem Podium, das gegen die hohe weiße Mauer des geheimnisumwobenen Sultanpalastes gebaut war. In zwei großen Holzkisten untergebracht, lag das Heer der aus feinem, raffiniert bemaltem Pergamentleder gefertigten Götter- und Dämonenfiguren, die dort auf ihren Auftritt harrten.

Nach einem Gebet und einem Blumen- oder Reisopfer begann der traditionell gekleidete Dalang mit der Schilderung der Fürsten, und

Schattenspiel

ihres Reiches. Aus dem Dialog zwischen Herrscher und Getreuen ging die Problematik der Geschichte hervor: Die Entführung einer Prinzessin, die Abwehr eines Dämonen und seines Kriegerheeres, Liebe und Haß. Dann kam die Gegenpartei zum Zug, die eine andere Darstellung des Falles brachte. Der Dalang ließ die bösen Figuren von links und die guten von rechts auftreten. Die Hauptfigur erschien, von allen sehnsüchtig erwartet, wie üblich, erst gegen Mitternacht, um sich gegen Kämpfe und Intrigen zu behaupten. Der Sieg über das Böse findet meist erst gegen Morgengrauen in einer großen Schlacht statt.

Der Kayan oder Lebensbaum, der das Ende der einzelnen Akte anzeigte, verdeutlichte auch die Elemente Wasser, Wind, Luft und Feuer, aber auch die Kulisse eines Palastes. Der Dalang beherrscht die im javanischen Wayang Kulit (Wayang = Schatten, Kulit = Leder) festgesetzten Dialoge für circa 300 Figuren, die er mit jeweils verstellter Stimme in javanisch zu sprechen weiß. Die in einem Stück verwendeten Charaktere – teilweise mehr als hundert – werden mit ihren aus Horn bestehenden Griffen, die sich, einem Rückgrad gleich, bis in die Köpfe der Figuren winden, in den weichen Stamm einer entblätterten Bananenstaude gesteckt. Während des Spieles kann man sie dort im Schein der Lampe stehen sehen.

Die Stimmung und die Ereignisse des Stückes werden durch das Gamelan-Orchester in typischer Weise untermalt. Sie erhalten ihre Tempi vom Dalang, die er, mit kleinen Schellen, den Campala, an Händen und Füßen, zusätzlich angeben muß. Zur Andeutung von Kriegslärm bewegt er Holz- und Metallplatten. Seine in acht Jahren erlernte Kunst, die große Geduld, Ausdauer und Kondition verlangt, stirbt jedoch trotz des allgemeinen Interesses langsam aus.

Neben dem indonesischen Fernsehen überträgt sogar das Radio Wayang Kulit-Vorstellungen. Obwohl es nur die Dialoge übertragen kann, schafft es die Phantasie der Menschen, die Welt der Schatten bildlich vor ihren Augen entstehen zu lassen. Auch für mich, der ich, von Kindern umringt, den Darbietungen des Dalang folgte, schien das Spiel Wirklichkeit zu werden. In der Menge der Zuschauer erschien das in wunderschöne Batik-Sarungs und goldbestickte Gewänder gekleidete Brautpaar. Mit wohlriechenden Jasminblüten im kunstvoll bereiteten Haar sah die junge Frau wie eine zum Leben erwachte Prinzessin des Ramayana-Epos aus. Der Bräutigam, der einen samtenen fes-artigen Hut trug, wirkte wie die Inkarnation Vishnus. Ich erkannte auf seinem Sarung das gleiche alte Batikmotiv wieder, das ich gerade auf einer kunstvoll bemalten und von feinen Meisseln durchbrochenen Wayang-Figur in einer der Kisten des Dalang entdeckt hatte.

Besonders auf Java läßt man bei Hochzeiten und anderen Festen gerne die prunkvolle alte Vergangenheit auferstehen. Die Leinwand des Dalang schien dabei nur noch eine imaginäre Trennlinie zwischen den Zeiten zu sein, die vor meinen Augen zu einer Einheit verschmolzen.

Indonesien: Gestern und Heute

Die Inselwelt Indonesiens hatte im Laufe ihrer Geschichte viele Namen. Die Portugiesen, die als erste Handelsmacht im Archipel erschienen, nannten die Inseln wegen ihres Reichtums an Pfeffer and anderen Gewürzen „die Gewürzinseln". Die Niederländer, die ihren Territorialbesitz in Indonesien zu Beginn des 19. Jahrhunderts gewaltsam ausweiteten, wollten jedoch mit der Bezeichnung Niederländisch-Ost-Indien gegenüber ihrer europäischen Konkurrenz klare Verhältnisse schaffen.

Einige Europäer, die neben der wirtschaftlichen Bedeutung für das Mutterland auch die Faszination dieser Inseln und die Liebenswürdigkeit ihrer Bewohner erkannten, nannten sie „den Gürtel aus Smaragd". Bei der Ausrufung der Unabhängigkeit 1945 übernahm man jedoch die Namensgebung der Ethnologen Bastian und Logan, die dieses Gebiet bereits in der Mitte des 19. Jahrhunderts Indonesien (nesoi – altgriech. = Inseln), Indische Inseln, genannt hatten.

Die Vor- und Frühgeschichte Indonesiens lag jedoch bis vor einigen Jahrzehnten im Dunkel der Vergangenheit. Erst als sich der niederländische Mediziner Eugène Dubois, der sich mit der Rolle des Menschen im zoologischen System befaßte, entschloß, menschliche „Frühformen" im damaligen Niederländisch-Ost-Indien zu suchen, wurde ein erfolgreicher Anfang der wissenschaftlichen Vorgeschichtsforschung gemacht. Er entdeckte 1891 bei Trinil auf Java in einer vulkanischen Tufflage die Schädelkalotte und den Weißheitszahn eines prähistorischen Menschentyps, der vor ca. 500 000 Jahren gelebt haben mußte. Als 1936 bei Sangiran auf Java weitere

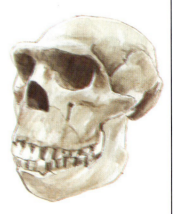

Knochenfunde dieses Urmenschen (Pithekanthropus erectus) zutage kamen, hielt man Java für die Wiege der Menschheit. Diese Theorie wurde in den sechziger Jahren aber verworfen, nachdem man Spuren von älteren prähistorischen Menschen in Ostafrika entdeckte.

Die ersten kulturgeschichtlichen Funde sind altsteinzeitliche Werkzeuge, die in mehreren Gebieten des Archipels gefunden wurden. Von 3000 bis 300 v. Chr. kam es zu zwei großen Einwanderungswellen, die Proto- und Deutero-Malaien nach Indonesien brachten. Jedoch erst mit dem Eintreffen der Deutero-Malaien (Jungmalaien) wird die Geschichte Indonesiens rekonstruierbar. Diese neu zugewanderten Völker waren übrigens hervorragende Seefahrer und besiedelten neben Madagaskar auch den pazifischen Raum. Auf sie geht auch die Verbreitung des malaiischen Sprachtums zurück, das im Wortschatz vieler pazifischer und madegassischer Kulturen wiedergefunden wird. Sie brachten auch Kenntnisse vom Reisanbau und der Bronzeverarbeitung mit nach Indonesien. Die ersten indischen Kulturelemente kamen wahrscheinlich durch die Handelskontakte dieser Menschen mit Indien in die Inselwelt.

Unterstützt durch den Einfluß indischer Gelehrter konnten sich in Indonesien, das bis dahin nur kleinere Fürstentümer gekannt hatte, größere Herrschaftsansprüche der Machthabenden durchsetzen. **Sriviyaya** war eines der aus dieser Entwicklung hervorgehenden buddhistischen Reiche, das vom 7. bis ins 13. Jh. den Seeverkehr im Archipel kontrollierte. **Palembang** in Südsumatra war sein Macht- und Kulturzentrum, wovon heute jedoch nur noch wenige Reste zeugen.

Mataram, das erste Großreich Javas, folgte jedoch dem hinduistischen Glauben. Die ältesten Tempelruinen des Landes auf dem von hohen Vulkanen umgebenen Dieng-Plateau stammen noch aus dieser Epoche. Wie so häufig in der Geschichte fand diese Glaubensrichtung mit einem Dynastiewechsel vorerst ein Ende. Die nachfolgenden buddhistischen Shailendras brachten die Baukunst Javas zu besonderer Blüte. Der **Borobudur,** dessen Bau Ende des 8. Jh. begann, zeugt als größtes buddhistisches Heiligtum der Erde noch heute davon. Auch das erneut zu Macht und Einfluß gekommene Mataram-Reich lieferte mit seinem hinduistischen Tempelkomplex des **Prambanan,** der ca. 1000 n. Chr. fertiggestellt wurde, einen weiteren Beweis für das bautechnische Können der damaligen Zeit.

Trotz mehrfachem Wechsel der Glaubensrichtung standen sich **Hinduismus** und **Buddhismus** nicht feindlich gegenüber. Zusammen mit dem Glauben an eine beseelte Natur und die Geister der Ahnen ergaben sie eine für Indonesien typische Glaubenssynthese, zu der später noch der **Islam** hinzukam. Buddhistische und hinduistische Glaubenselemente leben auch heute noch in der Bevölkerung fort. Politisch bewirkte diese religiöse Toleranz die Kontinuität der Großreiche und ermöglichte dadurch die Machtausweitung bis ins Mekong-Delta und nach Süd-China.

Als im 13. Jahrhundert **Marco Polo** als erster namhafter Europäer auf Sumatra indonesischen Boden betrat, war bereits das ostjavanische Reich von **Majapahit** an der Macht, dessen Einflußbereich ungefähr dem heutigen Staatsgebiet entsprach. Innere Zerrüttung und das Aufkommen des Islams führten im 14. Jahrhundert zu seinem Untergang. Die letzten hinduistischen Fürsten wi-

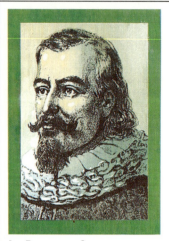

Jan Pieterszoon Coen

chen vor der neuen Religion nach Bali aus. Arabische und persische Händler hatten den Islam auf ihren Handelsreisen über Indien in die Inselwelt gebracht. Obwohl es an den Fürstenhöfen schnell zu einer Übernahme dieser neuen Religion kam, hielt die Landbevölkerung Javas bis ins 18. Jahrhundert an ihren hindujavanischen Traditionen fest.

Mit der Entdeckung des Seeweges um die Südspitze Afrikas kamen erste europäische Handelsflotten in den Archipel. Es gelang den **Portugiesen,** sich an mehreren Orten Indonesiens festzusetzen. Angelockt von den enormen Gewinnen im Gewürzhandel, folgten 1596 die **Niederländer.** Um bestehende und künftige Streitigkeiten der konkurrierenden holländischen Gesellschaften im Handel mit Indonesien endgültig zu beenden, gründeten diese, nach englischem Vorbild, die **Vereinigte Ostindische Compagnie (VOC),** deren Satzung den Erwerb von Territorialbesitz beinhaltete. Nachdem sie die Portugiesen und die nachdrängenden englischen Rivalen ausgeschaltet hatten, konnten sie auf weiteren Inseln neue Handelszentren einrichten. Wo sich Bevölkerung und Fürsten gegen die Fremdherrschaft sträubten, wurde mit rücksichtsloser Härte durchgegriffen. Die Banda-Inseln wurden dadurch zu Beginn des 17. Jahrhunderts nahezu entvölkert. **Jan Pieterszoon Coen,** der für diese Taten verantwortlich war, gründete als Generalgouverneur des niederländischen Herrschaftsbereichs 1618 die Stadt **Batavia,** das heutige Jakarta.

Im 18. Jahrhundert weitete sich die Macht der VOC von anfänglichen Handelsstützpunkten auf größere Territorien aus. Man begann, ein Kolonialreich aufzubauen. Waren die einheimischen Fürsten der VOC gegenüber nicht loyal, so wurde die Thronfolge mit Waffengewalt „korrigiert". 1755 kam es deswegen zu einer Spaltung des javanischen Fürstenhauses in die Sultanate **Yogyakarta** und **Solo (Surakarta).** Letzteres verblieb weiter in direkter Abhängigkeit von den Niederlanden.

Zu Beginn des 19. Jahrhunderts, veranlaßt durch den Bankrott der Compagnie, übernahm die niederländische Krone die überseeischen Besitzungen. Sie wurde jedoch kurz darauf von den **Engländern** verdrängt, die sich die Besetzung Hollands durch Napoleon 1811 zunutze machten. Ihr Gouverneur, **Sir**

Prinz Diponegoro

Stamford Raffles, führte sozialreformerische Maßnahmen durch und ein liberales Handelssystem ein. Die Erforschung des Landes sowie die Wiederentdeckung vieler javanischer Kulturdenkmäler, darunter die des Borobudur, gehörten zu seinen größten Taten. Nach dem Sturz Napoleons kehrten die Niederländer 1814 in den Archipel zurück. Das weitere 19. Jahrhundert ist von Kriegen und Aufständen geprägt.

Prinz Diponegoro führte von 1825 bis 1830 einen ersten großen Schlag gegen die Kolonialmacht, bei dem weite Teile Javas verwüstet wurden. Zum Ausgleich für ihre Verluste führten die Niederlande unter der Bezeichnung „kultuurstelsel" ein Pflichtabgabesystem ein. Die Bauern mußten ein Fünftel ihres Bodens für die Kaffee-, Zucker-, Indigo-, Gewürz- und Tabakproduktion zur Verfügung stellen. Diese Produkte wurden ihnen dann zu niedrigsten Preisen abgekauft.

Die Befriedung des Sultanats **Aceh** dauerte insgesamt 200 Jahre und führte 1878 durch großangelegte Feldzüge der Niederlande zur Kapitulation.

Im 20. Jahrhundert organisierte sich der politische Widerstand in Form von nationalen Gruppierungen. 1908 kam es zur Gründung der **Budi-Utomo** (Edles Streben)-Bewegung, die die Grundlagen des indonesischen Nationalismus formulierte. Der wachsende Druck der Bevölkerung bewirkte nun einige soziale Verbesserungen, die aber in keinem Verhältnis zu den kolonialen Gewinnen standen. Die Bewegung **Sarekat Islam** erreichte 1918 durch geschickte Verhandlungstaktik die Errichtung eines Volksrates. Der spätere Präsident **Sukarno,** der eine auf dem hindu-javanischen Erbe beruhende nationale Massenbewegung ins Leben rief, die 1927 in die **Partei Nasional Indonesia** einmündete, wurde zusammen mit dem Nationalisten **Hatta** als Unruhestifter verbannt. Während der **japanischen Besatzungszeit** im 2. Weltkrieg gelang es den beiden, den nationalen Unabhängigkeitsgedanken weiter zu festigen. Bevor die Japaner in Indonesien kapitulierten, erkannten sie die neue nationale Regierung unter Sukarno an.

Am 17. 8. 45 wurde die unabhängige Republik Indonesien durch ihn ausgerufen. Die Niederlande erkannten erst auf den Druck der Vereinten Nationen und der Weltöffentlichkeit hin 1949 die Republik Indonesien an. Die unter der Malino-Politik entstandene Republik Süd-Molukken wollte sich nicht in den neuen Staatsverband eingliedern lassen. Sie kämpften unter dem Präsidenten Sumokil bis zum Ende 1950 um ihre Selbständigkeit. Nach der Niederlage gingen viele seiner Anhänger ins niederländische Exil. Eine weitere Forderung Sukarnos war die Eingliederung Niederländisch-Neuguineas in die Republik. Der Standpunkt Den Haags, daß die Insel weder rassisch noch kulturell zu Indonesien gehöre, führte erneut zu Auseinandersetzungen. In der Neuguinea-Frage hatte er jedoch durch Vermittlung der UN Erfolg. Nachdem Indonesien 1963 zunächst UN-Treuhänder dieser Region wurde, fand 1969 ein Abstimmungsverfahren statt, das zur Eingliederung West-Neuguineas führte.

Da Sukarno, auf linksnationale Kräfte vertrauend, ein Bündnis nationaler, religiöser und kommunistischer Bewegungen anstrebte, kam es am 30. September 1965 zu einem Putschversuch der Kommunisten. Sukarno konnte den „Geist", den er gerufen hatte, nicht mehr bändigen. Die Gegenoffensive kam teilweise von unpolitischer Seite. Generalmajor **Suharto** griff ebenfalls in die Wirren ein. Es kam zu blutigen Kämpfen, in denen sich der Haß der Bevölkerung gegen die ungläubigen Kommunisten entlud. Nachdem Suharto 1966 begrenzte Vollmachten erhalten hatte, wurde er 1968 vom Volkskongreß zum Präsidenten gewählt. 1971 fanden erstmals nach 17 Jahren wieder allgemeine Wahlen statt.

1977 wurde der Volkskongreß neu gebildet. Dieser erstellt das Regierungsprogramm (Fünfjahresplan) und ist zusätzlich für die Wahl des Präsidenten verantwortlich.

1975 erhielt der letzte noch bestehende portugiesische Kolonialbesitz Ost-Timor seine Unabhängigkeit, was dort, beeinflußt von Portugal,

Sukarno

den Bürgerkrieg auslöste. Es kam zum Einmarsch indonesischer Truppen und zur darauf folgenden Ernennung zur 27. Provinz.

Seit 1967 gehört Indonesien zur **Vereinigung Südostasiatischer Staaten (ASEAN)** und strebt internationale Unabhängigkeit an.

Aufbau und Zuständigkeit der Gebietskörperschaften

Wer in Indonesien abseits touristischer Pfade wandelt, wird früher oder später zwecks Einholung einer Information oder Anfrage um eine Erlaubnis beim Büro eines Gouverneurs, eines Bupati (Landrat) oder Camats (Amtsvorsteher) vorsprechen müssen. Um das Ineinandergreifen der einzelnen Gebietskörperschaften sowie deren Kompetenzbereich zu verdeutlichen, hier einige Erläuterungen:

Der Präsident verkörpert die höchste Exekutivgewalt im Staate. Er ernennt auf Vorschlag des Provinzparlaments den Gouverneur. Das Provinzparlament verabschiedet zwar einen Haushalt, der aber nicht auf nennenswerten eigenen Steuereinnahmen beruht. Er wird zu großen Teilen von der Zentralregierung getragen. Die Kabupaten (Landkreise) und die Kotamadyas (kreisfreie Städte) ergeben zusammen die autonomen Gebietskörperschaften. An ihrer Spitze steht ein Bupati, oder, die Kotamadyas betreffend, ein Walikota. Beide werden vom Innenminister ernannt.

Je nach Größe einer Provinz kann sie in bis zu 10 Kabupaten aufgeteilt sein. Diese Gebietskörperschaften der sogenannten 2. Stufe haben kein eigenes Parlament, verabschieden aber einen eigenen Haushalt. Jeder dieser Kabupaten ist wiederum in mehrere Verwaltungseinheiten, sogenannte Kecamatan (Gebietskörperschaften der 3. Stufe), unterteilt. Sie sind das Hauptverbindungsglied zwischen der Zentralregierung und der Bevölkerung. Der dem Kecamatan vorstehende Camat wird vom Innenminister auf Vorschlag des Bupatis ernannt.

Für die in den Dörfern wohnende Landbevölkerung ist der Lurah (Bürgermeister), der von ihnen nach demokratischen Prinzipien gewählt werden soll, die Kontaktstelle zu den Gebietskörperschaften der 3. Stufe. Die Zuständigkeit des provinzeigenen Beamtenapparates geht fließend in die der Zentralregierung über.

Innerhalb eines Dorfes bzw. Stadkerns sind mehrere Familien in einen Nachbarschaftsverband (RW) zusammengeschlossen. Mehrere dieser Kleinverbände ergeben zusammen einen Bürgerblock (RT). Diese Kennzeichnung dient übrigens auch zur Orientierung bei der postalischen Zustellung. Von den RW's und RT's geht häufig auch die Organisation und Durchführung öffentlicher Dienst- und Hilfeleistungen aus.

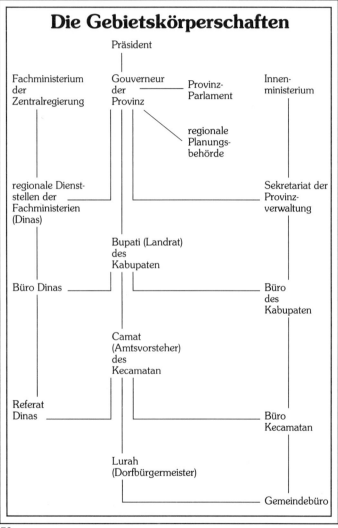

Lage und Landschaften

Die Vielfalt Indonesiens wurzelt zu einem großen Teil in der insularen Zersplitterung seiner Region. Mit seinen **13 677 Inseln** ist es der größte Inselstaat auf unserem Globus. Die zweit- und drittgrößten Inseln dieser Erde, Neu Guinea und Borneo, gehören ebenfalls mit großen Teilen zum Territorium der Republik. Auch kleinste Eilande und Atolle kann man in diesem Raum entdecken. Mehr als die Hälfte aller Inseln ist unbewohnt.

Die Landfläche ist mit 1,9 Mio. qkm ca. achtmal größer als die der Bundesrepublik Deutschland. Dazu kommen noch 3,3 Mio. qkm an Territorialgewässern, die an den Indischen und Pazifischen Ozean grenzen. Auf mehr als einem Achtel des Erdumfangs zeigt Indonesien die reizvollsten und gegensätzlichsten Landschaftsformen. Von palmenumrauschten Koralleneilanden im tiefblauen Meer, über terrassierte Reislandschaften, trockene Savannen bis zu den von ewigem Schnee und Eis bedeckten Bergen West-Irians ist nahezu alles vertreten. Da Indonesien außerdem mit mehr als 300 Vulkanen einen großen Teil des sogenannten pazifischen Feuerrings bildet, sind viele Gebiete vom Vulkanismus geprägt.

Vor 30 Mio. Jahren gab es den gesamten Malaiischen Archipel (incl. Philippinen) noch nicht. Er begann erst am Ende des Miozäns vor etwa 15 Mio. Jahren durch geotektonische Aktivitäten aus dem Meer aufzusteigen. Da auch die Eiszeiten zum Heben und Senken der Meeresspiegel beitrugen, wiesen die jeweils zum **Sunda-** oder **Sahulsockel** gehörenden Inseln eine Landverbindung zum südostasiatischen oder australischen Festland auf. Anhang der damals bestehenden Verbindungen lassen sich auch die heutigen Verbreitungsgebiete der euro- und australasiatischen Pflanzen- und Tierwelt erklären. Die sogenannte **Wallace-Linie,** die durch einen in der Makassar-Straße gelegenen Tiefseegraben gebildet wird, der sich zwischen Bali und Lombok fortsetzt, blieb auch während der Eiszeiten vom Meer bedeckt. Sie bildete somit eine natürliche Ausbreitungsgrenze (siehe Fauna und Flora).

Der indonesische Archipel wird durch zwei parallel verlaufende Gebirgsketten gebildet, die man als Verlängerung hinterindischer Gebirgszüge ansehen muß. Das äußere und ältere Gebirgssystem liegt zum großen

Vulkanismus

Die Vulkane Indonesiens sind Fluch und Segen zugleich. An den steilen Flanken der malerischen Vulkane Javas, die, zwischen Reisterrassen und Bambushainen gelegen, in den tropisch-blauen Himmel ragen, trifft man bis in große Höhen dichte Besiedelung an. Trotz der Gefahr, bei einem Ausbruch Leib und Leben zu verlieren, nutzen die Bauern Javas und Sumatras bis in Höhen von ca. 1 400 m die fruchtbaren kalkalkalischen Aschenböden. Regelmäßige feine Ascheregen beeinflussen den Ertrag ihres Anbaugebietes nachhaltig positiv.

Doch kommt manchmal auch der Augenblick, in dem die Gunst des Berges in Ungunst umschlägt. 1922 und 1930 wurden bei großen Ausbrüchen des **Merapi-Vulkans** in Mittel-Java ganze Dörfer dem Erdboden gleichgemacht. Tausende von Menschen kamen dabei ums Leben. Obwohl der vulkanische Warndient 1930 die Bevölkerung zur Evakuierung der Gefahrenzone aufforderte, folgte niemand dem Aufruf. Man hielt die Warnung für einen Vorwand der Kolonialverwaltung, die sich nach Meinung der Bauern des Gebietes bemächtigen wollte. Sie vermochten nicht zu glauben, daß Menschen die von den Göttern gesandten Urgewalten der Erde vorhersehen konnten. 1961 und 1967 führten erneute Ausbrüche dieses Vulkans zur Vernichtung großer Anbauflächen. Der plötzliche Untergang des Mataram-Reiches im 11. Jahrhundert wird ebenfalls auf einen gewaltigen Ausbruch des Merapi zurückgeführt.

Bali erlebte erst 1963 seine letzte große Vulkankatastrophe, bei der der Ausbruch des **Gunung Agung** 2 500 Menschenleben forderte. Neben 120 qkm Anbaufläche, die vorerst unbrauchbar wurde, zerstörten breite Lavaströme, die östlich von Padang Bay ins Meer flossen, 30 qkm Reisfelder. Besonders die Geschichte vom Ausbruch des **Krakatau,** eines Vulkans in der Sunda-Straße zwischen Java und Sumatra, läßt uns auch heute noch erschauern. Nachdem der Berg im August 1883 innerhalb weniger Tage durch erhöhten inneren Gasdruck um 150 m angewachsen war, kam es zum größten Ausbruch seit Menschengedenken. Mehr als zwei Drittel der 33 qkm großen Insel verschwanden dabei in einem gewaltigen unterseeischen Einbruchbecken. Die dadurch entstandenen Flutwellen, die mit einer Höhe von 30 m auf die Küsten Javas und Sumatras trafen, kosteten mehr als 25 000 Menschen das Leben; Küstenschiffe wurden 20 km landeinwärts wiedergefunden. Durch den Auswurf von ca. 18 km^3 heißer Aschen und Laven, die das Land im Umkreis mit 50–100 m hohen Bims- und Aschenschichten bedeckten, starben weitere 12 000 Menschen. Die Auswirkungen des Krakatau-Ausbruchs beschränkten sich aber nicht nur auf die Inselwelt Indonesiens. Der Explosionsknall wurde noch in Sri Lanka und Australien vernommen. Die Flutwelle lief zweieinhalb mal rund um die Erde. Aschenpartikel, die bis zu 27 km hoch in die Stratosphäre geschleudert wurden, sorgten durch die Reflexion des Sonnenlichts für prächtige glutrote Abendhimmel rund um den Erdball. Heute ist an der Stelle des alten Krakatau der **Anak-Krakatau** (Kind des Krakatau) entstanden, der seit seinem ersten Erscheinen 1928 bereits eine Höhe von 500 m erlangt hat.

Von ähnlichen, wenn auch kleineren Ausbrüchen, zeugen heute noch die großen vulkanischen Einbruchkessel des **Batur, Tengger** (Bromo), **Toba-Sees** und des **Tambora** (siehe auch S. 138). Nicht nur die heiße Lava der Vulkane wird gefürchtet. Häufig führt auch die nach kleinen Ausbrüchen neu abgelagerte Asche, die von Regengüssen zu Tal gespült wird, zu sogenannten **Lahars,** die Felder und Dörfer unter ihren gewaltigen Schlammmassen begraben.

Von den mehr als 300 Vulkanen Indonesiens zeigen heute nur noch 71 Anzeichen von Aktivität. 49 Vulkane befinden sich im Fumarolenstadium und bringen nur noch Schwefelgase hervor. Die Tatsache, daß in Indonesien jährlich zwischen 500–1 000 kleine und kleinste Erd- und Seebeben verzeichnet werden, zeigt deutlich, daß das Land auf einem jungen und mobilen Teil der Erdkruste zu Hause ist. Die Berge West-Irians steigen jährlich um ca. 4–5 cm empor.

Teil unter Wasser und ragt in Form der zu Indien gehörenden Andamanen und Nikobaren über den Meeresspiegel hinaus. Es setzt sich in den Sumatra vorgelagerten Inseln fort und endet vorerst bei Enggano. Von Sumbawa erstreckt es sich dann in weitem Bogen über Timor, Tanimbar und Ceram bis Buru. Gegenüber dieser nicht-vulkanischen Kette gehören die bereits erwähnten 300 Vulkane zum inneren Gebirgssystem, das in Sumatra beginnt und nahezu parallel zum äußeren Bogen verläuft und in Nordost-Sulawesi endet. Während die mit Schwemmland und vulkanischen Aufschüttungen angefüllten Ebenen der Landwirtschaft hohe Erträge bringen, sind die von Mogoten (Kegelkarste) geprägten malerischen Karstgebiete meist sehr trocken. Dies macht sich auf den Inseln Sumba, Flores und Timor sowie in Teilen Sumbawas besonders bemerkbar, da diese zusätzlich in einer klimatischen Trockenzone liegen.

Auch die in Hügelländern häufig anzutreffenden **Lateritböden,** die durch Eisenoxyde rot oder gelblich gefärbt sind, ermöglichen nur geringe landwirtschaftliche Produktivität. Unter den ertragreichen Gebieten dominieren die Bereiche mit vulkanischen Böden. Nur 12% der Gesamtfläche Indonesiens sind besiedelt bzw. werden landwirtschaftlich genutzt. Weite Teile des Landes (59%) sind noch von tropischem Regenwald bedeckt. Dieser sogenannte Primärwald wurzelt meist auf den nährstoffärmsten Böden des Landes. Als eutrophe Wuchsform ernährt er sich hauptsächlich aus der eigenen abgestorbenen organischen Masse. Der heute mehr als 28% des Landes bedeckende Sekundärbewuchs entstand meist als Folge des radikalen Holzschlages durch die exportierende Holzwirtschaft und durch den Wanderfeldbau. Man hat jedoch mittlerweile den Wert von naturbelassenen Landschaften erkannt und mehr als 55 Naturschutzgebiete im Lande eingerichtet, die die unterschiedlichsten Landschaftsformen umfassen. Auch ein Teil der periodisch vom Meer umspülten weitflächigen **Mangrovendickichte** Südost-Sumatras und Süd-Kalimantans wurden in Reservate einbezogen. Auskunft über Naturschutzgebiete erhält man beim **Direktorat für Naturschutz,** Jl. Jr. H. Juanda 9, Bogor, Java barat.

Klima

Indonesien hat aufgrund seiner äquatorialen Lage ein vorwiegend innertropisches Klima, das jedoch je nach Gebiet Unterschiede aufweist. Wer dem unwirtlichen Winterwetter Mitteleuropas entfliehen will, indem er nach Indonesien reist, wird dort besonders in den Monaten Dezember, Januar und Februar mit der Regenzeit konfrontiert. Man braucht aber auch während dieser Periode nicht auf den blauen Tropenhimmel zu verzichten, selbst wenn – meist zu bestimmten Tageszeiten – heftige Regengüsse niedergehen. Da sie in der Regel kräftig und von kurzer Dauer sind, sorgen sie für willkommene Abkühlung.

Monate	1	2	3	4	5	6	7	8	9	10	11	12
Jakarta/W.-Java												
mittl. Tagestemp.	26	26	26	27	27	26	26	26	27	27	27	26
Regentage i. Monat	19	17	16	12	10	8	6	4	8	10	13	16
Medan/N.-Sumatra												
mittl. Tagestemp.	25	26	26	27	26	26	26	26	25	25	25	25
Regentage i. Monat	17	14	16	16	15	12	12	11	15	17	18	19
Denpasar/Bali												
mittl. Tagestemp.	27	27	27	26	26	26	25	26	26	27	28	28
Regentage i. Monat	16	13	10	6	5	5	4	3	3	5	8	13
Ujung Pandang/ S.-Sulawesi												
mittl. Tagestemp.	26	26	26	27	27	26	25	26	26	27	27	26
Regentage i. Monat	25	20	18	11	8	6	4	2	2	5	12	22

Besonders die Kleinen Sunda-Inseln, die sonst in einer vom australischen Klima beeinflußten Trockenzone liegen, haben in dieser Zeit hohe Niederschläge. Ein kurzes sintflutartiges Tropen-Unwetter hat auch seine besonderen Reize und muß nicht zur Untätigkeit verleiten. Beispielsweise hat schon so mancher Amateurfotograf sein ausdrucksvollstes Urlaubsfoto im Regen geschossen. Der Grund für die vermehrten Niederschläge in dieser Jahreszeit ist der auf großräumiger atmosphärischer Zirkulation beruhende sogenannte Westmonsun, der auf den Inseln über dem Äquator auch aus nördlicher Richtung kommt. Wer sich aber seiner Sonne sicher sein will, fährt besser zur Zeit des Südmonsuns nach Indonesien. Von Australien kommend, bringt er von Mai bis in den Oktober hinein relativ trockene Luft in den Archipel. Kleine und unbedeutende Tropenunwetter bleiben auch zu dieser Jahreszeit nicht aus.

Die Luftfeuchtigkeit beträgt in den Küstenniederungen im Jahresmittel 83%. Auf den kleinen Sunda-Inseln ist sie während dieser Monate bedeutend geringer und erreicht meist nicht mehr als 65%. Die höchste Sonnenscheindauer verzeichnet man in den Küstenebenen, deren mittlere Jahrestemperatur von 26,5°C nur geringfügige monatliche Schwankungen aufweist. Diese Jahresmitteltemperatur fällt jedoch um 1°C pro Höhenstufe von je 190 m. Mit wachsender Entfernung von der Meeresküste und zunehmender Höhe nimmt auch die Sonnenscheindauer ab. Für einen Sonnenbrand reicht es aber noch allemal. In Höhenlagen über 1500 m kann es besonders nachts empfindlich kühl werden. Bei Bergtouren kommt man nicht ohne warmen Schlafsack aus.

Wie man daraus ersieht, bietet Indonesien auch auf klimatischer Ebene große Gegensätze. Während man in den heißen Küstenorten Nord-Javas tagsüber förmlich „dahinschmilzt", zittert man nachts auf dem Dieng-Plateau vor Kälte. Auch das im Westen des Landes ständig feuchtheiße Wetter mit seinen reichlichen Niederschlägen steht im krassen Gegensatz zu den ausgeprägten Regen- und Trockenzeiten Zentral- und Ost-Javas und der Kleinen Sunda-Inseln. Im allgemeinen wird das warme tropische Klima Indonesiens nach kurzer Eingewöhnungszeit als angenehm empfunden.

Flora und Fauna

Flora
Kein Gebiet dieser Erde ist von der Natur reichlicher bedacht worden als die in verschiedenen Grüntönen leuchtende Inselwelt Südostasiens. Neben einer wilden und artenreichen Tiergesellschaft birgt diese Region auch eine formenreiche und farbige **Pflanzenwelt,** die ihresgleichen sucht. Viele Forscher erkannten den Naturreichtum des Archipels, darunter auch der Biologe Alfred Russel Wallace. Nach ihm, dem Entdecker, wurde die Verbrei-

tungsgrenze der südostasiatischen Pflanzen- und Tierwelt Wallace-Linie genannt (siehe Lage, Landschaften).

Indonesiens tropischer Regenwald, der 59% der Landfläche einnimmt, ist wegen seiner Artenvielfalt keineswegs so einheitlich geraten wie die Urwälder Afrikas und Süd-Amerikas. Auf einem Hektar kommen teilweise bis zu 100 verschiedene Baumarten vor. Allein in den Urwäldern Kalimantans gibt es doppelt soviele Arten wie in ganz Afrika. Während die Wälder Sumatras und Kalimantans mehr asiatisch geprägt sind und zur Hälfte von der **Dipterocarpaceen-Familie** bewachsen werden, weisen die Molukken und West-Irian u. a. **Eukalyptus- und Kasuarinenarten** auf. Wie der Name schon sagt, ist der Regenwald auf hohe Niederschläge und feuchtheißes tropisches Klima angewiesen. In Arealen mit weniger als 2 000 mm Regenfall pro Jahr trifft man daher nur den lichteren Monsunwald an, der unter 1 000 mm jährlichem Niederschlag in Savannen- oder Strauchwald übergeht.

Die Landfläche Kalimantans und West-Irians ist heute noch bis zu 75% mit Primärwald bedeckt. Im dichtbevölkerten Java findet man ihn nur noch im Naturschutzgebiet von **Ujung Kulon** (West-Java), wie auch in den Gipfelregionen der Vulkane. Neben dem **Eisenholzbaum,** dessen Holz wegen seines hohen spezifischen Gewichts nicht schwimmfähig ist, begegnet man in Indonesien noch vielen anderen außergewöhnlichen und interessanten Vertretern der Pflanzenwelt. Die auf Sumatra und in Borneo selten vorkommende **Rafflesia** (nach dem Engländer Raffles benannt) hat die mit mehr als 1 m Durchmesser größte Blüte der Welt. Ähnlich der **Amorphophallus-Pflanze,** deren Blütenstamm mehr als 3 m hoch wird, lockt sie mit Aasgeruch die zur Fremdbestäubung notwendigen Insekten an.

Wer aber mehr an wohlriechenden Gewächsen interessiert ist, kann in den Orchideengärten von Jakarta und Bogor neben den unzähligen Wildarten auch die phantastischsten Neuzüchtungen von **Orchideen** bewundern. Wegen ihres angenehmen Duftes und ihrer schönen Blüten sind auch **Frangipani** (Kamboja), **Jasmine** (Melati) und **Bougainvillea** in Indonesien weit verbreitet.

In diesem Lande wachsen aber nicht nur wunderschöne und bezaubernde Ziergewächse, sondern auch lebensnotwendige Nutzpflanzen. Eine der wichtigsten ist der schnellwachsende **Bambus,** der mit 250 Arten im Archipel vorkommt. Handfertig und geschickt, wie die Indonesier nun einmal sind, gebrauchen sie ihn zu den verschiedensten Zwecken. Tragestangen, Trinkgefäße, Haus- und Brückenkonstruktionen stellen nur einen kleinen Teil der sogenannten „Bambustechnik" dar.

Symbol für Fernweh, Tropen und Exotic sind meist die **Palmen,** von denen es in Indonesien über 150 Arten gibt. Die bekannteste unter ihnen dürfte wohl die **Kokospalme** sein, die überall in den Küstenniederungen wächst.

Kopra ist neben Fischfang für die Bewohner kleinerer Inseln und Atolle die Haupteinkommensquelle. Palmwein, Kokosfasern und Öl stellen nur einen Teil der aus diesem

Die Kokospalme –
Ein Symbol stirbt aus

Beim Stichwort „Tapetenwechsel" denkt ein Tropenfan an weiße Sandstrände, Kokospalmen und... – ja das war's dann meist auch schon.

In der Tat sind die Kokospalmen ein Symbol für Fernweh und Exotik. Für die Bewohner tropischer Küsten stellt dieser Urbaum mit der lateinischen Bezeichnung Cocos nucifera neben dem Fischfang meist die zweite Säule der Ernährung dar. Vielseitig nutzbar wie sie ist, liefert die Kokospalme auch Material zum Bauen und Flechten. Die Hiobsbotschaft, daß Cocos nucifera weltweit von einer tödlichen Krankheit befallen ist, ließ daher nicht nur Plantagenbesitzer und Touristikunternehmen aufhorchen.

In der Tat bekommen sie rund um den Äquator immer häufiger gelbe und vertrocknete Blätter. Vielerorts ragt sogar nur der graue Stamm als blattloser Stumpf in den blauen Tropenhimmel.

Stirbt nach den Wäldern Europas und des Amazonas-Gebiets nun auch dieses „Traumgewächs"? „Nicht auch noch meine Urlaubspalmen!", werden manche sagen, die dem Sterben der Wälder bisher tatenlos zugesehen haben. Und wirklich – das Bild der ehemals von den Kokospalmen beherrschten Tropen ist an vielen Stellen unseres Globus bereits zu einem Trauerbild geworden. Betroffen sind beispielsweise Gebiete in der Karibik, in Afrika, Indien und Borneo. Auch in anderen Teilen Indonesiens sind erste Ansätze des Palmensterbens zu erkennen.

Die Wissenschaft hat die Übeltäter bereits erkannt. Es sind Mykoplasmen (Mikro-Organismen), die durch Zikaden beim Einstich in die Palmenrinde übertragen werden. Von hier gelangen sie in die Leitbündel des Stammes, wo sie sich intensiv vermehren. Die Folge davon ist die Unterbrechung der Wasserzufuhr und die Veränderung des Stoffwechsels der Kokospalme.

„Aha, also kein saurer Regen!" Grund zum erleichterten Aufatmen gibt es jedoch nicht, ist doch die schlagartige Verbreitung der Zikaden ebenfalls umweltbedingt.

„Und was tut man dagegen?" Gegenwärtig versucht man sich in der Züchtung resistenter Sorten und in der Schädlingsbekämpfung mit Insektiziden. Vielleicht waren es aber gerade letztere Stoffe, die die Feinde der inzwischen giftunempfindlichen Zikaden vernichteten und ihnen damit ungehinderte Vermehrung ermöglichten.

Sollte das Palmensterben so weiter gehen, werden die Inselwitze, um nicht realitätsfremd zu wirken, bald auf ihre obligate Kokospalme verzichten müssen.

Gewächs herstellbaren Produkte dar. **Sago-, Betelnuß, Rotang- und Nipapalmen** sind weitere nutzbare Vertreter ihrer Gattung. Ohne ökonomische Bedeutung sind die verschiedenen sogenannten **fleischfressenden Pflanzen.** Während Insekten im Enzymsaft der Luft- und Bodenkannenpflanzen aufgelöst werden, gelingt es einer bestimmten Mückenart, in ihm ihr Larvenstadium durchzubringen.

Fauna
Ähnlich wie in der Pflanzenwelt Südostasiens, in der es noch viele unbekannte Arten gibt, birgt auch die **Tierwelt** sehr viel unerforschtes Leben. Biologen vermuten, daß es in den Regenwäldern Indonesiens noch Tausende unbekannter **Insekten** gibt, deren wissenschaftliche Bestimmung wohl niemals stattfinden wird, zumal der radikale Holzschlag der letzten Jahre viele Arten akut bedroht. Obwohl jeder Baum ein Heer spezialisierter Insekten beherbergt, das von seinen Wurzeln, seiner Borke oder seinen Blattspitzen lebt, richten sie kaum Schaden an. Erst, wenn das Zusammenspiel des verschiedenartigen Lebens durch menschliches Zutun aus dem Gleichgewicht gerät, kann es zum Raubfraß durch Insekten kommen.

Manche dieser chitingepanzerten Gesellen haben sich auf grandiose Weise optisch ihrer Umgebung angepaßt. Die **Stabheuschrecken,** zu denen auch die **Gottesanbeterin** gehört, tun sich dabei besonders hervor. Manche ähneln Stöcken, trockenen Zweigen oder Blättern. Die verschiedenen **Termitenarten** zeichnen sich dagegen durch unterschiedliche Nestbauweise aus.

Während die einen ihre Kugelnester in Baumkronen hängen, bauen andere Arten Erdfestungen mit hohen Türmen.

Da es in Indonesien nur wenige große Aasfresser gibt, übernehmen hauptsächlich **Ameisen** diese Aufgabe. Sie haben dadurch eine bedeutende Funktion im Lebenszyklus der Tropen. Da die meisten im Falle der Bedrohung schmerzhaft beißen können, sollte man auf Abstand bleiben. Das einzige Insekt der Tropen, mit dem man wirklich in Berührung kommt, ist der **Moskito** (Anopheles), der sich aber nur ungern in klimatisierten Zimmern aufhält. Nur wenige **Anopheles-Arten** übertragen die Malaria. Da in den sumpfigen Küstenebenen Sumatras, Kalimantans und Irians die Malaria am häufigsten vorkommt, empfiehlt sich hier eine medikamentöse Prophylaxe und der Gebrauch eines Moskito-Netzes während der Nacht.

Abgesehen von den bunten Käfern und Spinnen, die trotz ihres farbenfrohen Gewandes den europäischen Besucher nur selten zu begeistern vermögen, gehört die große Familie der Tagfalter zu den prächtigsten Insekten. Der **Attocas Atlas** ist mit 25 cm Spannweite der größte Schmetterling in Südostasien. Die meisten Arten kommen während der Regenzeit vor und sind farbenprächtiger und größer.

Die bekanntesten Vertreter der indonesischen Tierwelt sind der **Orang Utan** und der **Komodo Waran**. Obwohl ersterer früher auch auf dem Festland zu Hause war, ist er heute nur noch in Sumatra und Kalimantan in Freiheit anzutreffen. Als reiner Vegetarier stellt er für uns Menschen zwar keine Bedrohung dar; dennoch wurde er von den eindringenden Europäern mit Vorliebe gejagt. Seine natürliche Intelligenz und seine Menschenähnlichkeit waren der Anlaß für die gewagtesten „wissenschaftlichen Spekulationen". Seine freundliche und neugierige Haltung den Menschen gegenüber konnte ihn nicht vor der Verfolgung bewahren. Heute leben aufgrund intensiver Schutzmaßnahmen noch einige tausend Orang-Utans in freier Wildbahn. In **Bohorok** (Nord-Sumatra) und im **Tanjung Puting Reservat** (Süd-Kalimantan) werden junge Orang-Utans, die man auf dem Schwarzmarkt aufgegriffen hat, wieder an das Leben in der Wildnis gewöhnt.

Mit seiner dunklen lederartigen Haut und seiner tiefgespaltenen rotgelben Zunge scheint der **Komodo-Waran** die Verkörperung eines Urweltungeheuers zu sein. Er ist mit 4 m Länge die größte lebende Landechse und erreicht ein Gewicht von ca. 180 kg. Man entdeckte ihn erst im Jahre 1912 auf der Kleinen Sunda-Insel Komodo sowie den benachbarten Inseln Padar und Rinca. Auch im Westen von Flores hat man kleinere Arten gefunden. Die großen Echsen leben außer von Aas auch von der Jagd auf Schweine und Hirsche.

Um die Verbreitung der indonesischen Großtierarten verstehen zu können, müssen wir erneut an die pleistozänen Meeresspiegel-Schwankungen denken. Durch die damaligen Eiszeiten ausgelöst, brachten sie Landverbindungen mit dem Festland hervor, über die der **Elefant** und das Nashorn nach Sumatra und

Kalimantan einwandern konnten. Auch im Westen Javas findet man heute noch ca. 25 Exemplare des Javanischen Panzernashorns. Da die Chinesen glauben, daß das pulverisierte Horn dieser Tiere, als Aphrodisiaka eingenommen, den Geschlechtstrieb steigert, werden ihre zweihornigen Artgenossen auf Sumatra bis auf den heutigen Tag durch illegale Jagd bedroht.

Der **Tiger,** der im Laufe der Zeit über Sumatra und Java nach Bali vordrang, wurde hier zu Beginn der 70er Jahre ausgerottet. Es war der kleinste seiner Art. Auf Java und Sumatra leben heute noch ca. 600 Stück. Der **Leopard** ist jedoch auf dem überbevölkerten Java noch häufiger anzutreffen, da er es versteht, der menschlichen Expansion auszuweichen. Man trifft ihn hier hauptsächlich in den bewaldeten Vulkanregionen an. Selten geworden ist auch der **Tapir,** der mit seiner schwarzweißen Tarnfärbung nur schwer zu entdecken ist. Mit seiner rüsselartigen Schnauze durchstreift er äsend die Regenwälder Sumatras. Vom **Banteng,** einem Wildrind, das auf Java und in Kalimantan lebt, gibt es in Indonesien (besonders auf Bali) domestizierte Formen. Sie sind neben dem **Wasserbüffel** (Kerbau) und dem **Zeburind** wohl die wichtigsten Haus- und Arbeitstiere.

Auf den Inseln östlich der **Wallace-Linie** existiert neben mehreren Beuteltierarten den **Kuskus** und **Baumkänguruh** auch eine prächtige und vielseitige Vogelwelt. Die einzigartigen **Paradiesvögel,** der dem Straußvogel ähnliche **Kasuar** und die bläulichen **Kronentauben** leben in dem zu Indonesien gehörenden Teil Neuguineas und seinen vorgelagerten Inseln. Eine der Paradiesvogelarten ist auch das Wappentier West-Irians. Manche Vögel werden wegen ihrer Fähigkeit, Stimmen und Geräusche zu imitieren, gerne in Gefangenschaft gehalten. Die schwarzgefiederten **Beos** sind neben den **Kakadus** die ungekrönten Meister dieses Fachs.

Mit mehr als 55 großen Naturschutzgebieten ist Indonesien ein wahres Tierparadies. Da darf natürlich auch die **Schlange** nicht fehlen. Obwohl die Urlauber sie am meisten fürchten und sie hinter jedem Strauch und Stein vermuten, kann es vorkommen, daß man auf wochenlangen Dschungelmärschen kein einziges Reptil zu Gesicht bekommt. Die meisten Arten weichen der Begegnung mit dem Menschen aus. Da Schlangen nachtaktiv sind, sollte man abends im Busch nur festes Schuhwerk tragen. Sicher ist sicher! Unter den mehr als 200 Arten des Archipels sind der **Taipan** und die **gebänderte Krait** die giftigsten; die **Netzpython** ist mit ihren ca. 11 m die längste Schlange in Indonesien. Es gibt sogar eine, die in die Luft geht. Es ist die **Chrysopolea,** die sich mit ihrem flachgespreizten Körper von einem Ast abstoßen und zur Erde gleiten kann. Auch andere Reptilien und Amphibien wagen den großen Sprung, um dann mittels Gleitanpassung ohne Ausnutzung von Thermik eine Art Segelflug durchzuführen. Die vielen **Fledermausarten,** die mit der einsetzenden Dämmerung teilweise zu Tausenden übers Land ziehen, sind dagegen wahre Kunstflieger.

Die indonesischen **Krokodilarten** bleiben jedoch auf dem Boden. Besonders in den Brack- und Meerwasser lebenden Exemplare erreichen die ehrfurchterregende Länge von 7 bis 8 m. Sie leben mit Vorliebe in Mangrovensümpfen und schlammigen fischreichen Küstengewässern. Bedeutend kleiner, aber ebenso erfolgreiche Jäger sind die **Geckos** (Cicaks). Als „gute Geister" bevölkern sie vom Hochhaus bis zur kleinsten Hütte den menschlichen Lebensraum. Voraussetzung für ihre Anwesenheit sind Leuchtkörper, in deren Nähe sie den fliegenden und stechenden Plagegeistern der Nacht auflauern. Der etwas größere **Toké,** der so ruft, wie er heißt, wird von der Bevölkerung als Glücksbringer angesehen. Ertönt sein Ruf siebenmal hintereinander, bringt einem die Zukunft nur Gutes. Tut er es nicht, bleibt alles beim alten.

Man sieht, Indonesiens Fauna und Flora scheinen nahezu unerschöpflich. Allein das bunte Leben unter Wasser zu beschreiben, würde ganze Bände füllen.

Da man vielen Tieren in freier Wildbahn nur nach langwieriger Suche begegnen wird, empfiehlt sich der Besuch des schönen **Ragunan-Zoos** bei Jakarta. Er gewann in einem internationalen Zoo-Wettbewerb den 1. Preis. Von den Ufern eines kleinen aufgestauten Flusses kann man auf den darin gelegenen Inseln viele Arten in nahezu freier Wildbahn beobachten. Wenn abends die Dämmerung über den menschenleeren Zoo fällt und der warme Erdgeruch – von der Abendluft erfaßt – durch die weitfächrigen Kronen der tropischen Bäume weht, verspürt man ein wenig den Hauch des Regenwaldes.

Bevölkerung

Für den ersten Präsidenten der Republik war es anfangs nicht leicht, aus dem von mehr als 300 Volksgruppen bewohnten Gebiet eine politische Einheit zu bilden. Mit der Nationalsprache Bahasa Indonesia, die aus dem im Riau-Archipel gesprochenen Melayu entwickelt wurde und der Sprache Malaysias stark ähnelt, schuf er das wichtigste Bindeglied zwischen den unterschiedlichen Kulturen. Auch der Islam, dem damals mehr als 80% der Bevölkerung angehörten, trug viel zum nationalen Einheitsgedanken bei. Unter der heutigen Regierung ist man ebenfalls bemüht, dem Wahlspruch **„Einheit in Vielfalt"** (Bhinneka Tunggal Ika), der im Staatswappen versinnbildlicht ist, Rechnung zu tragen. Die rasante Entwicklung der Infrastruktur und der Kommunikationsmittel tragen immer häufiger zum Kontakt der unterschiedlichsten Volksgruppen bei.

Wie bereits erwähnt, ist die ethnische Vielfalt Indonesiens das Ergebnis großer Völkerwanderungen. Die zu den **Protomalaien** gehörenden **Dayak, Batak und Toraja** kamen zwischen 3000 bis 2000 v. Chr. in den Archipel und verdrängten die bereits vorhandenen **austronesischen Gruppen (Atoni und Alfoeren)** in unzugängliche Berggebiete. Durch die Einwanderung der **Deuteromalaien,** zu denen man **Javaner, Sundanesen** und **Balinesen** zählt, erlitten die Protomalaien dasselbe Schicksal. In entlegenen Gebieten konnten sie sich jedoch der Hinduisierung und später der **Islamisierung** weitestgehend entziehen. Erst mit den auf diese Gruppen zugeschnittenen Missionierungsversuchen christlicher Kirchen wurde in der Mitte des 19. Jh. ihre vom Ahnenkult geprägte Glaubenswelt beeinflußt. Viele dieser Stämme, darunter **Dayak, Torajas, Tukudil, Kubu** und **Papuas** haben jedoch bis auf den heutigen Tag ihren ursprünglichen Glauben bewahren können und tragen damit zur großartigen kulturellen Vielfalt Indonesiens bei.

Neben den großen geistigen und künstlerischen Lebensäußerungen der jungindonesischen Völker (Deuteromalaien), die sich in ihrem faszinierenden Brauchtum und den wunderschönen Tempelanlagen wiederspiegeln, beginnt man heute auch die bewundernswerten und einmaligen kulturellen Leistungen der indonesischen Naturvölker anzuerkennen, die vor wenigen Jahren noch als „primitiv" und somit als nicht erwähnenswert angesehen wurden.

Heute ist Indonesien mit mehr als **160 Mio. Einwohnern** bevölkerungsmäßig der viertgrößte Staat dieser Erde. Die jährliche Zuwachsrate liegt bei 2,2%. 95 Mio. Einwohner leben allein auf Java, das in manchen Gebieten mehr als 1 000 Menschen pro qkm aufweist. Auch Bali und Lombok stehen mit ihrer Besiedelungsdichte weit an der Spitze. Andere Inseln wie Kalimantan und Sumatra sind mit 8 Ew/qkm bzw. 50 Ew/qkm stark unterbevölkert.

Da die durch die hohe Bevölkerungsdichte ausgelösten Probleme die soziale und wirtschaftliche Entwicklung der betroffenen Gebiete behindern, entschloß man sich zur Umsiedelung großer Bevölkerungsteile Javas, Balis und Sulawesis (sogenannte **Transmigrasi-Projekte**).

Die Familienplanung (keluarga berencana) war ein weiteres Mittel im Kampf gegen die Überbevölkerung, mit der es in der Tat gelang, die Zuwachsrate im Laufe weniger Jahre um 0,5% zu senken.

Der Islam ist, obwohl ihm heute mehr als 90% der Bevölkerung angehören, in Indonesien keine Staatsreligion. In der Verfassung des Landes, in der die **Panca Sila** (siehe Anhang) zentral steht, wird die Religionsfreiheit garantiert. Hauptsächlich auf den Molukken, Flores, Timor, in Irian und bei den Batak auf Sumatra findet man den größten Anteil an **Christen,** die jedoch nur 6% der Gesamtbevölkerung Indonesiens ausmachen.

Trotz des zahlenmäßig geringen Anteils findet man verhältnismäßig viele Christen in der politischen Führungsschicht Indonesiens. Ihre starke Position läßt sich hauptsächlich auf die solidare Haltung während des indonesischen Unabhängigkeitskampfes zurückführen. Christliche Schulen und Krankenhäuser, die in letzter Zeit teilweise vom Staat übernommen wurden, gehören zu den besten des Landes. Alte religiöse Verblendung, die zu missionarischem Übereifer führte, hat jedoch den protestantischen Fundamentalisten, die in einer Vielzahl kleiner amerikanischer und englischer Sekten im Lande tätig sind, einen schlechten Ruf eingehandelt. Der Rest von ca. 4% verteilt sich auf **Hindus, Buddhisten** und **Naturreligionen,** die, wie auch der Islam, teilweise von Denk- und Glaubensvorstellungen der hindu-javanischen Vergangenheit durchdrungen sind.

Trotz der vielen sozialen Probleme sind die Indonesier ein freundliches und aufgeschlossenes Volk, das dem Fremden mit Interesse begegnet. Teilweise spiegelt ihr Verhalten aber auch den Konflikt zwischen Tradition und Neuzeit wieder, der besonders die Jugend der Großstädte in zunehmende Distanz zum faszinierenden Erbe ihrer Väter bringt. Der Tourismus, der heute auch in die entlegenen Regionen der Inselwelt vordringt, trägt ebenfalls seinen Teil dazu bei. Manche Volksgruppen wie z. B. die Toraja, die sich nur wenig mit der vordringenden westlichen Philosophie und Lebensweise identifizieren konnten, sind zu alten Glaubensvorstellungen wie die des Aluk Tudolo zurückgekehrt.

Das indonesische **Bildungswesen** befindet sich zur Zeit im weiteren Ausbau. Die seit 1907 von den Niederländern eingerichteten Dorfschulen und die danach in engbegrenztem Rahmen entstandenen höheren Bildungseinrichtungen dienten primär dem Ziel, den Bedürfnissen der Kolonialverwaltung gerecht zu werden und eine begrenzte Zahl Indonesier für untergeordnete Positionen heranzubilden. Im Jahre 1945 waren von 72 Mio. Indonesiern 93% Analphabeten. Die Zahl der Akademiker mit Hochschulabschluß belief sich im selben Jahr auf

Islam

Der Islam ist mehr als eine Glaubensrichtung. Er ist Lebensweise, Gesellschaftssystem, Philosophie, Gesetz und Wissenschaft zugleich. Das Wort Islam bedeutet Unterwerfung – aber nicht unter ein hierarchisches System. Ähnlich wie das Christentum dem Westen, brachte der Islam dem einfachen Menschen Indonesiens durch seine humanitäre Botschaft ein erhöhtes Selbstwertgefühl. Das Gefühl der religiösen Solidarität innerhalb großer Bevölkerungsteile war ebenfalls eine bedeutende Erfahrung, die einen geistigen Auftrieb mit sich brachte.

Wenn in der Morgen- und Abenddämmerung aus den Lautsprechern der Moscheen die Stimme des Muezzin die Mohammedaner zum Gebet ruft, betrifft dies heute mehr als 140 Mio. Indonesier. An den Freitagen strömen die männlichen Moslems in ihrer typischen Gebetskleidung, dem Sarung, und der schwarzen, samtenen Kopfbedeckung, dem Peci, in die islamischen Gotteshäuser, um Allah ihre Unterwerfung zu bekunden. Frauen und Mädchen beten meist zu Hause in ihrer Rukuh, einem weißen Umhang, der nur das Gesicht freiläßt. Trotz der Religiosität der Indonesier bleibt die Orthodoxie des Glaubens für sie im allgemeinen mehr Wunschdenken als Realität. Ihre Form des Islam verlangt in der für die asiatischen Glaubensrichtungen typischen Passivität weder Fanatismus, noch die für die arabischen Länder üblichen strengen Verhaltensmaßregeln. Diese Liberalität kommt besonders in der gesellschaftlichen Stellung der indonesischen Frau zum Ausdruck. Obwohl sie in manchen Gegenden ihr Haupt ständig mit einem Spitzentuch bedeckt, ist die Verschleierung im allgemeinen nicht üblich.

Der Islam kam erst im 13. Jh., ca. 600 Jahre nach seiner Entstehung, durch friedliche Vermittlung von arabischen, persischen und indischen Händlern, in den malaiischen Archipel. Die Verbreitung geschah in der Regel zwanglos. Der neue Glaube durchdrang nach und nach die buddhistisch-hinduistische Glaubenswelt und bildete zusammen mit dem animistischen Erbe der Vorfahren eine Synthese aus hinduistisch-mystischer Tradition und dem Islam. Das Sultanat Aceh, das im 15. Jh. zum Islam übertrat, war zu der Zeit die einzige Macht im Lande, die in einem heiligen Krieg versuchte, die Ausbreitung des Islam auf Sumatra mit Gewalt durchzuführen. Der Erfolg blieb jedoch in großen Teilen der Insel aus, da man die Macht des Adat (traditionelle Wertvorstellung) unterschätzt hatte.

Nach dem II. Weltkrieg machte der Inselstaat aber auch Bekanntschaft mit einer militanten mohammedanischen Bewegung, dem Dar-ul-Islam. Dieser beabsichtigte, einen Gottesstaat nach den Gesetzen des Koran zu

> errichten. Er versuchte, in einem Guerillakrieg anfangs die niederländische Kolonialmacht und später sogar die Zentralregierung der Republik auszuschalten. Seine Macht ist jedoch seit 1966 gebrochen.
>
> Heute sind Islam und Christentum Religionen, die von der universalen Geltung ihrer Botschaft überzeugt sind und sie entsprechend aktiv verbreiten.

480. In keinem anderen unter Kolonialverwaltung stehenden Land wurde die einheimische Bevölkerung so kurz gehalten, wie im damaligen Niederländisch-Ost-Indien. Dem jungen unabhängigen Staat fehlte daher zu Beginn das für seine Entwicklung notwendige geistige Bildungspotential. Nur unter Berücksichtigung dieser historischen Situation wird man die bisherigen Erfolge richtig werten können. Bereits im Jahre 1963 konnten 45% der Bevölkerung lesen und schreiben. Während 1938 nur 21 000 Schulen gezählt wurden, hatte sich die Zahl bis 1971 auf 143 000 erhöht. Auch die Erwachsenenbildung wurde nicht außer acht gelassen. Heute studieren an privaten und staatlichen Hochschulen mehr als 500 000 Studenten. Diese Erfolgsbilanz darf jedoch nicht über die noch verbleibenden Mängel im indonesischen Bildungssystem hinwegtäuschen. Auf Grund der relativ hohen Schul- und Studiengebühren sind die unteren und mittleren Einkommensschichten bildungsmäßig benachteiligt.

Obwohl sich durch den allgemeinen Fortschritt im **Gesundheitswesen** die Gesundheitslage der Bevölkerung grundlegend gebessert hat, kann man sie dennoch nicht als zufriedenstellend bezeichnen. 45 Kranke auf 1 000 Ew, darunter viele Säuglinge bis zum 5. Lebensjahr, zeigen deutlich die Notwendigkeit weiterer Maßnahmen. Die Kindersterblichkeit ist gegenwärtig achtmal höher als in der BRD. 1980 gab es ca. 740 Krankenhäuser mit rund 140 000 Betten. Das bedeutet, daß auf ein Krankenhausbett 1 100 Ew kommen. Ein Großteil der Krankenhäuser ist dennoch nicht voll ausgelastet. Dies liegt unter anderem auch am Mangel an medizinischem Personal. Während noch 1945 auf 60 000 Ew ein indonesischer Arzt entfiel, waren es 1978 nur noch 20 000 Ew. In entlegenen Gebieten der Südmolukken kann das reale Verhältnis auch 1 : 180 000 (Arzt/Ew) sein, da die meisten Ärzte auf der Hauptinsel Ambon ihre Praxis einrichten, sie aber für die ganze südliche Region statistisch ausgewiesen sind.

Obwohl die **Ernährung** mengenmäßig gesichert ist, ist ihre Einseitigkeit in manchen Gebieten die Ursache für die gesundheitlichen Probleme der Menschen. Die letzten beiden „Fünf-Jahrespläne" widmeten jedoch dem Gesundheits- und Ernährungswesen erhöhte Aufmerksamkeit.

Wirtschaft und Verkehr

Unter der Kolonialherrschaft der Niederlande konzentrierte man sich in Indonesien auf eine exportorientierte Wirtschaft, die auch den Abbau der Bodenschätze beinhaltete. Der Ausbau des Transportwesens, des Kommunikations- und Dienstleistungssystems bezweckte die Erhöhung der Exportgewinne im Bergbau und der Plantagenwirtschaft.

Die für Indonesien wichtigen Produktionsbereiche bäuerliche Landwirtschaft, Handwerk und Kleinindustrie wurden jedoch durch die Niederlande stark vernachlässigt. Produkte aus diesen Wirtschaftsbereichen wurden von chinesischen Zwischenhändlern teilweise auch an koloniale Großunternehmer geliefert, die damit ebenfalls in den Export gingen. Dieses koloniale Wirtschaftssystem verursachte eine ökonomische Abhängigkeit vom reichen Ausland, deren Nachwirkungen noch besonders stark unter der Regierung Sukarnos spürbar waren (Inflationsrate: 65%). Die Regierung Suhartos stellt eine gleichmäßige wirtschaftliche Entwicklung in den Vordergrund, die auch die kleinbäuerliche Landwirtschaft und industriellen Kleinbetriebe umfaßt. Das Bruttosozialprodukt, basierend auf den Preisen von 1966, wuchs von 412 Mrd. Rupiah im Jahre 1967 auf 865 Mrd. Rupiah im Jahre 1976. 1981 lag die Inflationsrate nur noch bei ca. 15%. Das **durchschnittliche Pro-Kopf-Einkommen,** das 1975 bei ca. 143 US-$ lag, soll bis 1985 auf 245 US-$ steigen.

Die größte Einkommensquelle des indonesischen Staates ist das **Erdölgeschäft.** Die Nettogewinne aus dem Ölexport machen mehr als 50% der gesamten Exporteinnahmen aus. Man fördert nahezu

Piper longum.

1,9 Mio. Barrel (1 Barrel = 159 l) eines hochwertigen, beinahe schwefelfreien Erdöls. Bis vor kurzem mußte das Rohöl im Ausland raffiniert werden, da man noch nicht ausreichend über die notwendige Technik verfügte. Für den Rückkauf der Fertigölprodukte gingen wertvolle Devisen verloren.

Als **OPEC-Staat** hatte Indonesien in den letzten Jahren ca. 5–6% Anteil an der Gesamtproduktion der Organisation. Das größte Erdölfeld des Landes liegt auf Sumatra, wo einst die ersten Such-Bohrungen niedergebracht wurden. Aus dem Ölvorkommen bei Palembang werden

Reis

Was da so als grünes Rispengras in den verschiedensten Schattierungen im Terrassenanbau und auf bewässerten Feldern heranwächst, ist nicht nur eine Pflanze – Reis ist Leben! Er hat eine Seele!

Wenn die Erntezeit, die je nach Fruchtbarkeit des Bodens 2–3 mal pro Jahr stattfindet, herangekommen ist, geht man ganz vorsichtig zu Werke. Einige Tage vor dem Ernten der körnertragenden Rispen werden, je nach Insel und Stamm, die verschiedenartigsten Zeremonien durchgeführt, um die Götter und Dämonen und die Seele des Reises zu beschwichtigen.

Auf Java und Bali wird die Göttin Sri Dewi als Spenderin des Reises angesehen. Ihr Ursprung geht zurück auf den animistischen Glauben vorhinduistischer Zeit. Als Zeichen der Dankbarkeit bleibt auf vielen Millionen Tellern, aus denen Javaner und Balinesen täglich ihre Mahlzeit zu sich nehmen, ein kleiner Löffel Reis zurück. Den Teller ganz leer zu essen, würde Habgier und Gefräßigkeit bedeuten. Dies mag in den Augen des an Überfluß gewöhnten Besuchers Aberglaube sein; für viele Indonesier, die im Vorhandensein des Reises keine Selbstverständlichkeit sehen, ist es ein Zeichen der Dankbarkeit, den letzten Löffel, der sicherlich noch im Magen Platz gefunden hätte, mit Sri Dewi zu teilen.

Da ca. 70% der indonesischen Bevölkerung in der Landwirtschaft tätig sind, wissen viele aus eigener Erfahrung, wieviel Mühe der Anbau des Reises macht. Daher rührt auch ihre ehrfurchtvolle Haltung ihm gegenüber.

Reis wächst je nach Insellage bis in eine Höhe von 1400 bis 1600 m. Die maximale Anbauhöhe hängt aber nicht von den klimatischen Verhältnissen, sondern auch von der Wasserversorgung ab, die an den von starken Erosionsfalten zerfurchten Vulkanhängen meist nur bis zu 900 m möglich ist.

Um eine neue Ernte vorzubereiten, wird das Reisfeld unter Wasser gesetzt. Wenn der Boden aufgeweicht ist, tritt der Bauer mit dem Pflug in Aktion, der fast immer von Wasserbüffeln gezogen wird. Das idyllische Bild des Reisbauern verrät nur selten die dahinter steckende Arbeit. In das schlammige Feld werden die aus dem Saatbeet stammenden, leuchtend-grünen Setzlinge auf 10 cm Abstand gepflanzt. Auf ständig bewässertem Boden reifen sie dann in 4–6 Monaten heran. Einige Wochen vor der Ernte wird das Feld trocken gelegt. Ist es dann soweit, schneidet man die Rispen in vielen Gebieten der Großen Sunda-Inseln nicht mit der Sichel. Mit einem speziellen kleinen Messer, dem Ani-Ani, trennt man Halm für Halm ab, um seine Seele nicht zu erschrecken, denn das könnte die kommende Ernte in Gefahr bringen.

Reis ist in den meisten Gebieten Indonesiens Hauptnahrungsmittel. Obwohl große Flächen (ca. 850 000 qkm) ausschließlich dem Reisanbau dienen, ist Indonesien heute der größte Reisimporteur der Welt. Produktionsmäßig sind die zur Verfügung stehenden Anbauflächen größtenteils ausgelastet und können nicht mehr den mit dem Bevölkerungszuwachs steigenden Reisbedarf decken. Die Perfektion des traditionellen javanischen Naßreisanbaus verhinderte bisher eine sozialökonomische Krise. Sie ist ein Lehrstück bäuerlicher Leistungsfähigkeit und erreichte eine bisher für unmöglich gehaltene Höhe der Arbeitsgrenzproduktion. Die gegenwärtige Regierung setzt sich besonders für die Produktionssteigerung und Preisstabilität ein. Die derzeitige Reisjahresproduktion beträgt ca. 17 Mio. Tonnen und hat eine Wachstumsrate von mehr als 5% erreicht. Weitere Gebiete auf Kalimantan, Sumatra und Sulawesi sollen künftig für den Naßreisanbau hinzugewonnen werden, denn ohne Reis gibt es für Indonesien keine Zukunft.

In Indonesien ist Reis nicht nur Reis. Als Pflanze nennt man ihn Padi, als geschältes Korn heißt er Beras und auf dem Teller ist er der alltägliche, aber so begehrte Nasi.

mehr als zwei Drittel der Landesförderung gewonnen. Auf dem nördlich von Java gelegenen Schelfgebiet fanden seit 1971 Offshore-Bohrungen statt, die im Augenblick schon 20% der Landesproduktion erbringen. Weitere Fördergebiete sind Nord- und Südsumatra, Süd- und Ostkalimantan, Ceram und Irian Jaya, die jedoch nur einige Prozent der gesamten Ölproduktion ausmachen. Auf den 80 Großfeldern sind ca. 2 720 Förderstellen in Betrieb. 46 Förderkonzessionen sind augenblicklich an vorwiegend amerikanische Firmengruppen vergeben. Die indonesische Staatsgesellschaft Pertamina führt die Rohölverarbeitung des Landes in eigenen Raffinerien und Folgeindustrien durch.

Auch die **Erdgasförderung** soll künftig ausgebaut werden und eines Tages den Ertrag der Erdölförderung übertreffen. Die dafür notwendigen Verflüssigungs- und Transporttechnologien erfordern aber hohe Investitionen, die nur durch Zusammenarbeit mit ausländischen Geldgebern angeschafft werden können.

Indonesien hat große Vorkommen an **Bauxit** und **Kupfer,** die in naher Zukunft an Bedeutung gewinnen werden. Auch als drittgrößter **Zinnlieferant** der Erde findet das Land heute viele Abnehmer für dieses Metall. Viele Gebiete wurden bereits auf weitere Mineralvorkommen untersucht, wobei Spuren von **Eisenerz** und **Uran** gefunden wurden.

Zu Beginn der 70er Jahre nahm auch die Ausfuhr der **tropischen Nutzhölzer** sprunghaft zu. Der Exportwert stieg von ca. 200 Mio. DM im Jahr 1972 auf 1,5 Mrd. DM im Jahre 1977. Die Forstwirtschaft ist nach der Ölförderung die zweitgrößte Einkommensquelle und nahm 1977 9,1% des Exportvolumens ein.

Secak – ein Fahrradtaxi

Der Hauptabnehmer des indonesischen Holzes ist Japan. In Zukunft sollen jedoch keine neuen Einschlags-Lizenzen mehr vergeben werden, da der Export unbearbeiteten Rohholzes, ökonomisch gesehen, nicht vertretbar ist. Durch Einrichtung holzverarbeitender Industrien im Lande selbst kann der Mangel an Arbeitsplätzen verringert werden; gleichzeitig lassen sich wertvolle Devisen einsparen. Ebenso hofft man, dadurch den bisherigen rücksichtslosen Raubbau des Regenwaldes zu verhindern, da nicht zu erwarten ist, die gleiche Verarbeitungskapazität zu erreichen wie die ausländischen Abnehmer.

Nicht nur die **Landwirtschaft** Indonesiens soll durch die Einrichtung moderner Vermarktungs- und Transportmöglichkeiten unterstützt werden, auch gedenkt man neben der **Viehzucht** die Bewässerungstechnik fachmännisch zu verbessern. Der gegen Ende des 19. Jh. gewachsene Bedarf Europas an Palmöl, Kopra und Kautschuk hat mittlerweile jedoch stark nachgelassen. Besonders die anfänglich hohen Preise für aus Kautschuksaft gewonnenen Rohgummi fielen, nachdem es gelang, aus Erdöl synthetischen Kautschuk herzustellen. Durch Anstieg der Ölpreise gewann auch die Natur-Kautschukproduktion wieder etwas an Bedeutung.

Die **Industrialisierung** Indonesiens ist seit 1970 in vollem Gange. Um das große Heer der Arbeitslosen von der Straße zu holen, benötigt das Land vor allem arbeitsintensive Industrien. Durch die früher oder später stattfindende Bodenverknappung in der Landwirtschaft wird diese nicht in der Lage sein, auch weiterhin die wachsende Zahl der Arbeitslosen aufzunehmen.

Die wirtschaftliche und soziale Entwicklung Indonesiens wird daher in Zukunft besonders von der weiteren Industrialisierung abhängen. Cilegon, Jakarta, Surabaya, Medan und Palembang sowie die Erdölfördergebiete in Kalimantan und Irian sind die bisherigen Hauptzentren der Industrialisierung. Um einen Umsiedlungsanreiz auf die Menschen der überbevölkerten Insel Java auszuüben, beabsichtigt man, Mittel-und Großbetriebe auf die Außeninseln zu verlagern. Die dezentrale Ansiedlung von Industriebetrieben wurde hauptsächlich durch fehlende Infrastruktur und ungenügendes **Verkehrswesen** verhindert. Auf Java und Bali befinden sich die Fernstraßen meist in gutem Zustand. 1980 wurde der erste Autobahnabschnitt des Landes zwischen Jakarta und Bogor eröffnet. Wo keine wirtschaftliche Notwendigkeit für den Ausbau der Straßen bestand, trifft man auch heute noch keine asphaltierten Pisten an. Bei der Verkehrserschließung des Landes stellen die befahrbaren Flüsse die kostengünstigsten Verkehrswege dar. Kostenintensive Probleme ergeben sich meist nur beim Straßen- und Eisenbahnbau.

Der **Eisenbahnverkehr,** den es im Augenblick nur auf Java und in Teilen Sumatras gibt, hat durch Modernisierungsmaßnahmen besonders auf den Langstrecken Javas große Fortschritte gemacht. Wer einmal mit dem Bima-Nachtexpress von Jakarta nach Surabaja fuhr, wird dies bestätigen können. Will man schnell irgendwohin, nimmt man am besten das **Flugzeug.** Neben den staatlichen Fluggesellschaften Garuda und Merpati gibt es auch noch viele kleine Privat-Gesellschaften, die regelmäßige Verbindungen mit den kleinen und kleinsten Flughäfen und „Airstrips" unterhalten. Die Ausstattung dieser 400 Plätze reicht von einer 200 m langen Graspiste bis zu Betonbahnen von mehreren tausend Metern Länge. Das direkte Flugnetz von Garuda und Merpati läßt kaum noch Wünsche offen. Wenn man aber mitten im Busch Kalimantans oder auf einem Berg Irians abgesetzt werden will, können einem viele Chartergesellschaften, wie Air Indonesia oder Airfast, weiterhelfen.

Wer jedoch das Meer liebt und etwas mehr Zeit hat, fährt mit dem **Schiff** zu seiner Trauminsel. Neben mehr als 90 Häfen steht auch eine Vielzahl kleinerer Anlegestellen zur Auswahl, die von Schiffen mit 10 bis 175 Bruttoregistertonnen angesteuert werden. Wenn man sich bereits für eine größere Insel entschieden hat, sind es dort meist Colt-Busse, die beim Ortswechsel behilflich sind. Aber auch größere Mercedes-Busse und alte Chevrolets erweisen gute Dienste. Von dem großen Heer der zwei-, drei- und vierrädrigen Kurzstrecken-Fahrzeuge ganz zu schweigen.

Es sind also schon lange nicht mehr allein die Vulkanschlote Indonesiens, die qualmen.

Essen und Trinken

Die reichhaltige indonesische Küche bietet eigentlich für jeden Geschmack etwas. Wer an kulinarischen Entdeckungen nicht interessiert ist, kann in großen Hotels, Restaurants und Coffee Shops auch westliche Speisen erhalten. Derjenige, der bei der Bestellung von „Spaghetti Bolognese" die Originalversion zu bekommen hofft, sollte sich besser für das indonesische Gericht „Bami rebus" entschließen, da das „al dente"-Stadium der Nudel hier unbekannt ist. Auch die Interpretation anderer europäischer Rezepte beschreitet durch Mangel an den notwendigen Zutaten häufig neue, nicht immer befriedigende Wege.

Man sollte dem Land jedoch nicht den Rücken kehren, ohne vorher in den Genuß einer **Rijsttafel** gekommen zu sein. Empfehlenswert, wenn auch nicht gerade preisgünstig, ist das „Oasis" in der Jl. Raden Saleh 47 in Jakarta, das neben europäischen Speisen eine weitgerühmte Rijsttafel serviert. Auch das **„Rice Bowl"** im Nusantara-Hochhaus neben dem Hotel President an der Jalan Thamrin ist wegen seiner guten Rijsttafel bekannt, die hier auch erschwinglich ist.

Zum indonesischen Essen wird kein komplettes Besteck gereicht. Mit der Gabel in der linken und dem Löffel in der rechten Hand können die mundgerechten Speisen problemlos ohne Messer bewältigt werden.

Die traditionelle Küche Javas, die den indonesischen Speisezettel weitgehend beherrscht, verwendet neben Rindfleisch, Huhn und Meerestieren eine Vielzahl verschiedener Gemüse- und Gewürzsorten, die dann mit Reis und evtl. Kroepoek (Krabben- oder Fischbrot) gereicht werden. Wer aber Gerüchten zufolge hofft, Schlangenfleisch und Affenhirn aufgetischt zu bekommen, muß sich schon zu den jagenden und sammelnden Völkern in den Regenwald begeben. Da der Islam starken Einfluß auf die indonesische Küche hat, dürfen diese sogenannten unreinen Speisen, die nicht „halal" sind, vom islamischen Bevölkerungsteil nicht gegessen werden. Neben Schweinefleisch sind auch Froschschenkel und Schnecken, die bei uns als Spezialitäten gelten, für Islamiten nicht erlaubt.

Besonders auf den Abendmärkten kann man neue Spezialitäten entdecken und für wenig Geld probieren. Wer auf süße Backwaren nicht gerne verzichtet, ist in den meist von Chinesen betriebenen Bäckereien gut aufgehoben.

Die vielen tropischen Früchte erfordern besondere Aufmerksamkeit. Neben **Mangos** und **Ananas** und einer Unmenge großer und kleiner, grüner, gelber und roter Bananensorten, von denen besonders die grünen **Pisang Ambon** und die kleinen **Pisang Mas** das Probieren lohnen, gibt es auch weniger bekannte exotische Früchte. Außer der umstrittenen **Durian** (Stinkfrucht), die auch unter den Urlaubern Liebhaber gefunden hat, schmecken aber auch viele andere Früchte hervorragend. Um die **Papaya, Rambutan, Mangostin** (Manggis), **Salak, Jambu** und das andere bunte Obst einmal probieren zu können, muß man mehrere Monate im Land zubringen, da sie zu unterschiedlichen Zeiten reifen. Weil aber auch die Reifezeiten von Insel zu Insel verschieden sind, kann man mit etwas Glück an importierte Früchte gelangen. Die Qualität des Obstes hängt sehr stark von seiner Herkunft ab. Besonders schmackhafte Salak, die mit ihrer rötlich-braunen Schuppenhaut an ein Reptil erinnern, gibt es auf Bali und in Nord-Sumatra. Während Pelembang in Süd-Sumatra für die kleinen, aber sehr aromatischen Ananas bekannt ist, wächst die leckere **Belimbing** in Mittel-Java. Auf den Märkten höher gelegener Ortschaften trifft man auch häufig die **Maracuja** oder Passionsfrucht an. Man nennt sie hier Markisa und macht aus ihr in Nord-Sumatra und Sulawesi einen Sirup besonderer Qualität, der zur Herstellung köstlicher Limonaden dient.

Unter den traditionellen Getränken nimmt das Fruchtwasser junger **Kokosnüsse** einen zentralen Platz ein. Es ist billig, erfrischend, hygienisch verpackt und nahezu überall erhältlich. Wer aber lieber Cola oder ähnliche Getränke zum Durststillen nimmt, kann diese bereits überall, wenn auch teilweise nur ungekühlt, erhalten. Gesüßter schwarzer Tee, den es ebenso als Flaschengetränk gibt, ist jedoch billiger und effektvoller. Außer dem Saft exotischer Früchte bieten die Bars der internationalen Hotels meist eine reiche Auswahl tropischer Cocktails und Longdrinks an, die zum Probieren verleiten. Wer aber den „Sonnenuntergang" nicht am hellichten Tag erleben will, warte damit bis zum Abend. Das gleiche gilt für Bier, das es hier in Indonesien von mehreren Herstellern gibt.

Da man in Indonesien im allgemeinen dem Bereiten von Speis und Trank sehr viel Mühe und Aufmerksamkeit widmet, kann man auch in den kleinen Restaurants und Garküchen entlang der Straße einkehren. Hier erlebt der Gast neben einem typischen Mittagstisch noch das ungeschminkte Alltagsbild.

ABC des guten Tons

Ungeachtet der sozialen und kulturellen Wandlungsprozesse wird der Alltag der Indonesier durch „Adat" geprägt. Man versteht darunter die durch Religion und Gewohnheitsrecht entstandenen traditionellen Wertvorstellungen, die das Denken und Handeln der Bevölkerung bestimmen. Durch die „adatgebundene" Lebensweise der Indonesier zeigt auch der sogenannte „einfache Mann" ein würdevolles Benehmen (Ausnahmen in den Großstädten bestätigen auch hier die Regel). Beim Hotelpersonal eines großen Hotels, das tagtäglich mit der meist nüchternen und oberflächlichen Empfindungs- und Gefühlswelt westlicher

Besucher in Berührung kommt, wird man meist vergeblich den typischen und ansprechenden Volkscharakter suchen. Dort, wo die höfliche Zurückhaltung einer aufdringlichen Geldgier gewichen ist, hat mit Sicherheit der Fremdenverkehr seine Finger im Spiel gehabt.

Es liegt also auch an uns, ob die gastgebende Bevölkerung ihre tradierten Wertvorstellungen noch an kommende Generationen weitergeben wird. Wer glaubt, durch protziges und belehrendes Verhalten Eindruck zu hinterlassen, wird enttäuscht. Entwicklungshelfer und Berater, die als Vertreter großer Industrienationen nach Indonesien kamen, gingen häufig mit der Erkenntnis zurück, daß die einfachen Menschen des Landes über tiefgründige Lebensweisheiten verfügen und ihrem Dasein nicht nur materielle Ziele geben. Wer einmal engen Kontakt mit diesem Volk hatte und seine unermüdliche und überwältigende Gastfreundschaft kennenlernte, wird wissen, woran es bei uns mangelt. Obwohl die verschiedenen ethnischen Volksgruppen unterschiedliche Temperamente, Sitten und Gebräuche haben, gibt es dennoch einige allgemeine Grundregeln, die auf dem ganzen Archipel Gültigkeit besitzen.

Begrüßung: Wenn Indonesier sich gegenseitig begrüßen, macht dies auf uns häufig einen zaghaften und verhaltenen Eindruck. Das Ritual ist, je nach Gebiet, sehr unterschiedlich. In West-Java berührt man sich häufig nur an den Fingerspitzen der zusammengelegten Handflächen, die zur Stirn geführt werden. Bei einigen Stämmen West-Irians macht man es z. B. mit einer Art Fingerhakeln. Auf Schulterklopfen und kräftiges Händedrücken würden die Indonesier im allgemeinen mit kühler Zurückhaltung reagieren, denn dies hätte in ihren Augen wenig mit Höflichkeit und Respekt zu tun. Der Kopf wird besonders von den Sundanesen, Javanern und Balinesen als Sitz der Seele und damit der Persönlichkeit angesehen und sollte daher in keiner Weise berührt werden. Auch von Kindern kann dies als Beleidigung aufgefaßt werden. Gedankenlose Begrüßung mit der linken Hand, mit der man sich nach der WC-Benutzung reinigt, wird ebenso als grobe Unsitte angesehen. Keine Angst – Fremden gegenüber übt man Nachsicht.

Essen: Aus den eben genannten Gründen sollte man Speisen niemals mit der linken (unreinen) Hand entgegennehmen oder weiterreichen. Die Entgegennahme von Speisen und Getränken (auch Präsenten) muß jedoch besser mit beiden Händen geschehen. Dies vermittelt nicht so sehr den Eindruck der Selbstverständlichkeit. Da ein Nachnehmen von Speisen zum guten Ton gehört und der Gast mit Sicherheit dazu aufgefordert wird, esse man zu Anfang mit Maßen. Wer zum Probieren angeregt wird, sollte die angebotenen Speisen nicht zurückweisen. Man nehme symbolisch etwas auf den Teller und bedanke sich. Werden Speisen und Getränke vorgesetzt, wartet man als höflicher Gast die Aufforderung des Gastgebers zum Essen ab, auch wenn es schwerfällt.

Kleidung: Beim Betreten öffentlicher Ämter und Banken sollte man keine Shorts- oder Badebekleidung tragen. Es könnte sonst passieren, daß der Weg vergebens war. An der Kleidung erkennt man in Indonesien, ob man sich gegenseitig Aufmerksamkeit und höflichen Respekt entgegenbringt. Eine Begegnung zwischen Indonesiern und Touristen wird jedoch nicht durch teure, modische Bekleidung erleichtert. Gegenseitiges Überbieten in Sachen Kleidung ist hier noch weitgehend unbekannt. „Einfach und sauber", sollte die Devise sein. Vor dem Betreten einer normalen Behausung sind in jedem Fall die Schuhe auszuziehen.

Fotografieren: In Armut und Schmutz auf Film gebannt zu werden, kann verletzend wirken. Man frage daher in jedem Fall um Erlaubnis. Häufig willigt die Bevölkerung gerne ein, nachdem sie noch einmal in den Spiegel geschaut hat. Eitelkeit ist auch hier nicht unbekannt. Kinder wollen meist gerne fotografiert werden. Machen Sie niemanden Versprechungen, Bilder zu schicken, wenn Sie nicht sicher sind, diese auch zu halten.

Tempel- und Moscheebesuch: Da diese Gebäude unseren Kirchen entsprechen, sollte man sich in ihnen ebenso ruhig und würdig verhalten. Auch bei alten religiösen Bauwerken, wie dem Borobudur, der heute noch Wallfahrtsort für Buddhisten aus ganz Asien ist, ist rücksichtsvolles Verhalten angebracht. Beim Betreten von Moscheen (soweit dies gestattet ist), sollte man die Schuhe ausziehen und das Rauchen einstellen. Ordentliche und saubere Bekleidung, die bei Frauen knöchellang sein sollte, ist hier erforderlich. Beim Betreten der balinesischen Tempel müssen die Besucher eine Schärpe tragen, die man meist am Eingang erhalten kann. Shorts und Bademoden passen auch hier keineswegs zu einem Tempelbesuch. Da Blut als unrein gilt, dürfen Frauen während der Menstruationszeit und Personen mit offenen Wunden die Tempel Balis nicht betreten. Man sollte sich schon daran halten, denn nichts gibt uns das Recht, diese Regeln zu mißachten, die tief im balinesischen Hinduglauben wurzeln. Bei Teilnahme an religiösen Zeremonien auf Bali sollte der Zuschauer keine erhöhten Standpunkte einnehmen, da dieses Recht nur die Priester genießen.

Zeit: Die Tatsache, daß wir einen anderen Zeitbegriff haben als die Indonesier, reicht nicht für die Feststellung aus, daß unserer besser ist. Pünktlichkeit ist in Indonesien kein Zeichen von Anstand. Wer dem Gastgeber noch ein wenig Zeit für Vorbereitungen läßt und mit bis zu einstündiger Verspätung eintrifft, zeigt durchaus gute Manieren. Man nehme sich für private Besuche genügend Zeit. Ein Gast in Eile kann verletzend wirken. Besuche während der Mittagszeit (12.30–15.30) gelten als unhöflich.

Grundregel: Wer die Bratkartoffeln oder den Nasi Goreng wie zu Hause will, sollte auch zu Hause bleiben.

Kleiner indonesischer Sprachkurs

Die indonesische Sprache oder Bahasa Indonesia entstand aus dem Malaiischen. Mit dieser sogenannten „bahasa melayu" konnten sich die Händler des Festlandes auf den Reisen durch den indonesischen Archipel, der heute noch mehr als 250 unterschiedliche Sprachen aufweist, verständigen. In einigen Teilen Sumatras war sie ebenfalls angestammte Sprache. Die aus ihr abgeleitete Bahasa Indonesia ist eine moderne dynamische Sprache, die sich noch weiterentwickelt. Viele ihrer Worte stammen von den Arabern, die als weitreisende Handelsleute nicht nur den Islam mitbrachten. Die portugiesische und niederländische Kolonialzeit ließ ebenfalls deutliche Spuren in der Sprache zurück. Obwohl die Dichter und Philosophen die äußerst differenzierten Sprachen Javas und Balis für ihre Werke nutzten, hat die Bahasa Indonesia dennoch langsam die Funktion eines Kulturträgers übernommen. Jede Volksgruppe spricht sie mit einem anderen Akzent. Anfänglich mag sie vielleicht hart und monoton klingen. Bei eingehender Beschäftigung mit dem Indonesischen wird man jedoch Gefallen an ihrer Lautmalerei und den poetischen Umschreibungen finden. Mata hari z. B. bedeutet Sonne oder „wörtlich" das Auge des Tages.

Grammatik:
Im Indonesischen gibt es keine Artikel, Geschlechter und Fälle. Konjugation und Deklination sind ebenso unbekannt. Der Plural wird durch die Verdoppelung des Substantives gebildet (kursi – Stuhl, kursi kursi – Stühle). Die Adjektive werden im Gegensatz zur deutschen Sprache hinter dem Substantiv plaziert (scharfes Essen – makanan pedas).

Schreibweise:
Die Indonesier schreiben ihre Sprache in lateinischer Schrift mit 21 Buchstaben des Alphabets.

Aussprache:
Alle Buchstaben werden bis auf wenige Ausnahmen so gesprochen, wie sie geschrieben werden. Die Ausnahmen sind: y = j (saya); j = dj (jeruk); c = tj (candi); ny = nj (nyamuk); sy = sj (syukur).

Höflichkeit:
Herzlich willkommen! – Selamat datang!
Gute Reise! – Selamat jalan!
Guten Morgen! – Selamat pagi!
Guten Tag! – Selamat siang!
Guten Mittag! – Selamat sore!
Guten Abend! – Selamat malam!
Gute Nacht! – Selamat tidur!
Guten Appetit! – Selamat makan!
Danke! – Terima kasih!
Vielen Dank! – Terima kasih banyak!
Bitte! (als Dankeserwiderung) – Terima kasih kembali!
Verzeihung! – Ma'af oder: permisi!
Keine Ursache! – Tidak apa-apa!
Wie geht es? – Apa kabar?
Es geht gut. – Kabar baik.
Auf Wiedersehen! – Sampai bertemu lagi!

Allgemeines
ja – ya
nein – tidak

dies – ini
ich – saya
er, sie, es – dia
ihr – kalian
gut – bagus
klein - kecil
groß – besar
das – itu
du – kamu
wir – kita, kami
sie – mereka
kein – bukan
Was ist das? – Apakah itu?
Sprechen Sie deutsch? – Saudara bicara bahasa Jerman?
Ich verstehe nicht! – Saja tidak mengerti!
Ich möchte – Saja minta

Weg und Richtung:
Wo – dimana
wohin – kemana
hier – disini
dort – disana
nach – ke
in – di
geradeaus – terus
stop – berhenti
links – kiri
rechts – kanan
unten – bawah
oben – atas
Süden – selatan
Norden – utara
Osten – timur
Westen – barat
Straße – jalan
Berg – gunung
Dorf – kampung
Strand – pantai
weit – jauh
nah – dekat
zurück – kembali
nach hier – kesini
nach dort – kesana

Stadt – kota
Bahnhof – stasiun
See – danau
Gibt es hier – Apakah disini ada

Zahlen und Handel:
0 – nol; 1 – satu; 2 – dua; 3 – tiga; 4 – empat; 5 – lima; 6 – enam; 7 – tujuh; 8 – delapan; 9 – sembilan; 10 – sepuluh; 11 – sebelas; 12 – duabelas; 13 – tigabelas usw.; 20 – duapuluh; 30 – tigapuluh usw.; 100 – seratus; 200 – duaratus usw.; 1 000 – seribu; 2 000 dua ribu usw.; 10 000 – sepuluh ribu; 100 000 – seratus ribu; 500 000 – lima ratus ribu; 1 Million – satu juta oder sejuta.
billig – murah
teuer – mahal
kaufen – beli
bezahlen – bayar
Papiergeld – uang kertas
Kleingeld – uang kecil
Geld wechseln – tukar uang
zu verkaufen – untuk dijual

Zeit und Kalender:
Montag – senen
Dienstag – selasa
Mittwoch – rabu
Donnerstag – kamis
Freitag – jumat
Samstag – sabtu
Sonntag – minggu
gestern – kemarin
heute – hari ini
morgen – besok
schnell – cepat
langsam – pelan pelan
nachher – nanti
jetzt – sekarang
Tag – hari
Woche – minggu
Monat – bulan
Jahr – tahun
Uhr – jam

Zeit – waktu
Stunde – jam
wann – kapan
1 Uhr – jam satu
12 Uhr – jam duabelas
Wieviel Uhr ist es jetzt? – Jam berapa sekarang?

Essen und Trinken:
Ich bin hungrig! – Saya lapar!
Ich bin durstig! – Saya haus!
Bitte für mich nicht so scharf. – Ma'af, untuk saya jangan terlalu pedas.
essen – makan
trinken – minum
Tisch – meja
Teller – piring
Gabel – garpu
Messer – pisau
Essen – makanan
Getränk – minuman
Glas – gelas
Löffel – sendok

Frühstück – makanan pagi:
Brot – roti
Kaffee – kopi
Tee – teh
Zucker – gula
Milch – susu
Butter – mentega
Salz – garam
Käse – keju
Ei – telur
Marmelade – selai

Mittagessen – makan siang:
Abendessen – makan malam:
heiß – panas
wenig – sedikit
scharf – pedas
kalt – dingin
viel – banyak
süß – manis
gekochter Reis – nasi
gebratener Reis – nasi goreng
Schweinefleisch – daging babi
Rindfleisch – daging sapi
Huhn – a yam
Hammelfleisch – daging kambing
Krabbe, Garnele – udang
Fisch – ikan
Gemüse – sayuran
Kartoffel – kentang
Ente – bebek
Suppe – soep
Salat – selada
Frucht – buah
Früchte – buah buahan

Getränke – minuman:
Orangensaft – air jeruk
Reisschnaps – arak
Wasser – air
Bier – bir

Notfall – keadaan kritis:
Wo ist ein Krankenhaus? – Dimana ada rumah sakit?
Ich bin krank! – Saja sakit!
Wo ist ein Arzt? – Dimana ada dokter?
Bitte holen Sie einen Krankenwagen! – Tolong panggil mobil ambulans!
Apotheke – Apotik
Arznei – obat
Ich möchte telefonieren – Saja mau tilpon!

Hotel – hotel:
Wo ist die Toilette? – Dimana kamar kecil?
Wo ist der Speisesaal? – Dimana kamar makan?
Herberge – losmen
Restaurant – restoran
Handtuch – anduk
Seife – sabun
Rechnung – bon
Ist noch ein Zimmer frei? – Masih ada kamar Kassong?

Regionalteil

	Seite
Java (Jawa)	100
West-Java (Jawa barat)	100
Zentral-Java (Jawa tengah)	102
Ost-Java (Jawa timur)	108
Madura	109
Jakarta – Das Tor zum indonesischen Archipel	110
Kepulauan Seribu – Tausend Inseln	126
Kleine Sunda-Inseln (Nusa Tenggara)	127
Bali	128
Lombok	134
Sumbawa	138
Sumba	140
Komodo	142
Flores	145
Timor	151
Die Inseln Sawu und Roti	155
Der Solor- und Alor-Archipel	155
Sumatra (Sumatera)	157
Aceh-Provinz	158
Nord-Sumatra (Sumatera utara)	161
Nias	170
West-Sumatra (Sumatera barat)	175
Die Feste des Minang-Volkes	179
Die Mentawai-Inseln (Kepulauan Mentawai)	180
Bengkulu	186
Jambi	187
Riau	189
Süd-Sumatra (Sumatera selatan) und Lampung	190
Mit dem Bus durch Sumatra	192

Kalimantan/Borneo	194
Die Dayaks	197
Ost-Kalimantan (Kalimantan timur)	200
Süd-Kalimantan (Kalimantan selatan)	206
Zentral-Kalimantan (Kalimantan tengah)	207
West-Kalimantan (Kalimantan barat)	207
Sulawesi/Celebes	208
Süd-Sulawesi (Sulawesi selatan)	209
Das Toraja-Land (Tana toraja)	211
Südost-Sulawesi (Sulawesi tenggara)	216
Zentral-Sulawesi (Sulawesi tengah)	217
Nord-Sulawesi (Sulawesi utara)	218
Sangir-Talaud-Inseln	225
Die Molukken (Maluku)	226
Die Zentral-Molukken (Maluku tengah)	228
Die Nord-Molukken (Maluku utara)	235
Die Südost-Molukken (Maluku tenggara)	241
Irian Jaya/West-Neuguinea	245
Geschichte Neuguineas	248
Stammesleben in Neuguinea	255
Reisen in Irian Jaya	258
Das Baliem-Tal	267
Die Danis	271
Das Asmat-Gebiet	276
Die Asmat	279
Städte und Orte in Irian Jaya	283
Voraussetzungen für einen Besuch im Naturreservat	286
Indonesien von A–Z	290

Java

Java, eine grüne Insel südlich des Äquators, ist 1 060 km lang und zwischen 60 und 200 km breit. Ihre Fläche beträgt 129 000 qkm. Die Niederländer machten sie zum sogenannten „Centraalland" ihres Kolonialreiches. Heute ist sie mit nahezu ⅔ der 160 Mio. Indonesier die am dichtesten besiedelte, aber nur fünftgrößte Insel des Archipels. Die Hauptstadt des Inselreiches, Jakarta, ist mit ihren Hochhäusern, Denkmälern und dem Präsidentenpalast die Stadt mit der größten Anziehungskraft auf die Bevölkerung. Für viele Menschen Indonesiens wird der Wunsch, einmal im Leben Jakarta zu sehen, ein Traum bleiben. Die Stadt hat gegenwärtig bereits ca. 6 Mio. Einwohner und wächst weiter (um ca. 160 000 Ew. pro Jahr).

Das Klima ist in den Küstenniederungen Javas tropisch und in den Höhenlagen subtropisch. Die östlichen Inselteile kennen eine ausgeprägte Trockenzeit. West-Java hat dagegen einen der höchsten Niederschlagswerte des Landes. In Ost-West-Richtung erstreckt sich eine Vulkankette mit 112 Gipfeln über die Insel und gib ihr damit ein typisches Gepräge.

Die Landwirtschaft Javas ist am höchsten entwickelt und bringt besonders in den vulkanischen Schüttebenen durch Intensivbebauung die besten Erträge.

Die 4 wichtigsten Städte der Insel sind Jakarta, Bandung, Semarang und Surabaya. Sie liegen in den Provinzen West-, Zentral- und Ost-Java, die durch ein dichtes Eisenbahnnetz miteinander verbunden sind. Yogyakarta ist wegen seiner vielen Sehenswürdigkeiten das touristische Zentrum. In anderen Teilen der Insel warten jedoch ebenfalls viele Besonderheiten, die nur Java zu bieten hat. Leuchtendgrüne Reisfelder, hohe Vulkankegel mit ihren Rauchfahnen, bunte Dörfer, geheimnisvolle Tempelruinen und eine höfliche und sanftmütige Bevölkerung mit interessantem Brauchtum bilden die exotische Schönheit, für die Java bekannt ist.

West-Java

West-Java erstreckt sich von der zum Naturreservat **Ujung Kulon** gehörenden Halbinsel im Westen bis zur Stadt **Cirebon** im Osten. Neben den kulturellen Sehenswürdigkeiten der Stadt **Banten** westlich Jakartas sind die anderen Attraktionen meist landschaftlicher Art. Die weißen Strände der **Westküste** mit ihren im Badui-Stil gebauten Bungalow-Hotels sind, neben den **Kepulauan Seribu** (Tausend Inseln) im Nordwesten Jakartas, die Hauptziele der Badeurlauber in dieser Region. Ein Besuch der Vulkan-Insel **Anak Krakatau** läßt sich problemlos vom **Krakatau Beach Hotel,** in der

Nähe von Labuan gelegen, organisieren.

Der Südwesten Javas ist eine von Touristen wenig bereiste Gegend, deren Straßen teilweise noch in schlechtem Zustand sind. Die grandiose und teilweise von tiefen Flußtälern durchfurchte Landschaft leuchtet in üppigem Grün. Sundanesische Dörfer, die sich durch ihre roten Ziegeldächer deutlich abheben, sind mit fröhlichem Leben erfüllt.

Der in dieser Gegend beheimatete, jedoch isoliert lebende **Badui-Stamm** lehnt den Gebrauch technischer Errungenschaften vom Rad bis zum Radio strikt ab. Sein Brauchtum gegen fremde Einflüsse schützend, läßt er sich nicht gern über die Schulter schauen. Kontakt mit Fremden, ob Indonesier oder Tourist, wird daher nach Möglichkeit vermieden.

80 km östlich von Jakarta liegt der Stausee **Jati Luhur.** Außer preisgünstigen Unterkünften und einer herrlichen Landschaft werden Wassersportmöglichkeiten geboten.

Über die neue Autobahn kommt man in kürzester Zeit nach **Bogor,** dessen botanischer Garten alljährlich viele Besucher anzieht.

„Buitenzorg", der alte niederländische Gouverneurspalast, am Rand des Gartens, ist heute der Feriensitz des indonesischen Präsidenten.

Der Weg nach Bandung führt von Bogor über den **Puncak-Paß** (1 200 m hoch), in dessen angenehmen Höhenklima Hotels und Restaurants zu längerem Aufenthalt einladen. Hier wächst in scheinbar endlosen Plantagen der geschätzte Java-Tee heran.

Bandung ist die Provinzhauptstadt West-Javas und liegt auf einem 700 bis 800 m hohen, von Vulkanen umgebenen Plateau. Neben einer in Asien weit bekannten technischen Hochschule und einem Atomforschungszentrum gibt es hier eine nach europäischen Lizenzen bauende Flugzeugindustrie.

Als Zentrum moderner Kunst hat Bandung ebenfalls einen großen Namen. Touristische Sehenswürdigkeiten hat es jedoch nicht zu bieten. Von Jakarta kommend, sollte man in jedem Falle nicht die interessante Zugfahrt in diese westjavanische Provinzhauptstadt versäumen, die durch eine der schönsten Kulturlandschaften Javas führt. Es gibt aber auch Flugverbindungen nach Bandung. In der direkten Nähe der Stadt liegt **Lembang,** das für viele Besucher nur Ausgangspunkt für den **Tangkuban-Prahu-Vulkan** ist. Der Vulkan, den man in einer halben Stunde von Lembang mit dem

Teepflückerin auf Java

Auto erreichen kann, befindet sich im Ruhestadium. Aus seinen drei verstreut liegenden Kratern steigen nur noch vereinzelt Schwefeldämpfe empor. Die großartige Landschaft macht diese Reise zu einem einmaligen Erlebnis.

Zentral-Java

Diese Region ist nicht nur geographischer und kultureller, sondern auch touristischer Mittelpunkt der Insel. Die buddhistisch-hinduistische Vergangenheit Javas hat großartige Kulturdenkmäler hinterlassen, die dieses Gebiet schon seit Mitte des vorigen Jahrhunderts in den Mittelpunkt des Besucherinteresses stellen. Von Jakarta oder Surabaya kann man mit dem Flugzeug die Städte Semarang, Surakarta und Yogyakarta erreichen. Auch mit dem Zug gibt es bequeme Nachtverbindungen dorthin. Der Bima- und Mutiara-Express gehören zu den komfortabelsten Zügen. Wer aber die schönen Landschaften rechts und links des Schienenstranges genießen will, sollte tagsüber die Strecke Bandung – Tasikmalaya – Banyumas – Magelang – Yogyakarta – Solo befahren. Sie ist eine der schönsten Eisenbahnstrecken der Welt. Über tiefe Schluchten geht die Fahrt vorbei an wild zerklüfteter vulkanischer Landschaft, die in terrassenförmige Reisfelder eingebettet ist. Mittel-Java liegt am Rande der von Australien beeinflußten trockenen Klimazone, die zur Zeit des Südostmonsuns deutlich spürbar wird. Die intensiv genutzten Böden dieser Region, die meist in bäuerlichem Kleinbesitz sind, werden mit Reis, Soja, Gemüse, Taro und Singkong bepflanzt. Die Südküste ist besonders trocken und wurde daher häufig zum Notstandsgebiet erklärt.

Semarang, mit ca. 1 Mio. Ew. ist die administrative Hauptstadt Zentral-Javas und wurde schon lange in die Industrialisierungsbemühungen einbezogen. Der Hafen der Stadt gehört zu den wichtigsten des Landes, obwohl die Schiffe wegen der geringen Wassertiefe im offenen Meer entladen werden müssen. Die älteren Stadtteile befinden sich in Küstennähe, wo auch die bunten Märkte liegen. Weitere Sehenswürdigkeiten sind der Schlangengarten in **Taman Hiburan Rakyat** sowie der chinesische Tempel **Sam Po Kong.**

Solo, 90 km südöstlich von Semarang gelegen, ist über ein gutes Straßennetz zu erreichen. Die früher Surakarta genannte Stadt beherbergt zwei **Kratons** (Paläste). Die durch kolonialen Einfluß gespaltenen Fürstenhäuser sind heute den interessierten Besuchern zugänglich. Auch das **Museum Rajapusaka** sollte man nicht außer acht lassen. Die wenig verkehrsreiche Stadt vermittelt einen idyllischeren Eindruck als beispielsweise „Yogya". Die Atmosphäre Mittel-Javas, die hauptsächlich auf die hindu-javanische Vergangenheit zurückzuführen ist, kommt dadurch besonders zum Tragen. Die Kleinigkeiten, die die Besonderheiten dieser Stadt ausmachen, werden jedoch nur dem aufmerksamen Besucher auffallen. Dem Geduldigen offenbaren sich hier die tiefgründigen Lebensweisheiten der Bevölkerung, die sich in ihrem Sprechen, Denken, Fühlen und ihrer Gestik äußern. Obwohl es in Solo kein Nachtleben gibt, bleibt die Stadt abends von lebendigem Treiben erfüllt. Der **Sri Wedari Volkspark** mit seinen traditionellen Theater-und Tanzvorführungen ist Treffpunkt vieler Schaulustiger. Wer an den traditionellen Tänzen des javanischen Hofes interessiert ist, sollte die **Tanzschule Sasono Mulyo** besuchen, in der man tagsüber kostenlos dem Unterricht beiwohnen kann. Nördlich von Solo liegt **Sangiran,** wo der Paläontologe Dr. von Königswald 1936 Reste frühmenschlicher Existenz entdeckte. In der Nähe der Fundstellen ist ein kleines Museum, in dem man die aus grauer Vorzeit stammenden Knochen und Steinwerkzeuge bewundern kann.

Die vielen **Batikfabriken** Solos freuen sich, interessierten Gästen einen Einblick in dieses Kunsthandwerk zu gewähren. Eine vorangehende Terminabsprache ist jedoch empfehlenswert. Fabriken mit überregionaler Bekanntheit sind **Batik Kris, Batik Semar und Dana Hadi.**

35 km von Solo am Hang des Gunung Lawu liegt der **Candi Suku** aus dem 15. Jh., der an die Stufenpyramiden der Majas in Mittelamerika erinnert. Der Tempel ist in seiner Art eine Besonderheit, da er sich in Baustil und Reliefdarstellungen von den anderen Tempeln Javas unterscheidet. Auf der Fahrt dorthin hat man bei klarer Sicht einen hervorragenden Ausblick über die Ebenen Zentral-Javas. Wenn abends die Sonne im Westen glutrot in einer Dunstwand versinkt und die feuchten Nebel des Waldes den Candi Suku zu umhüllen beginnen, scheint er etwas von dem Geheimnis, das ihn umgibt, preisgeben zu wollen.

Yogyakarta ist das Imperium der Fahrräder. Wer schneller fährt, verpaßt die Stadt. Das beschauliche Leben der Javaner in „Yogya" wird aber bereits von einem höheren Tempo getragen als im ruhigeren Solo, das wegen der Ausgeglichenheit seiner Menschen bekannt ist.

Batik ist in Java immer Handarbeit.

Der Tourismus hat die 3 Mio. Ew. zählende Stadt Yogyakarta zum Zentrum in Mittel-Java erkoren. Der weiträumige **Palast des Sultans Hamengku Buwono** (Hüter der Welt) ist, neben dem Borobudur und Prambanan sowie vielen kunsthandwerklichen Betrieben in der direkten Umgebung der Stadt, einen längeren Aufenthalt wert. Das Sultanat Yogyakarta ist wegen seiner früheren oppositionellen Haltung gegenüber der niederländischen Fremdherrschaft heute eine eigenständige

Provinz; dieser Status blieb Solo wegen seiner solidarischen Haltung gegenüber den Niederlanden versagt. Direkt nach der Unabhängigkeitserklärung durch Sukarno war Yogyakarta sogar einige Jahre Hauptstadt der jungen, durch die Niederlande noch nicht anerkannten Republik.

Der Kraton, mit dessen Errichtung unter der Dynastie des Hamengku Buwono 1755 begonnen wurde, ist heute ein großer unübersichtlicher, aber sehenswerter Palastkomplex. Wie der Borobudur hat auch der Palast einen dem buddhistischen Kosmogramm nachgebildeten Grundriß, durch den er die buddhistische Schöpfungsgeschichte beschreibt. Er besteht aus vielen Höfen mit hohen weißen Mauern mit mehr als 1 km Seitenlänge. Ein Teil des Kratons kann in den Vormittagsstunden besichtigt werden.

Schattenspendende Pavillons, deren Dächer von kunstvoll verzierten Säulen getragen werden, dienen zum Empfang der Gäste und zum Abhalten großer Festlichkeiten und Zeremonien. Alte Gamelan-Instrumente, die, auf ihre Nutzung harrend, in schattigen Plätzen stehen, lassen große glanzvolle Feste vermuten, bei denen das interessante Brauchtum des Fürstenhofes mit den Klängen dieser Instrumente zu neuem Leben erwacht. Mit einem Sarong bekleidete Palastwächter, deren Haupt mit einem speziell gefalteten Batiktuch, dem Blankon, bedeckt ist, führen den Besucher durch einen Teil des Kratons und berichten in den verschiedensten Sprachen über Vergangenheit und Gegenwart des Palastes und seiner fürstlichen Bewohner. In einem kleinen Pavillon sind Geschenke der europäischen Regierungs- und Königshäuser aufbewahrt, die, im 19. und zu Beginn des 20. Jh. durch deren Abgesandte mitgebracht, die damalige Geringschätzung asiatischer Fürstenhäuser dokumentieren. Am Sonntagvormittag werden von jungen Prinzessinen unter Begleitung eines Gamelanorchesters traditionelle Tänze des Hofes aufgeführt. Wenn man nach dem Verlassen des Kratons, erneut von Geschäftigkeit umgeben, die Straßen Yogyakartas entlang geht, hat man das Gefühl, von einer Reise in vergangene Zeiten zurückgekehrt zu sein. Vergangenheit und Gegenwart bilden hier jedoch eine faszinierende Einheit, die den Alltag der javanischen Bevölkerung bestimmt.

Westlich des Kratons liegt das ehemalige Wasserschloß **Taman Sari,** in dem die fürstliche Familie mit ihrem Hofstaat lustwandelte und badete. In seinen teilweise zerfallenen Mauern sind heute kleine Batikstudios zu Hause. Um ihr Angebot zu überschauen, benötigt man mindestens einen halben Tag. Wer sich eingehend über Batik informieren will, sollte das **Batikforschungszentrum,** in dem auch produktiv gearbeitet wird, in der Jl. Kusumanegara 2, besuchen. Auch das **Sono Budoyo Museum** nordwestlich des Kratons gibt einen umfassenden Überblick über die große kulturelle Vergangenheit Javas.

Die Hauptachse Yogyakartas ist die **Jl. Malioboro.** Auf dieser Straße wird in den Nachmittags- und Abendstunden flaniert, gehandelt und gelebt. Erst nach 21 Uhr ebbt hier die Menschenflut ab. Der an dieser Straße gelegene überdachte

Markt ist eine Entdeckung, die leider nur wenige Besucher Yogyas machen.

Kota Gede, das Zentrum des Silberhandwerks, liegt 6 km südlich von Yogyakarta. Hier werden aus dem edlen Material wertvolle Schmuck- und Gebrauchsgegenstände in kunstvollen Formen gefertigt.

Der **Borobudur,** der ca. 45 km nord-westlich von Yogyakarta über der Landschaft thront, ist leider schon zum touristischen Markenzeichen Javas geworden. Er erhebt sich jetzt ohne Baukräne und Baracken in voller Erhabenheit aus den fruchtbaren Reisebenen von Magelang und sollte Besinnlichkeit und Erleuchtung für jedermann bieten.

Auch die in unmittelbarer Nähe gelegenen **Candis Mendut und Pawon,** die wie der Borobudur ein quadratisches Fundament haben, sollten nicht unberücksichtigt bleiben. Die Stupas, die beide Tempel krönten, sind jedoch nur noch beim kleineren Pawon Tempel erhalten.

An der Straße von Yogya nach Solo liegt der **Prambanan**-Tempel. Wer ihm anfangs keine Aufmerksamkeit schenken wollte, wird diesen Entschluß jedoch spätestens bei seinem Anblick revidieren. Beim Überqueren der Brücke über den Opak-Fluß kurz vor dem Dorf Prambanan sieht man den 46 m hohen Loro Jonggrang Tempel von üppigem Grün umrankt über dem Flußbett liegen. Die Tempelanlage des Prambanan, deren Ursprung im 9. J. n. Chr. liegt, hat ebenfalls einen quadratischen Grundriß. Der größte Tempel der Anlage ist der dem Gott Shiva geweihte Loro Jonggrang, unter dessen östlicher Treppe eine Urne mit der Asche des Erbauers gefunden wurde. Zwei weitere Tempel liegen nördlich und südlich des gewaltigen Bauwerks und sind Vishnu und Brahma gewidmet. Ihnen gegenüber liegen drei weitere jeweils denselben Göttern geweihte Tempel. Das mittlere Bauwerk beherbergt die Abbildung von Shivas Reittier, dem Zebu-Stier **Nandi.** Von links nach rechts schreitend, können wir der auf Reliefs abgebildeten Geschichte des Ramayana-Epos folgen. Auf einer Freilichtbühne vor dem Prambanan werden von Juni bis Oktober in jeweils vier Vollmondnächten die Götter und Fabelwesen des Ramayana mit Leben erfüllt.

Der **Sewu-Komplex,** mit 24 ha die größte Tempelanlage Javas, liegt 2 km nördlich des Prambanan. Er stammt wahrscheinlich aus dem 8. Jh. n. Chr. Seine 246 Einzeltempel werden von einer großen Ringmauer umgeben.

Der Borobudur

In der Mitte des 8. Jahrhunderts n. Chr. erlebte der Buddhismus unter der Dynastie der Sailendra (Herren der Berge) in Mittel-Java eine Blütezeit, in die die Erbauung des Borobudurs fällt. Das Bauwerk war das wichtigste buddhistische Wallfahrtsheiligtum Südostasiens. Auch heute noch gilt es als das Sinnbild der buddhistischen Erlösungslehre.

Ein natürlicher Hügel diente dem aus 55 600 cbm Naturstein errichteten Tempelberg, dessen östlicher Eingang das Hauptportal ist, als Sockel. Der Grundriß symbolisiert in einem magischen Diagramm quadratischer Flächen die Kosmologie des Mahayana-Buddhismus. Ursprünglich war die Tempelanlage weiß gestrichen, verlor jedoch im Laufe der Zeit ihre Farbe.

Da der Hügel unter der Last der Steine schon kurz nach seiner Erbauung nachgab, wurden der untere Sockel und seine 160 Reliefs mit einem schweren Steingürtel ummauert. 1890–91 entfernte man diesen Schutzwall vorübergehend auf ganzer Länge, um die seit 1 000 Jahren darunter verborgenen Abbildungen erstmals fotografieren zu können.

In den vier darüberliegenden, durch Tore verbundenen umlaufenden Galerien erzählen mehr als 1 300 Reliefszenen vom Lebensweg Buddhas. Zusätzlich sind auf der Innenseite mehr als 1 200 Paneele zu sehen, die in ihren Darstellungen einen interessanten Eindruck vom damaligen Leben vermitteln. An die oberste dieser Galerien grenzen drei runde Terrassen, auf denen insgesamt 72 rautenförmig durchbrochene, auf Lotusblumen lagernde Stupas angeordnet sind. In diesen glockenförmigen Gebilden sitzt jeweils ein Buddha in Meditationshaltung. Von den mehr als 500 Buddhafiguren des Borobudurs sind 92 in Nischen auf den ersten vier Galerien untergebracht. Die oberste Terrasse wird durch einen 8 m hohen Stupa gekrönt, in dem sich ein Hohlraum befindet. Ob darin früher auch ein Buddha stand, wird wohl für immer ein Geheimnis bleiben.

In der ummauerten Basis sieht man die „Welt der Begierden" (Kamadhatu), die durch die „Welt der Formen und Namen" (Rupadhatu) mit ihren vier Galerien überlagert wird. Die runden Terrassen mit ihren Stupas gehören zur „formenlosen Welt" (Arupadhatu). In ihrer großen Zentralstupa ist die höchste Erscheinungsform Buddhas symbolisiert.

Man errechnete, daß bei der einstigen Erbauung des Borobudurs vor 1 100 Jahren 10 000 Menschen tätig gewesen sein müssen. Unvorstellbar große Mengen an Andesit-Steinen mußten gebrochen, transportiert und bearbeitet werden. Schon um 1000 n. Chr. wurde das Monument durch Vulkanausbrüche und die wuchernde tropische Vegetation überdeckt und geriet für Jahrhunderte in Vergessenheit. Unter der Leitung von Raffles wurde es 1814 wiederentdeckt und teilweise ausgegraben. Nachdem man in den darauffolgenden Jahrzehnten mittels Zeichnung und Photographie erste Dokumente anfertigte, entschloß man sich 1882, die Reliefs und Figuren zu entfernen, um sie in einem speziellen Museum auszustellen. Zum Glück kam es nicht dazu. 1906 wurden unter Theodor van Erp die obersten drei Terrassen mit ihren 72 Stupas ausgegraben und restauriert. Seine photographischen Aufnahmen waren noch während der umfassenden Restaurationsarbeiten 1973–83 von großem Nutzen. Durch die Verstopfung der Entwässerungsanlage verursachten die schweren tropischen Regengüsse während der vergangenen Jahrhunderte die Ausspülung von Sand- und Erdschichten unterhalb des Tempels. Auch die chemische Zersetzung und der Pilzbefall des Andesit-Gesteins hatten verheerende Formen angenommen. Viele Steine des Borobudurs waren auch als Baumaterial in den umliegenden Dörfern verwendet worden. Einige Köpfe der in den 72 Stupas befindlichen Buddhas waren seit der Entdeckung des Borobudurs an Museen in der ganzen Welt verkauft worden. Daß die damaligen Kolonialherren die Bedeutung dieser grandiosen Tempel offensichtlich verkannten, beweist die Tatsache, daß man dem thailändischen König bei einem Staatsbesuch 1873 gleich mehrere Ochsenkarren, voll mit Reliefs und Statuen, als Geschenk mit auf den Weg schickte.

Die Restaurierung des Monuments erforderte die schrittweise Abtragung der einzelnen Galerien, durch die dann die Herstellung neuer und stärkerer Fundamente möglich wurde. Die Kosten dieses Unternehmens beliefen sich nach Schätzung der indonesischen Denkmalsverwaltung auf mehr als 60 Mio. US-Dollar. Dieser Betrag wurde teilfinanziert von den Mitgliedstaaten der UNESCO, darunter auch die BRD.

Seit dem Frühjahr 1983 überragt der „Berg der Erleuchtung" wieder das satte Grün der Reisfelder des Kedu-Beckens in alter Pracht.

Ähnlich wie der Sewu-Komplex ist auch der **Plaosan**-Tempel (850 n. Chr.), der 1 km weiter östlich liegt, in nicht allzu guter Verfassung. Er wurde bei einem Erdbeben in den 60er Jahren des vorigen Jahrhunderts stark beschädigt.

Der Besuch des **Dieng-Plateaus** ist ebenfalls ein lohnendes Ausflugsziel, für das man jedoch mindestens einen ganzen Tag benötigt. Es liegt 135 km nordwestlich von Yogyakarta in einem 2 100 m hohen vulkanischen Einbruchskessel. Die Straße zum Plateau führt durch eindrucksvolle Berglandschaften. Wer sich zur Übernachtung auf dem Dieng Plateau entschließt, muß sich mit dem rustikalen Komfort der Bergbewohner begnügen. Die dunklen Holzhäuser mit ihren mongolisch aussehenden Bewohnern erinnern stark an die der Hochtäler des Himalaya. Neben der herrlichen Bergnatur mit ihren Wäldern, Seen und kochenden Schwefelquellen liegen hier auf einem großen Terrain Reste von 40 wahrscheinlich auf das Mataram-Reich zurückgehenden Tempeln. Acht wurden restauriert.

Ost-Java

Neben großen landwirtschaftlich genutzten Ebenen und einigen Wildreservaten besitzt diese Provinz ebenfalls viele Kulturdenkmäler alter Großreiche. Die hohen Stratovulkane beherrschen besonders in den östlichen Gebieten das Landschaftsbild. Der **Semeru** und der **Arjuna,** die beide steil aus der Ebene in den Himmel emporragen, gehören zu den eindrucksvollsten und schönsten Feuerbergen des Archipels. Von nahezu 30 Mio. Menschen bewohnt, ist Ost-Java eine der volkreichsten Provinzen der Insel. Neben ausgedehnten Zucker- und Tabakplantagen liegen hier 54% der javanischen Teakholzwälder.

Obwohl die Stadt **Surabaya** mit ihrem klangvollen Namen weit bekannt ist, wartet sie dem Besucher nur mit wenigen Sehenswürdigkeiten auf. Der Airport der Stadt ist jedoch ein wichtiges Drehkreuz im innerindonesischen Flugverkehr. Einige Besucher kommen auch auf dem Weg zu den Stierrennen der Insel **Madura,** die von April bis August regelmäßig dort stattfinden, nach Surabaya. Mit 3,5 Mio. Ew. ist sie die zweitgrößte Stadt des Archipels. Durch ihren wichtigen Hafen hat sich die Industrialisierung innerhalb der letzten Jahre stark weiterentwickelt. Die Stadtsanierung ist ebenfalls in vollem Gange. **Zoo-** und **Seeaquarium** sind neben dem **Lunapark** die Hauptattraktionen Surabayas.

Viele Tempelanlagen Ost-Javas sind im Laufe der Jahrhunderte stark zerfallen. Die faszinierende Ausstattung der großen Tempel Mittel-Javas wird man hier vermissen. Die bei **Trowulan** gelegenen Überreste der früheren Hauptstadt des Majapahitreiches sind ebenfalls sehr bescheiden. Ein kleines Museum verdeutlicht hier jedoch Lage und Aussehen des ehemaligen Machtzentrums.

Nördlich von Blitar liegt am Hange des Keludvulkans der sehenswerte Tempelkomplex von **Panataran** aus dem 13. Jh. Er ist der zweitgrößte Sakralbau Javas nach dem Borobudur. Ein Teil der Anlage wurde auch hier restauriert. Die ursprüngliche Bauzeit erstreckte sich über 250 Jahre und endete im Großreich Majapahit. Viele der Bauten sind auch hier mit Fabelwesen und Motiven des Ramayana-Epos verziert.

Zwischen **Gempol** und **Pandaan** liegt der **Candi Jawi,** der im 13. Jh. zu Ehren Kertanegaras, eines Königs der Singasari-Dynastie, erbaut wurde. In Pandaan selbst werden zur Vollmondzeit von Mai bis Oktober im **Amphitheater Candra Wilwatika** klassische Tänze und Dramen aufgeführt.

Wer noch weitere Tempel aus dieser Epoche sehen will, sollte den **Candi Singasari, Candi Jago** und **Candi Kidal** nicht verpassen. Alle drei Tempel, von denen die letzten beiden bei der Ortschaft Tumpang liegen, sind Totentempel. Im Singasari Tempel, der bei dem gleichnamigen Ort südlich des Arjunavulkans liegt, soll ein Teil der Asche des Königs Kertanegara, der später im Majapahitreich als Inkarnation des

Gottes Shiva verehrt wurde, beigesetzt sein. Bei genauer Betrachtung des Tempels wird man bemerken, daß viele der Steinmetzarbeiten unvollendet blieben.

Wer den Besuch **Ost-Javas** für immer in großartiger Erinnerung behalten will, sollte den Sonnenaufgang auf dem **Bromo-Vulkan** miterleben. Von Probolinggo fährt man mit kleinen Coltbussen, die meistens doppelt so viel Passagiere wie erlaubt geladen haben, durch eine atemberaubende Berglandschaft nach **Ngadisari.** Zu Fuß oder zu Pferd geht es von dort auf den „Mond" – es sieht zumindest so aus. Anfänglich noch von fruchtbaren Gemüsegärten umgeben, wird die Landschaft bald mehr und mehr von grauschwarzem Vulkansand bedeckt. Plötzlich verschwindet die Vegetation bis auf spärliche Reste. Der Blick wird frei auf den gewaltigen Vulkankessel des Tenggers, aus dessen großflächigem Sandmeer mehrere kleine Vulkankegel, darunter der des Bromo, aufsteigen. Besonders der durch Erosionsfurchen gezeichnete **Batuk** verdeutlicht die gegeneinanderwirkenden Naturgewalten. In einem kleinen Losmen am Kraterrand kann man sich auf den nächtlichen Aufstieg zum Gipfel des Bromo vorbereiten. Um 3.30 Uhr geht es dann allein oder mit einem Führer hinunter in das Sandmeer des Kraters. Besonders in sternenklaren Nächten wird diese Tour zu einem unvergeßlichen Abenteuer. Mit dem funkelnden Weltall über sich, mag sich so mancher auf einen fernen Erdtrabanten versetzt fühlen. Kurz vor Sonnenaufgang hat man den Gipfel des rauchenden Berges erreicht und harrt des Aufgangs der Sonne. Nach und nach weicht das silbrige Licht der Gestirne dem sich ankündigenden Tag. Die ersten Sonnenstrahlen tasten über den Kraterrand und tauchen die karge und urwüchsige Landschaft in rötliches Licht, das den Blick in den tiefen Schlund des Bromo freigibt. Auch das ist Java. Wer dann in **Banyuwangi** auf die Fähre nach Bali wartet, wird dieser Insel nur schweren Herzens den Rücken kehren.

Madura

Die wasserdurchlässigen Böden der Insel können keinen Reisanbau – wie beispielsweise auf den vulkanischen Schüttebenen Javas – hervorbringen. Für die Viehwirtschaft eignet sich jedoch das weitflächig mit Gras bewachsene Madura besonders. Aber auch Salzgewinnung, Tabakanbau und Fischerei bilden Eckpfeiler der Inselwirtschaft.

Die Hauptstadt der 150 km langen und 30 km breiten Insel ist **Pamekasan.** Einst war das 55 km nordöstlich von hier gelegene **Sumenep** Zentrum eines Königreiches, dessen Einflußbereich auch Teile Javas umfaßte. Der geschichtsträchtige Ort hat eine alte Moschee aus dem 18. Jh. Im Museum gegenüber finden die Freunde alten chinesischen Porzellans eine umfangreiche Kollektion. Auch werden hier Skulpturen und Waffen gezeigt. 15 km nördlich Sumeneps liegt der schöne Küstenort **Ambunten.** Von hier wird man sicherlich mehr mitnehmen als nur die Erinnerung an ein Bad im Meer.

Daß Madura viele heiße Quellen besitzt, ist ein Zeichen für Vulkanismus. Bei **Api Abadi** in der direkten Nähe Pamekasans reicht die Glut des Erdinnern bis an die Oberfläche. Steckt man Holz oder Papier in den Sand, fängt es im Nu Feuer.

Nicht nur die Erde ist hier glühendheiß, auch das Temperament der Maduresen wird in ganz Indonesien als heißblütig angesehen. Beim **Kerapan Sapi** (Stierrennen), dem wohl bekanntesten Ereignis auf der Insel, kommt die temperamentvolle Wesensart dieser Menschen erst richtig zum Ausdruck. Zwei Stiere werden vor ein hölzernes Gestell, das einem Pflug ähnelt, gespannt. Auf diesem nimmt dann der Jockey, der die Bullen durch kräftige Bewegungen ihrer Schwänze lenkt, seinen Platz ein. Das Gespann, welches als erstes durchs Ziel der bis zu 140 Meter langen Strecke geht, gilt als Sieger. Die Rennen, die hauptsächlich zur trockenen Jahreszeit und während der Ernte stattfinden, dienen nicht nur der Unterhaltung, sondern auch zur Auswahl geeigneter Zuchtbullen. Sie finden erst auf dörflicher Ebene statt und werden danach auf Subdistrikts-, Distrikts- und Kabupatenebene ausgeführt. Bei den Endausscheidungen in Pamekasan und Ambunten geht es, angestachelt durch Musik und gewagte Geldwetten, besonders hoch her. Die Besitzer preisgekrönter Renngespanne stehen in ihren Dörfern in hohem Ansehen.

Jakarta – das Tor zum indonesischen Archipel

Jakarta, auf indonesisch liebevoll „Ibu Kota" (wörtlich: Mutterstadt) genannt, ist die Landeshauptstadt Javas. Sie stand im Laufe der letzten Jahrhunderte im Mittelpunkt politischer und kultureller Umwälzungen.

Im Ursprung war sie ein kleiner Handelsposten namens **Sunda Kelapa,** an den auch heute noch der an der Mündung des Ciliwung-Flusses gelegene gleichnamige Seglerhafen erinnert. Ende des 15. Jh. entstand hier der Haupthafen des Königreichs Pajajaran, der enge Handelsbeziehungen mit den Portugiesen in Malakka unterhielt. Als diese sich auch im aufstrebenden Handelsstädtchen Sunda Kelapa einnisten wollten, kam es jedoch zu einer Auseinandersetzung. Im Juni 1527 schlug Prinz Fatahillah die portugiesische Flotte nach kurzem Kampf in die Flucht. Aus Freude über den Sieg wurde die Stadt in Jakarta oder auch Jayakarta (Stadt des Sieges) umbenannt.

Nachdem sich hier im Laufe der Zeit niederländische und englische Kaufleute niedergelassen hatten, war die Bedeutung Jayakartas als wichtiger Handelsplatz nicht mehr zu übersehen. Sie wurde daher 1619 vom niederländischen Generalgouverneur Jan Pieterszoon Coen mit Waffengewalt eingenommen und schon bald darauf in **Batavia** umbenannt. Unter diesem Namen entwikkelte sich der anfangs recht kleine Ort im 17. und 18. Jh. zu einer Stadt mit besonderem Ansehen. Die Japaner, die während des II. Weltkrieges in dem durch sie besetzten Niederländisch-Indien noch so etwas wie einen konzertierten Nationalismus einführten, besannen sich auf den ursprünglichen Stadtnamen. Sie benannten Batavia in Tokubebushi Jakarta um. Auch die Indonesier blieben nach der Unabhängigkeit bei dem alten Stadtnamen Djakarta (neue Schreibweise: Jakarta).

Heute leben in der Stadt, die eine der aufstrebendsten Metropolen Südostasiens ist, auf beinahe 700 qkm rund 7 Mio. Menschen. Viele Teile der City erinnern jedoch in ihrem Bild mehr an das ländliche Java als an eine Großstadt. Diese dörflichen Wohnviertel, sogenannte Kampongs, sind noch in vieler Hinsicht, vor allem im sanitären Bereich, verbesserungsbedürftig. Obwohl der Slum-Wildwuchs von der Stadtverwaltung vielerorts gebannt zu sein scheint, entstehen in einigen Außenvierteln hinter den Kampongs immer noch neue Notunterkünfte. Hier leben die „orang gelandangan", Menschen aus allen Teilen der Republik, die, nachdem sie in ihrer Heimat alle Zelte abgebrochen hatten, in die Landesmetropole kamen, um hier den Traum von Wohlstand und Glück Wirklichkeit werden zu lassen. Fernsehbilder vom modernen Leben in dieser Stadt, in der es Häuser zu geben scheint, die so hoch wie der Himmel sind, und wo offensichtlich jeder Bewohner ein Auto besitzt, können mittels Satellit auch im äußersten Winkel des Archipels empfangen werden. Sie sorgen unter anderem dafür, daß der Strom illegaler Zuwanderer nicht abreißt.

Ein weiteres Problem ist der Geburtenzuwachs innerhalb der Stadt, dessen man auch mittels Familienplanung noch nicht Herr werden konnte. Man hofft jedoch, daß die dezentrale Ansiedlung von Arbeitsplätzen in anderen Landesteilen, wenn nicht für eine Abwanderung, so doch für einen verminderten Zuzug von Menschen sorgen wird.

Auf der Suche nach dem alten Batavia

Das heutige Jakarta läßt nicht unbedingt das Gefühl historischer Kontinuität aufkommen. Touristen, die noch das alte Batavia kannten, werden heute daher meist vergeblich nach ihm suchen. Unter Umständen findet man es noch in den Herzen der alten Generation, die, soweit sie schon damals zur privilegierten Bürgerschicht der Stadt gehörte, dem damaligen Leben viele gute Seiten abgewinnen konnte. Nach der mit vielen Opfern erkämpften Unabhängigkeit Indonesiens fällt ihnen das Singen öffentlicher Lobeshymnen auf die einstige Kolonial-Metropole Niederländisch-Indiens jedoch schwer. Wer sich in die mit düsterer und dumpfer Atmosphäre erfüllten Gänge und Hallen alter Gebäude aus der niederländischen Gründerzeit verirrt, von denen einige in Museen umfunktioniert wurden, wird vielleicht dort noch etwas vom Hauch des alten Batavia verspüren. Wenn man beispielsweise über die schweren knarrenden Holzdielen des im Jahre 1626 errichteten **Stadhuys** wandelt, wird man von den Gesichtern aus vergangenen

Epochen nicht aus den Augen gelassen. Eingefaßt in schwere, teilweise vergoldete Holzrahmen, hängen hier die Porträts der einstigen Herrscher – Könige, Generalgouverneure und ihre Frauen, Handelsmagnate sowie einheimische Fürsten. Strenge, verweichlichte oder überhebliche Blicke in blassen, mageren oder aufgedunsenen Gesichtern lasten auf dem Betrachter. Steife Hüte, Pelerinen und große Halskrausen geben, unterstützt vom Malstil der damaligen Zeit, einigen von ihnen den Ausdruck lebloser Puppengesichter, die durch die Licht- und Schattenwirkung des mit großen Fenstern versehenen altehrwürdigen Gebäudes jäh in Aktion zu geraten scheinen. Obwohl sie zur damaligen Zeit durch mehr als ein Jahr Schiffsreise von ihrer Heimat, den Niederlanden, getrennt waren, machten sie, mit etwas Verspätung, scheinbar jede Laune der europäischen Mode mit. Ihre schwere, schwarze Wollkleidung verdeutlicht, daß Anpassung an tropische Verhältnisse damals klein geschrieben wurde.

Nicht an den Kolonisten war es, sich anzupassen, sondern die Kolonien sollten das Ihrige dazu tun. Da dies natürlich nicht möglich war, sprachen aus vielen europäischen Antlitzen bald chronisches Leiden und die Anzeichen eines frühen Todes. Die schwachen Gezeiten der damals noch mit Mangroven bestandenen Küste reichten nicht aus, um den Kanälen Batavias, die die Niederländer in althergebrachter Weise angelegt hatten, den Hauch von Pestilenz zu nehmen. Das sich stauende Wasser der Flüsse Krokot und Ciliwung machte aus dem angesehenen Ort bald einen Herd permanenter Krankheit, in der das durchschnittliche Lebensalter die Vierzig kaum erreichte. Cholera und Malaria waren bald die eigentlichen Herrscher der Stadt, der die fern der Heimat lebenden Holländer durch die Errichtung von Backsteinbauten, Windmühlen und Kastellen damals ein heimatliches Gepräge zu geben suchten. Die Bilder vergangener Schlachten beweisen jedoch, daß den fremden Despoten trotz chronischer Tropenleiden noch genügend Energie blieb, um ihre neuen Besitzungen in Krieg, Unterdrückung und Elend zu stürzen.

Das Bild Jan Pieterszoon Coens, der auf vielen Inseln des Archipels seine blutigen Spuren zurückließ, vermittelt – aufgrund seiner Abbildung in herrischer Positur – etwas von dem düsteren Ruf, der ihm vorausging. Sein Vorgänger Laurenz Real, dessen Bild ebenfalls im „Stadhuys" hängt, hatte hingegen Verständnis und Toleranz gegenüber der einheimischen Bevölkerung gezeigt. Da er aber die Gier niederländischer Handelshäuser nach Profit und Macht nicht ausreichend befriedigen konnte, mußte er der harten Hand Coens bald weichen.

Hier im vormaligen „Hollands Stadhuys" haben die Kolonialherren einst gewirkt. Unter ihnen waren nicht nur Vertreter der harten Linie; auch Verständnis und Sanftmut konnten sich manchmal durchsetzen – mag dies auch eine Ausnahme gewesen sein. Hier wurden Beschlüsse gefaßt – richtige und falsche, wohlwollende und gnadenlose – von Männern, die in die Geschichte eingingen, aber auch von solchen, die schnell wieder vergessen wurden.

Gegen einen kleinen Betrag („uang sakku") darf man auf die Kuppel des Stadhuys steigen; von dort hat man einen besonders schönen Ausblick über den Rathausplatz, das koloniale Viertel und bis weit hinaus an die Küstenlinie. Heute wartet man hier jedoch vergebens auf die schweren, dickbäuchigen Segelschiffe, deren Herkunft die rot-weiß-blaue Flagge am Mast verriet.

Im **Seglerhafen Sunda Kelapa,** in der Nähe des **Pasar Ikan (Fischmarkt),** kann man auch heute noch Segelschiffe bewundern, z. B. die Lastensegler der Bugis, eines Volksstammes aus Süd-Sulawesi. Die Form der Schiffe hat sich seit damals nur wenig verändert. Ein Großteil des innerinsularen Warentransportes wird mit Hilfe dieser Schiffe erledigt. Die Kapitäne haben gegen mitreisende Touristen meistens nichts einzuwenden; man sollte sich jedoch anpassen können und genügend Zeit mitbringen.

Rund um den Pasar Ikan trifft man auf viele Überreste der kolonialen Vergangenheit. Lagerhäuser und ein altes Fort wurden mit Mitteln der UNESCO restauriert. Die gesamte Szenerie am Fischmarkt wird beherrscht von dem aus dem Jahre 1718 stammenden Packhaus, das heute ein Marine-Museum beherbergt.

Hobby-Photographen können übrigens eine gute Nahaufnahme vom Seglerhafen machen, wenn sie den Wachturm des kleinen kanonenbestückten Forts als Standort wählen (bitte denken Sie auch hier an das „uang sakku").

Wer jedoch hauptsächlich das lebhafte Treiben auf dem Fischmarkt erleben möchte, sollte dies am frühen Morgen tun. Der Hauptumschlagplatz für Fisch befindet sich in Muara Amko, 3 km westlich Jakartas.

Das Symbol des **Kali Besar** ist die alte holländische Zugbrücke (auch **Hühnermarktbrücke** genannt) am nördlichen Ende des Kanals. Hier findet man noch viele alte Geschäftshäuser und Warenlager.

Das Zentrum des alten Batavia bietet, neben dem Stadhuys, mehrere Beispiele eindrucksvoller Kolonialarchitektur. Der frühere **Club Harmonie,** der heute Wisma Nusantara heißt, war einst der vornehme Treffpunkt niederländischer Kaufleute, Beamter und Plantagenbesitzer. Früher stellte er durch ein Schild am Eingang: „Für Hunde und Einheimische verboten" ein Monument der Apartheid dar. Heute ist er endlich für alle Interessierten zugänglich. Ein kleines Restaurant im Innern des Clubs ist jedoch nur noch wenig repräsentativ für die vergangene Zeit.

Die Kanäle in diesem Stadtviertel sind ebenfalls noch Relikte kolonialer Stadtplanung. Sie wurden bereits im 17. Jh. erbaut und dienten als Transportwege.

Das im alten Batavia sehr bekannte **Hotel „Des Indes",** das bis zu Beginn des II. Weltkrieges das „Riz" Südostasiens war, fiel 1972, von vielen betrauert, der Stadtsanierung zum Opfer. In der Jl. Gajah mada Nr. 11 befindet sich das Wohnhaus des **Generalgouverneurs de Klerk** (von 1755), in dem heute ein Teil alter Dokumente der Stadtgeschichte Jakartas aufbewahrt werden. Um einen Einblick in die Lebensweise der Chinesen in Jakarta zu bekommen, sollte man einen ihrer Tempel besuchen; der größte in Jakarta, der **Klenteng Vihara Dharma Bhakti,** liegt in der Jl. Naga.

Eine weitere Sehenswürdigkeit ist das **Wayang-Museum** an der Jl. Pintu Besar Utara; hier kann man neben dem Wayang Kulit auch die sundanesische Variante Wayang Golek (s. Register) betrachten. Die **portugiesische Kirche** an der Jl. Pangerang aus dem 17. Jh. sollte ebenfalls in eine Besichtigungstour eingeplant werden. Das moderne Jakarta besitzt viele Denkmäler, die an vergangene Zeiten erinnern. **Das Monument Nasional** (MONAS) auf dem Freiheitsplatz ist von allen das eindrucksvollste. Das 130 m hohe Denkmal besteht aus einem Obelisken, auf dessen oberster Plattform, die mittels eines Lifts zu erreichen ist, die aus 35 kg Gold gefertigte Flamme ("Ewige Flamme") steht. Sie ist Symbol für die indonesische Unabhängigkeit und von vielen Stadtteilen aus zu sehen.

Das moderne Jakarta

Abgesehen von seinen historischen Sehenswürdigkeiten gibt es in dieser Stadt eine Vielzahl anderer interessanter Lokalitäten. Wer jedoch nur ein bis zwei Tage in Jakarta verbringt, wird kaum die Vorzüge dieser Stadt kennenlernen. Derjenige, der dieser Feststellung skeptisch gegenüber steht, sollte einmal Ausländer befragen, die schon mehrere Jahre hier leben. Außer natürlich einiger Kritik wird dabei auch viel Positives Erwähnung finden. Da es aber meist das Interesse an exotischer Landschaft und an den lebendigen Kulturen der Inselwelt ist, das den Touristen hierher führt, wird sich der Aufenthalt in Großstädten meist auf wenige Tage beschränken. Für diejenigen, die etwas mehr Zeit mitbringen und neben dem historischen auch dem modernen Jakarta ihre Aufwartung machen möchten, nachfolgend noch einige Informationen:

Das **Museum Pusat** oder auch **National-Museum** liegt an der Grenze zwischen altem und neuem Jakarta, in der Jl. Merdeka barat. Es ist eine ruhige Enklave inmitten der lauten Weltstadt. Die Kultur des Landes kommt hier voll zum Zuge; sie ist vertreten durch einzigartige prähistorische, historische und ethnographische Sammlungen. Ein Besuch in dem altehrwürdigen Gebäude, das im Jahre 1778 durch den niederländischen Philantrophen J. M. Rademacher unter Schirmherrschaft der bataviaschen Gesellschaft der Künste und Wissenschaften errichtet wurde, ist auf jeden Fall lohnend. Die Schatzkammer des Museums wird nur sonntags und auf speziellen Wunsch hin geöffnet. Wie die meisten anderen Museen der Stadt ist das National-Museum montags geschlossen. Dienstags, mittwochs, donnerstags und sonntags ist von 9.00 bis 14.30 Uhr, freitags von 9.00 bis 11.00 Uhr und samstags von 9.00 bis 14.30 Uhr geöffnet.

Wer sich besonders für traditionelle Textilien interessiert, sollte einen Besuch des **Textil-Museums** in der Jl. Satsuit Tubun 4, im Südwesten Jakartas, nicht versäumen. Ca. 400 verschiedene Batikstücke – manche davon weit älter als 100 Jahre – sowie Ikat-Arbeiten aus ganz Indonesien sind hier zu bewundern; auch Kleidungsstücke aus Baumbast sind ausgestellt. Die Öffnungszeiten: Dienstags, mittwochs, donnerstags und sonntags von 9.00 bis 15.00 Uhr, freitags von 9.00 bis 11.00 Uhr und samstags von 9.00 bis 13.00 Uhr.

Reisende, die sich einen etwas umfassenderen Eindruck von den Kulturen Indonesiens verschaffen möchten, können in den äußersten Süden der Stadt, nach **Taman Mini Indonesia,** fahren. In diesem über 100 ha großen Park sind nicht nur typische Hausbauformen aus allen Teilen Indonesiens zu besichtigen; man kann auch folkloristischen Darbietungen beiwohnen, die in der Regel sonntags stattfinden. Der Park hat neben einem Orchideen- und Vogelgarten auch ein eigenes Museum, das Trachten, Haushaltsgegenstände, Kunsthandwerk, Waffen u. v. a. zeigt. Taman Mini Indonesia ist täglich von 9.00 bis 18.00 Uhr geöffnet.

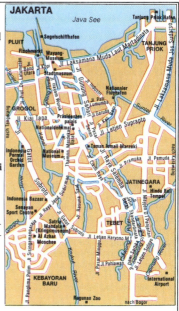

Ein Brennpunkt kultureller Ereignisse ist das **Taman Ismail Marzuki Kunstzentrum.** Das monatlich neu zusammengestellte Programm bietet traditionelle indonesische aber auch moderne Musik- und Tanzaufführungen, Volkstheater und Ausstellungen. Das Gebäude, in dem auch ein Planetarium und eine Kunstakademie untergebracht sind, beherbergt mehrere Theaterbühnen, Ausstellungshallen und Galerien.

Weniger kulturell, dafür aber mehr körperliche und geistige Erholung bietend, ist der **Taman Impian Jaya Ancol-Park,** ein großer Anziehungspunkt für wohlhabende Kreise. Täglich 24 Stunden geöffnet, könnte man ihn mit seinen vielen Attraktionen als eine Stadt in der Stadt bezeichnen. In der 140 ha großen Anlage gibt es neben dem modernen Horizon-Hotel den Gelanggang Renang Swimming-pool Complex, mit einem Strömungsgraben, einem Wellenbecken, einem Wasserfall und einer über 10 m hohen Rutschbahn. Diese Schwimmanlage ist nur von 9.00–18.00 Uhr offen. Weitere Einrichtungen sind eine Bowlingbahn, ein Autokino, ein Ozeanarium mit Delphin- und Pinguinshow, ein Badestrand, Tennis-

und Golfplätze und noch einiges mehr.

In das Gebiet zwischen Ancol und dem Tanjung Priok Hafen soll die **Jakarta Fair** verlegt werden, die sich zur Zeit noch in der Nähe des Monument Naagunan Nasional befindet. Hier gibt es von Zeit zu Zeit große nationale und internationale Ausstellungen.

Der Taman Margasatwa Ragunan oder kurz **Ragunan-Zoo**, ist einstiger Gewinner eines internationalen Zoowettbewerbs. Er bietet vielen seltenen Tieren Indonesiens eine adäquate Heimat. Eine Angestellte der deutschen Botschaft bemüht sich hier schon seit Jahrzehnten um die Problemkinder der im Zoo beheimateten Orang Utans. Mit tatkräftiger Unterstützung der Zooverwaltung, aber auch eigenen finanziellen Mitteln, rettete sie in aufopfernder Arbeit vielen Tieren das Leben. Man erreicht den Zoo mit dem Bus 108 ab Block M im Süden Jakartas. An Wochenenden ist ein Besuch wegen der Überfüllung nicht empfehlenswert.

Drei Orchideengärten in Jakarta dürften dem Liebhabern dieser Gewächse einiges zu bieten haben. Der **Indonesia Permai Orchid Garden** im zentrumnahen Stadtteil Slipi zeigt auf 35 000 qm eine einmalige Auswahl. Nördlich des Ragunan-Zoos und im bereits erwähnten Taman Mini Indonesia Park gibt es weitere Orchideen-Gärten.

Kostbarkeiten der indonesischen Vogelwelt kann man aus nächster Nähe auf dem **Pasar Burung,** dem **Vogelmarkt,** zu sehen bekommen. Für jeden Tierfreund ist er ein Alptraum. In großen Stückzahlen werden hier teilweise sehr seltene Vogelarten auf kleinem Raum gehalten. Unter der Hand kommen auch andere geschützte Tierarten zum Verkauf. Es wimmelt hier von Milben und Krankheitserregern; man beachte die große Zahl erkrankter Tiere. Wer den Markt an der Jl. Pramuka besuchen will, sollte möglichst in Begleitung einer indonesisch-sprechenden Person sein.

Die vielen Denkmäler machen den Besucher auf die jüngste Geschichte des Landes aufmerksam. Das **Sukarno-Hatta Proklamationsdenkmal** erinnert an die Erklärung der Unabhängigkeit am 17. 8. 45; es wurde am 16. August 1980 von Präsident Soeharto eingeweiht. Viele Relikte aus dem Befreiungskampf der Indonesier findet man im **Satria Mandala-Armee Museum** im Süden Jakartas. Unter den Ausstellungsstücken sind antiquierte Produkte östlicher und westlicher Waffenfabrikation zu finden. Dem Befreiungskampf (1945–1949) wurde besonders viel Platz gewidmet. Man erreicht dieses Museum mit dem Bus von Block M über die Bemo- und Busstation Cililitan in Richtung Mangarai.

Für den, der längere Zeit in Jakarta zubringen will, hier eine Zusammenstellung wissenswerter Adressen:

Informationsbüros für Touristen
Directorate General of Tourism,
Jl. Kramat Raya 81.
Jakarta Regional Tourist Office,
Jl. Gatot Subroto (simpang
Jl. KH. Abd. Rochim).
Jakarta Metropolitan City Tourism Development Board,

Jl. Medan Merdeka Selatan 9, 19th.
Jakarta Visitor's Information Centre,
Jakarta Theatre Building
Jl. Thamrin 9.
Jakarta Visitor's Information
Services,
Soecarno-Hatta International
Airport, Perdana Kusuma 16.
Hotel Information & Reservation
Centre,
Soecarno-Hatta International
Airport, Perdana Kusuma 16.

Taxi
Blue Bird, Jl. Garuda 88.
Gamya, Jl. Tiang Bendera 62A.
Morante, Jl. Alaydrus 15.
President Taxi, Jl. D/7 Pekan Raya
Jakarta.
Royal City, Jl. Mayjen Panjaitan.
Ratax, Jl. Kramat Raya 21.
Srimedali, Jl. Mayjen Sutoyo 15.
Steady Safe, Jl. Gondangdia
Lama 22.

Mietwagen
Avis Rental & Reservation System,
Jl. Diponegoro 25.
Eustis Rental Car,
Phone: 352782.
Imperial Rental Car,
Jl. Raden Saleh I/12.
Inter City Taxi to Bandung "4848",
Jl. Prapatan 34,
Jl. Kebon Sirih 32.
Parahyangan,
Jl. Wahid Hasyim 13.
Metro, Jl. Kopi 2C.
Perkasa,
Jl. Merdeka Barat 18.

Busbahnhöfe
Intercity-Bus:
Pulogadung (in östliche Richtung),
Cililitan (in südliche Richtung),
Grogol (in westliche Richtung),
Rawa Mangun (in südliche Richtung).
City-Bus:
Pulogadung,
Cililitan,
Grogol,
Blok M.,
Kampung Melavu,
Pasar Minggu, Manggarai,
Hawamangun, Tanah Abang,
Kota, Senen,
Tanjung Priok.

Bahnhöfe
Jakarta Kota,
Jl. Stasiun Kota 1.
Gambir,
Jl. Merdeka Timur.
Pasar Senen,
Jl. Medan Senen.

Wichtige Telefonnummern
Auskunft:
Ortsgespräche	108
Ferngespräche (in Java)	106
Ferngespräche in Indonesien	105
Zeitansage	103
Telegrammaufgabe	109

Gesprächsvermittlung:
Ferngespräche	100
Internationale Gespräche	101

Notrufe:
Polizei	110
Feuer	113
Krankenwagen	118
Gesundheitsdienst	119

Postämter
Central Post Office,
Jl. Pos Utara (Pasar Baru).
Gajah Mada Post Office,
Jl. Gajah Mada.
Jakarta Kota Post Office,
Jl. Fatahillah 3.

Menteng Post Office,
Jl. Serang 25.
Kebayoran Post Office,
Jl. Wolter Monginsidi 85.
Cikini Post Office,
Jl. Cikini Raya.

Internationale Fluggesellschaften
British Airways,
c/o Mandarin Hotel, 1st floor,
Jl. M.H. Thamrin,
Tel.: 33 32 07.
Cathay Pacific,
BDN Building, Jl. M.H. Thamrin no. 5,
Tel.: 32 63 07, 32 78 07;
Borobudur Hotel: 37 01 08.
China Airlines,
Sancta Maria House,
Jl. Ir. H. Juanda no. 15,
Tel.: 37 07 08, 35 44 48, 36 13 68, 35 15 64.
Garuda Indonesia Airways,
Jl. Ir. H. Juanda no. 15,
Tel.: 37 07 09;
Borobudur Inter-Continental Hotel,
Tel.: 37 01 08 / 22 41–22 42.
Japan Airlines, (J. A. L.),
Wisma Nusantara Building,
Jl. M.H. Thamrin,
Tel.: 32 22 07, 33 39 09.
K. L. M. Royal Dutch Airlines,
Hotel Indonesia,
Jl. M.H. Thamrin,
Tel.: 32 07 08, 32 00 34.
Lufthansa,
Asoka Hotel, Jl. M.H. Thamrin,
Tel.: 32 06 32, 32 11 04, 32 34 00, 32 12 39.
Malaysian Airlines System,
BDN Building, Jl. M.H. Thamrin,
Tel.: 32 09 09.
Philippine Airlines,
Borobudur Inter-Continental Hotel,
3rd floor,
Jalan Lapangan Banteng Selatan,
Tel.: 37 01 08 / 23 10–23 14–23 36.
Qantas Airways,
BDN Building, Jl. M.H. Thamrin no. 5,
Tel.: 32 77 07 – 32 67 07 – 32 75 38.
Singapore Airlines,
Sahid Jaya Hotel,
Jl. Jend. Sudirman no. 86,
Tel.: 58 40 21, 58 40 41.
Swiss Airlines,
Borobudur Inter-Continental Hotel,
Jl. Lapangan Banteng Selatan,
Tel.: 37 80 06, 37 01 08.
Thai International Airlines,
BDN Building, Jl. M.H. Thamrin no. 5,
Tel.: 32 06 07.
U. T. A. (Union de Transport Aeriens),
Gedung Jaya, Jl. M.H. Thamrin no. 12,
Tel.: 32 35 07.

Indonesische Fluggesellschaften
Garuda Indonesia Airways (GIA),
Jl. Ir. H. Juanda 15.
Mandala Airlines,
Jl. Veteran I/34.
Merpati Nusantara Airlines (MNA),
Jl. Patrice Lumumba 1.
Bouraq Indonesia Airlines,
Jl. Patrice Lumumba 18.
Pelita Air Service,
Jl. Abdul Muis 52.

Krankenhäuser / Medizinische Versorgung
Metropolitan Medical Centre,
Hotel Wisata, hinter Hotel Indonesia Sheraton,
Tel.: 32 04 08–1 46/1 53.
Rumah Sakit Pertamina,

Jl. Kyai Maja, Kebayoran baru,
Tel.: 70 72 11.
Rumah Sakit Carolus,
Jl. Salemba Raya 41,
Tel.: 88 30 91.
Rumah sakit Cikini,
Jl. Raden Salen 40,
Tel.: 34 00 90, 34 92 11.
Damajanti & Associates,
Jl. Diponegoro 14,
Tel.: 34 15 02.

Nachtklubs
Apollo Night Club,
Jl. H. Agus Salim 31.
Blue Moon Night Club,
Jl. Gajah Mada (Hotel Gajah Mada).
Copakobana Night Club,
Jl. Pantai Indah Ancol.
L. L. C. Night Club,
Jl. Silang Monas (Jakarta Fair).
New Flamingo Night Club,
Jl. Hai Lai Building Ancol.
Blue Ocean Night Club,
Jl. Hayam Wuruk 5.
Sea Side Night Club,
Ancol Dreamland.
Tropikana Night Club,
Jl. Manila Senayan Complex.
Concorde Night Club,
Jl. Thamrin (Kartika Plaza Hotel).
Sky Room Permai Night Club,
Jl. Gajah Mada (Duta Merlin).

Diskotheken
The Pistop,
Jl. Thamrin (Sari Pacific Hotel).
Tanamur Disco,
Jl. Tanah Abang Timur 14.
Oriental Club,
Jl. Jend. Sudirman (H. Hilton).

Varieté
Hayam Wuruk Theatre,
Jl. Hayam Wuruk (Pasar Lindeteves).

Kinos
Kuningan Theatre,
Jl. Rangkayo Rasuna Said.
New Garden Hall Theatre,
Jl. Bulungan 76.
Kebayoran Theatre,
Jl. Melawai V/36.
Kartika Chandra Theatre,
Jl. Gatot Subroto (Kartika Chandra Hotel).
Prince Theatre,
Jl. Jend. Sudirman.
New International Theatre,
Jl. Silang Monas.
President Theatre,
Jl. Merdeka Selatan.
New City Theatre,
Jl. Gedung Kesenian I.
Djakarta Theatre,
Jl. Thamrin 9.
Megaria Theatre,
Jl. Proklamasi 21.
Menteng Theatre,
Jl. HOS Cokroaminoto 79.
New Krekot Theatre,
Jl. H. Samanhudi 11A.
Ramayana Theatre,
Jl. Gunung Sahari 27.
Tim Theatre,
Jl. Cikini Raya 73.
Glodok Sky Theatre,
Jl. Glodok.
Jayakarta Theatre,
Jl. Hayam Wuruk (Jayakarta Tower Hotel).
Mandala Theatre,
Jl. Hayam Wuruk Plaza 108.

Einkaufszentren
Pasar Baru Shopping,
Jl. Pasar Baru.
Glodok Shopping, Jl. Pancoran.
Sarinah Department Store,
Jl. Thamrin.
Jalan Sabang, Jl. Sabang.

Senen Shopping Complex,
Jl. Senen Raya.
Jalan Haji Juanda & Jalan Majapahit,
Jl. H. Juanda & Jl. Majapahit.
Pecenongang, Jl. Pecenongang.
Jalan Surabaya, Jl. Surabaya.
Blok M,
Jl. Melawai Kebayoran (Blok M).
Ratu Plaza, Jl. Jen. Sudirman.

Indonesische Restaurants
Ayam Bulungan Restaurant,
Jl. Bulungan I/64. Keb. Baru.
Ayam Goreng Mbok Berek Restaurant (Ny. UMI),
Jl. Prof. Dr. Soepomo,
Jl. Panglima Polim Raya no. 93.
Ayam Goreng Ratu Restaurant,
Jl. Hayam Wuruk no. 81.
Gudeg Buk Tjitro,
Jl. Cikajang 80, Blok 02. Keb. Baru.
Jakarta Coffee Shop Restaurant,
Jl. Thamrin (BDN. Building).
Griya Utarie Restaurant,
Jl. Melawai Raya 14 Blok M.
Koca/LCC Restaurant, Jl. Silang Monas (Jakarta Fair).
Marundu Restaurant,
Jl. Thamrin (Hotel Wisata International).
Roda Restaurant,
Jl. Matraman Raya 65.
The Propper Pot,
Jl. Sudirman (Wisma Metropolitan).
Sari Bundo Restaurant,
Jl. Ir. H. Juanda.
Natrabu Restaurant,
Jl. H. Agus Salim no. 29A.
Putri Duyung Restaurant,
Jl. Taman Impian Jaya Ancol.
Oriza Restaurant,
Jl. Gondangdia Lama 40.
Ratu Sari Restaurant,
Jl. Pinangsia Raya (Glodok Plaza).
Tamalatea Restaurant,
Jl. Krekot I/40G (Pasar Baru).
Angin Namiri Restaurant,
Jl. K.H. Wahid Hasyim Ashari no. 49.
Happy Restaurant,
Jl. Mangga Besar Raya no. 4.
Tan Goei Restaurant,
Jl. Besuki 1A (Menteng).
Senayan Satay House,
Jl. Pakubowono VI/6 Keb. Baru,
Jl. Kebon Sirih 31A,
Jl. Tanah Abang II/76.
Satay House Gajah Mada Restaurant,
Jl. Pecenongang no. 3,
Jl. Gajah Mada 71.
Sate Blora Cirebon Restaurant,
Jl. Pemuda 47 (Rawamangun),
Jl. Jend. A. Yani 11.
Pepes Ikan Mas Majalaya Restaurant,
Jl. Senopati 19 Keb. Baru.
Sari Kuring Restaurant, Jl. Batu Cepter 55A.
Warung Selera Nusantara,
Jl. Thamrin (Sarinah Building).
Tinoor Asli,
Jl. Gondangdia Lama no. 33A.
Jawa Tengah, Jl. Pramuka.
Ayam Pemudi, Jl. Melawai Raya.
Sari Kuring, Jl. Batu Ceper 55A.
Sate Pancoran, Jl. Pasar Minggu.
Pondok Surya, Jl. Cikini Raya.

Europäische Restaurants
Art and Curio Restaurant,
Jl. Kebon Binatang III/8A (Cikini).
Brasserie Le Parisien Restaurant,
Jl. Prapatan (Hyatt Aryaduta Hotel).
Club Noorwijk Restaurant,
Jl. Kemang Raya 3A Keb. Baru 12,
Jl. Ir. H. Juanda 5A.
Candy Steak House Restaurant,
Jl. Gajah Mada 32A,

Jl. Melawai VIII/2 Keb. Baru.
"George & Dragon" Pub & Restaurant, Jl. Teluk Betung 32.
Grunewald Restaurant, Jl. Sidoarjo 1 (Menteng).
Haighland Grill Restaurant, Jl. Thamrin (Asoka Hotel).
Jaya Pub Restaurant, Jl. Thamrin (Jaya Building).
Le Bistro Restaurant, Jl. KH. Wahid Hasyim 75.

Exklusive Restaurants / Nachtklubs
Nusah Indah Supper Club, Jl. Gatot Subroto (Kartika Chandra Hotel).
Nirwana Supper Club, Jl. Thamrin (Indonesia Hotel).
The Oriental Club, Jl. Gatot Subroto (Jakarta Hilton Hotel).
Tiara Supper Club, Jl. Thamrin (Kartika Plaza Hotel).
Oasis Restaurant, Jl. Raden Saleh 47.
The Raffles Tavern Restaurant, Jl. Sudirman (Ratu Plaza).
Pizza Ria Restaurant, Jl. Gatot Subroto (Hilton Hotel).
Ramayana Restaurant, Jl. Gatot Subroto (Hilton Hotel).
Rugantino Ristorante Italiano Restaurant, Jl. Melaway Raya 28.
Jayakarta Grill Restaurant, Jl. Thamrin (Sari Pacific Hotel).
Bistro Pondok Surya, Jl. Cikini Raya.
Sahid Grill Restaurant, Jl. Jend. Sudirman (Asoka Hotel).
Swiss Inn Restaurant, Jl. Jend. Sudirman (Artaloka Building).
Sky Garden Restaurant, Jl. Thamrin (Nusantara Building).
Taman Sari Grill Restaurant, Jl. Gatot Subroto (Hilton Hotel).
Tankard Restaurant, Jl. Melawai V/36 (Kebayoran Theatre).
Toba Rotisserie Restaurant, Jl. Lap. Banteng Selatan (Borobudur Hotel).
The Ankerage Restaurant, Jl. Merdeka Selatan (President Theatre).
The Club Room Restaurant, Jl. Thamrin (Mandarin Hotel).
The Royal Orchid Restaurant, Jl. Thamrin (Mandarin Hotel).
The Shakespeare Pub & Sandwich Restaurant, Jl. M.H. Thamrin (Wisma Kosgoro).
The Stable Restaurant, Jl. Jayam Wuruk 8 (Wiskma Hayam Wuruk).
Kem Chicks Restaurant, Jl. Kemang Raya 3 Keb. Raru 12.
La Bodega Grill Bar, Jl. Charingin (Charingin Shopping).
Green Pub (Mexican Restaurant-Bar), Jl. Thamrin (Jakarta Theatre).

Chinesische Restaurants
Brilliant Palace Restaurant, Jl. Ir. H. Juanda 17.
Cahaya Kota Restaurant, Jl. KH. Wahid Hasyim 9.
Dragon Garden Restaurant, Jl. Godok Plaza.
Eka Ria (Yik Lok Yun) Restaurant, Jl. Hayam Wuruk (Pasar Lindeteves).
Golden Pavilion Restaurant, Jl. Thamrin 59 (President Hotel).
Hayam Wuruk Restaurant, Jl. Hayam Wuruk 5.
Happy Garden Restaurant, Jl. Glodok Plaza.

Hongkong Restaurant, Jl. Blora 27.
Istana Negara Restaurant,
Jl. Gatot Subroto Kav. 12 (Case Building).
King's Palace Restaurant,
Jl. Gajah Mada (Hotel Gajah Mada).
King's Coffee Restaurant,
Jl. Hayam Wuruk 114.
Moon Palace Restaurant,
Jl. Melawai VI/15A, Keb. Baru.
Phoenix Restaurant,
Jl. Hayam Wuruk (Wisma Hayam Wuruk).
Ruby Restaurant,
Jl. Ir. H. Juanda 4A.
Sim Yan Restaurant,
Jl. Hayam Wuruk 37.

Fisch- und Meeresfrüchte-Restaurants
Atithya Loka Restaurant,
Jl. Gatot Subroto (Satria Mandala Museum).
Coca Restaurant,
Jl. Melawai VIII/2-A.
Dragon Gate Restaurant,
Jl. Ir. H. Juanda 19.
Ever Green Restaurant,
Jl. Batu Cepter 20.
Furama Restaurant,
Jl. Hayam Wuruk 72.
Gloria Restaurant,
Jl. Manggabesar Raya 67.
Jade Garden Restaurant,
Jl. Blora 5–6.
King's Restaurant,
Jl. Cikini Rava 10 B.
Mina Restaurant,
Jl. Jend. Sudirman (Sahid Jaya Hotel).
Perahu Bugis Restaurant,
Jl. Lodan Timur (Horizon Hotel).
Price Restaurant, Jl. Blora 69.
Ratu Bahari Restaurant,
Jl. Melawai VIII/4.
Yun Nyan Restaurant,
Jl. Batu Cepter 69.
Hotel Asoka,
Jl. M.H. Thamrin, Tel. 32 29 08.
Hotel Asri,
Jl. Pintu I Senayan, Tel. 58 40 71.
Hotel Airport International,
Jl. Kran V/20, Tel. 34 26 71.
Hotel Febiola,
Jl. Gajah Mada, Tel. 63 40 08.
Hotel Hasta,
Jl. Pintu IX Senayan, Tel. 58 18 34.
Hotel Interhouse,
Jl. Melawai Raya, Tel. 71 64 08.
Hotel Jakarta,
Jl. Hayam Wuruk 35, Tel. 37 77 09.
Hotel Metropole,
Jl. Pintu Besar Selatan 38,
Tel. 37 69 21.
Hotel Marcopolo,
Jl. Teuku Cikditiro 19, Tel. 37 54 09.
Hotel Menteng I,
Jl. Gondangdia Lama 28,
Tel. 35 76 35.
Kebayoran Inn,
Jl. Senayan 87 Blok S, Tel. 71 62 08.
Hotel New Golf Court,
Jl. Patal Senayan, Tel. 54 21 08.
Hotel Monas,
Jl. Merdeka Barat 21, Tel. 37 52 08.
Hotel Surya Baru,
Jl. Batu Ceper 44, Tel. 37 81 08.
Hotel Sabang Palace,
Jl. Setiabudi Raya 24, Tel. 58 63 81.
Hotel Wisata International,
Jl. M.H. Thamrin, Tel. 32 03 08.
Hotel Dirgantara,
Jl. Iskandarsyah Raya 1,
Tel. 71 21 09.
Hotel Grand Paripurna,
Jl. Hayam Wuruk 26, Tel. 35 09 12.
Hotel Gama Gundaling,
Jl. Pal Putih 197A, Tel. 35 42 51.
Hotel Melati,
Jl. Hayam Wuruk 1, Tel. 37 72 08.

Japanische Restaurants
Kikugawa Restaurant,
Jl. Kebon Binatang III/3 (Cikini).
Yoshiko Restaurant,
Jl. Museum 1.
Kobe Barbeque Restaurant,
Jl. Blora 27.
Shin Yukari Restaurant,
Jl. Thamrin (Sarinah Building).
Yamazato Restaurant,
Jl. Thamrin (Hotel Indonesia).
Shima Restaurant,
Jl. Prapatan (Hyatt Aryaduta Hotel).
Keio Restaurant,
Jl. Lap. Banteng Selatan (Hotel Borobudur).
Jakarta Okoh Restaurant,
Jl. Lodan Timur (Hotel Horizon).
Jakarta Nippon Kan,
Jl. Gatot Subroto (Hotel Hilton).
Jakarta New Hama,
Jl. Jend. Sudirman (Ratu Plaza).
Furosato Restaurant,
Jl. Thamrin (Sari Pacific Hotel).
Ginza Benkay Restaurant,
Jl. Thamrin (President Hotel).
Hana Restaurant,
Jl. Hayam Wuruk 126.
Hanako Japanese Restaurant & Bar,
Jl. Melawai Raya 28.
Hay Thien,
Jl. Hayam Wuruk 80, Tel. 27 88 63.

Thailändisches Restaurant
Ayothaya Thai Restaurant,
Jl. Ir. H. Juanda 35A.

Indisches Restaurant
Omar Khayyam Restaurant,
Jl. Antara 5–7.

Koreanische Restaurants
New Korean House Restaurant,
Jl. M.H. Thamrin 28–39.
Korean International Restaurant,
Jl. Melawai VI/3 Blok M.
Korean House Atache,
Jl. Ir. H. Juanda 31.

Imbiß-Restaurants
Torsina Restaurant,
Shangrila Indah Unit II,
Jl. Cileduk Raya, Keb. Baru.
Vic's Viking Restaurant,
Jl. M.H. Thamrin 31.
Golden Cross Bar & Restaurant,
Jl. Silang Monas (Gerbang Utara Jakarta Fair).

Nudel-Restaurants
Raja Mie,
Jl. Hayam Wuruk 106A.
Bakmi Gajah Mada,
Jl. Gajah Mada 92,
Jl. Melawai IV/25 Blok M. Keb. Baru.

Bäckereien
Hongkong Bakery,
Jl. Hayam Wuruk 13A.
Holand Bakery,
Jl. Hayam Wuruk 95A,
Jl. Melawai VI/7 Blok M. Keb. Baru.
Krekot Baru Bakery,
Jl. S. Hasanudin 18M III, Keb. Baru.
Pan Merlino Cake Bakery,
Jl. Gajah Mada 156C.

Andenken- und Kunstgeschäfte
Arjuna Crafts & Shop,
Jl. Majapahit 16A.
Bali International,
Jl. KH. Wahid Hasyim 115.
Bali Kerti Souvenir Shop,
Jl. Gajah Mada (Duta Merlin).
Banuwati Artshop Java Boutique,
Jl. Semarang 14.
Djelita Batik Arts & Shop,
Jl. Palatehan I/37 Blok KV.
Djodi Art & Curios,

Jl. Kebon Sirih Timur Dalam 22.
Fine Art,
Jl. H. Agus Salim 57C.
Garuda Art & Curios,
Jl. Majapahit 12.
Handicraft Production Centre,
Jl. Rawaterate 2 Pulogadung.
Harris Art Gallery,
Jl. Puri Mutiara 41C
Home Art,
Jl. H. Agus Salim 41 B.
Indonesia Art & Curios,
Jl. Cikini Raya 63A.
Indonesia Bazar,
Jl. Gatot Subroto (Hotel Jakarta Hilton).
Jayakarta Centre of Crafts,
Jl. Wahid Hasyim 168.
Johan's Art & Curio,
Jl. H. Agus Salim 59A.
Kota Gendang Art & Crafts,
Jl. Ir. H. Juanda 8.
Lee Cheong NV,
Jl. Majapahit 32.
Majapahit Art & Curio,
Jl. Melawai III/4.
Oriental Art,
Jl. H. Agus Salim 57B.
Modern Jewels & Art Shop,
Jl. Ir. J. Juanda 14.
Pigura Art Shop, Jl. Palatehan I/41.
Prambanan Antique & Curio,
Jl. H. Agus Salim 35.
Pura Art Shop, Hl. Palatehan I/43.
Rattan Handicraft Centre,
Jl. Bangka Raya 11 Kemang.
Rieka's Atelier,
Jl. Buntu Gambir 10.
Sarinah Jaya Sarinah Department Store, Jl. Thamrin 11.
Shinta Art & Gift Shop,
Jl. Melawai VI/17.
The Banka Tin Art Shop,
Jl. KH. Wahid Hasyim 178.
Tony's Gallery, Jl. Palatehan I/31.
Urip Store Art Gallery, Percelain Antiques, Jl. Palatehan I/40.

Batik-Läden
Batik Keris,
Jl. M.H. Thamrin (Sarinah Department Store).
Batik Hajadi,
Jl. Palmerah Utara 46.
Batik Semar,
Jl. Tomang Raya 54.
Batik Semar,
Jl. Gajah Mada 67868.
Batik Berdikari,
Jl. Mesjid Pal VII Pal Merah Barat.
Batik Seni Indonesia B. I.
Pekalongan,
Jl. Panglima Polim IX/17 Keb. Baru.
Batik Sidomukti, Wisma Indonesia
Batik, Jl. Prof. Dr. Sahardjo 311.
Batik Danarhadi, Jl. Raden Saleh 1A.
Gabungan Koperasi Batik Indonesia (GKBI), Jl. Senopati 5,
Jl. Jend. Sudirman 28,
Jl. H. Agus Salim 39.
Nusa Batik Iwan Tirta,
Jl. Panarukan 25.
Batik Wijaya,
Jl. Panglima Polim Raya 65 I1.
Batik Pandu, Jl. A.M. Sangaji 17.
Sunjoyo Batik Indonesia,
Jl. Salemba Tengah I/3H.
Srikandi Batik Shop,
Jl. Cikini 90 (Hias Rias Shopping Centre),
Jl. Melawai VI/6 Keb. Baru.
Batik Aria,
Jl. K.H. Wahid Hasyim 129.
Batik Damaswijaya,
Jl. Kramat Raya 71.
Batik Ratna Dewi,
Jl. Melawai V/8.
Batik Toraja, Jl. Melawai IX/40.
Hariom's Batik Corner,
Jl. Pasar Baru No. 5.

Wie weit ist es nach ... ?

Von	Nach	km	Von	Nach	km
Jakarta	Bandung	187		Purwakarta	70
	Banjar	350		Purwokerto	260
	Bogor	58		Semarang	368
	Ciamis	320		Solo	470
	Cilegon	111		Subang	32
	Cikampak	95		Sukabumi	96
	Cirebon	260		Sumedang	45
	Garut	246		Tasikmalaya	122
	Klaten	632		Tegal	205
	Karawang	71		Yogyakarta	488
	Kudus	562	Yogyakarta	Banyuwangi	631
	Kuningan	295		Gombang	130
	Labuan	160		Kebumen	109
	Majalengka	321		Kroya	165
	Merak	125		Magelang	45
	Pekalongan	390		Purwokerto	185
	Purwakarta	113		Purworejo	65
	Purwokerto	433		Semarang	118
	Sarang	95		Solo	66
	Semarang	500		Sragen	96
	Solo	605	Surabaya	Bandung	746
	(via Semarang)			Banyuwangi	290
	Subang	177		Blitar	170
	Sukabumi	119		Cirebon	616
	Sumedang	226		Denpasar	411
	Surabaya	815		Jember	202
	Tasikmalaya	307		Kudus	264
	Tegal	335		Lumajang	140
	Wonogiri	635		Madiun	161
	Wonosobo	525		Magelang	384
	Yogyakarta	587		Padangbai	475
	(via Purwokerto)			Ponorogo	191
				Purwokerto	525
Bandung	Banjar	148		Rembang	200
	Bogor	129		Semarang	315
	Ciamis	126		Singaraja	383
	Cianjur	65		Solo	275
	Garut	62		Trenggalek	193
	Kadipaten	80		Yogyakarta	341
	Karawang	111	Denpasar	Banyuwangi	130
	Merak	310		Malang	417

125

Kepulauan Seribu – Tausend Inseln

Wer dem hektischen Leben in der Großstadt Jakarta entfliehen will, findet auf den Tausend Inseln – in Wirklichkeit nur 112, davon 8 bewohnte – eine Oase der Ruhe. Das Zentrum der Inselgruppe liegt ca. 65 Seemeilen vor der Küste.

Pulau Putri ist das bekannteste Eiland. Es verfügt über klimatisierte Bungalows, ein Restaurant und ein Diving Center. Unweit von hier liegt **Pulau Mata Hari,** die Sonneninsel. Dort geht es etwas weniger komfortabel, dafür aber ruhiger und romantischer zu. Elektrischer Strom und Radio sind verpönt. Die kleinen, sauberen Bambusbungalows liegen auf diesem weißsandigen Paradies weit verstreut.

Vom Restaurant, das sich in einem Pfahlbau über dem Riff befindet, hat man eine schöne Aussicht auf die umliegenden Atolle. Die Insel ist wegen ihres Korallenriffs auch ein begehrtes Ziel für Sporttaucher. Auf Wunsch kann der Hotelmanager Richard Lufttanks bereitstellen.

Das Klima auf den Inseln ist während des ganzen Jahres nahezu gleich; die Durchschnittstemperatur beträgt ca. 28°C.

Um sicher zu gehen, daß auf einer der beiden Inseln noch Betten frei sind, sollte rechtzeitig gebucht werden.

Pulau Putri Booking Office: Jakarta Theatre Building, Jl. Thamrin 9, Tel: 3 59 33 3–4;
Pulau Mata Hari Island Resort, Jl. Prapanca Raya 24, Kebayoran Baru, Jakarta, Tel: 71 78 47.

Die Tausend Inseln sind mit dem Boot oder per Flugzeug zu erreichen; Flüge kann man über beide Büros buchen. Sie verlassen um 9.00 Uhr und 15.00 Uhr den Kemayoran-Airport und erreichen ihr Ziel, die Insel Panjang, in ca. 20 Minuten. Von dort gibt es einen Transfer nach Pulau Mata Hari und Pulau Putri. Der Einfach-Flug kostet 80 US$; billiger ist die Überfahrt mit dem Boot vom Marina-Hafen in Ancol aus.

Kleine Sunda-Inseln

Die bekannteste der Kleinen Sunda-Inseln – in Indonesien **Nusa Tenggara** (= südöstliche Inseln) genannt – ist **Bali**. Verwaltungstechnisch ist der kleine Sunda-Archipel in zwei Provinzen unterteilt. Während **Nusa Tenggara Timur,** das sich aus den Inseln **Sumba, Komodo, Flores** und **Timor** sowie unzähligen kleinen Eilanden zusammensetzt, von rund 3 Mio. Menschen bewohnt wird, leben auf **Bali, Lombok** und **Sumbawa,** den Inseln der Provinz **Nusa Tenggara Barat,** 2,9 Mio. Einwohner.

Außer Sumba und Timor sind die kleinen Sunda-Inseln vom regen **Vulkanismus** geprägt. **Monsun-Wälder** mit vielen Eukalyptusarten, **Savannen** und offenes **Grasland** beherrschen das in der stark ausgeprägten Trockenzeit hier weniger grüne Landschaftsbild. Der klimatische Einfluß Australiens ist auf diesen Inseln unverkennbar. Die Regenzeit erstreckt sich von November bis Ende Mai. In diesen Monaten wird der Schiffsverkehr, ähnlich wie auf den Süd-Molukken, durch starken Seegang behindert. Auf Timor kommt es durch stark ausgeprägten atmosphärischen Tiefdruck zu tropischen Wirbelstürmen, sogenannten Zyklonen.

Während im Westen dieser Inseln größtenteils **malaiische Bevölkerung** lebt, findet man im Innern von Flores und Timor **melanesische** und **papuanische Gruppen.** Wissenschaftler sehen in den Gesichtern der Menschen Ost-Nusa Tenggaras noch deutlich veddide, negride und australoide Züge.

Reste von Ahnenkult, Geisterglaube und Magie beherrschen auch heute noch den Alltag der dortigen Bewohner. Obwohl viele von ihnen in den letzten Jahrzehnten zum Christentum bekehrt wurden, stehen sie noch zu ihrem überlieferten Brauchtum. Der Islam hat sich in Zentral- und Ost-Lombok sowie auf Sumbawa am stärksten verbreitet. Die hier in Glaubensangelegenheiten recht orthodox denkende Bevölkerung hat dem Tourismus in Kleidungsfragen noch keine Konzessionen gemacht. Für Touristen, die aus dem mehr oder weniger toleranten Bali kommen, ist es besonders wichtig, dies zu wissen.

Es gibt zwei Anziehungspunkte für den Touristen in Nusa Tenggara (Bali ausgenommen). Einer ist die Insel **Lombok,** deren westlicher, von Hinduisten bewohnter Teil den Ruf hat, die auf Bali bereits verloren gegangene Ursprünglichkeit noch zu besitzen. Die zweite Attraktion ist die Dracheninsel **Komodo,** die wegen der nicht ganz einfachen und auch nicht billigen Anreise meist nur

Gruppen anzieht. Alle anderen Inseln sind noch touristisches Neuland. Der Fremde, der sie betritt, steht verständlicherweise im Brennpunkt des öffentlichen Interesses; vor allem die Kinder interessieren sich für den Touristen.

Auch heute ist der Tourismus in diesem Gebiet der Republik noch kein Stützpfeiler der Wirtschaft. Diese basiert hier vielmehr auf **Viehzucht** und im Osten von Timor auf **Erdöl**. Der Abbau der vorhandenen Schwefellagerstätten ist ökonomisch ohne große Bedeutung; die Jahresproduktion beträgt lediglich 1000 bis 3000 t, und die Industrieanlagen sind in jeder Hinsicht veraltet. Die Infrastruktur ist nur streckenweise als mäßig gut zu bezeichnen.

Regelmäßige **Fähr- und Bootsverbindungen** gibt es nur zwischen Bali, Lombok und Sumbawa. Auf den anderen Inseln ist alles mehr oder weniger dem Zufall überlassen. Vielleicht ist es aber gerade dies, was den Reiz Nusa Tenggaras ausmacht. Auf Lombok, Sumbawa und Flores verlaufen die mehr oder weniger befestigten **Straßen** in der Regel in Ost-West-Richtung. Sumba und andere Inseln haben nur den Ansatz eines Straßennetzes. Das **Flugzeug** hilft in vielen Fällen weiter. Während der Regenzeit sind jedoch auch hier viele unbefestigte Landepisten total aufgeweicht. Die Wartelisten für diese Orte, die dann auf dem Landwege meist ebenfalls nicht zu erreichen sind, überschreiten häufig die Geduld des Reisenden. Auf einigen Inseln – z. B. auf Komodo – kommt man nur zu Fuß weiter.

Bali

Die bekannteste Insel Indonesiens – viel besungen, beschrieben und dabei immer in Gefahr geraten – hat auf einer Fläche von 5600 qkm (145 km Länge und 80 km größte Breite) rund 2,8 Mio. Einwohner. Obwohl Bali häufig als „Insel der Götter und Dämonen" bezeichnet wird, erfährt sie der Besucher meist noch als „Insel der Feste und Lebensfreude". Wer einst das ursprüngliche Bali kennenlernte, wird heute auf allen Sektoren einen Rückgang feststellen können. Die Kommerzialisierung von Tempelfesten und Tänzen hat teilweise bedenkliche Formen angenommen. Da Urlauber häufig ein tiefgekühltes Bier mit hochstehender Kultur verwechseln, mag es nicht verwundern, daß nur wenige unter ihnen sich Gedanken über historische Hintergründe und ihre Bedeutung für das Leben der Balinesen machen. Vielen wird daher auch der von bunten Zeremonien erfüllte balinesische Alltag wie eine „gezüchtete Touristenattraktion" vorkommen.

Die Kultur Balis überstand die Islamisierung, die Kolonialisierung und viele Naturkatastrophen. Die Zukunft wird uns zeigen, ob sie auch dem Massentourismus standhalten wird. Wer daher ein wenig von dem verstehen will, was die Balinesen heute noch so anders sein läßt als ihre Inselnachbarn und was ihnen die Kraft gibt, sich dem westlichen Einfluß weitestgehend zu entziehen, muß alles vergessen, was er schon weiß, und seinen Geist für das Mysteriöse öffnen. Wem dies gelingt, der hat ein Souvenir für alle Ewigkeit. Wer aufmerksam reist und beobachtet, wird auch in den touristischen Flecken Balis Reste einstiger Ursprünglichkeit entdecken. Abseits der „Pflichtpfade" ist Bali immer noch, wie Gandhi einmal sagte, der „Morgen der Welt".

Bali ist eine sehr dicht bevölkerte und landwirtschaftlich intensiv genutzte Insel. Die vulkanischen Verwitterungsböden erbringen 2–3 Reisernten pro Jahr. Um die Bewässerung zu regeln, sind die Dörfer Balis in Bewässerungsgemeinschaften, sogenannte Subaks, eingeteilt. Ein balinesisches Dorf ist eine genossenschaftsähnliche Verbindung, dessen Mitglieder einen gemeinschaftlichen Vorfahren haben. Die Dorfbevölkerung bildet eine Sozial- und Arbeitsgemeinschaft, Banjar genannt. Jeder verheiratete Mann hat das gleiche Stimmrecht bei Beratungen über gemeinsame Feldarbeiten und Feste.

Einer der Feuerberge, die für die Fruchtbarkeit des Bodens sorgen, ist der 3 142 m hohe, aktive Gunung Agung, der – ähnlich wie der Olymp im alten Griechenland – der Sitz der Götter Balis ist.

Als der Islam im 15. Jh. die hinduistisch-buddhistische Kultur Javas durchdrang, blieben die balinesischen Fürsten ihrer im 11. Jh. erlangten hinduistischen Religion treu. Die vor der umfassenden Islamisierung nach Bali ausweichenden Herrscher Ost-Javas brachten die Kultur der Insel zu neuer Blüte. Zur hinduistischen Religion Balis, die wegen ihrer buddhistischen Elemente als Dharma-Hindu Bali bezeichnet wird, bekennen sich mehr als 90% der 2,8 Mio. Inselbewohner.

Die Balinesen sind bekannt als ein künstlerisch begabtes Volk. Tanz, Bildhauerei, Malerei und Holzschnitzkunst werden schon von Kindern im Vorschulalter erlernt und teilweise beherrscht.

Denpasar ist die nahezu 200 000 Ew. zählende Hauptstadt der Provinz Bali und bietet neben einem interessanten Abendmarkt günstige Einkaufsmöglichkeiten, das **Bali Museum** und auch ein Konservatorium, in dem man der schwierigen Ausbildung der Tanzkünstler beiwohnen kann. Im Museum sind, neben den unterschiedlichen Baustilen Balis, Kunst- und Gebrauchsgegenstände der verschiedenen Epochen, auch Steinzeitfunde zu sehen.

Der **internationale Flughafen** Balis, **Ngurah Rai,** liegt ca. 5 km südlich von Kuta und bietet Verbindungen auf die benachbarten Inseln, nach Jakarta, Australien und Tokio.

Das Badeparadies **Sanur** mit seinen internationalen Hotels liegt wenige Kilometer südöstlich von Denpasar an einer wunderschönen Bucht. Durch ein Riff geschützt, ist das Meer hier sehr ruhig und untief und daher ideal für Nichtschwimmer. Hier wird dem Urlauber, der nicht auf seinen zu Hause gewohnten Komfort verzichten will, alles nur Erdenkliche geboten. Trotz vieler Unterhaltungsmöglichkeiten, Kunst-und Souvenirgeschäften macht Sanur einen ruhigen und erholsamen Eindruck. Laut eines Beschlusses der Dorfältesten durften hier nach der Fertigstellung eines 8-stöckigen Hotelbaus keine weiteren Gebäude dieser Höhe errichtet werden, da man in Häusern, die höher als Palmen waren, eine Gotteslästerung sah. Durch diesen weisen Rat der Dorfältesten des Banyars wurde aus Sanur kein Hotel-, sondern ein Urlaubserlebnis.

In Sanur liegt auch das Haus des belgischen Malers **Bonnet,** das nach seinem Tode zum **Museum** wurde. Es wird durch seine Frau, einst eine der berühmtesten Tänzerinnen Balis, verwaltet und gibt einen umfassenden Eindruck vom Leben und Wirken des Künstlers.

Mit Segelbooten kann man schöne Ausflüge zu den Inseln vor der Küste machen. Die **Nusa Penida** z. B. ist zwar eine sehr trockene und verkarstete Insel, bietet aber mit einigen Tempeln und der **Goa Karangsari,** einer Höhle mit See, interessante Sehenswürdigkeiten und schöne Strände.

Der Urlauber, der Brandung und starken Wellengang braucht, ist in **Kuta Beach** besser aufgehoben. Wer sich im Wellenreiten üben will, kann hier auch die dazu benötigten Surfbretter ausleihen. Kuta wird meist von jüngeren Reisenden bevorzugt, die dem ehemals kleinen Fischerdorf ihren Stempel aufgedrückt haben. Viele Mietmotorräder fallen besonders in den Morgen- und Abendstunden durch ihren hohen Geräuschpegel unangenehm auf. Restaurants, Discos und Bars sorgen bis in die späten Abendstunden für Unterhaltung. Das typische Dorfleben Kutas spielt sich nur noch ganz am Rande ab. Der lange schier unendliche Sandstrand und die guten Surfbedingungen Kutas haben diesen Ort in der ganzen Welt bekannt gemacht. Im Juli und August sowie zum Ende des Jahres ist Kuta nahezu überfüllt. Die Preise für Übernachtungen und Essen sind trotz des schon sehr lange anhaltenden Tourismusbooms erstaunlich niedrig geblieben. Durch den Tourismus angelockt, haben zwielichtige Großstadtelemente aus Surabaya und Ujung Pandang Raub und Diebstahl in Bali eingeführt. Aber auch schon so mancher „Weltreisende" hat hier durch den Griff nach fremden Gütern und einheimischen Waren seinen Aufenthalt im „Paradies" verlängern wollen. Man sei daher auf der Hut.

Ein ruhigerer Badeort ist **Legian,** das 2 km nördlich von Kuta liegt. Wer aber die Insel Bali erleben will, muß sich ins Landesinnere begeben. Die Nordküste bietet weitere Badeorte westlich von **Singaraja** an. Sie entstanden erst in den letzten Jahren und bieten Losmen oder sogenannte „Home Stays" als Unterkunft. **Lovina Beach** ist das touristische Zentrum an dieser Küste, deren Sand jedoch etwas dunkler ist als der von Kuta oder Sanur. Durch ein schönes vorgelagertes Riff kommen Taucher hier auf ihre Kosten. Übernachtung und Essen sind besonders preisgünstig. Das nahegelegene Singaraja ist der wichtigste Hafen im Norden der Insel. Die umliegenden Tempel sind alle im typischen nordbalinesischen Stil erbaut und haben interessante Reliefs.

Von den vielen Sehenswürdigkeiten Balis lohnt besonders der Besuch der Meerestempel. **Tanah Lot** ist wohl einer der schönsten von ihnen. Man erreicht ihn mit dem Bemo über Denpasar und Kediri oder in einem dreistündigen Marsch über den Strand von Kuta und Legian. Er ist einer der Nationaltempel Balis und liegt auf einer schwarzen vulkanischen Klippe. In den Meerestempeln Balis erbittet die Bevölkerung Schutz vor den bösen Geistern des Meeres, die Krankheit und Unglück bringen. Die bizarre Einheit, die der Tempel und der eigenartig geformte Vulkanfels bilden, kommt besonders im Licht der späten Nachmittagsstunden gut zur Geltung. Der im Süden der Halbinsel **Nusa Dua** auf einer hohen Steilküste gelegene Meerestempel **Ulu Watu** ist bisher meist das Ziel der Wellenreiter, die die extrem starke Brandung dieser Region für ihren Sport nutzen.

Die **Goa Gajah** (Elefantenhöhle) in der Nähe von Bedulu ist eine der ältesten Sehenswürdigkeiten der Insel. Die in einen großen Felsblock gehauene Höhle war im 11. Jh. eine Einsiedelei hinduistischer Mönche. Um den Eingang der Höhle herum ist ein großes Dämonengesicht in den Fels gehauen. Auch Pflanzen, Menschen und Tiere wurden hier in hervorragender Weise dargestellt. Der gegenüberliegende Badeplatz kam erst bei Ausgrabungen 1954 ans Tageslicht. Etwas weiter unterhalb der Höhle hat man einen schönen Blick auf die in Terrassenform angeordneten Reisfelder.

Die bei **Tampak Siring** gelegene heilige Quelle von **Tirta Empul** hat im Glauben der Bevölkerung heilende Wirkung. Aus ganz Bali kommt man hierher, um sich von Krankheiten befreien zu lassen oder gegen sie Schutz zu erhalten. An das Gründungsjahr der Quelle im Jahre 962 n. Chr. und die damals vorgeschriebene Reinigungs-Zeremonie erinnert ein Stein, der einmal im Jahr zur Vollmondzeit des 4. balinesischen Monats in einer Prozession zur Quelle gebracht wird. Ganz in der Nähe, auf einem Hügel, liegt der 1954 erbaute Sommerpalast von Sukarno.

Im heiligen Affenwald von **Sangeh** geht es meist lebendig zu. Das Zuhause der freundlichen Affenher-

Sri Dewi wird in Java und Bali als Reisgöttin verehrt.

den befindet sich in einem unter Naturschutz stehenden Wald 20 km nördlich von Denpasar. Sie haben schon längst den Zusammenhang von Tourist und Erdnuß erkannt. Manchmal sind sie jedoch nicht an den angebotenen Nüssen oder Bananen, sondern an Brillen, Fotoapparaten oder Sonnenhüten interessiert.

Im 11 km entfernten **Mengwi** findet man einen weiteren Nationaltempel Balis, den **Pura Taman Agung,** dessen Ursprung im 17. Jh. liegt. Dieser gewaltige, auf einer Anhöhe gelegene Tempelkomplex gehört zu den schönsten Balis. Touristen dürfen ihn jedoch seit 1977 nicht mehr betreten. Die den Tempel umgebende Mauer ist heilig und darf nicht berührt werden.

Der am Hange des Gunung Agung bei **Besakih** gelegene **Pura Panataran Agung** ist der größte und heiligste Tempel auf Bali. Besonders in den frühen Morgenstunden erhebt sich der Vulkan als gewaltige Kulisse hinter den schwarzen Merus in atemberaubende Höhe. Die Erhaltung und Erweiterung des Tempels geht zu Lasten des balinesischen Adels. Einmal im Jahr pilgert die balinesische Aristokratie zum Tempel von Besakih, der als Symbol der Glaubenseinheit dann das Zentrum eines prunkvollen Festes zu Ehren der Ahnen wird. Alle hundert Jahre einmal findet hier das größte Fest Balis statt.

Über Kedisan kann man dann weiter zum **Batur-Vulkan** gelangen. Wenn bei **Penelokan** plötzlich der Blick auf den gewaltigen Außenkrater des Batur, in dem sich ein kleinerer Vulkan erhebt, frei wird, wird die strapaziöse Anfahrt schnell vergessen sein. Es ist wohl eine der grandiosesten Landschaften Balis, die zusätzlich viel Sehenswertes bietet. Um den Batur wohnen noch viele **Bali-Aga,** die man als Ureinwohner der Insel ansieht. Wer früh am Morgen den Kraterrand erreicht, kann, nachdem er zuvor mit einem Pferd oder auch zu Fuß an das Seeufer gelangt ist, mit einem Einbaum paddelnd zum Dorf **Trunyan** fahren, auf dessen Friedhof die Bali-Aga ihre Toten nicht wie die Hindus verbrennen, sondern zu ebener Erde ablegen.

Wer auf die Besteigung des kleinen fauchenden Baturvulkans Wert legt, sollte sich in **Kintamani** einen Führer nehmen. Für den Auf- und Abstieg muß man ca. 6–8 Stunden einplanen.

In **Klungkung** sollte man die **Gerta Gosa,** eine alte Gerichtshalle, besuchen, wo zur Zeit der Gelgel-Dynastie der oberste Gerichtshof tagte. Die gesamte Unterseite des Daches ist hier im Wayang-Stil bemalt und zeigt die Bestrafung von Rechtsbrechern.

Direkt bei **Kusambe** liegt die bekannte **Goa Lawah** (Fledermaushöhle), von der man sagt, daß ihre von der Besichtigung ausgeschlossenen Höhlenausläufer bis zum Besakih Tempel hinaufführen. Aber auch der vordere Teil der Höhle, deren Decke voller Fledermäuse hängt, ist sehenswert. Der Höhlenboden und die Dächer der kleinen Schreine des dazugehörenden Tempels sind zentimeterdick mit den Exkrementen der Tiere bedeckt. Die balinesischen Fürsten berieten 1904 in der Goa

Lawah über Maßnahmen gegen die niederländische Kolonialmacht. Alle Aktionen verliefen jedoch nahezu ergebnislos und endeten mit dem Untergang mehrerer Fürstenhäuser.

Der Strand von **Kusambe** hat schwarzen Vulkansand. Fährt man weiter nach Osten, wird man immer häufiger mit den Folgen des Vulkanausbruches von 1963 konfrontiert. **Amlapura,** das frühere **Karangasem,** hat sich bis heute nicht mehr von diesen Folgen erholt. Noch heute zeigen viele Häuser Risse. Da man das Unglück mit dem Namen der Stadt Karangasem in Verbindung brachte, wurde er in Amlapura umgewandelt. Vom vulkanischen Ursprung des **Bratan-Sees** bei **Bedugul** in Zentral-Bali sieht man heute nur noch wenig. Die Hänge der Umgebung sind stark bewaldet und bieten noch vielen Tieren Schutz und Lebensraum. Die letzten Bali-Tiger, die zu Beginn der 70er Jahre ausgerottet wurden, hatten hier und im Westen der Insel ihr Zuhause.

Die Städte des Kunsthandwerks auf Bali

Wer auf dem Weg nach Ubud durch **Mas** kommt, dem werden sicherlich die vielen Geschäfte, die Holzschnitzkunst anbieten, auffallen. Hier wurde und wird immer noch hervorragende künstlerische Arbeit geleistet. Die steigende Nachfrage nach Barong-, Vishnu- und Garuda-Figuren, die als Schlüsselanhänger, Schachfiguren oder Statuen in alle Himmelsrichtungen exportiert werden, hat teilweise jedoch zur Massenproduktion geführt. Die Balinesen, die in besonderem Maße künstlerisch veranlagt und schöpferisch tätig sind, mußten sich dem Druck der Kunden fügen. Besonders bei den amerikanischen Touristen waren nicht Qualität, sondern Plastiktüten für den Transport der Souvenirs gefragt. Es dauerte nicht lange und man hatte sich auch in Bali darauf eingestellt. Die kunstvollen Masken und Statuen, die in wochenlanger Arbeit filigran geschnitzt und bemalt werden, entstanden nicht zum Selbstzweck, sondern zu Ehren der Götter. Heute ist an diese Stelle meist die Reisekasse des Touristen getreten.

In der Sprache der Balinesen gibt es kein Wort für Kunst, obwohl diese seit Jahrhunderten den Alltag dieser Menschen durchdringt. So kommt es auch, daß die einfache Landbevölkerung die Beziehung zu der sie umgebenden traditionellen Kunst nicht verloren hat und die in ihrer Symbolik verborgenen Aussagen voll erfaßt.

Celuk ist Balis Zentrum der Silberschmiedekunst. Hier liegt ebenfalls ein Geschäft neben dem anderen. Im Dorf selbst arbeiten die Schmiede, die auch gerne nach speziellem Auftrag fertigen.

Ubud ist das kulturelle Zentrum der Insel. Hier war in den 30er Jahren eine europäische Künstlerkolonie zu Hause, zu denen Maler wie Walter Spies, Bonnet und Rousseau gehörten. Heute sind es meist einheimische Künstler, die Ubud zu ihrem „Arbeitssitz" gemacht haben.

Auch viele Touristen, die die balinesische Atmosphäre dieses kleinen Ortes und seine schöne Umgebung schätzen gelernt haben, zieht es hier her. Ubud hat eine große Anzahl an **Gemäldegalerien.** Man sollte erst

Preise und Qualität vergleichen, bevor man sich zum Kauf eines Bildes entschließt. Wer für die Geschichte und Entwicklung der balinesischen Malerei besonderes Interesse zeigt, sollte den **Palast der Bilder, Puri Lukisan,** besuchen, der über eine sehenswerte Gemäldesammlung verfügt.

2 km westlich von Ubud liegt ein kleiner Wald, der wohl die wildeste Affenherde Balis beherbergt. Auch ein kleiner märchenhafter Tempel liegt hier abseits des Besucherstroms.

Lombok

Lombok hat nicht nur eine andere Flora und Fauna sowie ein anderes Klima, auch die Mentalität ihrer meist islamischen Bevölkerung ist anders geartet als die der Balinesen. Im **Peresehan,** einem Kampfspiel, bei dem zwei mit Bambusstöcken und Schild bewaffnete Kontrahenten wild aufeinander einschlagen, tritt etwas dieses Temperaments in Erscheinung. Das Peresehan diente früher dazu, die jungen Krieger der Sassaks für den Kampf abzuhärten; heute ist es eine Art Volkssport, der zur Zeit des Unabhängigkeitstages überall auf Lombok stattfindet.

15% der Inselbevölkerung sind **Hinduisten balinesischen Ursprungs.** Die sozialen Spannungen zwischen diesen beiden Bevölkerungsteilen gehen weniger auf ihre unterschiedlichen Religionen, als auf ihre gemeinsame, blutige Geschichte zurück. Als Gegenleistung für ihre Unterstützung im Kampf gegen den Raja von Sumbawa zu Beginn des 18. Jh. erlaubten die Bewohner Lomboks den Balinesen, im Westen der Insel zu siedeln. Doch schon bald wurden die Sassaks von den Balinesen auf ihrer eigenen Insel unterdrückt und versklavt. Aus dem Streit zwischen den beiden Volksgruppen zog die Kolonialregierung jedoch ihren Nutzen und gliederte Lombok 1894 in die Kolonie ein. Der balinesische Raja von Mataram wurde daraufhin ins Exil geschickt und der Kronprinz ermordet.

Der Einfluß **balinesischer Kultur** ist im Westen Lomboks offensichtlich. Dies, sowie die Lage abseits des Touristenstroms, brachte der Insel den Ruf ein, die einstige Ursprünglichkeit Balis zu besitzen. Wenn die Zahl der Touristen auf Lombok jedoch weiter so stark ansteigt wie bisher, wird von dieser Ursprünglichkeit bald nichts mehr übrig bleiben.

Die 4 595 qkm große Insel wird vom 3 725 Meter hohen Vulkan **Rinjani** beherrscht. In seinem großen Krater erhebt sich ein kleinerer Vulkan namens Baru („der Neue"), den man jedoch vom Flachland her nicht sieht. Westlich des Baru liegt der Segara Anak-See, der einen großen Teil des großen Rinjani-Kraters ausfüllt. An seinem nördlichen Ufer befinden sich heiße Quellen, die besonders in Vollmondnächten von vielen Menschen zwecks Heilung ihrer Leiden aufgesucht werden. Nicht nur die Sassaks, auch die Balinesen pilgern einmal im Jahr zur Verrichtung der **Pekelan-Zeremonie** zum See, um den Göttern des Berges zu opfern. Der

Rinjani hat für die balinesischen Abkömmlinge die gleiche religiöse Bedeutung wie der Gunung Agung für die Balinesen.

Wer diesen Berg besteigen will, sollte dies auf der Bayan-Senaro Route tun. In Losmen Horas in Ampenan wird solch ein Vorhaben mit Rat und Tat unterstützt. Der Losmen-Besitzer kennt das Massiv des Rinjani wie kein anderer.

Erst geht es in 4–5 stündiger Fahrt über Pemenang und Tanjung nach **Desa Anyar,** von wo eine Straße über **Bayan** nach **Senaro** führt. Der dortige Lehrer besorgt nicht nur einen Bergführer, sondern vermittelt auch Übernachtungsmöglichkeiten. Der Aufstieg zum äußeren Kraterrand dauert von hier ca. 8–10 Stunden. In Dämmerung oder Dunkelheit den halsbrecherischen Pfad in die Caldera abzusteigen ist lebensgefährlich und wird von erfahrenen Führern nicht mitgemacht. Übernachtung am Kraterrand und dreistündiger Abstieg am nächsten Morgen entspricht dem normalen Zeitplan für eine Besteigung. Da die Temperaturen auf dem Berg nachts bis unter 10°C und mehr abkühlen können, empfiehlt sich die Mitnahme eines Schlafsackes und warmer Kleidung. Hat man solche Ausrüstung nicht dabei, kann man sich unter Umständen im Losmen Horas in Ampenan etwas leihen. Gut ausgerüstet und mit Proviant versorgt, kann man schon einige Tage auf dem Krater des Rinjani ausharren.

Hat man keine alpine Erfahrung, sollte man nach Möglichkeit auf die Besteigung des Rinjani-Gipfels am östlichen äußeren Kraterrand verzichten. Die Besteigung des kleinen, in der Caldera gelegenen Baru kann hingegen durch Gasemission erschwert werden (Erstickungsgefahr!). Dies geschieht besonders dann, wenn gegen Mittag Wolken in den Krater drängen. Eine andere Besteigungsroute führt von Osten her über Sapit auf den Gipfel. Die Flanken des riesigen Rinjani-Massivs, die bis in 2 000 Meter Höhe bewaldet sind, reichen auf der nördlichen Inselhälfte bis ans Meer.

Zwischen Desa Anyar im Nordwesten und Labuhan Lombok im Nordosten gibt es wegen des schwierigen Geländes kaum Infrastruktur und nur wenig Besiedlung. In den hier gelegenen Wäldern wird Teakholz geschlagen. Die Senke im Süden des Rinjani ist hingegen stark besiedelt und wird landwirtschaftlich intensiv genutzt. Ein bescheidenes Verkehrsnetz verbindet hier die Dörfer und Städte.

Mataram, das Verwaltungszentrum von West Nusa Tenggara, ist mit den Ortschaften Cakranegara und Ampenan mittlerweile verwachsen. Entweder in Mataram, in Denpasar auf Bali oder in Kupang auf Timor lassen sich eventuell notwendige Visaangelegenheiten regeln. Das „Kantor Imigrasi" befindet sich in der Jl. Udayana, ca. 10 Min. vom Flugplatz entfernt.

Lombok hat viele landschaftliche, aber auch kulturelle Sehenswürdigkeiten. Eine große Anziehungskraft geht von den Stränden der Insel aus, deren Farben von schwarz bis weiß reichen; schöne Strände sind beispielsweise bei **Ampenan.** 10 km Sandstrand von hier bis zum Fischerdorf Senggigi dürften gegenwärtig noch genügend Platz bieten.

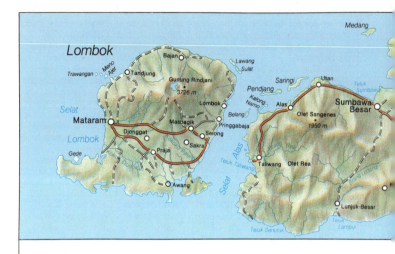

Ein weiterer Strand namens Pamenang liegt 35 km nördlich von Ampenan. In der Nähe dieser Stadt gibt es auch viele Sehenswürdigkeiten balinesischer Kultur, so auch die Tempelanlage von **Pura Segara.** Ein weiterer Tempel namens **Batu Bolang** liegt 20 km von Ampenan auf einem Felsen über der Küste.

Vom **Gunung Pengsang,** 8 km südlich von Mataram, hat man einen phantastischen Panoramablick über die agrarisch genutzte Landschaft und ihre Dörfer. In der Nähe der Bergkuppe liegt ein bedeutender, wenn auch nicht sehr eindrucksvoller Hindutempel, in dem zum jährlichen Erntefest ein Büffel geopfert wird. Sehenswert ist der **Sommerpalast von Narmada** (10 km von Cakranegara), der 1805 vom König von Karangasem (Ost-Bali) erbaut wurde. Er hat eine terrassierte Gartenanlage, Badeplätze und einen See. In der Nähe von Narmada, nur 7 km entfernt, liegt der Gebirgsort **Saranadi.** Abgesehen von einem Hotel mit Swimming-pool und Sportanlagen sowie einer ausgezeichneten Fernsicht (wetterabhängig) gibt es, 3 km entfernt, einen balinesischen Tempel, der interessanterweise eine Synthese hinduistischer und islamischer Motive zeigt. Ein Badeplatz mit heiligen Aalen kann hier ebenfalls besichtigt werden. **Cakranegara** ist für seine traditionellen Webarbeiten, sogenannte „Ikats", bekannt. Die Webereien liegen in den Außenbezirken von Cakranegara. Sie können auf Wunsch besichtigt werden. **Kota Raja** und **Loyok** sind Orte, die für ihre feinen Flechtarbeiten berühmt sind.

Bei Cakranegara befindet sich der **Taman Mayura,** ein balinesischer Wasserpalast, der einst auch als Gerichtshof diente. Der größte Hindu-Tempel auf Lombok ist der von Fürst Made Karang 1720 erbaute **Meru-Tempel,** der aus einer dreiteiligen Anlage besteht. Wie bei allen balinesischen Tempeln zeigt auch hier die Anzahl der Dächer, wem die Merus geweiht sind.

Der Seglerhafen **Ampenan** im Westen Lomboks ist ein gemütlicher Ort, in dem viele Reisende länger verweilen. Die Auswahl an Hotels und Losmens ist daher verhältnismäßig groß. Fern- und Minibusse holen ihre Passagiere bei rechtzeitiger Anmeldung von der Unterkunft ab.

An- und Abreise von und nach Lombok geschieht in der Regel über die beiden Fährhäfen Lembar und Labuhan Lombok. **Lembar** im Westen der Insel hat täglich einmal eine Fähre von und nach Padang Bai (Bali). Die Bemos legen die 35 km von Ampenan hierher in ca. 1 Stunde zurück. **Labuhan Lombok** im Osten der Insel hat eine Fährverbindung mit Alas auf Sumbawa. Die Fahrzeit der auch hier nur einmal täglich in beide Richtungen verkehrenden Fähre beträgt ca. 3 Stunden. Für den Landweg zwischen den beiden Fährhäfen benötigt man zwischen 2,5 und 4 Stunden. In Labuhan Lombok besteht ein Mangel an Hotel- und Losmenbetten. Man übernachtet daher besser in Cakranegara. Hier befindet sich auch „Stasiun Sweta", die zentrale Bus- und Bemo-Station, die mit allen größeren Orten der Insel verbindet.

Von dem 2 km von Ampenan entfernten **Selaparang-Airport** starten

Flüge nach Bali und auf die östlich von Lombok gelegenen Inseln.
Adressen der Fluggesellschaften:
Garuda, Jl. Langko 80, Ampenan, Tel. 2 37 62
Merpati, Jl. Langsat 1 (GSA).

Sumbawa

Der Ausbruch des Krakatau 1883 in der Sunda-Straße gilt bis auf den heutigen Tag als größte Vulkankatastrophe seit Menschengedenken. Es starben mehr als 36 000 Menschen an den Folgen. Die Explosion des **Tambora** 1815 auf Sumbawa fand jedoch vergleichsweise wenig Beachtung. Im Verlauf des Tambora-Ausbruchs wurden 160 Kubikkilometer Aschen-Bimsstein (beinahe neun mal mehr als beim Krakatau) in die Atmosphäre geschleudert. Mehr als 85 000 Menschen kamen durch Flutwellen und eine nachfolgende Hungerskatastrophe ums Leben. Der arktische Sommer des Jahres 1816, durch die Masse feiner Staubpartikel in der Atmosphäre ausgelöst, wurde von niemandem mit dem Tambora-Ausbruch ein Jahr zuvor in Verbindung gebracht. Die Explosion ließ von dem einst über 4 200 Meter hohen Feuerberg nur noch einen gezackten Krater von 2820 Meter Höhe zurück. Er ist heute die höchste Erhebung auf der im allgemeinen recht kargen und trockenen Insel.

Schon vor mehr als 300 Jahren war Sumbawa für ausgedehnte **Sandelholzbestände** bekannt. Heute hat sich Sumbawa zusammen mit Sumba einen Namen in der **Pferdezucht** gemacht. Die Tiere von diesen beiden Inseln kommen in ganz Indonesien zum Einsatz. Sie ziehen Pferdewagen – Andongs in Mittel-Java, Dokars in West-Sumatra oder Lombok oder Benhurs in ihrer eigenen Heimat (diese Namen sind die lokal gebräuchlichen Bezeichnungen für Pferdetaxis). Nicht selten schleppen sie auch einen Touristen an den Fuß des Bromo. Sie werden bereits in anderen Gebieten Indonesiens nachgezüchtet; ein echtes Sumbawa-Pferd ist jedoch nur schwer zu ersetzen.

Die Geschichte Sumbawas erzählt von zwei verschiedenen Sprachgruppen, die auf dieser Insel einst zwei Staaten bildeten. Die Sumbawa sprechende Bevölkerung bewohnte den Westteil. Die Bima-Sprache wurde dagegen nur im Ostteil der Insel praktiziert. Heute hat hier die Bahasa Indonesia, die Nationalsprache Indonesiens, den einstigen Sprachenkonflikt überdeckt. Geblieben sind jedoch die früheren Zentren der beiden Staatsgebilde. Die Bevölkerung ist heute streng islamisch.

Von der ruhigen und zuvorkommenden Wesensart der Balinesen und Javaner verwöhnt, wird man auf Sumbawa und auch auf Sumba eher Unruhe und Aggression begegnen. Die Verkehrspolizei in Bima verteilt beispielsweise ihre Strafzettel gleich an Ort und Stelle des Vergehens mittels eines Schlages auf den Kopf oder eines Trittes gegen das Schienbein. Das hitzige Temperament der Menschen Sumbawas tritt besonders bei dem hier ausgeübten Kampfsport namens **Berempah** zutage. Es ist eine Art Boxen, bei der die Handgelenke mit Reisstroh umwickelt werden. Die scharfkantigen Halme verursachen schlimme Wunden.

Die einzige **Straße** Sumbawas durchläuft die Insel von **Jareweh** im Westen bis nach **Sape** im Osten. Der Rest besteht mehr oder weniger aus Fußpfaden. Abgelegene und daher interessante Plätze muß man sich erwandern.

Sumbawa Besar, ein Hauptort auf der westlichen Halbinsel, bietet beste Übernachtungsmöglichkeiten (sauber und ordentlich, aber kein Luxus). Sehenswert ist hier der baufällige, aus diesem Jahrhundert stammende **Sultanspalast.**

Von Sumbawas westlichem **Fährhafen** kommend, erreicht man Sumbawa Besar in ca. 3 Stunden. Von hier nach **Bima,** dem Haupthafen der Insel, benötigt man mehr als 10 Stunden. Die **Busse** zweier Gesellschaften verkehren nur an jeweils zwei häufig wechselnden Wochentagen in Richtung Bima. Aktuelle Informationen über die genauen Abfahrtstage gibt es in diesem Fall nur an Ort und Stelle.

Man kann natürlich auch nach Bima **fliegen.** Die Fluggesellschaft Zamrud hatte sich mit zwei Veteranen der Fliegerei, einem DC 3 und einer C 47 auf den inter-insularen Verkehr in den kleinen Sunda-Inseln spezialisiert. Sie mußte ihren Betrieb Ende 1980 wegen finanzieller Schwierigkeiten einstellen. Eine Neugründung wurde jedoch nicht ausgeschlossen. Nach neuesten Informationen versorgt gegenwärtig nur Merpati das Kurzstrecken-Flugnetz in Nusa Tenggara. Sie fliegt u. a. von Sumbawa Besar nach Bima und unterhält von hier sogar eine Verbindung mit Ujung Pandang in Sulawesi. Mit De Havilland Twin Otter (Fassungsvermögen 12 bis 16 Passagiere) werden auch Ende und Ruteng auf Flores angeflogen. Der **Flughafen** von Bima liegt 40 km von der Stadt entfernt.

Nach **Komodo,** der Dracheninsel, bestehen nur Schiffsverbindungen. Von Sape, dem Hafen am Ostende Sumbawas, kommt man am günstigsten zu einer Mitfahrgelegenheit, die jedoch nicht ganz billig ist. Übernachtungsmöglichkeiten gibt es in Sape nur bei der Polizei oder auf einem der vor Anker liegenden Schiffe. Kommt man hier in der Dunkelheit an, wirkt der Ort wie ausgestorben. Kein Wunder – man geht hier mit den Hühnern zu Bett. Die Bootsfahrt nach Komodo ist nur in der Zeit von April bis September problemlos. Hoher Wellengang und große Gezeitenunterschiede zwischen der Flores-See und dem Indischen Ozean machen den Schiffsverkehr in der Regenzeit hier zu einer riskanten Sache.

Seitdem mehr Touristen in diese Region Indonesiens kommen, ist das Chartern von Schiffen zu einer teueren Angelegenheit geworden. Sumbawas Haupthafen Bima hat nur selten eine direkte Verbindung mit Komodo. Meist wird von hier direkt Labuhanbajo oder Reo in Flores angesteuert. Wer jedoch nach Kupang auf Timor will, hat mit dem Hafen von Bima die richtige Wahl getroffen. Ein „Surat Jalan" (Erlaubnis für den Besuch einer abgelegenen Insel, erhältlich bei der Polzei) muß jedoch schon vor dem Kauf der Passage besorgt werden.

Sumba

Die bis vor kurzem noch stark isolierte Insel wurde – zumindest verkehrstechnisch – durch den **Mahau-Airport** in **Waingapu,** der Hauptstadt Sumbas, aus ihrem Dornröschenschlaf erlöst. Merpati unternimmt zwar von hier aus offiziell Flüge von und nach Denpasar, Ende und Kupang, sie finden jedoch häufig nur auf Nachfrage statt. Um sicherzustellen, daß man nicht länger als geplant in Sumba bleiben muß, sollte man gleich bei Ankunft den Rückflugtermin festlegen. Verbindungen von und nach Waingapu per **Boot** sind selten und erfolgen nur sporadisch.

Da Sumba sehr flach, trocken und unscheinbar ist, will es gar nicht recht zum Bild des tropischen Indonesien passen. Uninteressant ist die Insel deswegen aber noch lange nicht. Ihr kulturelles Brauchtum ist in vielen Orten noch sehr lebendig.

Sumba ist nicht nur in Indonesien für seine einzigartigen **Webearbeiten** bekannt. Obwohl es diese sogenannten „Ikats" in ähnlicher Weise auch auf Sumbawa, Kalimantan, Bali, Sumatra, Flores, Roti und anderen indonesischen Inseln gibt, hat der auf Sumba hochentwickelte Stand der Webtechnik für große Popularität gesorgt. Besonders farbkräftige und schöne Motive haben die Webarbeiten im Osten Sumbas. Die Hauptfarbe ist hier rostbraun (kombu) und wird mit Blautönen (wora) kombiniert. Durch die jeweils unterschiedliche Anzahl von Farbbädern können die verschiedenartigsten Effekte erreicht werden. In Ost-Sumba sind auch die Motiv-Variationen größer als in den anderen Gebieten. Die am häufigsten vorkommenden Darstellungen auf Ikats sind Menschenfiguren, zu Fuß oder zu Pferde, Vögel, Schlangen und auch Tintenfische.

Im Westen Sumbas sind die Motive hingegen mehr abstrakter Art. Blau ist hier die vorherrschende Farbe. Nur die Darstellungen auf den hier gebräuchlichen Kopftüchern lassen ihre Herkunft deutlich erkennen.

Interessant ist, daß die gewebten Kleidungsstücke ausschließlich von Männern getragen werden. Es sind zwei rechteckige Tücher, „hinggi kambu" genannt. Das eine wickelt man sich hier um die Hüften, das andere wird nur über die Schulter gehängt.

Um sich auf der Insel, die größtenteils von Grassavannen bedeckt ist, bewegen zu können, bedarf es eines geeigneten **Verkehrsmittels.** Die große Anzahl von kleinen, aber leistungsfähigen **Pferden** auf Sumba macht die Wahl des Transportmittels besonders für den reiterfahrenen Touristen leicht. Die Belastbarkeit der temperamentvollen Tiere hat natürlich auch ihre Grenzen. Hat man keine ausreichende Erfahrung mit Pferden, sollte sich der Tourist einen einheimischen Fachmann anheuern.

Das Dorf **Maru** an der Nordküste ist für seine **traditionellen Hausbauten** bekannt, die sich durch ein hohes, trapezförmiges Dach auszeichnen. In Maru sowie anderen Dörfern der Umgebung finden zur Zeit der Ernte interessante, aber nicht unblutige **Opferfeste** statt. Die Traditionen sind vielerorts auf Sumba lebendig wie einst; so beispielsweise auch im Westen der Insel, wo eine Reihe von Zeremonien mit dem Auftreten eines Meereswurms, der hier als Delikatesse gilt, in Verbindung stehen. Bleibt er aus oder verfault kurz nach dem Fang, gibt es – nach dem Glauben der Einwohner – Sintflut und schlechte Ernten.

Scheinbar sind auch die temperamentvollen und meist nicht ungefährlichen **Kampfspiele** für diese Region Indonesiens typisch. So finden wir nicht nur auf Lombok und Sumbawa einen traditionellen Boxsport, sondern auch hier auf Sumba. Die Ende Februar, Anfang März stattfindenden **Reiterkämpfe,** bei den Einheimischen „Pasola" genannt, verlaufen ebenfalls nicht unblutig. Vom rasendschnell galoppierenden Pferd kraftvoll geschleuderte stumpfe Lanzen haben so manchem Reiter ein Auge oder sogar das Le-

ben gekostet. Die Austragungsorte für das Pasola sind Wanokaka, Lamboya und Kodi.

Folgende Orte Sumbas lohnen den Besuch:
Traditionelle Dörfer:
Tarung und Anakalang (in der Nähe von Waikabubak);
Rende und Wunumutu (in der Nähe von Waingapu)
Weberei-Zentren:
Prailiu, Mangili und Melolo (in der Nähe von Waingapu)

Sumba – Entfernungen in Kilometern

WAIKELO

11	WAITABULA								
47	36	WAIKABUBAK							
65	54	18	WANOKAKA						
12	37	1	19	TARUNG					
68	57	22	39	21	ANAKALANG				
184	173	137	155	136	116	WAINGAPU			
246	235	199	217	198	178	62	MELOLO		
253	242	206	224	205	185	69	7	RENDE	
284	273	237	255	236	216	100	38	31	MANGILI
424	413	262	395	261	240	124	62	55	24	BAING

Komodo

Komodo, die „Insel der Drachen", liegt zwischen Sumbawa und Flores. Ihre Kulisse, die von eigenartig geformten Bergkämmen bestimmt wird, vermittelt den Eindruck, daß nicht nur der Waran, sondern auch die Insel selbst ein unberührtes Relikt der Urzeit ist.

Mit ihrer groben, lederartigen Haut, der roten gespaltenen Zunge und den gewaltigen krallenbesetzten Pranken sehen die **Komodo-Drachen,** wie sie gerne noch genannt werden, wie leibhaftige Fabelwesen aus. Ihre ehrfurchterregende Körperlänge von bis zu 4 m hatte auch P. A. Ouwens, der sie im Jahre 1912 überraschend entdeckte, in Erstaunen versetzt. Die Hautfarbe der auf Komodo und seinen Nachbarinseln vorkommenden Landechsen schwankt von grünlich-gelb (Jugendkleid) über hellbraun-rostbraun und schwarz. Die Weibchen, welche im allgemeinen etwas kleiner geraten sind, können bis zu dreißig Eier legen. Zum Schutz vor den gefräßigen Alttieren sind die jungen Warane zu geschickten Baumkletterern geworden. Kein Vogelnest ist vor ihnen sicher. Da die Komodo-Warane taub sind, ist ihr Geruchssinn besonders stark entwickelt. Auch Erschütterungen nehmen sie auf größere Distanz wahr. Ihre Sehkraft ist hingegen weniger ausgeprägt. Die in der Hauptsache aasfressenden Tiere, die bei Gelegenheit auch Reh- und Niederwild jagen, verbringen die heißeste Tageszeit in Höhlen und unter Überhängen. Nicht selten suchen sie auch Abkühlung im Meer.

Die 300 qkm große Insel wird, so schätzt man, von rund 2 000 Echsen bewohnt. Sie ist vulkanischen Ursprungs und tauchte wahrscheinlich zu Beginn des Pleistozäns aus dem Meer auf. Zusammen mit ihren Nachbarinseln Padar und Rinca, auf denen ebenfalls Warane leben, wurde Komodo 1980 zum **Nationalpark** erklärt. Die höchste Erhebung der felsigen und gebirgigen Insel ist der 735 m hohe **Gunung Arab.**

In der Regenzeit von November bis März wird die zum größten Teil mit Gras bewachsene Landschaft von der Farbe Grün beherrscht. In den trockenen Monaten von Juli bis Oktober verändert die Insel jedoch ihr Gesicht. Das Gras hat in dieser Zeit eine gelbbraune Farbe angenommen. Nur die für die kleinen Sunda-Inseln typischen Lontar-Palmen und die Zizyphus-Bäume beleben dann noch das ausgedörrte Bild Komodos. Nahezu alle Süßwasserstellen sind in diesen Monaten versiegt. Nur das Hinterland der halbkreisförmigen Loh Liang Bai hat während des ganzen Jahres Wasser. In dem dort gelegenen Poreng Valley kann man die meisten Warane beobachten. Die günstigste Zeit für den Besuch Komodos ist der Monat Mai, wenn es hier auch noch genügend Trinkwasser gibt.

Die einzige menschliche Siedlung auf der Insel heißt **Kampong Komodo.** Sie liegt an einer Bai an der Ostküste. Die Zahl der Einwohner Komodos wurde von der Regierung auf 500 begrenzt. Wenn diese Zahl überschritten ist, werden Maßnahmen zur Umsiedlung getroffen.

Nördlich des Kampong Komodo liegt das „Wisata" und das „Floating Cottage", in dem auch Touristen übernachten können (40 Betten).

Wer entlegene Dörfer oder Gebiete Indonesiens, wie beispielsweise Komodo, besucht, sollte, der hiesigen Etikette folgend, als erstes dem Dorfoberhaupt (kepala kampong) sein Aufwartung machen.

Die Bewohner Komodos, deren Vorfahren angeblich von Flores hierher verbannt wurden, können vom Fischfang mehr schlecht als recht leben und versuchen deshalb, am Tourismus etwas zu verdienen. Neben Essen und Unterkunft sorgen sie für ortskundige Führung. Heute kommen jährlich ca. 400 bis 500 Besucher nach Komodo. Nur wenige Touristen bleiben länger als 3 Tage. Die maximale Aufenthaltsdauer ist durch das **Direktorat Perlindungan dan Pengawatan Alam** (kurz **P. P. A.**), die Natur- und Wildschutzbehörde in Labuhanbajo, auf

5 Tage festgesetzt. Wer länger bleiben will, muß sich an das Hauptbüro des P.P.A. in Bogor wenden. Um Probleme zu vermeiden, sollte man sich rechtzeitig um die Besuchererlaubnis bemühen. Sie kann bereits von Deutschland aus schriftlich angefragt werden. (Adresse siehe Kapitel „Genehmigung für den Besuch eines Naturreservates").

Beschließt man erst auf Bali, eine Komodoreise zu unternehmen, erteilt auch das P.P.A.-Büro in Denpasar (geöffnet von 7.30–11.00 Uhr) die dafür notwendige Erlaubnis. Die Polizei, bei der man dann (mit zwei oder drei Passfotos) vorsprechen muß, stellt noch einen Reisebrief („surat jalan") aus. Die letzte Möglichkeit zum Erhalt der Besuchsgenehmigung ist die P.P.A.-Stelle in Labuhanbajo in West-Flores. Da der Ort eine wunderschöne Umgebung hat, fällt es nicht schwer, die zur Ausstellung des Papiers notwendigen 2 bis 3 Tage hier zu verbringen. Der Bupati in Ruteng hat für diesen netten Küstenort eine große Zukunft geplant. Neben einer Landebahn für Flugzeuge soll auch ein großes Hotel entstehen, das die Naturfreunde vor ihrer geplanten Weiterreise nach Komodo aufnehmen soll. Von Labuhanbajo gibt es zwecks Versorgung der Komodo-Bewohner mit Proviant auch eine nahezu reguläre Schiffsverbindung, die für Einzelreisende erschwinglich ist. Den Proviant für die Fahrt muß man spätestens hier, besser aber schon in Bima besorgen.

Ziegen, die dazu benutzt werden, den Komodo-Waran aus seinem Versteck zu locken, sind auf Komodo sehr teuer, obwohl es sehr viele wildlebende gibt. Holt man sich aber in Flores einen billigeren „Sündenbock", so besteht die Gefahr, daß man das Tier auf der vierstündigen Überfahrt nach Komodo zu sehr in sein Herz schließt – vielleicht liegt hier die Ursache für die vielen wilden Ziegen?

Wer Sensationen nicht mag und kein „unschuldiges Blut" vergießen will, verläßt sich besser auf seinen Spürsinn. In den Monaten Mai bis September kommen jedoch genug Touristen auf die Insel, die das „große Fressen" sehen wollen. Da die unersättlichen Warane die traditionellen Futterstellen in dieser Zeit ohnehin nicht aus den Augen lassen, wird man sie hier auch ohne Lockmittel antreffen. Wer dennoch sehen will, wie die Warane die bereits einen Tag zuvor geschlachtete und Kadavergeruch ausströmende Ziege verschlingen, muß sich beeilen. Das Gelage ist meist im Nu vorbei. (Rechtzeitig Film einlegen!)

Komodo ist auch für seine unberührten **Korallengärten** bekannt, von denen man die schönsten an der Nordküste findet. Schwimmer müssen aber generell vorsichtig sein, da die Gewässer um die Insel starke Strömungen von 4–5 Knoten haben. Sie entstehen hier durch die großen Gezeitenunterschiede zwischen dem Indischen Ozean und der Flores See. Bei Ebbe und Flut fließen riesige Wassermassen durch die Seestraßen zwischen den kleinen Sunda Inseln. Die schwierigen nautischen Verhältnisse in diesem Bereich Nusa Tenggaras können im Falle eines Motorschadens zu einer fatalen Situation führen, wenn das Boot nicht mit Sprechfunk ausgerüstet ist.

Flores

Als erste Europäer sichteten die Portugiesen die Insel Flores. Der schmale östliche Ausläufer der Insel wurde **Cabo de Flores** (Kap der Blumen) genannt. Hier hat der Name der 400 km langen und bis zu 80 km breiten Insel seinen Ursprung.

Der Einfluß der einstigen See- und Handelsmacht ist auf Flores und auf der im Südosten gelegenen Insel Timor, deren östlicher Teil bis 1975 im Besitz **Portugals** war, heute noch zu verspüren. Die Anwesenheit portugiesischen Bluts drückt sich nicht nur in den Namen, sondern auch in den Gesichtern der Bewohner des östlichen Inselteils aus.

Eine Million Menschen leben auf Flores, davon sind über 50% **römisch-katholisch.** Die Bevölkerung der Küstenorte im Westen der Insel ist hauptsächlich **moslemisch.** Wie überall in Indonesien, werden Islam und Christentum noch von alten Traditionen durchdrungen.

Die vielen Einwanderungswellen haben im Osten von Flores zu einer Konzentration melanesisch-papuanischer Kulturen geführt. Im allgemeinen herrscht aber malaiische Bevölkerung vor.

Während man in den Küstenorten Fremden gegenüber recht aufgeschlossen ist, kann es im Inneren von Flores, wo Magie und Ahnenkult existent sind, zu eigenartigen Szenen kommen. Wird ein Weißer gesichtet, läßt die Bevölkerung alles stehen oder liegen und nimmt die Beine in die Hand. Dies gilt besonders für die Gegend um **Maumere.** Hier macht noch ein altes Gerücht die Runde: Die Holländer, die einst die Inselstraße anlegten, hatten viele Arbeiter aus der Bevölkerung rekrutiert. Einige von ihnen gingen an den Strapazen der Arbeit zugrunde, andere wiederum stürzten in Abgründe oder kamen auf andere Art und Weise ums Leben. Da es früher eine Sitte der Einheimischen war, beim Bau eines Hauses einen Feind unter dem Fundament zu begraben, nahmen sie an, daß die Ursache für das Verschwinden ihrer Angehörigen auf eine ähnliche Sitte der Holländer zurückzuführen sei. Noch heute wird vielerorts angenommen, daß unter den Straßen und Brücken die Köpfe rituell erschlagener Arbeiter liegen. Da in den Augen der Einheimischen jeder Weiße ein „orang belanda" (Holländer) ist, bringen sich beim Anblick eines Weißen lieber in Sicherheit. Die Kinder, die Missionsschulen besuchen, sind wesentlich zutraulicher und lachen häufig über das Verhalten ihrer Eltern. Im Osten von Flores hat die Angst vor dem Weißen aber solche extremen Formen angenommen, daß es besser für den Besucher ist, bei ersten Anzeichen von Ablehnung und Haß das Dorf zu verlassen. Manche Dörfer östlich von Boganatar halten sich weiße Besucher mit Steinwürfen auf Abstand.

Nichts sollte einen aber vom Besuch der Insel Flores, die viele Indonesienkenner für die landschaftlich schönste im Archipel halten, abbrin-

gen. Neben Musik, Gesang und Tanz gibt es noch andere **Traditionen,** wie beispielsweise das **Caci-Kampfspiel.** Es ähnelt dem Peresehan auf Lombok. Beim Caci wird neben den Schilden anstelle eines Bambusstocks eine Peitsche benutzt. Die Kampfspiele finden in der Mangarai-Region nur zu festlichen Gelegenheiten statt.

Die Ikat-Weberei ist auch auf Flores hoch entwickelt und wird von vielen Reisenden als Souvenir geschätzt. Wer einmal erlebt hat, wie langwierig und schwierig die harte Arbeit am Webstuhl ist, wird den Weberinnen – nur bei ihnen sollte man einkaufen – auch einen anständigen Preis bezahlen. Handeln sollte man aber in jedem Fall. Der **Tourismus** steckt auf Flores noch in den Kinderschuhen. In der Gegend um **Labuhanbajo** trifft man am ehesten auf touristische Infrastruktur, bedingt durch die Transitfunktion des Ortes für Reisende nach Komodo. Von hier führt eine 706 km lange Straße nach Waiklibank im äußersten Nordosten der Insel; der erste Teil dieser Strecke, bis Ruteng, ist in äußerst schlechtem Zustand. Hotels und Losmens gibt es nur in den größeren Orten, wie Ruteng, Ende, Maumere und Laruntuka.

Die Gegend um Ende zieht auch Besucher an, die wegen des **Keli Mutu-Vulkans** kommen. Man erreicht diesen phantastischen Berg mit seinen drei verschiedenfarbigen Kraterseen von Ende kommend, in Richtung Mone über eine Abzweigung in südlicher Richtung. In Mone kann man manchmal auch einen Landcruiser mieten (mit Fahrer). Die dunkelrote, schwarze und milchgrüne Farbe der Seen rührt von der

verschiedenen mineralischen Zusammensetzung des Wassers her. In den Kraterseen sollte man nicht baden; vor allem der grüne ist stark alkalisch.

Die morgens von geheimnisvoll anmutenden Nebeln verhangene und mit riesigen Baumfarnen bestandene Urlandschaft des Gipfels wird von traditionell denkenden Einheimischen nicht betreten. Für sie ist der Keli Mutu der Sitz der Ahnengeister: Die Seelen der jung- und altverstorbenen Ahnen wohnen im grünen und schwarzen Kratersee. Die sündigen Ahnengeister sind in den Wassern des roten Sees zuhause und suchen besonders in der Dämmerung und zur Nachtzeit nach geeigneten Opfern.

Das gebirgige Innere von Flores wird von **zehn aktiven Vulkanen** beherrscht, die im Laufe der Jahrtausende das wildromantische Landschaftsbild der Insel geschaffen haben. Ein besonders einprägsamer, wenn auch nicht mehr aktiver Feuerberg liegt am Ipi-Airport in Ende. Mit seinen gleichmäßigen Erosionsfurchen ähnelt er mehr einem umgestülpten Napfkuchen.

In der **Regenzeit** werden viele Teile der Insel durch weggespülte Straßen und Brücken von der Außenwelt abgeschnitten. Durch den hohen Seegang an den Südküsten kann es in dieser Zeit des Jahres für Versorgungsboote schwierig sein, hier zu landen. Der daraus resultierende Mangel an Treibstoff legt dann teilweise auch den Inlandverkehr lahm.

Das **Flugnetz** ist auf Flores gut ausgebaut. In den regenreichen

Monaten, wenn die Landverbindungen unterbrochen sind, können die Flüge jedoch lange ausgebucht sein.

Zwischen den Küstenorten gibt es viele **Schiffsverbindungen.** Da Labuhanbajo über Land nur mit Mühe erreicht werden kann, versuchen einige Reisende auch schon ab Reo, einem Hafenort im Nordwesten von Flores, eine Schiffsverbindung dorthin zu bekommen. Manche starten auch von hier ihre Reise nach Osten bis in die Inselwelt des Solor und Alor Archipels.

Von **Ruteng,** einem 1 200 m hoch gelegenen Ort, kann man nach Bima, Ende, Bajawa und Maumere fliegen. Ruteng hat eine technische Schule, die von der Mission finanziert wird. Das kleine Krankenhaus, das im Vergleich zu anderen mit besonderem Enthusiasmus geführt wird, zeigt dennoch genügend von den Problemen, mit denen die Gesundheitsversorgung in diesem Teil der Republik zu kämpfen hat.

Sehenswürdigkeiten in der Umgebung von Ruteng:

Compang, 7 km von Ruteng entfernt, ist in der für diese Region typischen Dorfstruktur angelegt. Die strohgedeckten Dächer, die einst bis zur Erde reichten, enden heute über den Eingängen. In dem 13 km entfernten **Liang Bua** gibt es eine alte Wohnhöhle. Der **Tanaka Peak,** 2 500 m hoch, bietet in den frühen Morgenstunden eine phantastische Weitsicht.

Wer **über Land** von **Ruteng** in Richtung **Ende** fährt, muß entweder mit mehreren Tagen oder – nach starken Regenfällen – sogar mit Umkehr rechnen. Wer es aber bis **Bajawa,** das auf der Hälfte des Weges nach Ende liegt, geschafft hat, kann vom **Padhamaleda Airstrip** weiter nach Ende fliegen. Aufgrund mangelnder Geldmittel kann die Straße nach Bajawa nur leidlich unterhalten werden. Die Höchstgeschwindigkeit auf den Straßen von Flores liegt bei 30 bis 50 km/h.

Sehenswert sind – neben dem alten Stadtkern von Bajawa – folgende Orte:

Wairana, ein schön gelegenes Gebirgsdorf, 25 km von Bajawa entfernt. In der Umgebung liegen viele traditionelle Dörfer, deren Besuch mit Sicherheit lohnt.

Bena ist eine typische Dorfanlage. Hier finden noch megalithische und rein traditionelle Zeremonien praktische Anwendung.

Ende ist die wichtigste Stadt auf Flores. Vom Ipi Airport gibt es zweimal täglich eine Verbindung nach Kupang. Boote fahren nur ab und zu nach Waingapu (auf Sumba). In der näheren Umgebung von Ende, in **Wolotopo** und anderen Siedlungen, werden Webarbeiten angefertigt, die einst bei Seeräubern, die auf ihren Raubzügen von Irian nach Flores kamen, sehr begehrt waren. Zusammen mit anderen Ikats von den östlich von Flores gelegenen Inseln dienen sie heute noch als Brautpreis.

Die traditionellen Muster sind meist über 150 Jahre alt.

Mone dürfte der ideale Ausgangspunkt für eine Besteigung des Kelimutu sein. Der Ort liegt 52 km östlich von Ende, an der hier asphaltierten Straße nach Maumere. Bis zum Gipfel des Berges sind es 12 km.

Wolowaru liegt südlich von Mone. Das hiesige Losmen bietet einen angenehmen Aufenthalt und ist ein geeigneter Ausgangspunkt für mehrtägige Erkundungen der interessanten Umgebung.

Jopu, Nggela und Nduaria liegen, von grandioser Vulkanlandschaft umgeben, an der Küste. Sie sind vor allem für ihre besonderen Motive der Ikats bekannt.

Maumere, ein kleiner ruhiger Hafenort, bietet von seinem Waioti' Airport sogar Flüge nach Ujung Pandang (5 mal wöchentlich mit Fokker F 27 der Merpati). Die Flüge nach Kupang auf Timor (3 mal pro Woche) sind häufig ausgebucht.

Sehenswürdigkeiten in der Umgebung von Maumere sind:

Pantai Koka ist ein schöner Strand unweit der Stadt. Auch das auf Pfählen in die See hinausgebaute Fischerdorf **Wuring** verlockt zu einem Besuch. Der Strand von **Waiara** bietet mit seinen 11 Bungalows die Möglichkeit eines längeren Aufenthalts. Wer einen Tauchschein besitzt, kann hier die Ausrüstung zu einem Unterwasserspaziergang anmieten. Die Dörfer **Lela, Sika, Nita** und **Koting** beherbergen noch Überbleibsel aus der Zeit portugiesischer Besetzung. Ein über zwei Meter langer Stoßzahn soll angeblich von einer prähistorischen Elefantenart, die in Urzeiten Flores bevölkert hat, stammen (Wallaces Verbreitungstheorie steht jedoch dagegen!).

Das anthropologische Museum **Ledalero** kann dem Reisenden neue Erkenntnisse über die Kultur auf Flores vermitteln.

Larantuka ist eine schöne alte Hafenstadt im äußersten Osten der Insel. Sie liegt 140 km östlich von Maumere. Die Portugiesen haben diesem Ort einst ihren Stempel aufgedrückt. Nicht nur die vielen stuckverzierten Häuser, sondern auch religiöses Brauchtum, wie beispielsweise die Prozessionen am Karfreitag und an anderen katholischen Feiertagen, gehen noch auf die Portugiesen zurück. Der hier gelegene Gewajangtanah Airstrip verbindet in der Hauptsache mit Orten auf Flores und Timor. Von Larantuka laufen Schiffe den Solor und Alor Archipel an.

Sehenswürdigkeiten in der Gegend von Larantuka: Die Dörfer **Kawalibu, Lewokluok** und **Lewoba** praktizieren viele alte Zeremonien. Hier gibt es auch noch die Häuser der Ahnenverehrung. Die Weberei ist in diesen Dörfern sehr verbreitet. In **Podor** gibt es ein kleines Muschelmuseum, das einige besonders seltene Exemplare zeigt. Der Ort **Lamalera** ist für seinen traditionellen Walfang bekannt. Er liegt

Flores – Entfernungen in Kilometern

	LABUAN BAJO	PANTAI PEDE	PUNCAK RANAKA	RUTENG	DANAU RANAMESE	AIMERE	BAJAWA	BENA	BOAWAE	ENDE	DETUSOKO	KELIMUTU	MONI	WOLOWARU	SIKKA	NITA	LEDALERO	MAUMERE	WAIARA	HOKENG	KONGA	LEWOKLUOK	LEWOLOBA	LARANTUKA	WATOWITI	WAIKLIBANG
PANTAI PEDE	3																									
PUNCAK RANAKA	120	117																								
RUTENG	137	121	28																							
DANAU RANAMESE	142	139	46	18																						
AIMERE	218	215	122	94	76																					
BAJAWA	257	254	161	138	115	39																				
BENA	282	275	182	154	136	60	21																			
BOAWAE	298	295	202	174	156	80	41	62																		
ENDE	382	379	286	258	240	164	125	146	84																	
DETUSOKO	415	412	319	291	273	197	158	179	117	33																
KELIMUTU	448	445	352	324	306	230	191	212	150	66	33															
MONI	434	431	338	310	292	216	177	198	136	52	19	12														
WOLOWARU	447	444	351	323	305	229	190	211	149	65	32	25	13													
SIKKA	531	528	435	407	389	313	274	295	233	149	116	109	97	84												
NITA	519	516	423	395	377	301	262	283	221	137	104	97	85	72	14											
LEDALERO	521	518	425	397	379	303	264	285	223	139	106	99	87	74	16	2										
MAUMERE	530	527	434	388	303	312	222	294	232	148	115	108	96	83	27	11	9									
WAIARA	553	550	457	429	401	325	286	307	245	161	128	121	109	96	38	24	22	13								
HOKENG	562	559	466	438	420	344	315	377	315	231	198	191	179	166	108	94	92	83	70							
KONGA	629	626	533	505	487	411	372	393	331	247	214	207	195	182	122	108	106	97	84	14						
LEWOKLUOK	642	639	546	518	500	424	385	406	344	260	227	220	208	195	137	123	121	109	99	29	15					
LEWOLOBA	660	657	564	536	518	442	403	424	362	278	245	238	226	213	155	141	139	130	117	47	33	18				
LARANTUKA	667	664	571	547	525	449	410	431	369	285	252	245	233	220	162	148	146	127	124	54	40	25	7			
WATOWITI	677	674	581	553	535	459	420	441	379	295	262	255	243	230	172	158	156	147	134	64	50	35	17	10		
WAIKLIBANG	705	702	609	581	563	487	448	469	407	323	290	283	271	258	200	186	184	175	162	92	78	63	45	28	18	

zwar auf Lembata, kann aber von Larantuka aus leicht erreicht werden. Hätten die internationalen Walfangflotten die Zahl dieser großen Meeressäugetiere nicht schon stark dezimiert, wäre das Handwerk der Bewohner Lamaleras weniger artenbedrohend. So tragen sie ihren Teil zum Untergang einer großartigen Tierart bei.

Timor

Der Ostteil Timors erhielt im Jahre 1975 von Lissabon seine **Unabhängigkeit,** nachdem er seit Jahrhunderten **portugiesische Kolonie** gewesen war. Die Insel, die man bisher als „am Ende der Welt" hätte charakterisieren können, rückte ins Blickfeld internationaler Politik. Indonesien hatte die Regierungsbildung in Ost-Timor mit Interesse verfolgt, befürchtete jedoch einen eventuellen Mißbrauch der strategischen Lage der Insel und reihte sie 1976 als 27. Provinz in seinen Staatsverband ein. Die daraufhin aufflackernden Kämpfe zwischen Regierungstruppen und Widerstandsgruppen (Fretilin) führrten zu unzähligen Opfern auf beiden Seiten. Noch heute gilt die Provinz – obwohl nach außen friedlich – als **Krisengebiet.** Touristen dürfen, wenn überhaupt, nur mit einer **Sondergenehmigung** einreisen.

Bezüglich **Landschaft** und **Vegetation** unterscheidet sich Timor deutlich vom Rest Indonesiens. Durch den Raubbau, der lange Zeit an den Sandelholzwäldern getrieben wurde, bildeten sich viele kahle Grassavannen. Hier blüht heute die Viehzucht, die die Holländer 1930 einführten. Sandelholz wird noch immer exportiert, allerdings nur in kleinen Mengen.

Die im Westen besonders **gebirgige Insel** ist während der extremen Trockenzeit von Mai bis September eine staubige, verbrannte Wüste. Immergrüne **Regenwälder** findet man hauptsächlich in den höheren Lagen des Ostens. In der Regenzeit von November bis März gehen derartige Wassermengen nieder, daß die Insel im Inneren unpassierbar ist. Die beste Zeit für einen Besuch auf der Insel ist gegen Ende der Regenzeit, in den Monaten Februar oder März.

Während dieser Zeit wird auch auf Timor, wie auf allen anderen Inseln Nusa Tenggaras, der vergorene Zuckersaft der Lontar Palme (Borassus flabellifer) in enormen Mengen ausgeschenkt.

Der größte Teil der Bevölkerung Timors lebt an den Küsten der Insel. Neben Fischfang betreiben sie Subsistenzwirtschaft, d. h. sie bauen das an, was sie zum Leben brauchen. Die angestammten Inlandbewohner heißen **Atonis** und sind austronesisch-melanesischen Ursprungs. Sie sind untersetzt und haben krauses Haar. Die Männer gehen noch mit Pfeil und Bogen oder sogar mit Blasrohren auf die Jagd. Im Südosten Timors sind auch Wurfhölzer, wie sie die Aborigines in Australien gebrauchen, in Benutzung.

Die **Straßen** der Insel sind in keinem guten Zustand. Buslinien gibt es nur auf den befahrbaren Streckenabschnitten. Die interessanten Gebiete können auch hier nur zu Fuß besucht werden.

Kupang, die größte Stadt Nusa Tenggaras, zählt heute ca. 100 000 Einwohner. Handel, Verwaltung und soziale Infrastruktur wie Schulen und Krankenhäuser verleihen der Stadt eine große Anziehungskraft. Die Folge ist ein buntes **Völkergemisch** von Chinesen, Sabunesen, Rotinesen, Kisaresen, Soloresen, Aloresen, Adonaresen, Javanern, Arabern, Eurasiern und auch Atonis.

Die **Geschichte** Kupangs reicht weit zurück. Im Jahre 1791 landete der Kapitän der Bounty, **William Bligh,** nach einer Fahrt von mehr als 3 500 Seemeilen in Kupang, das damals bereits ein niederländischer Handelsposten war. Die Meuterer seines Schiffes, die ihn vor Tofua auf dem offenen Meer ausgesetzt hatten, rechneten keinesfalls damit, daß ihm und seinen Gefährten diese Fahrt gelingen würde. In Timor angekommen, fuhr Bligh schon bald nach England weiter. Dort wurde das Kriegsschiff „Pandora" seeklar gemacht, um die Meuterer in der Südsee aufzuspüren. Doch nur ein Teil der Besatzung, die auf Tahiti geblieten war, wurde tatsächlich gefangengenommen und in England vor ein Seegericht gestellt.

Erst zu Beginn der 70er Jahre erwachte die Stadt Kupang aus dem Schlaf vergangener Jahrhunderte: sie erhielt eine elektrische Straßenbeleuchtung.

Sehenswürdigkeiten in der Gegend von Kupang:

Der **Pantai Laisiana** liegt in nächster Nähe und läd zur Abkühlung im Meer ein.

Kelapa Lima liegt an der Straße zum El Tari-Airport. Hier findet man noch Überreste des vergangenen Krieges mit den Japanern, u. a. eine ehemalige Küstenbatterie.

Mantasi ist ein altes Dorf, in dem der Grabplatz der Taebenu, einer alten Raja-Familie liegt.

Camplong, ein traditioneller Badeort, hat auch als Marktplatz Bedeutung. Australien hat Gelder und Fachleute zur Verfügung gestellt, um hier in einem landwirtschaftlichen Projekt für verbesserte Bewässerung, erhöhte Ernteerträge, dichteren Baumbestand und größere Wasservorräte zu sorgen.

Atapupu, in der Nähe der ehemaligen Grenze zu Ost-Timor, ist ein großer Ausfuhrhafen für Vieh. Von hier gehen große Ladungen direkt nach Singapore und Hongkong. Es bestehen regelmäßige Schiffsverbindungen nach Sumbawa, Flores und manchmal auch nach Bali.

Flüge nach Kupang werden von der Garuda-Fluggesellschaft durchgeführt. Flüge ab Kupang zu anderen Städten Nusa Tenggaras bietet die Merpati-Fluggesellschaft an.

Schiffsverbindungen bestehen von Kupang aus nach Surabaya und Jakarta sowie nach Ujung Pandang, Ambon und Sorong.

Weitere Orte auf Timor:

Soe ist Hauptstadt für Mittel-Süd-Timor. Sie ist für angenehmes Klima und gute Früchte bekannt. In der Nähe von Soe liegt **Niki-Niki,** mit alten, königlichen Gräbern.

Der **Insana-Distrikt** ist weit über die Grenzen Timors für seine komplizierten und feinen Webarbeiten bekannt.

Atambua ist die Hauptstadt des Belu-Distrikts. Hier war der einstige Grenzübergang nach Portugiesisch-Ost-Timor, das gegenwärtig für den Tourismus nicht geöffnet ist. In der Umgebung des kleinen ruhigen Ortes liegt eines der Naturwunder West-Timors, die blubbernden Schlammquellen.

West-Timor – Entfernungen in Kilometern

KUPANG

10	LASIANA								
54	44	CAMPLONG							
110	100	56	SOE						
139	130	85	29	NIKI-NIKI					
197	189	145	89	60	KEFAMENANU				
217	208	163	107	78	18	OELOLOK			
287	278	233	177	148	88	70	ATAMBUA		
312	303	258	202	173	113	95	25	ATAPUPU	
319	310	265	209	180	120	102	32	7	TELUK GURITA

Die Inseln Sawu und Roti

Sawu, auch Sabu geschrieben, ist eine wunderschöne Insel, jedoch nur sehr schwer zu erreichen. Für den normalen 6-Wochen-Urlauber dürfte sie vorerst nicht leicht zu besuchen sein. Sich auf der traditionsbewußten Insel nach den örtlichen Sitten und gebräuchlichen Etiketten zu benehmen, erfordert einige Erfahrung und Ausdauer. Man hat hier sehr viel Zeit und erwartet dies auch vom Besucher. Mal kurz in ein Dorf hineinzuschauen, zu photographieren und wieder zu gehen, wird als eine eigenartige Verhaltensweise empfunden.

Sawu hat starke historische Bande mit dem Java der Hinduzeit. Die Bevölkerung führt ihren Ursprung auf diese Insel und die damals dort herrschende Religion zurück.

Die **Lontar-Palme** nimmt im Alltag der Menschen einen zentralen Platz ein. Ihr Saft, der beim Kochen eindickt, ist in manchen Zeiten des Jahres das Hauptnahrungsmittel. Aus den Blättern der Palme werden Flechtarbeiten verschiedenster Art gefertigt.

Die hier gewebte Kleidung wird von den Bewohnern Sawus nicht nur zu festlichen Gelegenheiten getragen. Die traditionellen Farben dunkelblau, beige und rostbraun werden mit Hilfe von Pflanzensäften und Holzkohle erzielt. Die meisten dieser Naturfarben sind farbecht; beim Kauf von **Sumba-Ikats** sollte man sich jedoch danach erkundigen.

Seba, der Hauptort auf Sawu, unterhält Verbindungen mit den Hafenorten Waingapu und Kupang. Suwa bietet nur **Privatunterkünfte.**

Die Insel **Roti** liegt 100 km östlich von Sawu vor der Südspitze Timors. Per **Schiff** ist sie in drei Stunden von Kupang aus zu erreichen. Merpati unterhält eine regelmäßige **Flugverbindung** (mit einer Twin-Otter) nach Roti.

Viele Rotinesen leben heute in Kupang. Diejenigen, die auf der Insel geblieben sind, leben – ähnlich wie die Sawunesen – von und mit der **Lontar Palme.** Sie fertigen aus ihr das „sasando", ein traditionelles Instrument mit Klangkasten. Die Lontar Palme bietet verschiedene Möglichkeiten zur Herstellung von Speisen und Getränken; besonders der Saft des Palmenstammes – im vergorenen Zustand „tuak" genannt – fließt auf Roti reichlich.

Der Solor- und Alor-Archipel

Solor ist im Westen von Flores, im Norden von Adonara und im Osten von Lembata umgeben. An Solors Ostküste liegt das **Walfängerdorf Lamakera.** Von Mai bis September ist die Jadgsaison; die Männer Lamakeras fahren mit kleinen offenen Booten aufs Meer hinaus, wenn sie einen Wal sichten. Die erlegten Tiere werden an Land gebracht und von der ganzen Dorfgemeinschaft verarbeitet. Die Verteilung der Beute erfolgt nach alten Grundsätzen, die von den Ältesten festgelegt sind. Waltran und -fleisch werden ins Innere der Insel transportiert und gegen Reis und Gemüse eingetauscht.

An der Nordküste Solors liegt Benteng Henrique, ein Mitte des 16. Jh. erbautes befestigtes **Dominikaner-Kloster.** Von der Anlage sind nur noch 35% erhalten.

Adonara, ein Perlfischer-Zentrum, war einst für die ständigen Stammesfehden zwischen den dort wohnenden Gruppen bekannt. Auch heute noch gibt es Spannungen zwischen den Bergstämmen und den Küstenbewohnern. Die Holländer versuchten lange Zeit vergeblich, hier den Frieden zu erzwingen.

Heute sind die Bewohner von Adonara christianisiert.

Alor liegt nördlich von Timor; **Kalabahi** ist der Hauptort der Insel. Ab Kupang geht eine Maschine der Mission-Fluggesellschaft nach Alor. Als Tourist hat man allerdings keinen Anspruch auf einen Sitzplatz. Schiffe verkehren regelmäßig ab Kupang; man kann aber auch von Larantuka über Balauring nach Kalabahi gelangen.

Sprachforscher haben ihre Mühe mit der kleinen Insel: sie beherbergt mehr als **sechzig Sprachen.** Viele davon sind Papua-Sprachen, die manchmal nur in zwei oder drei Dörfern gesprochen und verstanden werden.

Die Wirtschaft Alors basiert in einigen Teilen der Insel noch auf **Tauschhandel** mit Naturalien oder auch mit Ikats.

Die große Konzentration **bronzener Kesselpauken,** deren Ursprung auf die Dongson-Kultur Nord-Vietnams zurückgeht, birgt noch viele Rätsel. Die Kesselpauken wurden früher zu zeremoniellen Zwecken benutzt; heute dienen sie in der Hauptsache als Brautpreis. Die zum Teil mit schönen Hindu-Motiven verzierten Trommeln sind die unabdingbare Voraussetzung einer Eheschließung. Außenstehende bemühen sich vergeblich, wenn sie versuchen, eine dieser sogenannten Moko-Trommeln zu erstehen.

Lembata ist nach Alor die größte Insel des kleinen Archipels östlich von Flores. Die Bevölkerung Lembatas setzt sich größtenteils aus **melanesischen** und **papuanischen Gruppen** zusammen.

Die grasbewachsene Landschaft wird vielerorts durch Vulkankegel beherrscht. Der östliche Teil der Insel ist landschaftlich besonders schön.

Für den Besuch Lembatas benötigt man einen **Reisebrief** der Polizei in Larantuka. Einige Missionare sind zur Aufnahme von Besuchern bereit.

Sumatra

Der Name der Insel wurde von der ehemaligen lateinischen Bezeichnung **„suma terra"** (schwarze Erde) abgeleitet, den man noch auf alten Seekarten wiederfindet. Die Namensgebung „suma terra" bezog sich auf die dunklen fruchtbaren Böden, deren hohe Erträge bereits den ersten europäischen Besuchern auffielen. Mittlerweile hat man entdeckt, daß die Erde hier auch wertvolle **Bodenschätze** wie Erdöl und Braunkohle sowie Bauxit, Zinn und andere Erze enthält. Die Insel ist 1 770 km lang und maximal 400 km breit. Auf dieser zweitgrößten Sundainsel, deren Fläche rund 470 000 qkm beträgt, leben ca. 23 Mio. Menschen. Wenn man aus dem übervölkerten Java und Bali kommt, fallen die weiten und menschenleeren Landstriche auf.

Die Insel ist in 9 Provinzen aufgeteilt. Die größte Bevölkerungsdichte Sumatras hat mit 115 Ew/qkm die Provinz Nord-Sumatra und die niedrigste mit 23 Ew/qkm die Provinz Riau. Obwohl gerade im Süden der Insel in Transmigrationsprojekten Umsiedler aus dem übervölkerten Java entlang neu angelegter Straßen angesiedelt werden sollen, bekommt man häufig während der Busfahrten auf 50 bis 60 km Strecke kein einziges Dorf zu Gesicht.

Entlang der Westküste liegt das **Bukit Barisan-Gebirge,** aus dem sich mehr als 50 Vulkane erheben. Von den 20 aktiven Vulkanen dieser Kette ist der **Kerinci** mit 3 805 m der höchste. An seinen Hängen entspringen mehrere Flüsse, die durch die weiten Ebenen des Ostens fließen und an der von Mangrovensümpfen bedeckten Küste ins Meer münden. Zwischen den Sumpfgebieten der Ostküste und dem Barisan-Gebirge erstrecken sich große Regenwälder, in denen Leoparden, Tiger, Tapire, Nashörner, Elefanten und Orang Utans leben. In den Flüssen trifft man noch vereinzelt auf Krokodile, deren Haut man auch heute noch zu Diplomatenkoffern und Damenschuhen verarbeitet. Trotz der Einrichtung von Krokodilfarmen werden im nahen Singapore immer noch gewilderte Häute verarbeitet.

Schöne Badestrände wird man an der Ostküste Sumatras, wegen der dort einmündenden sedimentreichen Flüsse, nur schwerlich finden. Die vorgelagerten Inseln bieten jedoch eine große Auswahl an feinsandigen weißen „Südseestränden", die man sonst eigentlich nur an der Westküste antrifft. Die Wucht des Meeres wird an der Westküste meist durch Korallenriffe oder vorgelagerte Inselgruppen gebrochen.

Da sich die vom Ozean herandrängenden Regenwolken an der bis über 3 000 m aufragenden Gebirgskette aufstauen und abregnen, ist das Klima westlich davon meist sehr regenreich und heiß. Weniger als 10% der Gesamtfläche der Insel sind zu landwirtschaftlichen Zwecken kultiviert. Neben Reis werden Tabak, Tee, Kaffee, Sisal, Ölpalmen und Kautschuk-Bäume angepflanzt. Viele passionierte Zigarrenraucher werden sicherlich das „Sumatra-Deckblatt" kennen, das auch heute noch Symbol für Rauchgenuß und Qualität ist.

Ein von Banda Aceh im Norden nach Teluk Betung im Süden geplanter **„Trans Sumatra Highway"** besteht im Augenblick nur auf dem Papier. Da das Terrain zu schwierig ist, konnte bisher nur ein kleiner Teil realisiert werden. Während der Regenzeit treten viele Flüsse über die Ufer und reißen ganze Brücken und Asphaltdecken hinweg. In bergigen Gebieten kommen noch Erdrutsche hinzu, die die aufgeweichten Pisten dann vollends blockieren. In den Sommermonaten kann man Sumatra jedoch auch der Länge nach mit dem Bus auf umwegreichen Strecken kennenlernen. Für die über 400 km lange Straßenverbindung von Sibolga nach Padang benötigt man je nach Busart zwischen 12 und 18 Stunden. Wer es eilig hat, dem hilft das dichte Flugnetz weiter.

Obwohl die Bevölkerung sich vorwiegend aus **Malaien** zusammensetzt, ist die Insel ethnologisch äußerst interessant. Im Norden Sumatras gibt es neben den **Gayo** und den **Batak,** die zum größten Teil christianisiert sind, die orthodox-islamischen **Acehnesen,** die schon mehrfach die eigene politische Unabhängigkeit anstrebten.

In **West-Sumatra** bei Bukittinggi lebt der matriarchalisch organisierte Stamm der **Minangkabau.** Der Süden und Osten der Insel wird größtenteils von malaiischer Bevölkerung bewohnt, von deren Dialekt, dem „Melayu", die Landessprache Indonesiens abgeleitet wurde. Überall auf der langgestreckten Insel finden sich noch kleine Restgruppen zurückgezogen lebender Stämme, die man allgemein als „orang asli" bezeichnet. Kubu, Sakai, Bonai, Baruk und Mantang sind nur einige von ihnen, deren Kopfzahl mittlerweile auf ca. 500 bis 2 000 gesunken ist.

Die sumatranischen Kulturen mit ihrer geheimnisumwitterten Vergangenheit und teilweise auch farbenprächtigen Gegenwart machen die Insel, deren landschaftliche Schönheit sprichwörtlich ist, zu einem Reiseziel besonderer Art.

Aceh-Provinz

Sie ist die nordwestlichste Provinz Sumatras (und damit auch Indonesiens). Marco Polo landete hier Ende des 13. Jh. auf seiner Rückreise von China und brachte erstmals Kunde von diesem fernen Land, das bereits damals von einem islamischen Fürsten regiert wurde, nach Europa.

Aceh war schon immer eine kriegerische und auf Unabhängigkeit bedachte Provinz, die im 16. Jh. den Portugiesen in Malakka das Leben schwer machte und die niederländische Kolonialmacht in einen über 200 Jahre währenden Kolonialkrieg verstrickte, der unzählige Opfer forderte.

Im Juli 1904 erreichte der für sein unerbittliches Auftreten bekannte Oberst van Daalen die Befriedung der Aceh-Provinz. Diese war aber nur oberflächlich, und auch nach der Unabhängigkeit Indonesiens blieb hier der Gedanke an einen selbständigen islamischen Staat lebendig. Aufflackernder Separatismus der Acehnesen führte daher auch nach der Entstehung der Republik Indonesien noch mehrfach zu militärischem Einsatz.

Formell genießt Aceh heute einen politischen Sonderstatus, der u. a. in der hier gebräuchlichen islamischen Rechtsprechung zum Ausdruck kommt. Die Gesetze des Koran haben im Leben der streng islamischen Acehnesen noch eine fundamentale Bedeutung. Der Fastenmonat Ramadan wird strikt eingehalten. Restaurants sind während dieser Periode tagsüber generell geschlossen.

Obwohl die Acehnesen fanatische Moslems sind, genießen die Frauen hier größere Rechte als beispielsweise in den arabischen Ländern. Als Mitgift erhalten die Mädchen von ihren Eltern ein Haus, über das nur sie verfügen dürfen. Wenn das Geld dafür noch nicht ausreicht, lebt das Brautpaar solange bei den Eltern der Braut. Im Hause seiner Schwiegereltern sind die Rechte des frischgebackenen Ehemannes meist stark eingeschränkt.

Da die Provinz Aceh jahrhundertelang für arabische, persische, türkische und indische Handelsleute das Tor in den malaiischen Archipel war, blieb ihr Einfluß hier nicht gering. In besonderer Weise prägten sie Handel und Kultur dieser Provinz sowie ihrer Hauptstadt **Banda Aceh.** Diese Stadt, deren Märkte einst mit Waren aus aller Herren Länder gefüllt waren, hatte auch auf Gelehrte und Philosophen eine große Anziehungskraft. Es waren besonders viele Araber darunter, von denen einige zu Ansehen und Einfluß kamen. Einer von ihnen war Habib Abdoerrachman, der zuvor im Dienst des Sultans von Johore war. In Aceh arriviert, wurde er schnell zum Lehrer und Berater des hiesigen Sultans und leitete bis Ende 1878 als erfolgreicher Feldherr viele Schlachten gegen die vorrückende Kolonialmacht der Niederlande. Seinen kulturellen und politischen Höhepunkt erlebte Aceh schon im 17. Jh. unter dem Sultan Iskandar Muda.

Von links nach rechts: Parang, ein Universalmesser; ein Dolch; drei Schwerter. Die Griffe sind aus Hirschhorn und Elfenbein.

Banda Aceh ist heute eine ruhige und saubere Stadt, in der Touristen selten sind. Es gibt hier aber dennoch einige Sehenswürdigkeiten. Im **Stadion** werden neben dem traditionellen Fußball auch Ringkämpfe aufgeführt. Informationen hierüber oder über andere sportliche Veranstaltungen erhält man in den Hotels oder im Gouverneurs-Office. Sehenswert ist auch das **Aceh-Museum,** das viele interessante Gegenstände des alltäglichen Gebrauchs aus Vergangenheit und Gegenwart der Provinz zeigt. Auch die **Baturrachman-Moschee** und der nahegelegene, noch sehr gut erhaltene holländische Friedhof sind einen Besuch wert. Das Betreten von Moscheen, soweit diese noch in Gebrauch sind, ist jedoch in der Regel „Nichtgläubigen" untersagt. Ebenfalls sehenswert ist **Gunongan,** ein an einem Fluß gelegener Palast mit Lustgarten, den ein acehnischer Sultan für seine Prinzessinnen erbauen ließ.

In der näheren und weiteren Umgebung der Stadt liegen viele „paradiesische Strände", deren klares Wasser und weißer Sand das hektische Leben daheim besonders schnell vergessen lassen. **Lampuk,** nur etwas mehr als 10 km außerhalb der Stadt, ist einer von ihnen.

Im Hinterland erheben sich Berge von über 3 000 m Höhe. Hier liegt das Gayo-Hochland, die Heimat der **Gayos,** einer Völkergruppe, die mit den Bataks verwandt ist. Obwohl sie schon im 17. Jh. islamisiert wurden, haben sie bis heute auch animistische Glaubenselemente beibehalten, so daß der Islam hier mit ureigenen Stammesriten zu einer synchretistischen Glaubensform verschmolz. In der Gegend von Bireuen bauen die Gayos Tabak an; in der Zeit von Juni bis August herrscht hier besonders geschäftiges Treiben.

Der **Tawar-See** liegt im Zentrum des Gayo-Hochlands. In der am See gelegenen Stadt Takengon gibt es drei Hotels, in denen man Unterkunft findet.

Für den Naturfreund ist der Besuch des **Gunung Leuser-Reservates** unbedingt zu empfehlen. Obwohl der größte Teil des Schutzgebietes in der Provinz Aceh liegt, kann man es von Medan, in der Provinz Nord-Sumatra, am besten erreichen. Von Medan aus geht die Fahrt über Brastagi nach Kotacane ins Alas Valley. Bei Tanah Merah, 2 km nördlich von Kotacane, liegt das PPA-Büro mit der Parkverwaltung. Für den Besuch des Gunung Leuser-Reservates wie auch für alle anderen Naturschutzgebiete Indonesiens bedarf es einer schriftlichen Erlaubnis des PPA-Hauptbüros in Bogor/West-Java, Jl. Juanda 9.

Das Gunung Leuser-Reservat wird von 176 Säugetier-, 520 Vogel-, 194 Reptil- und 62 Amphibien-Arten bewohnt. Elephant, Nashorn, Tiger, Leopard, Tapir, Gibbon und Orang Utan sind hier neben vielen anderen Tierarten endemisch und machen dieses Gebiet zu einer Schatzkammer der sumatranischen Fauna.

Die Flora dieses Reservates ist jedoch noch weitestgehend unerforscht. Dieses Schutzgebiet wird wie viele andere durch Straßenbau, illegale Siedlungen und Brandrodung in seinem Bestand bedroht. Durch Mangel an Aufsichtspersonal kann der Holzschlag an den Reservatsrändern nur schwer unter Kontrolle gebracht werden.

Als Minimum für einen Aufenthalt im Gunung Leuser-Reservat werden 10 Tage veranschlagt. Wer diese Zeit nicht aufbringen kann, sollte sich mit dem Besuch des **Orang Utan-Rehabilitationszentrums** von **Bohorok** am Ostende des Schutzgebietes begnügen. Die Anfahrt von Medan dorthin dauert 2,5 bis 3 Stunden. In diesem Projekt werden die rothaarigen Menschenaffen, die bei Tierschmugglern oder in „Privatzoos" aufgestöbert wurden, auf ein erneutes Leben in Freiheit vorbereitet. Bohorok ist keine Attraktion speziell für Touristen, sondern der mühevolle Versuch, diesen großartigen Tieren beim Überleben zu helfen. Dennoch wird diese Station in ihrer Arbeit durch zu große Besuchermassen stark behindert. Der verantwortungsbewußte Naturfreund sollte sich an Ort und Stelle ruhig verhalten und möglichst nicht länger als eine Stunde verweilen. Obwohl das Projekt von der Frankfurter Zoologischen Gesellschaft und dem World Wildlife Fund unterstützt wird, kann man hier nur mit Mühe kostendeckend arbeiten. Eine Geldspende als Souvenir – das wäre in der Tat etwas Neues und Nützliches.

Der **Blan Bintang Airport** von Banda Aceh liegt 15 km außerhalb der Stadt und bietet Verbindungen nach Jakarta, Medan und auf die Insel Sabang; zu letzterer gibt es ab Banda Aceh auch eine Schiffsverbindung. Schiffe nach Pulau Simeulue an der Westküste Sumatras fahren nur manchmal – von dort aus kann man ab und zu ein Boot nach Nias und Sibolga bekommen.

Nord-Sumatra

Nord-Sumatra ist die Heimat hoher Berge und Vulkane, des **Toba-Sees,** vieler Wasserfälle, großflächiger Palmöl-, Gummi-, Kaffee- und Tabakplantagen sowie des kulturell besonders interessanten **Batakstammes.** Dieses temperamentvolle und lebensfrohe Volk lebt rund um den Toba-See, der nicht zuletzt durch sie zu einem Besucherschwerpunkt Sumatras wurde.

Der See, der in einem vulkanischen Einbruchsbecken liegt, ist der größte Südostasiens und seine Umgebung ist touristisch bereits weitestgehend erschlossen. Wegen seiner vielseitigen Erholungs- und Wassersportmöglichkeiten ist er mittlerweile zu einem beliebten Ziel für Wochenendurlauber aus Malaysia und Singapore geworden.

In der mit alpiner Vegetation bedeckten Landschaft rund um den See liegen versteckt die alten Batak-Dörfer. Von den etwa 1,5 Mio. Batakern sind zwei Drittel christianisiert und haben eine eigene Kirche. Die sich zum muslimischen Glauben bekennenden Bataker konzentrieren sich in der Gegend um **Tapanuli** und gehören zu den Mandailing. Die Bataker unterteilen sich in weitere, getrennt lebende Stammesgruppen, die sich in ihrem Dialekt, ihrem Brauchtum und ihrer Architektur voneinander unterscheiden. Die traditionellen Häuser der **Karo- und Toba-Bataker** sind besonders interessant. Sie wurden ohne Nägel erbaut und bieten auch während der heißen Tagesstunden ein angenehmes Innenklima. Die Häuser der Ka-

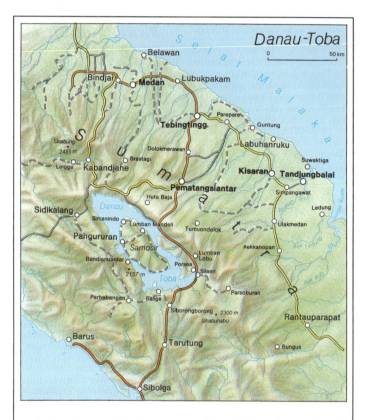

ros haben einen quadratischen Grundriß und beherbergen bis zu 100 Personen. Die **Toba** um den gleichnamigen See und auf der darin gelegenen Insel **Samosir,** die **Simalungun** um **Pematang Siantar,** die **Karo** um **Brastagi** und die **Pak Pak** um **Sidikalang** sind wohl die bekanntesten Stammesgruppen der Bataker. Ihre Dörfer werden von mehreren Großfamilien bewohnt, die eine sogenannte „huta" bilden. Mehrere „hutas" schließen sich in einer „marga" zusammen, deren Mitglieder ihre Abstammung von einem gemeinschaftlichen Ahnen herleiten können.

Früher war die Gemeinschaft der Bataker in Adel, Bauern und Sklaven aufgeteilt. Trotz ihres heutigen

Christentums haben sie viele Elemente ihrer animistischen Vergangenheit am Leben erhalten, die vor allem bei Begräbnissen und Festlichkeiten noch zutage treten. Die Harmonie war das höchste anzustrebende Ziel in der früheren Glaubenswelt der Bataker. Diebe, Mörder und Ehebrecher, die diese Harmonie zu stören versuchten, erhielten die höchste Strafe, die die Bataker kannten: In der Verspeisung einiger Körperteile des Täters sah man die größtmögliche Erniedrigung für den Urheber dieses „sozialen Unglücks". Da man die Mittelwelt, die nach Meinung der Bataker ihr Zuhause war, keiner Störung unterziehen wollte, schloß man sich bis zu Beginn des 20. Jh. von der Außenwelt ab. Heute bilden die Bataker die größte christliche Gemeinschaft in Indonesien.

Nach Regierungsstatistiken wird in Nord-Sumatra gegenwärtig nahezu ein Drittel des Nationaleinkommens der Republik erwirtschaftet. **Plantagen,** die größtenteils in staatlichem Besitz sind, stehen dabei an erster Stelle. Aber auch internationale Multis, wie Uniroyal und Goodyear, haben hier große Kautschukwälder angepflanzt. Da der Weltmarktpreis für Gummi bis vor wenigen Jahren stark verfiel, wurden Kautschukanpflanzungen vielerorts gerodet und an ihrer Stelle Ölpalmen gesetzt.

Die **Tabakpflanze** kam schon in der Mitte des vorigen Jahrhunderts hier zum Anbau und eroberte sich unter dem Namen „Deli-Tobacco" ein internationales Renommee. Das traditionelle Bodenrecht der Bevölkerung, die hier ebenfalls mit Brachfeldwirtschaft arbeitete, blieb dabei jedoch auf der Strecke. Das nicht bebaute Land wurde von der **Kolonialregierung** kurzerhand konfisziert. Darunter fielen auch die zur Regenerierung brachliegenden Böden. Die Kolonialisten, die den Sultan von Deli auf schlaue Weise in ihre unsauberen Geschäfte einbezogen, hatten nun große, bereits gerodete Anbauflächen zur Verfügung, die sie an Privatunternehmer und Plantagengesellschaften verpachten konnten. Die einheimische Bevölkerung, die nur Subsistenzwirtschaft (das bedeutet, daß sie nur anbauten, was sie zum Leben brauchten) betrieb, kam dadurch in große Bedrängnis. Da die Arbeitskräfte auf den gewinnbringenden Plantagen schon bald nicht mehr ausreichten, warb man unter den armen Volksmassen Chinas Arbeiter an, die unter menschenunwürdigen Umständen in Nord-Sumatra zum Einsatz kamen. Da die meisten Plantagenkulis wie Leibeigene gehalten wurden, kam es vielerorts zur Masenflucht von Arbeitern. Um dieser Entwicklung Einhalt zu gebieten, erlaubte die Regierung in Batavia den Unternehmungen, selbst drakonische Maßnahmen zu verhängen. Diese reichten von Freiheitsentzug über Auspeitschung bis zur Erschießung flüchtiger Kulis.

Da sich die sozialen Spannungen auf den Plantagen nicht selten auch negativ auf die Profite auswirkten, kam es zu Beginn des 20. Jh. zu grundlegenden Verbesserungen. Ende des Jahres 1918 betrugen die durchschnittlichen Jahresausgaben zur medizinischen Versorgung eines Plantagenarbeiters 11,64 Gulden. Davon wurden Betrieb und Unterhalt der Lazarette, Ärzte und Pflegepersonal bezahlt. Aufgrund dieser Vorsorgemaßnahmen blieben die großen Epidemien des 19. Jahrhunderts (Sterblichkeitsrate 77%) endlich aus.

Medan ist heute Hauptstadt und kosmopolitisches Zentrum der Nordprovinz. Viele Araber, Inder, Malaien und Chinesen wurden vom gewinnbringenden Handel dieser Region, die heute der zweitgrößte Kautschuk-Produzent der Welt ist, angezogen. Über den 26 km von der Stadt entfernt liegenden Hafen Belawan werden die Plantagenprodukte in alle Welt exportiert. Der **Polonia-Airport** von Medan, der unweit des Zentrums gelegen ist, soll in naher Zukunft auch Langstreckenflüge aus Europa aufnehmen. Verbindungen nach Singapore, Penang und Kuala Lumpur bestehen bereits. Innerhalb Indonesiens gibt es Flüge nach Gunung Sitoli (Nias), Banda Aceh, Pakanbaru, Padang, Palembang und natürlich nach Jakarta. Adressen der **Fluggesellschaften** in Medan:
Garuda, Jl. Jend. Suprapto 2;
Merpati, Jl. Katamsu 37;
MAS, Jl. Imam Bonjol 17;
SIA, Jl. Imam Bonjol 16.
Informationen über Schiffsverbindungen bekommt man beim Pelni-Büro in Belawan in der Jl. Palang merah.

Die Stadt beherbergt 15 **Konsulate**, u. a.:
Deutsches Konsulat, Jl. S. Parman 217, Tel. 2 10 73;
Schweizerisches Konsulat, Jl. Jend. A. Yani 2;
Österreichisches Konsulat, Jl. Balai Kota 2.
Touristische Informationen erteilt das Tourist-Office in der Jl. Palang Merah 66;
Visa-Angelegenheiten können beim Kantor-Imigrasi in der Jl. Jend. A. Yani 74 geregelt werden.

Neben ihren administrativen Möglichkeiten bietet Medan auch touristische Sehenswürdigkeiten und Attraktionen. Wer sich beispielsweise für gute Küche begeistern kann, findet hier indische, indonesische, chinesische und Padang Restaurants. Auch die zahlreichen Garküchen, die nach 18.00 Uhr in der Jl. Selat Panjang und am Taman Ria Park aufgebaut werden, servieren delikate Gaumenkitzel. Wer in der Atmosphäre von „Tempo Doeloe" (der guten alten Zeit) seine Mahlzeit einnehmen will, geht ins „Tip Top" in der Jl. Jend. A. Yani 92. Neben schmackhaften warmen Mahlzeiten gibt es hier auch leckere Backwaren. Obwohl die Klimaanlage des Restaurants „Hoover-Mandarin" in der Jl. Mangkubumi 18 die Mitnahme eines Pullovers erfordert, sorgt die hohe Qualität der Speisen dafür, daß dieser kulinarische Tempel in guter Erinnerung bleibt. Auch das „Micado" in der Jl. Prof. Yamin 236 H bietet hervorragende chinesisch-indonesische Küche.

Die Stadt wird vielerorts noch durch die alte **Kolonialarchitektur** geprägt. Eines der markantesten Gebäude der Stadt ist der **Sultanspalast von Deli**, auch Maimoon-Palast genannt. Der Sultan, der mit der niederländischen Kolonialregierung in gutem Einvernehmen stand, erbaute den Palast mit deren finanzieller Unterstützung. In einem seitab gelegenen Teil des 1888 errichteten Prunkbaus kann eine heilige Kanone besichtigt werden. Ein ähnliches

Modell steht im National-Museum in Jakarta. Diese dort Si Jagur genannte Kriegswaffe bringt Frauen – so glaubt man – bei Berührung große Fruchtbarkeit.

Die große **Moschee Mesjid Raya** liegt in Sichtweite des Deli-Palastes. An Samstagen herrscht dort besonders reges Treiben. Die **Gang Bengkok Moschee** ist die älteste Medans. Sie wurde teilweise mit den Steinen alter hinduistischer und buddhistischer Tempel errichtet. Das älteste chinesische Heiligtum Medans liegt in der Jl. Pandu. Sein Ursprung geht auf das Jahr 1870 zurück. Auch Hindus und Sikhs haben in Medan ihre Tempel. Aus dem Jahre 1873 stammt die **Medan-Garnizoen.** Einst ein niederländisches Fort, dient sie heute einer indonesischen Militär-Garnison als Basis. Das recht unscheinbare und restaurationsbedürftige Gebäude liegt in der Jl. Kapt. Maulana Lubis. Im Grenzbereich der Stadt, bei Deli Tua, gibt es eine weitere Festung aus dem 16. Jh., die einst durch die Acehnesen zerstört wurde.

Viele markante Gebäude aus der Kolonialzeit liegen am **Lapangan Merdeka** (Freiheitsplatz), einer Promenade, auf der man einst sehen und gesehen werden wollte. Heute wirkt der Platz etwas unaufgeräumt. 1874 wurde hier der **„White Society Club"** (Witte Societeit) eröffnet, dessen Gebäude heute eine Bank beherbergt. Wie der Name schon andeutet, war der zentrale Gedanke des Clubs die Apartheid. Das heutige **Grand Hotel Medan** (früher Hotel Granada Medan) war einst die First-Class-Herberge am Platze. Der erste 1869 durch Europäer errichtete Bau gehörte dem Tabak-Magnaten Nienhuys. An den Erbauer des Hauses, in dem sich heute die P. N. P. Tobacco Company häuslich eingerichtet hat, erinnert noch der „Nienhuys Springbrunnen" vor dem Postoffice. Die Briten hinterließen in Medan ebenfalls ihre architektonischen Spuren. So war beispielsweise der Geschäftssitz der englischen Rubber-Company Harrison & Crossfield bis vor wenigen Jahren das höchste Gebäude der Stadt.

Die Umgebung von Medan bietet ebenfalls interessante Sehenswürdig-

keiten. In **Kota Cina,** 7 km außerhalb der Stadt an der Straße nach Belawan, erstreckt sich ein Ruinenfeld aus hindu-buddhistischer Zeit. 1971 wurden hier erstmals die Fundamente eines alten Tempels sowie andere Steinmetzarbeiten aus dem 9. Jh. entdeckt. 4 km außerhalb des Zentrums von Medan liegt der Mangasatwa-Zoo, in dessen etwas antiquierten Anlagen nicht nur heimische Tiere zu bestaunen sind. Näheres über eine **Krokodilfarm,** 6 km außerhalb der Stadt, und ihre Besuchszeiten erfährt man in der Jl. Palang Merah 112 in Medan. Wer aber bedenkt, daß diese Reptilien, die nur allzu häufig unter engen Platzverhältnissen aufwachsen, noch immer Opfer eines überholten Modetrends sind, dürfte nur wenig Gefallen am Besuch in einer Krokodilfarm finden. Wirklich interessant ist hingegen die Besichtigung des **botanischen Gartens** in **Sibolangit**, 43 km südlich von Medan an der Straße nach Brastagi. Auf der Fahrt dorthin kommt man durch die Ortschaft **Binjei** (22 km von Medan entfernt), die bekannt ist für ihre aromatischen Rambutan-Früchte. Im Juli und August gibt es hier unzählige Verkaufsstände entlang der Straße.

Von Medan aus kann man den **Toba-See** auf zwei verschiedenen Wegen erreichen: Während die eine Strecke entlang wunderschöner Landschaften über Brastagi führt, ist der Weg, der nach Pematang Siantar und weiter nach Prapat läuft, von endlosen Kautschukbäumen und Ölpalmen gesäumt. Der Besuch Pematang Siantars, ca. 130 km südöstlich von Medan gelegen, ist wegen des dortigen **Simalungun-Museums** anzuraten. Die hier gezeigten Sammlungen, in denen die Kultur des Simalungun-Stammes zentral steht, vermitteln ein gutes Basiswissen über die verschiedenen Gruppen der Bataker. Das Museum ist täglich außer sonntags von 8.00 bis 12.00 und von 14.00 bis 17.00 geöffnet.

Ein Besuch des **Palastes der Rajas von Simalungun** in **Pematang Purba** ist besonders informativ. Die Simalungun haben sich von allen Batakern heute am meistenvon ihrer ursprünglichen Lebensform entfernt. Man kann sich kaum vorstellen, daß in der Palastanlage von Pematang Purba noch vor 35 Jahren ursprüngliches höfisches Leben herrschte. 13 Büffelhornpaare erinnern heute noch an die 13 Generationen der hier herrschenden Simalungun-Könige, deren letzter 1945 verstarb. Jeder von ihnen wohnte hier mit 12 Frauen, die alle ihre eigenen Kochstellen im Palast hatten. Die gesamte Anlage besteht aus einem Gästehaus, einer Thronhalle, einem Gerichtsgebäude mit einem alten Bataker-Kalender und dem Wohnhaus. Die 1964 restaurierten Häuser, die heute noch wie einst von steinernen Hausgöttern umgeben sind, vermitteln jedoch nur ein steriles Bild von dieser ehemals blühenden Kultur protomalaiischen Ursprungs.

In der Umgebung von Siantar, wie **Pematang Siantar** kurz genannt wird, liegen viele **Transmigrasi-Dörfer** aus den Anfangszeiten dieses staatlichen Umsiedlungsprojektes. Schon vor Jahren wurde hier Landbevölkerung aus dem zu dicht bewohnten Java angesiedelt. Ortsnamen wie Kampung Java erinnern an die Herkunft der Bewohner.

Prapat ist das touristische Zentrum am 800 m hoch gelegenen Toba-See. Es liegt in einer Bucht am östlichen Seeufer. Das saubere Städtchen bietet eine Vielzahl an Unterbringungsmöglichkeiten. Das Interessanteste am Toba-See ist nicht nur die Landschaft und die Kultur des Batak-Volkes, sondern auch die im 800 qkm großen See gelegene Insel **Samosir**. Hier, wo die großartige Landschaft und die farbenprächtige Kultur dieser Menschen eine harmonische Einheit bilden, ist das Herz des Toba-Batak-Landes. Die meisten Pauschal-Touristen kommen wegen ihres gedrängten Programms nur für ein paar Stunden hierher. Das glasklare grünliche Wasser an den einsamen Stränden des Inselufers macht einen Badeaufenthalt am Toba-See zu einer entspannenden und angenehmen Angelegenheit, wobei der Kontakt mit der Lebensweise der Batak eine zentrale Rolle spielen sollte. Für einen reinen Badeaufenthalt ist der Toba-See wegen seiner kulturellen Vielfalt aber sicherlich zu schade.

Daß die 630 qkm große Insel während eines 3 bis 4 Wochen dauernden Urlaubs nicht alle ihre Geheimnisse preisgeben wird, versteht sich von selbst. Samosir wurde erst gegen Ende des 19. Jh. erstmalig von europäischen Entdeckungsreisenden betreten. Der spannende Reisebericht des Freiherrn Otto von Brenner läßt keine Zweifel an der Entschlossenheit der Batak, fremde Einflüsse von außen abzuwehren, aufkommen. Auch koloniale Polizeitruppen konnten im Gebiet um den Toba-See nur mit Mühe Fuß fassen. Samosir blieb die letzte Bastion der Toba-Bataker, die dann schließlich durch den Einfluß der Mission genommen wurde.

Heute ist von der früheren Fremdenfeindlichkeit bei den Batakern, die einst durch nachwandernde Völker von der Küste ins Inselinnere Nord-Sumatras abgedrängt wurden, nichts mehr zu verspüren. Daß der Tourismus in Südostasien bereits vielerorts wieder zu einer Abneigung gegenüber Fremden geführt hat, ist jedoch eine nicht zu übersehende Tatsache. Gegenwärtig wird der Reisende hier noch mit einem freundlichen „Horas" begrüßt, was in der Sprache der Bataker soviel bedeutet wie „Sei willkommen" oder „Wie geht's?". Nur in Orten wie Tomok, Tuk Tuk und Ambarita, wo Touristen in größeren Gruppen auftreten, verebbt allmählich dieser Gruß, den man im übrigen nicht nur erwidern sollte, sondern auch als erster aussprechen darf.

Folgende Ortschaften auf Samosir sind besonders interessant:

Tomok wird von den Touristen neben Tuk Tuk am stärksten frequentiert und verfügt auch über einige Losmens. Der Straße vom See aus den Souvenirständen entlang folgend, kommt man zum Steinsarkophag des **Königs Sidabutar,** dem letzten Herrscher aus der Zeit vor der Christianisierung. Unter den weit ausladenden Ästen mächtiger Hariara-Bäume stehen auch die Steinsärge eines Sohnes und Enkels des sagenumwobenen Sidabutars. Noch heute herrscht unter den wenigen animistischen Batakern der Glaube, daß er noch unter ihnen lebe und, wo nötig, Beistand leiste. Die sich unter anderem in den Hausbauformen ausdrückende kulturelle Leistung seines Volkes, die heute häufig unter dem aufdringlichen Glanz des Wellblechs verblaßt, kann er offensichtlich nicht vor dem Untergang bewahren; denn was nützt ein Haus aus Naturmaterial, das trotz seines Verfalls zwar erhabene Schönheit, aber seinen Bewohnern keinen Schutz vor Nässe bietet.

Die Scheußlichkeiten der modernen Zivilisation haben schon von so manchem Batak-Dorf Besitz ergriffen. Häufig wurden die Köpfe der „Ulus", die einst vor Raub, Feuer und anderem Unheil schützend den Giebel jedes Hauses zierten, an Touristen verkauft. Auch die in den Farben Schwarz, Rot und Weiß gehaltene Verzierung der Toba-Häuser wird nur noch selten erneuert.

Von Tomok aus kann man in einer 1- bis 2-Tage-Wanderung nach Pangururan auf der Westseite der Insel gelangen. 16 km von Tomok entfernt liegt ein „Pasangrahan", ein Unterkunfts- und Versammlungsgebäude für Regierungsbeamte, das, wenn es unbenutzt ist, auch Touristen als Herberge dient. Wer auf motorisierte Transportmittel nicht verzichten will, kann sich in Tomok ein Motorrad mieten. Einer Inselrundfahrt sind allerdings durch die schlechten Wegverhältnisse besonders im Süden Samosirs Grenzen gesetzt. Manche haben es angeblich schon geschafft, doch Ruhe und Frieden dürften dabei auf der Strecke geblieben sein.

Tuk Tuk ist wegen des dort gelegenen Tuk Tuk-Hotels einer der bekanntesten Orte der Insel. Viele Losmens sorgen dafür, daß sich auch Reisende mit kleinerem Budget hier heimisch fühlen können. Kleine und auch sehr preisgünstige Restaurants und sogenannte „warungs" sind ständig darum bemüht, den Geschmack ihrer meist westlichen Gäste zu treffen. Von Spaghetti Bolognese bis zum Smörgasbord reicht die Palette. Da sich Tuk Tuk auf einer Halbinsel befindet, kann man von hier einen phantastischen Ausblick auf weite Teile des Toba-Sees genießen.

Ambarita ist weniger touristisch und daher etwas ruhiger. Direkt am Landungssteg stehen zwei Batakhäuser, die an Touristen vermietet werden. Der mit einem Steinwall umgebene Innenhof des hiesigen Fürstensitzes war früher auch Gerichtsort. Ein Steintisch mit Stühlen, die schon lange von Moos überwachsen sind, war noch bis zu Beginn dieses Jahrhunderts Ort einer Rechtsprechung, die in besonderen Fällen auch vor der Verhängung der Todesstrafe nicht zurückschreckte.

In einem Fußmarsch von 1,5 Std. erreicht man von Ambarita einen schönen Wasserfall. Auf der linken Seite seiner Kaskaden führt ein guter Pfad ins Hinterland; zuvor ist jedoch ein steiler Anstieg zu überwinden. Da montags in Haranggaol am Nordufer des Sees Markttag ist, führt nur an diesem Tag eine Fährverbindung von Ambarita dorthin.

Simanindo hat eines der schönsten Fürstenhäuser der Bataker. Hier werden häufig kulturelle Darbietungen wie beispielsweise der Tor-Tor-Tanz aufgeführt. Die ganze Dorfanlage und natürlich auch das zentral stehende Adat-Haus, das ein kleines Museum beherbergt, wurde in hervorragender Weise restauriert. Manchmal wird hier noch der Sigalegale-Tanz gezeigt; er ist eine Besonderheit der Batak-Kultur. Eine meist lebensgroße Holzfigur, die auf einem Kasten montiert ist, wird mittels Schnüren – ähnlich einer Marionette – gesteuert. Normalerweise tritt sie nur dann in Aktion, wenn der einzige männliche Erbe und damit der Fürsprecher für die verstorbenen Ahnen selbst verschieden ist.

Tao, die Blumeninsel, liegt unweit von Simanindo am Nordende der über 50 Kilometer langen Insel Samosir. Ein sauberes Rasthaus ermöglicht einen angenehmen Aufenthalt.

Pangururan liegt auf der Westseite der Insel; von hier führt eine Brücke zum Festland. Von Simanindo aus kann man mit dem Bus nach Pangururan fahren, doch aufgrund des schlechten Zustands der Straße empfiehlt sich eher die Bootsverbindung. 5 km von Pangururan entfernt gibt es auf dem Festland heiße Quellen.

Wer von Medan aus über **Brastagi** (auch Berastagi geschrieben) zum Toba-See fährt, kommt in das Gebiet der **Karo-Bataker.** Die Karos unterscheiden sich von den anderen Stämmen nicht nur durch ihren Dialekt und ihre besondere Hausbauform, sondern auch durch ihre Wesensart – freundliche Leute sind es in jedem Fall. Brastagi ist der geeignete Ausgangspunkt für den Besuch der Karo Bataker. Der Ort ist nicht nur schöner gelegen als beispielsweise das Verwaltungszentrum Kabanjahe, sondern bietet auch bessere Unterkunftsmöglichkeiten. Wegen seiner Höhenlage in 1 300 m Höhe kann es hier nachts empfindlich kalt werden. Von Brastagi kann man den im Hintergrund des Ortes thronenden **Sibayak-Vulkan** besteigen. Um den Gipfel des an einer Seite aufgerissenen Feuerberges zu erreichen, benötigt man vom nahen Dorf Semangat Gunung ca. 4 Std. Der Aufstieg sollte früh am Morgen und nicht ohne festes Schuhwerk begonnen werden.

Eines der typischsten Karo-Batak-Dörfer ist **Lingga,** das man mit einem kleinen Bus, dem „oplet", von Kabanjahe aus erreicht. In den Häusern der Karos, die einen quadratischen Grundriß haben, lebten früher bis zu 100 Menschen. Heute hat auch hier die Arbeitssuche die Familien auseinandergeführt.

Auf schöner Strecke erreicht man ein anderes Karo-Dorf namens **Barusjahe.** Es liegt 15 km von Kabanjahe entfernt. Beim Bau dieses mehr als 250 Jahre alten Dorfes wurde kein einziger Nagel verwendet. Im Schutze der steil aufragenden Atapdächer (mit Palmwedeln gedeckte Dächer) stampfen die Frauen wie in alten Zeiten den Reis.

In der Umgebung von Brastagi liegen auch mehrere landschaftlich reizvolle Ausflugsziele. Den **Kawar-See** am Hange des Sinabung-Vulkans erreicht man nach ca. 30 Kilometer Busfahrt. Bei der Bevölkerung am See läßt sich eine Übernachtung arrangieren.

Einen landschaftlichen Höhepunkt Nord-Sumatras findet man bei **Tongging** am Nordende des Toba-Sees. Hier liegt im Hintergrund des Ortes an einem Steilhang der **Sipiso-Piso-Wasserfall.** Von einem Aussichtspunkt, den man in einer Stunde von Tongging zu Fuß erreicht, hat man eine unvergeßliche Aussicht auf den Wasserfall und den See. Die Anfahrt hierher sollte über Kabanjahe und Seribudolok erfolgen.

Auf der Fahrt von Prapat nach Balige und weiter nach Sibolga, wird der aufmerksame Beobachter noch viel Interessantes zu sehen bekommen. Vor Balige gibt es links und

rechts der Straße, in dichte Bambushaine eingebettet, noch viele ursprüngliche Toba-Batak-Dörfer.
Lumban Garaga, 1 km rechts der Straße idyllisch zwischen Reisfeldern gelegen, wird noch manchmal von Reisegruppen besucht. **Lumban Binaga** hingegen, das weiter in Richtung Balige links der Straße liegt, ist nur wenigen bekannt. Hier werden von älteren Frauen noch traditionelle Webkunstarbeiten gefertigt.

Wer die **Sigura Gura-Wasserfälle,** die mit 200 m Höhe die größten in Südostasien sind, besichtigen will, braucht eine Sondergenehmigung. Sie sind heute Teil eines Wasserkraftwerks, das einer Bauxitschmelze die nötige Energie liefern soll.

Sibolga an der Westküste von Sumatra ist der Einschiffungshafen nach Nias. Außer einer alten Moschee und grandiosen Sonnenuntergängen gibt's hier keine besonderen Attraktionen. Seit 1977 finden auch Flüge von hier nach Nias statt. Da der dortige Flughafen bei Gunungsitoli noch weit vom touristisch interessanten Südteil der Insel entfernt liegt und dieser auch nur auf einer langen Schiffsfahrt erreicht werden kann, ziehen viele die direkte Bootsfahrt von Sibolga nach Teluk Dalam in Süd-Nias vor. Da sie zwischen 18 und 22 Stunden dauert und nicht immer mit hochsee-sicheren Booten stattfindet, müssen Touristen, die nach Teluk Dalam wollen, eine Erlaubnis des Hafenmeisters (syahbandar) einholen. Sein Büro ist im Pelabuhan besar (Großer Hafen), von wo größere Schiffe nach Gunungsitoli, dem Verwaltungszentrum von Nias, starten. Bis 1976 war diese Formalität noch nicht notwendig. Unfälle mit kleineren Schiffen, die nicht über Sprechfunk verfügten, führten zu dieser Vorschrift. Die Entscheidung des Hafenmeisters hängt von den Bruttoregistertonnen und der technischen Ausrüstung des jeweils auslaufenden Schiffes ab. Bei Fahrten von Padang nach den Mentawai-Inseln sind kleine Schiffe für Touristen heute generell von der Beförderung ausgenommen.

Nias

Die 130 km lange und 50 km breite Insel liegt südwestlich von Zentral-Sumatra. Obwohl auf Sumba, Flores und Sulawesi im Leben der dortigen Menschen Steine ebenfalls eine bedeutende Rolle spielen, sieht man Nias heute als Ort der reinsten **Megalithkultur** an. In Süd-Nias findet das Leben der Bewohner traditioneller Dörfer auch heute noch im Angesicht der großen Steine statt. Der Ursprung ihrer Kultur liegt, wie man heute mit Sicherheit weiß, Tausende von Kilometern entfernt in den Bergen Assams im Nordosten Indiens. Das dort lebende Volk der Naga steht den Niassern auch heute noch kulturell am nächsten. Diese kleinwüchsigen Menschen wanderten um etwa 2000 v. Chr. aus Süd-China in diese Gebiete ein. Die Sprache auf Nias unterscheidet sich daher deutlich von der auf Sumatra.

Sitten und Gebräuche der Nias-Dörfer sind regional sehr unterschiedlich geartet. Die Gründe dafür reichen weit in die Frühgeschichte der Insel zurück und sind weniger in ihren geographischen Gegebenheiten zu suchen. Im weniger dicht besiedelten Norden von Nias, der über weite Strecken flach und sumpfig ist, findet der Besucher nur alleinstehende runde Pfahlhäuser. Der Süden weist hingegen langgestreckte Dörfer auf, deren breite Straßen mit großen Steinen gepflastert sind. Sie liegen meist auf Bergkuppen und sind nur über hohe Steintreppen zu erreichen. **Bawamataluo,** eines der bekanntesten und größten Dörfer, muß über 700 Stufen erklommen werden.

Ein geordnetes Durcheinander von **Dolmen, Obelisken** und **Steinbänken,** die zum Teil kunstvoll bearbeitet sind, beherrscht das Zentrum der Dorfplätze. Heute ist in den zum größten Teil christianisierten Dörfern die Achtung vor den steinernen Monumenten geringer geworden. Sie wurden früher in der Regel zum Zwecke der Rangerhöhung aufgestellt. Der Errichter eines Steines mußte mehrere Schweine- und in früheren Zeiten auch ein Menschenopfer darbringen. Während die phallisch geformten Dolmen anhaltende Fruchtbarkeit bewirken sollten, erinnerten andere wiederum an die Geister einst machtvoller Ahnen oder verliehen Kraft und Stärke im Kampf. Dolme mit weiblichen Geschlechtssymbolen wurden von den Niassern, die polygam leben, stets für eine neue Ehefrau errichtet. Wer durch das Schlachten von Schweinen und das Feiern von Festen die höchste Stufe der möglichen Ränge erreichen wollte, mußte über viel Macht und Besitz verfügen.

Die Dörfer im Süden von Nias wurden **hierarchisch** von einem Häuptling geführt, dessen Mutter ebenfalls einer Häuptlingsfamilie entstammen mußte. Seine Position konnte er an seine Kinder vererben. Auch das Amt des Priesters ist erblich. **Häuptlinge** und **Priester** gehören zur höchsten gesellschaftlichen Gruppe, den sogenannten „si ulu". Die „si ila" bilden hingegen die normale **Bürgerschicht.** Die dritte Gruppe, die „sato", wurden wie **Leibeigene** gehalten und verfügten nur über wenige Rechte. Durch Verschuldung gegenüber den „si ulu" konnte ein „si ila" auch in die Klasse der „sato" abrutschen. Als solcher

Ahnenstatuen

mußte man damit rechnen, beim Bau eines neuen Hauses geopfert zu werden. Meist erlitten dieses Schicksal nur die auf Kriegszügen gefangengenommenen Feinde.

Durch das Überspringen künstlich errichteter, über 2 Meter hoher Steinwälle übten sich die kampfesmutigen Niasser im Eindringen in die durch Mauern und Pallisaden umgebenen Feindesdörfer. Wenn es nicht regnet und die Steine trocken sind, führen sie, teilweise mit Schwertern bewaffnet, auch heute noch diese athletische Kunst auf Wunsch vor.

Nur mit viel Mühe konnten die **Niederländer,** die bei den ersten Unterwerfungsversuchen von der Insel verjagt wurden, den Widerstand dieses kleinen kriegerischen Volkes brechen. Sie wurden von der Mission unterstützt, die dabei auch einige Haare lassen mußte. Von der einst so kriegerischen Haltung der Niasser zeugen die **Tänze,** die in manchen Dörfern heute noch zu festlichen Gelegenheiten in vollem Kriegsornat aufgeführt werden. Dazu gehört neben einem metallenen oder ledernen Harnisch auch ein sogenannter „kalabubu", ein Halsring, der das Erkennungszeichen des erfolgreichen Kopfjägers war. Der aus Messing und kleinen Scheiben im Feuer gehärteter Kokosnusschalen bestehende Schmuck hat jedoch seine ursprüngliche Bedeutung verloren. Nicht selten wird heute das alte Familienerbstück an Touristen verkauft. Auch vom Goldschmuck der Häuptlinge ist nur noch wenig übrig geblieben; was bei den Tänzen angelegt wird, ist in der Regel mit gelber Farbe bemaltes Blech.

Die Frauen haben auf Nias eine geachtete Stellung. Die Beziehungen zum männlichen Geschlecht unterliegen jedoch vor der Ehe besonders strengen Bestimmungen, die die Einhaltung der sexuellen Moral gewährleisten sollen. Einst durften auf Nias die jungen Mädchen nur unter Bewachung älterer Frauen schlafen.

Heute haben auf der 4 800 qkm großen Insel, die gegenwärtig von 500 000 Menschen bewohnt wird, bereits Kofferradio, Jeans und James Bond-Filme Einzug gehalten und zusammen mit anderen fremden Einflüssen viele alte Traditionen verdrängt.

Wer früher auf den Dorfstraßen in Süd-Nias rannte, oder diagonal von einem Haus zum anderen lief, bekam eine Tracht Prügel, weil man in ihm einen Übeltäter vermutete. Man durfte nur parallel oder rechtwinklig zu den Hausfronten laufen und mußte auch bei Regen Schrittempo einhalten. Ausnahmen wurden nur bei Feuer und Krieg gemacht. Glücklicherweise hat man dort auch heute noch genug Zeit, um nicht rennen zu müssen.

Obwohl noch 1935 auf Nias die Kopfjagd üblich war und häufig Krieg herrschte, sind die Bräuche im Zusammenhang mit Geburt und Tod inzwischen nach christlichen Kriterien ausgerichtet.

Als Nias im April 1973 offiziell dem **Fremdenverkehr** geöffnet wurde, hatte die Bevölkerung große Erwartungen an die geplante Entwicklung. Sie wurden jedoch bis heute noch nicht erfüllt. Nachdem der seit 1974 Nias regelmäßig anlaufende Luxusliner MS Prinsendam vor der Westküste Amerikas ausbrannte, ist es ruhiger auf der Insel geworden. Es sind heute hauptsächlich Individualreisende, die die weite und auch etwas mühevolle Anfahrt nicht scheuen.

Eines der angeblich so großen Probleme der Insel ist die in der Tat unzureichende Infrastruktur. Sie hat aber andererseits weite Teile von Nias vor der Abnutzung durch zu intensiven Fremdenverkehr bewahrt. Das einst in der Kolonialzeit gut ausgebaute **Straßennetz** wurde in den Jahren nach der Unabhängigkeit wieder vom Urwald geschluckt. Ein 1976 im Süden ausgebesserter Abschnitt war, durch die hier niedergehenden starken tropischen Regenfälle bedingt, 1979 nur noch ein Schlaglochfeld. Aus Gründen mangelnder Kontrolle fließt der für den Bau der Straßen angeschaffte Teer in andere Projekte. Die schlechte Strecke im Süden endet kurz nach Hilisimaetano im Urwald.

Das ebenfalls nicht umfangreiche Straßennetz um Gunungsitoli ist jedoch in besserem Zustand. Der kleine, gegenwärtig nur mit 7sitzigem Islander von Medan und Sibolga aus angeflogene Binaka-Airport ist mehr als 30 km von **Gunungsitoli** entfernt. Da es von hier keine durchgehende Straßenverbindung in den Süden der Insel gibt, muß man erneut eine achtstündige Bootsfahrt auf sich nehmen. Die außerordentlich schöne und vielseitige Küstenlinie macht diese Fahrt jedoch zu einer interessanten Angelegenheit.

In Teluk Dalam angekommen, ergibt sich ein neues Problem – der Mangel an **Übernachtungsmöglichkeiten.** Wer Glück hat und eines der wenigen Losmenbetten erhält, muß mit wenig Komfort vorliebnehmen. In Gunungsitoli ist die Suche nach einer Unterkunft weniger problematisch; Hotels und Losmens entsprechen hier auch eher unseren hygienischen Vorstellungen.

Während man auf eine Bootsverbindung in den Süden wartet, können die in der weiteren Umgebung liegenden, für Nord-Nias typischen ovalen Adat-Häuser besichtigt werden. Auf einem Hügel bei Hilibawadesolo, 13 km von Gunungsitoli, findet man noch einige dieser erstaunlichen Hauskonstruktionen. Von der Kultur selbst hat die Rheinische Mission, die hier seit Beginn dieses Jahrhunderts tätig ist, nur wenig übrig gelassen.

Die wichtigsten und interessantesten Orte auf Nias sind:

Teluk Dalam liegt im äußersten Süden der Insel. Ein Schiff, das hier vor Anker gehen will, wird zu bestimmten Tageszeiten durch große Wellen in seinen Manövern behindert, da die Insel hier bereits den ungestümen Weiten des Indischen Ozeans ausgeliefert ist. In dem kleinen Hafenstädtchen, das sich bis in die hügelige Landschaft erstreckt, dominiert der rote Bau einer Kirche. In diesem Ort erinnert nichts an die Megalithkultur im Innern der Insel.

Sind viele Touristen auf dem Boot, empfiehlt es sich, schnell zum „Cusit" am Ostende der Hauptstraße zu eilen. Dieses einfache und nicht besonders saubere Losmen verfügt über den größten Teil der vorhandenen Touristenbetten. Die Bevölkerung von Teluk Dalam wäre gerne bereit, weitere Hotels und Gaststätten einzurichten; es fehlt hier jedoch am nötigen Kapital. Das ca. 30 km große und sehr schlechte Straßennetz wird hauptsächlich von Lkws und Bemos benutzt.

Hilisimaetano liegt 16 km landeinwärts am Ende der hier noch befahrbaren Straße. Der lange, 140 Adat-Häuser zählende Ort wirkt tagsüber nahezu wie ausgestorben. Der steinerne Stuhl am Südende des Dorfes diente zum Transport des Häuptlings. Der letzte der dortigen Herrscherdynastie war eine Art Sozialrevolutionär, der viele Neuerungen einführte.

Bawamataluo, das übersetzt soviel wie „Sonnenhügel" bedeutet, ist eines der größten und eindrucksvollsten Dörfer auf Nias. Man erreicht es mit einem Bus über Orahili und steigt dann über 700 Stufen zum Ortseingang des T-förmig angelegten Dorfes auf. Das große Häuptlingshaus „Omo Namada Laowa" ist das größte seiner Art auf Nias. Wer es betreten will, muß natürlich um Erlaubnis fragen. Der Boden des Hauses ist in verschiedenen Ebenen unterteilt, auf denen die Gefolgschaft des Häuptlings ihrer Rangfolge entsprechend Platz nehmen darf. Die oberste Plattform ist nur dem Häuptling und seiner Frau vorbehalten. Das Haus, das 16 Meter hoch ist und auf ca. 1 Meter dicken Stämmen ruht, hat leider schon ein Wellblechdach. Der Chef des Dorfes würde es sofort wieder traditionell mit Palmfasern decken lassen, wenn die Regierung Geld zur Verfügung stellte.

Unter Mangel an Geldmitteln leiden auch besonders die einzigartigen Schnitzereien im Innern der Häuser, die dringend einer Restaurierung bedürfen. Es ist zu hoffen, daß die Regierung sich noch rechtzeitig dieser großartigen Ausdrucksformen Niassischer Kultur erinnern wird. Bawamataluo ist übrigens auch für seine folkloristischen Darbietungen wie beispielsweise dem Faluaya- und Tulo Tulo-Tanz bekannt.

Hilisitare kann in 4 bis 6stündigem Fußmarsch erreicht werden. Die auf Wunsch hier vorgeführten folkloristischen Darbietungen sind von besonderem Reiz. Es wird genau darauf geachtet, daß die Tänze in originalgetreuen Kostümen stattfinden. Bunte, industriell gefertigte Stoffe finden dabei absichtlich keine Verwendung. Das Temperament der dortigen Bewohner entspricht noch dem alten Geist auf Nias.

Gomo gilt als Ursprungsort der „orang niah", deren Urahnen der Sage nach vom Himmel herabgestiegen sein sollen. Der einst verloren gewähnte Ort liegt auf ungefähr halber Strecke zwischen Gunungsitoli und Teluk Dalam. Man kann es nur zu Fuß durch schwieriges Terrain erreichen; 2 Tage muß man schon für den Anmarsch rechnen. Das Außerordentliche an Gomo sind die mittlerweile sehr selten gewordenen kunstvollen Steinmetzarbeiten, die hier besonders starke Ausdruckskraft haben.

Lagundri liegt im äußersten Südwesten von Nias und wird oft als **„Paradies für Surfer"** bezeichnet. Einst durch Australier und Amerikaner entdeckt und als konstant schaumgekröntes Wellen-Eldorado beschrieben, hat sich aus dem einstigen Fischerdorf ein kleiner Touristenort entwickelt, der über Losmens und einige Snackbars verfügt. In der Nähe seiner weißen, palmengesäumten Sandstrände liegen die traditionellen Dörfer Botahili und Hilimaeta. Lagundri war bisher nur über einen Fußpfad zu erreichen. Regierungsplänen zufolge sollen hier demnächst eine Straße und auch Hotels entstehen. Daß dies eine Megalithkultur anderer Art sein wird, die nicht selten auch die Prostitution alter, durch die Ahnen überlieferter Kulturen verlangt, wird wahrscheinlich erst zu spät erkannt werden.

West-Sumatra

Hauptstadt und zugleich Haupthafen der Westprovinz Sumatras ist Padang. Früher war sie die bedeutendste Stadt im Lande der **Minangkabau,** eines Stammes, der für seine **matriarchalische Sozialstruktur** bekannt ist. Obwohl die Minangkabau heute muslimischen Glaubens sind, wird bei ihnen die Rolle des Mannes nicht überbetont. Im Gegensatz zum allgemeinen Status der Mutter in indonesischen Familien hat sie bei den Minangkabau die leitende und lenkende Rolle inne. Die Mutter entscheidet über die Verheiratung der Kinder und über die Vererbung des Familienbesitzes. Nicht der leibliche Vater, sondern der älteste Bruder der Mutter ist der wichtigste männliche Verwandte eines Jungen. Nach der Heirat lebt er mit seiner Frau bei der Familie seiner Schwiegermutter. Obwohl sich die Männer des Minangkabau-Stammes durch das Mutterrecht nicht unterdrückt vorkommen, streben sie heutzutage gerne Ehen mit Frauen anderer Volksgruppen an. Der Mangel an Entscheidungsgewalt und materiellem Besitz mögen für dieses Verhalten ausschlaggebend sein.

Die mit buntem Schnitzwerk reich verzierten Sippenhäuser der Minangkabau haben ein charakteristisch geschwungenes, palmstrohgedecktes Dach, das dem Horn eines Wasserbüffels nachgebildet ist. Zusammen mit diesem Symbol erinnert der Name der Minangkabau, der „siegreicher Stier" bedeutet, an die lange Belagerung durch ein fremdes Heer, bei dem ein Kampf zwischen Wasserbüffeln den Sieg für diesen Stamm herbeibrachte. Ihre Heimat gehört zu den landschaftlich schönsten und faszinierendsten Gebieten Indonesiens. Sie ist daher auch einer der touristischen Schwerpunkte der Insel. Unberührter Regenwald wechselt hier mit fruchtbaren Tälern, hohen Vulkanen, tiefen Schluchten, blauen Seen und feinsandigen Meeresstränden ab. West-Sumatra ist etwas für Naturfreunde, die auch mal gerne eine längere Wegstrecke zu Fuß gehen und keine Nobelherberge benötigen.

Die Hauptausfuhrprodukte West-Sumatras sind Holz, Rotan und Damar-Harz. Im Gegensatz zu anderen Provinzen Sumatras ist man hier unabhängig von Reisimporten. Der Überschuß der Reisproduktion wird in andere Landesteile exportiert. Deutsche Entwicklungshilfe hat der Landwirtschaft West-Sumatras, die schon von jeher autark war, mit einem Projekt unter die Arme gegriffen und nicht nur die Kartoffel, sondern auch Insektizide und Kunstdünger eingeführt.

Die Provinzhauptstadt **Padang** ist auf dem Land-, Luft- und Seeweg erreichbar. Der **Tabing-Airport,** 10 km außerhalb der Stadt, bietet Direktflüge nach Medan, Pekanbaru, Palembang und Jakarta; einmal wöchentlich macht die Garuda-Fluggesellschaft auch einen Abstecher nach Singapur und Kuala Lumpur. Vom **Teluk Bayur-Hafen** im Süden Padangs unterhalten Schiffe der Pelni- und Arafat-Lines eine mehr oder weniger regelmäßige Verbindung mit Jakarta. Diese Strecke kann man auch per Bus zurücklegen; das dauert allerdings drei Tage und Nächte. **Überlandverbindungen** führen nach Bengkulu, Pekanbaru, Tanjunkarang, Palembang, Sungaipenuh, Padangsidempuan, Prapat und Medan. Die 80 km ins nahe **Bukittinggi** konnte man bisher nicht nur mit dem Bus, sondern auch mit einer alten Eisenbahn, die noch von einer Dampflokomotive gezogen wurde, im wahrsten Sinne des Wortes „erleben". In ca. fünfstündiger Fahrt ging es an Schluchten vorbei, durch tropischen Regenwald zu dem 900 Meter hoch gelegenen Ort, der im Herzen des Minangkabau-Landes liegt. Inzwischen wird auf der Strecke nur noch Kohle transportiert.

Bevor man aber ins Hinterland fährt, sollte man die schöne Umgebung Padangs erkunden. Die grandiose, palmengesäumte Küstenlinie südlich Padangs hat Namen wie **Air Manis** (3 km entfernt), **Pantai Nirwana** (8 km entfernt) und **Pasir Putih** an der Bungus Bay (24 km von der City). Übernachtungsmöglichkeiten gibt es hier nur in Privatquartieren. Wer sich schon längst mal wie Robinson fühlen wollte, sollte in jedem Fall nicht sonntags auf die **Pulau Pisang** (Bananeninsel) fahren. Hier trifft sich nämlich Padang zum Picknick. Die kleinen Inseln südlich von Padang, die im Charter vom Muara-Hafen aus zu erreichen sind, sind für einen einsamen Aufenthalt besser geeignet.

Einen Besuch ist auch das alte historische Hafenstädtchen **Pariaman** wert. Jährlich findet hier das Tabut-Festival statt, das an den Todestag eines Mohammed-Enkels erinnern soll.

Um West-Sumatras Reichtum an landschaftlicher Schönheit erleben zu können, muß man das Hochland bereisen. Die Glanzpunkte des Hochlandes sind der **Danau Singarak** und der **Danau Maninjau.** Losmens und Hotels laden zu einem mehrtägigen und entspannenden Aufenthalt an diesen Seen ein, die auch vielfältige Wassersportmöglichkeiten bieten. Südlich von Solok bei Alahan Panjang liegen zwei weitere Seen. **Danau Diatas** (Oberer See) und **Danau Dibawah** (Unterer See) sind jedoch durch ihre abgelegene Position touristisch nicht erschlossen, was die Ursprünglichkeit dieser beiden Seen bis auf den heutigen Tag erhalten hat. In der westlichen Welt sind betonierte, vermeintlich sichere Wanderwege die scheinbar unausweichliche Folge des anwachsenden Tourismus. Hoffentlich verstehen wir Menschen es, uns in dieser Region der Welt wieder einmal an die Natur anzupassen, anstatt den umgekehrten Fall anzustreben.

Die Anfahrt von Padang nach **Solok** führt über eine der malerischsten Straßen in West-Sumatra, die die Hobby-Photographen zu fortwährenden Wutausbrüchen veranlassen wird, da die Reisebusse nur selten anhalten. Die Eisenbahn nach Solok fährt ebenfalls durch schöne Gebiete; man erhält hierbei einen ersten Eindruck vom Singkarak-See. **Padangpanjang,** ein Zwischenstop auf dieser Linie, hat die höchste Eisenbahnstation Indonesiens (1 400 m). Dieser Ort ist genauso wie **Batusangkar** weniger von Touristen überlaufen als beispielsweise Bukittinggi, der heutige Mittelpunkt der Minangkabau-Kultur. Einst war Batusangkar jedoch das Herrschaftszentrum dieses Volkes. In Limakaum und Pariangan in der Nähe dieses Ortes findet man alte Versammlungshäuser. Eines der schönsten Minangkabau-Häuser steht übrigens in **Sulitair,** östlich des Singkarak-Sees; das Gebäude ist heute noch bewohnt. Bei vielen traditionellen Häusern wird den kunstvoll bearbeiteten Außenwänden durch den stechenden Glanz und die wellenförmige Monotonie eines Metalldaches alle Faszination genommen.

Obwohl es ziemlich überlaufen ist, wird man nur schweren Herzens Abschied von **Bukittinggi** nehmen. Die Atmosphäre des Ortes zeigt, daß hier der Puls des Minangkabau-Landes schlägt. Es ist – jeder, der einmal dort gewesen ist, wird es bestätigen – eines der nettesten, erholsamsten und freundlichsten Städtchen in Indonesien.

Die Holländer nannten es **Fort de Kock** nach der hier von ihnen erbauten Festung. 1825 von General de Kock während des Padri-Krieges errichtet, thronen heute nur noch Ruinen auf einem Hügel über der Stadt. Von hier hat man eine phantastische Aussicht auf die ansprechende Szenerie der Umgebung, die vom Vulkankegel des 2 891 m hohen Gunung Merapi, der übrigens in Zentral- und Ost-Java je einen Namensvetter hat, beherrscht wird.

Der alte **Zoo,** der sich auf die sumatranische Fauna spezialisiert hat, liegt auf der höchsten Erhebung der Stadt. Hier befindet sich auch das in einem Adat-Haus untergebrachte **Bundo-Kandung-Museum** mit einer wertvollen Kollektion alter Trachten, prachtvoller Schmuckstücke und interessanter Gebrauchsgegenstände. In der entgegengesetzten Richtung gelangt man zum **Panorama-Park,** von wo man den Sianok-Canyon (Ngarai Sianok) und den in einiger Entfernung liegenden Gunung Singgalang sehen kann. Während der japanischen Besetzung wurden Tunnels unter dem Park angelegt, die man heute in Begleitung eines Führers betreten kann.

Das Wahrzeichen Bukittinggis ist ein Uhrturm, „jam gandang" genannt, der am Zentral-Markt steht. Die Stadt selbst ist heute die zweitgrößte West-Sumatras und hat auch eine Universität. Typisch für das Straßenbild sind die vielen Pferdewagen, die hier als Taxi fungieren. In der Umgebung der Stadt gibt es vielfältige Ausflugsmöglichkeiten.

Eines der dramatischsten Landschaftsbilder West-Sumatras bietet der bereits erwähnte **Sianok-Canyon.** In der von über 100 m hohen Steilwänden eingerahmten Schlucht schlängelt sich ein Fluß über den mit Reisfeldern bedeckten Talboden. In den frühen Morgenstunden, kurz nach dem ersten Hahnenschrei, bietet der Canyon ein besonders eindrucksvolles Bild. Das erste Tageslicht wirft dann den Schatten des in der Ferne thronenden **Singgalang-Vulkans** auf das noch mit Nebeln verhangene Tal. In der Mittagshitze verschwindet sein Gipfel meist in Wolken. Nach einer Stunde Fußmarsch erreicht man Kota Gadang auf der anderen Seite des Canyons. Dieser Ort ist nicht nur für seine kunstvollen Silberarbeiten bekannt, sondern auch der Geburtsort vieler indonesischer Minister, Diplomaten und Intellektueller.

Eine weitere Schlucht mit atemberaubender Aussicht ist das mit Regenwald bedeckte und unter Naturschutz stehende **Anai Valley.** An einem Viadukt befindet sich ein Aussichtspunkt, von dem man den in der Tiefe fließenden Anai-Fluß und einen Teil der Eisenbahnstrecke, die hier in einem Tunnel verschwindet, überblicken kann.

Vom **Puncak Lawang,** 30 km westlich von Padang gelegen, hat man eine grandiose Aussicht auf den **Maninjau-See.** Von seiner Spitze führen 44 Haarnadelkurven hinunter an den See, der ein vulkanisches Einbruchsbecken ausfüllt. Der kleine Ort **Maninjau** verfügt über Hotels, Losmens und eine Bootsvermietung. Wer Zeit hat, kann den See in 3 Tagen auf gut ausgetretenen Pfaden umwandern.

In das **Harau-Tal,** 15 km von Payakumbuh im Nordosten Bukittinggis, ergießen sich besonders in der Regenzeit unzählige Wasserfälle. Vernünftigerweise wurde auch hier ein Naturreservat angelegt, das heute noch Tiger, Leoparden, Tapire, Zwergrehe und andere Tiere beheimatet. Ein weiteres, ebenfalls interessantes Reservat namens **Rimba Panti Reserve** liegt 100 km von Bukittinggi entfernt an der Straße nach Medan. Bevor die Straße den Park durchläuft, führt sie durch Bonjol, einen Ort direkt am Äquator. Neben alpiner und seltener Flachland-Flora lebt hier auch eine große Zahl an Säugetieren, darunter noch einige Tiger.

Bei **Ngalau Kamang,** 15 km von Bukittinggi, liegen inmitten atemberaubender Landschaft Höhlen, die einst dem gegen die Niederländer kämpfenden Tuanku Nan Renceh Unterschlupf boten.

Die bunten **Markttage** werden in den Orten West-Sumatras jeweils an verschiedenen Wochentagen abgehalten. Einer der größten Märkte findet jeden Sonntag in **Payakumbuh** statt.

Pandai Sikat, ein kleines Dorf in der Nähe Padangpanjangs, wird ebenfalls für seine kunstvollen Handarbeiten gerühmt. Hier ist es jedoch die Seiden- und Goldweberei, die das Interesse vieler Käufer weckt. Die Männer des idyllisch gelegenen Dorfes, die ihren Frauen in Sachen Kunsthandwerk in keiner Weise nachstehen wollen, fertigen Holzschnitzarbeiten.

Eine weitere Besonderheit West-Sumatras sind die auf der Hälfte des Weges zwischen Bukittinggi und Pekanbaru bei **Muara Takus** gelegenen, aus dem 11. Jh. stammenden Ruinenfelder. Sie sind die bedeutendsten Ruinen Sumatras aus vorislamischer Zeit. Obwohl ihre Bauart buddhistischen Einfluß verrät, verwundert die Abwesenheit von Abbildungen und Statuen Buddhas. Die Tempel waren Teil einer mehr als 10 qkm großen Stadt, die noch heute von Resten eines Erdwalls umgeben ist. Die Maligai Stupa beherrscht die gesamte Anlage, deren größtes Bauwerk der nur schlecht erhaltene 20 x 30 m große Candi Tua ist.

Nicht nur die Ruinen von Muara Takus bergen noch viele Geheimnisse. Viele kleine, versteckte Orte West-Sumatras haben ihr eigenes Geheimnis, das seiner Entdeckung harrt.

Die Feste des Minang-Volkes

Das Tabut-Fest

Die Minangkabau, die bis auf ganz wenige Ausnahmen Moslems sind, feiern in Pariaman, 36 km nördlich von Padang, einmal jährlich ein in der islamischen Welt einzigartiges Fest. Der Zeitpunkt der Tabut-Feier ist der erste Monat des islamischen Mondkalenders, Muharram genannt.

Das Fest soll Hassan und Hussein, zwei Enkel des Propheten Mohammed, ehren, die bei einer Schlacht auf der Kerbala-Ebene getötet wurden. Um die Seelen der beiden zu retten, wurde ein Bouraqu, das islamische Gegenstück des in der griechischen Mythologie vorkommenden geflügelten Pferdes Pegasus, auf die Erde herabgesandt. Jeder Ortsteil Pariamans fertigt seinen eigenen Bouraqu, der dann als Erinnerung an dieses himmlische Eingreifen in einer musikalisch begleiteten Prozession zum Meer getragen wird, wo er meist ein wenig heroisches Ende findet. Am Strand angekommen, springen die Zuschauer in die Fluten, um möglichst vieler Teile des Pappferdes habhaft zu werden. Das allgemeine Augenmerk richtet sich dabei auf einen nachgemachten Goldschmuck, den der Bouraqu um seinen Hals trägt. Begegnen sich die Pappgebilde zweier Stadtviertel auf dem Weg zum Strand, entflammt ein wildes Gefecht, in dem die durch Menschenhand erzeugten Pferdestärken aufeinanderprallen. Danach werden nicht selten nur noch Einzelteile zum Wasser getragen.

Stierrennen und Stiergefechte
Wenn die Zeit zum Pflügen der Felder gekommen ist, veranstalten einige Minangkabau-Dörfer Stierrennen. Als Rennstrecke dient ein normaler Acker, der dabei gleichzeitig eine Oberflächenbearbeitung erhält. Der auf einem Pfluggeschirr stehende „Jockey" lenkt den Stier mittels Ziehen an dessen Schwanz. Häufig kommt es zu riskanten Überholmanövern, bei denen die temperamentvollen Zebu-Rinder ihren „Peiniger" an einem Gegner abstreifen. Anstelle einer erhofften reichen Reisernte gibt es dann erst einmal blaue Flecken und nicht selten einen Aufenthalt im nächstgelegenen PusKesMas (Pusat Kesehatan Masyarakat = Gesundheitszentrum).

Die Stiergefechte finden nach der Erntezeit einmal wöchentlich statt. Sie haben in West-Sumatra eine alte Tradition. Anstatt nur dem Kräftemessen der Kampfstiere zu dienen, tragen sie in der Hauptsache zur Pflege sozialer Kontakte unter den einzelnen Dörfern bei. Bevor der in der Regel unblutige Kampf der Stiere beginnt, besprechen die Honoratioren speziell landwirtschaftliche und auch kommunale Probleme. Kommt es dann endlich zum Kampf, gehen die Emotionen der Zuschauer hoch. Die Büffel sehen jedoch häufig den Grund schweißtreibender Aktionen nicht ein und bleiben trotz anspornender Rufe ihrer Besitzer kauend stehen. Lassen sie sich dennoch umstimmen, so ist das Publikum außer Rand und Band. Der sich losreißende und oft mitten durch die Zuschauer laufende Verlierer sorgt nicht selten dafür, daß das Kampfgeschrei in Hilferufe überwechselt.

Entenrennen
Das Entenrennen von Limbuku ist, was die Emotionen seiner Zuschauer betrifft, nicht weniger spektakulär. Es findet nur in diesem bei Payakumbuh gelegenen Dorf statt und dient, da viele heiratsfähige Mädchen aus der Umgebung hierherkommen, den jungen Männern zur Brautsuche. Die fluguntüchtig gezüchteten Enten, die halb fliegend, halb watschelnd die Strecke zurücklegen, verursachen nicht selten kollektive Lachkrämpfe. Mancher Ente, an der Ziellinie nicht mehr zu stoppen, gelingt hier neben der Erringung des Sieges auch die Flucht vor dem sicheren Ende im Kochtopf.

Drachen-Wettstreit
Ähnlich wie in Malaysia ist das Bauen großer flugfähiger Papierdrachen in West-Sumatra kein Kinderspiel. In unregelmäßigen Abständen findet ein vergleichender Wettstreit statt, bei dem der höchstfliegende Drache zum Leidwesen so mancher Verkehrspiloten gewinnt.

Die Mentawai-Inseln

Westlich von Sumatra erheben sich die Mentawai-Inseln als Spitze eines unterseeischen, nichtvulkanischen Gebirgsrückens über den Meeresspiegel des Indischen Ozeans. Zu ihnen gehören **Nord- und Süd-Pagai, Sipora** sowie **Siberut,** das mit 4 500 qkm größte Eiland dieser Inselkette.

Es ist nicht einfach, die für den Besuch dieser Inseln notwendige Erlaubnis zu bekommen. Das Gouverneurs-Büro in Padang behauptet zwar, man benötige diese nicht, doch einmal auf den Inseln angekommen, darf man ohne Erlaubnis nicht weiter ins Innere reisen. Hat man eine Erlaubnis erhalten, so muß den Insel-Autoritäten für einen hohen Betrag die Organisation der Kanufahrt und die Beschaffung von Begleitern anvertraut werden. Nützliche Gastgeschenke für den Besuch von Dörfern sollten schon in Padang besorgt werden, ebenso die eigene Verpflegung.

Wer sich, von Sumatra kommend, **Siberut** mit einem Schiff nähert, wird anfangs nicht mehr als einen flachen dunklen Streifen in der bläulich schimmernden Ferne des Meeres entdecken können. Langsam kommt er jedoch näher und beginnt sich über den ganzen Horizont zu erstrecken. Nach und nach hebt sich der Regenwald, der die hügelige Landschaft an der Küste der Insel emporwächst, vom flachen, sumpfigen Mangrovengürtel, der auch einige graufarbene Sandstrände einschließt, ab. Das Gewirr breitfächriger Urwaldriesen ist besonders in den frühen Morgenstunden von riesigen Nebelschwaden verhangen. Außer dem Rauschen der Brandung hört man nur ab und an den klagenden Ruf von Nashornvögeln, die mit lauten Flügelschlägen über die Wipfel der Bäume gleiten. Hier und da noch eine Zikade – ansonsten herrscht absolute Stille. Vielleicht macht Siberut auf den Neuankömmling deswegen eher einen verwunschenen als einladenden Eindruck.

Obwohl die Insel nur ca. 150 km von West-Sumatras Provinzhauptstadt Padang entfernt liegt, blieb sie bis zu Beginn der 60er Jahre unseres Jahrhunderts von fremden Einflüssen weitestgehend verschont. In ihren Urwäldern, die heute noch ca. 65% der Landoberfläche bedecken, konnten sich bis vor kurzem noch **neolithische Kulturen** halten. Eigenartigerweise besitzen die anderen nordwestlich und südöstlich von Siberut gelegenen Inseln, einschließlich Enggano, trotz ihrer gemeinsamen geographischen Position eine große kulturelle Divergenz. Während die Mentawai-Gruppe zum Teil steinzeitliche Kulturen aufwies, die sich demokratisch organisiert hatten, fand man auf Nias, wie bereits erwähnt, das ebenfalls vielgestaltige Bild einer bronzezeitlichen Gesellschaft mit hierarchischer Struktur. Auch die anderen Inseln haben ihre besonderen kulturellen Eigenarten. Auf dem Eiland Simalur trifft man heute beispielsweise malaiisch-islamische Gemeinschaften an.

Auf den Inseln westlich Sumatras wird der Reisende heute Zeuge eines Umbruchs, der nicht nur die Generationen, sondern auch Mensch und Natur einander zu entfremden beginnt. Auf den Mentawai-Inseln sind schon seit längerer Zeit Holzgesellschaften aktiv, die nicht nur die Existenz der Fauna und Flora auf's Spiel setzen, sondern auch die Lebensgrundlagen der Menschen bedrohen.

In den beiden Hauptorten Siberuts (nur mit dem Schiff erreichbar), in **Sikabaluan** im Norden und **Muara Siberut** im Süden der Ostküste leben heute hauptsächlich Angehörige des Minangkabau-Stammes aus West-Sumatra. Sie sind we-

gen ihrer matriarchalen Gesellschaftsordnung weit über die Grenzen Indonesiens bekannt geworden. Die Minangkabau regeln in Siberut den Handel mit dem Festland; Rotan und andere Erzeugnisse des Regenwaldes sind ihre Hauptausfuhrprodukte.

Nur selten trifft man hier auf die eher scheu wirkende **Urbevölkerung** der Mentawai-Inseln. Ihr blauschwarzes Haar, das nur noch bei einigen schulterlang ist, tragen sie zu einem Knoten geschlungen. Durch das Ausdünnen der Augenbrauen, das dem Schönheitssinn und der Tradition dieser Menschen entspricht, erhält ihr zumeist offener und freundlicher Blick etwas Stechendes. Ihre mit traditionellen, ästhetischen Mustern tätowierten Körper stecken meist in zerschlissener westlicher Kleidung, die sie als „Symbol des Fortschritts" von Verwaltung und Mission geschenkt bekommen.

Im Gegensatz zur „zivilisierten" Bevölkerung Muara Siberuts, der man das ungesunde Klima und die einseitige Ernährung an Leib und Seele ablesen kann, machen die Mentawaier, über Generationen an das Leben auf diesen Inseln angepaßt, einen leichtfüßig-behenden und relativ gesunden Eindruck. Ihr schlanker und in der Regel athletischer Körperbau weist auf ein vielseitiges, aktives und von den natürlichen Härten geprägtes Urwaldleben hin. Nur der fiebrige Glanz in manchen Augen verrät die Geisel dieser Inseln – die Malaria, die hier jedes Jahr viele Opfer fordert.

Zum Glück herrscht nur in den Küstenorten Kleidungszwang, sonst wäre auch die Zahl der Hauterkrankungen bei diesem extrem feuchten Klima sehr groß. Dort aber, wo das Auge des Gesetzes auf den Mentawaiern ruht, müssen der traditionelle Blätterrock und der aus Baumbast gefertigte Lendenschurz gegen die Einheitskleidung der Zivilisation ausgetauscht werden. Diese birgt gegenüber der aus harten Naturfasern gefertigten Kleidung der Mentawaier, die regelmäßig neu angefertigt werden kann und damit unabhängig macht, große hygienische Probleme. Die Reinhaltung der saugfähigen Stoffkleidung, deren Herstellung man hier noch nicht beherrscht, ist nämlich ohne die Mitlieferung von Seife kaum zu bewerkstelligen.

Der Besuch größerer Ortschaften ist für diese noch ziemlich ursprünglich lebenden Menschen mit vielen Auflagen verbunden. Sie, die eigentlich temperamentvoll und ausgelassen sind, wirken hier in Sikabaluan und Muara Siberut eher bedrückt und sind heute in der Tat nur noch Zaungäste. Je mehr westliche Einflüsse (Tourismus) nach Mentawai dringen, desto größer wird auch der Abstand zwischen diesen Welten. In den letzten Jahren hat die Verwaltung fremde Besucher nur ungern auf den Mentawai-Inseln zugelassen. Nach deren Meinung paßte das Bild von der „Urbevölkerung" nicht zum Image des aufstrebenden Entwicklungslandes Indonesien.

Erstaunlicherweise war dies noch im vorigen Jahrhundert anders. Wahrscheinlich war damals der Blick für die Faszination eines naturnahen Lebens mehr geschärft. **Sir Stamford Raffles,** der während der napoleonischen Kriege als Gouverneur das englische Zwischenspiel in Niederländisch-Indien leitete, zeigte besonderes Interesse und Zuneigung gegenüber den Mentawaiern und ihrer Kultur. In einem Bericht schrieb er: „Früher neigte ich dazu, ein Buch zu schreiben, um zu beweisen, daß die Niasser das glücklichste Volk der Erde sind. Nun habe ich aber erkennen müssen, daß die Bevölkerung der Mentawai-Inseln noch liebenswerter und wahrscheinlich auch unverdorbener als wir ist." Auch der Berliner Hobby-Ethnologe **Maass** gab seinem Buch über Mentawai, das 1902 erschien, den Titel: „Bei liebenswürdigen Wilden". Bemerkenswert ist, daß die Bezeichnung „Wilde" nur im Titel des Buches erscheint. Das mit sehr viel Einfühlungsvermögen geschriebene Werk spiegelt Sympathie und Respekt des Verfassers vor der Kultur dieser Menschen wider. Da viele Reiseberichte der damaligen Zeit von Uneinsichtigkeit und Chauvinismus durchsetzt waren, ist das Buch von Maass um so erstaunlicher.

Heutzutage beherrscht meist wieder kulturelle Überheblichkeit die Meinung Außenstehender über das Volk der Mentawaier. Um selbst den Einblick in die patrilinearen Gesellschaften auf Siberut zu bekommen, muß man den sich in Mäanderform ins Inselinnere schlängelnden Flüssen folgen.

Die ursprünglich in einer Art Langhaus, dem sogenannten **„uma",** lebenden Gruppen sind in Küstennähe durch Regierungsbeschluß bereits auf Einfamilienhäuser verteilt. Auch in diesen neuen Dörfern beruht das **Zusammenleben in Gruppen,** die ebenfalls „uma" genannt werden, auf einem umfassenden Gleichheitsprinzip. Man kennt auf Siberut weder erbliche Häuptlingswürde noch andere privilegierte oder untergeordnete Rollen. Beschlüsse werden nur nach gemeinschaftlicher Beratung angenommen. In wichtigen Angelegenheiten steht die aus mehreren Familien gebildete Gemeinschaft des „uma" als feste Einheit, die keinen ausschließt, zusammen.

Als eine wichtige Angelegenheit versteht man beispielsweise die Wahl eines **„rimata"** (eine Person, die religiöse Handlungen leitet und Beschlüsse der Dorfgemeinschaft nach außen hin vertritt), den Bau eines „uma", das Roden eines Waldstücks, Epidemien, oder auch das zufällige Umfallen eines Baumes im

Dorfgebiet. In solchen Fällen wird eine Ruheperiode, **„punen"** genannt, eingeleitet, bei der viele alltägliche Arbeiten und Handlungen verboten sind. In dieser Zeit ist das Betreten eines solchen Dorfes, das durch Palmblätter und geflochtene Girlanden besonders gekennzeichnet ist, für Außenstehende – also auch Touristen – untersagt. Bei kleineren, aber ebenfalls wichtigen Ereignissen, die nur eine Familie betreffen, wie beispielsweise Krankheit, Hochzeit, Geburt, Adoption oder auch die Herstellung eines neuen Einbaums, wird ein Familien-Punen (**„lia"** genannt) abgehalten. Wegen der vielen Verbote, die mit solchen Festen verbunden sind, ist es für die Betroffenen nicht leicht, auch gleichzeitig für ihren Lebensunterhalt zu sorgen. Da die Rolle des Vaters hiervon besonders betroffen ist, bemühen sich die jungen Männer, nach Möglichkeit den Status eines rechtmäßig Verheirateten hinauszuzögern, indem sie anfangs eine Art „wilde Ehe" bevorzugen, die noch nicht sakral untermauert ist. Auch diese Lebensweise ist festen Regeln unterworfen: Die mit ihrer Auserwählten in sogenannten **„rusuks"** zusammenlebenden Männer dürfen hier keinen Opferkorb, wie es in Familienhäusern (**„lalep"**) üblich ist, aufstellen. Die Partner sind in dieser Lebensphase noch nicht fest aneinander gebunden. Ist jedoch die reguläre Hochzeit durchgeführt, muß die Ehe monogam bleiben und der neue Hausvater nun seine mit „lia" verbundenen Pflichten erfüllen.

Die „rusuk-Ehen" sind auf Siberut und auch einigen umliegenden Inseln allgemein üblich und gesell-

schaftlich anerkannt. Die Mahlzeiten dürfen von den beiden Partnern erst nach der sakralen Eheschließung gemeinschaftlich eingenommen werden.

Im Vergleich zu den Dayak in Kalimantan und den Toraja in Sulawesi hält sich die materielle **Kultur** der Mentawaier, die wie die beiden anderen indonesischen Volksgruppen zu den Alt-Malaiien zählen, in Grenzen. Dennoch haben sie diesbezüglich einiges zu bieten. Zum Beispiel für das Fertigen ihrer bis zu 12 Meter langen, wunderschön ebenmäßigen Einbäume sind die Bewohner von Mentawai weitgerühmt. Töpferei und Webkunst sind hier hingegen unbekannt.

Die **Landwirtschaft** auf diesen Inseln, die sich eher auf einfache

Nutzungsformen beschränkt, kennt auch keinen Reisanbau. Entlang der durch die häufig über die Ufer tretenden Flüsse mit fruchtbringenden Sedimenten angereicherten Böschungen werden **Sago, Knollenfrüchte, Bananen** und **Kokospalmen** angepflanzt. Auch findet man hier die zur Herstellung von Pfeilgiften benötigten Gewächse. Sago ist nicht nur Hauptnahrung für die Menschen, sondern auch für Schweine und Hühner, die hier als Haustiere gehalten und nur zu besonderen Anlässen geschlachtet werden. Eier werden nur selten gegessen, da aus ihnen wieder vollwertige Tiere heranwachsen. Jagd und Fischfang sorgen jedoch für eine ausreichende Anreicherung der Nahrung mit Protein.

Für Treibjagden benutzt man Hunde, die meist in größeren Stückzahlen das „uma" bevölkern. Als **Jagdwaffen** dienen neben Netzen und Speeren in der Hauptsache Pfeile und Bogen. Die Menschen auf den Mentawai-Inseln sind besonders darauf bedacht, mit ihrer Gemeinschaft und der sie umgebenden Natur in Harmonie zu leben. Dies ist auch der Grund dafür, daß sie sich sowohl bei ihrer Jagdbeute als auch bei den zu schlachtenden Haustieren für ihre Handlungsweise entschuldigen. Ihr religiöses Weltbild mit den dazugehörigen Tabus trägt auch zum Gleichgewicht mit der Natur bei. Ihrem Glauben nach besitzen alle Dinge in ihrer Umgebung eine **Seele.** So müssen sie sich zum Beispiel nach dem Fischen mit giftigen Wurzeln, die die im Wasser lebenden Tiere betäuben sollen, wieder mit dem Fluß versöhnen. Die Mentawaier achten auch die Seele toter Gegenstände wie Steine, Häuser oder Regenbögen. Sie glauben auch, daß ein Mensch stirbt, wenn ihn die Seele verläßt. Deshalb versucht der **Medizinmann** (sikerei), die Seele eines vom Tod bedrohten Menschen mit Hilfe der Angehörigen festzuhalten und den bösen äußeren Einfluß zu vertreiben. Die Trance, so glaubt man, ermöglicht es ihm, in Kontakt mit den überirdischen Kräften zu treten. Abgesehen von persönlicher Anerkennung genießt er keine wirtschaftlichen Vorteile. Auch Frauen können „sikerei" werden.

Die indonesische Verwaltung, die anfangs nur wenig Einsicht in die Kultur der Mentawaier hatte, sah in ihr vorwiegend heidnische Züge und verbot daher auch Ausbildung und Tätigkeit des Medizinmannes. Das Schmücken mit Perlen, das Tragen der traditionellen langen Haartracht, das Tätowieren sowie andere kulturelle Ausdrucksformen wurden als Zeichen von Primitivität gewertet und unter Androhung von Strafe verboten. Auch die Wohnform des „uma" mit seiner großen sozialen Bedeutung wurde nicht mehr zugelassen. Man wollte die Bevölkerung lieber in Küstennähe ansiedeln, wo man sie leicht erreichen und intensiver Entwicklung unterziehen konnte. Viele Gruppen wanderten daraufhin in entlegene Urwaldgebiete ab, um sich dem Einfluß von **Verwaltung** und **Mission** zu entziehen. Letztere hatte schon seit Beginn dieses Jahrhunderts Anstrengungen unternommen, die Arbeit der Medizinmänner zu unterbinden. Aus den Quellen der auf Mentawai arbeitenden Missionen stammten auch die ersten, sehr einseitigen Informationen, die das falsche Bild von diesen Menschen prägten. Da die Bevölkerung von Siberut aber an ihren Traditionen festhielt, konnte die Mission bis zu Beginn des Zweiten Weltkrieges nur ca. 10% der Inselbewohner taufen.

Obwohl man in intellektuellen Kreisen Indonesiens langsam zur Erkenntnis durchdringt, daß eine bedingungslose Nachahmung westlicher Denk- und Lebensweise auf Dauer die kulturelle Vielfalt und damit auch die Identität der Republik kosten wird, setzen rigoroser Holzschlag und in ihrem Erfolg zweifelhafte **Entwicklungsprogramme** das Zerstörungswerk auf den Mentawai-Inseln fort.

Andererseits ist aber auch klar, daß sentimentale und romantische Gefühle den Inseln westlich Sumatras keinen Weg in die Zukunft weisen können; von großer Bedeutung sind hingegen Verständnis und Einsicht in die kulturellen Besonderheiten. Die mit viel Enthusiasmus begonnenen Projekte des World-Wildlife-Fund und Survival International, die Natur und Mensch auf den Mentawai-Inseln eine Chance geben wollten, stießen jedoch auf eine Mauer von Unverständnis. Von dem anfänglich geplanten Naturschutzgebiet, das 100 000 ha umfassen sollte, blieb ebenso wie von der kulturellen Integrität der Mentawaier immer weniger übrig. Breite Schlammpfade, die durch die beim Holzschlag genutzten Planierraupen entstanden, ziehen sich heute durch weite Teile des einst offiziell festgelegten Reservates. Die ersten ihrer Lebensweise entwurzelten Menschen trifft man gegenwärtig schon in den Küstenorten an. Bald wird man sie als Bettler und Arbeitslose in den Straßen Padangs auf der Suche nach der einst schon durch Traditionen gesicherten Zukunft finden.

Die **Schiffsverbindungen** von Padang nach Siberut und den Pagai-Inseln ist sehr unregelmäßig. Die Schiffe vom Pelabuhan Muara sind zu klein und für den Transport von Touristen seit 1977 nicht mehr zugelassen. Vom größeren Hafen Teluk Bayur aus, der einige Kilometer südlich von Padang liegt, fahren größere Schiffe, allerdings sehr unregelmäßig. Auch die Rückfahrt von dort ist ein zeitraubendes Unterfangen; das Warten auf eine Schiffsverbindung kann mehr als zwei Wochen dauern. Hotels sind keine vorhanden, in Muara Siberut gibt es jedoch ein Haus der Wildschutzbehörde, wo man eventuell übernachten kann.

Bengkulu

Bengkulu ist eine der isoliertesten Provinzen Indonesiens. Während der Regenzeit reißen die Überlandverbindungen in die gleichnamige Provinzhauptstadt häufig ab. Die **Stadt Bengkulu** war mehr als 150 Jahre lang in englischem Besitz. 1685 gründeten die Briten hier eine Faktorei, die schon bald durch den Bau eines Forts namens York geschützt werden mußte. Mitte des 18. Jh. gelang es jedoch einer französischen Flotte, viele englische Besitzungen zu zerstören. Erst als der englische Gouverneur Sir Stamford Raffles

1818 den Pfefferhandel wieder aufleben ließ, kam der Ort erneut zu Bedeutung. Auf ihn geht auch die Erbauung des Fort Marlborough zurück, das heute von der Bevölkerung **Benteng Malioboro** genannt wird. Obwohl sich hier, wie auch in anderen alten Festungen des Landes, die Armee einquartiert hat, darf das Fort besichtigt werden. Von den Mauern hat man einen schönen Überblick über den Hafen und die Stadt. Im Innern der Festung findet man noch die Grabsteine ehemaliger englischer Kommandanten. 1824 tauschten die Briten Bengkulu gegen das in niederländischem Besitz befindliche Malakka ein.

Heute ist Bengkulu bei den Indonesiern noch als der Internierungsort des ehemaligen Präsidenten Sukarno bekannt, der im Jahre 1933 als nationaler Widerstandskämpfer für neun Jahre von den Holländern festgesetzt wurde.

Weitere Sehenswürdigkeiten der Stadt sind die schönen Strände in ihrer direkten Umgebung und der **botanische Garten Dendam Taksuda.** An den Ufern des Taksuda-Sees findet man die Vanda Hookeriana, eine Erdorchideenart.

In der Provinz, in der in den letzten Jahren viele Transmigranten aus Java angesiedelt wurden, leben gegenwärtig eine Million Menschen. Es gibt für Touristen hier einiges zu entdecken. Auf dem **Pasemah-Hochland** findet der Individualreisende große steinerne Monumente aus der Bronzezeit. Die genaueren Hintergründe dieses ehemaligen Kultplatzes sind bis heute noch nicht entschlüsselt. Ein großes **Naturschutz-Reservat,** welches sich im Nordwesten von Bengkulu erstreckt, dürfte für die Naturfreunde verlockend sein. Zu dem Naturpark gehört auch der 3 800 Meter hohe **Kerinci-Vulkan.** Das geschützte Gebiet umfaßt eine Fläche von 1 484 600 ha mit einem Höhenunterschied von 50 – 3 800 Meter ü. N. Sumatra zeigt sich hier nicht nur was das Tierleben, sondern auch was die Landschaft betrifft, von seiner wildesten Seite. Leider wird auch dieses Reservat durch spontane illegale Landnahme in seiner Existenz bedroht. Besucher können es von Padang, Jambi und Bengkulu aus betreten. Um die meisten Wege im Reservat befahren zu können, ist Allradantrieb unumgänglich. Für einen Besuch des Reservates ist der Ort Sungai Penuh, den man von Jambi in ca. 22 Stunden erreicht, der günstigste Ausgangspunkt.

Bengkulu läßt sich von Jakarta aus über Palembang mit dem Flugzeug erreichen. Busse gibt es nach Padang, Bukittinggi und Palembang. Ab Lubuk Linggau, das ca. 120 km von Bengkulu entfernt liegt, gibt es auch eine tägliche Nachtzugverbindung nach Palembang.

Jambi

Die von 1,3 Millionen Menschen bevölkerte Provinz Jambi liegt an der Ostküste Sumatras, der Seestraße von Malakka zugewandt. Dieses seit Jahrhunderten bedeutende Schifffahrtsgewässer trug wohl auch dazu bei, daß sich neben einheimischen Völkern auch andere Nationalitäten einfanden. Aus dieser ethnischen Situation heraus entstanden auch hier soziale Spannungen, die dem Außenstehenden jedoch nur selten auffallen werden. Die **Stadt Jambi,** die heute ca. 155 000 Einwohner hat, liegt am Batanghari, dem längsten Fluß Sumatras.

Außer der Möglichkeit der Visa-Verlängerung, einigen Schiffsverbindungen und den dichten Regenwäldern in der Umgebung hat die Stadt selbst nichts zu bieten. Mancher Traveller kommt nur hierher, um eine Bootsverbindung nach Singapore oder Jakarta zu nutzen. Letztere ist insbesondere dann interessant, wenn man mit einem Segelschiff der Bugis fährt, das die Landeshauptstadt in 2–3 Wochen erreicht. Die Schiffe haben meist tropische Hölzer geladen.

Wer dagegen eine Schiffsfahrt auf dem Batanghari machen will, hat dabei die Möglichkeit, ins Gebiet der **Kubus** und anderer nomadisierender Stämme vorzudringen. Da die Verwaltung auf Sumatra für die ursprünglichen Lebensformen dieser einst an die Natur angepaßten Menschen nur wenig Verständnis übrig hatte, kam es zu Ansiedlungsprogrammen, die für die freilebenden Stämme große gesundheitliche Probleme mit sich brachten. Da sie bisher kaum Kontakt mit seßhaften Menschen und deren Krankheiten hatten, wurden sie von Kinderkrankheiten und Tuberkulose hinweggerafft. Der Rest dieses einst weit verbreitet lebenden Stammes ist heute zu 85% seßhaft. Nur ein kleiner Teil hat noch in den Regenwäldern Zuflucht finden können. Es ist wohl verständlich, daß sie jedem Kontakt mit der Zivilisation ausweichen.

Ein deutscher Professor, der sich schon vor Jahrzehnten auf die Suche nach noch ungebunden lebenden Kubus begab, mußte sich zum Schluß seiner Expedition doch mit den Seßhaften begnügen. Extrem zurückgezogen lebend, scheinen die letzten sumatranischen Waldnomaden heute vom Erdboden verschwunden zu sein. Dies ist kein Wunder, denn bis auf ihre Blätterhütten hinterlassen sie im Wald so gut wie keine Spuren. Sie kennen weder den Gebrauch von Eisen noch von Ton. Ihre praktische, spärliche Kleidung fertigen sie auch heute noch zu großen Teilen aus Baumbast. Das eine oder andere „zivilisierte" Kleidungsstück hat sich auch schon bei ihnen eingeschlichen. Stirbt jemand an einer Krankheit oder nur an Altersschwäche, bricht der Stamm das Lager sofort ab und zieht weiter und vermindert mehr oder weniger unbewußt die Gefahr weiterer Ansteckung.

Für die Kubus sind die Pflanzen und Tiere des Waldes nicht nur Freunde, sondern auch Gottheiten. Die Menschen der Provinz Jambi glauben, daß die Kubus in der Tat die Sprache des Waldes und der in ihm verborgenen Lebewesen verstehen. Eines ist sicher – wir haben sie mit Sicherheit verlernt.

Nach Jambi führen **Flüge** von Jakarta, Palembang und Medan. Die Adressen der Fluggesellschaften sind:
Garuda Airlines, Jl. Dr. Wahidin, Jambi, Tel. OT 2 20/2 20 41,
Merpati Airlines, Jl. Damar 55, Jambi.
Busse gibt es nach Palembang, Padang und Bukittinggi.

Riau

Mit 2 Mio. Einwohnern ist Riau zwar nicht die bevölkerungsreichste Provinz Indonesiens, doch große **Ölvorkommen** haben sie wohlhabend gemacht. Die Förderzentren in der Nähe der Provinzhauptstadt Pekanbaru sind durch eine Pipeline mit der Raffinerie in Dumai verbunden. Die Nähe des Finanz- und Handelszentrums Singapore hatte schon immer einen starken Einfluß auf diese Provinz, zu der auch die mehr als 1 000 Inseln vor der Küste zählen. Viele von ihnen sind unbewohnt oder werden nur kurzzeitig von Fischern aufgesucht.

Der weitaus größte Teil der Provinz wird von ausgedehnten Regenwäldern und Mangrovensümpfen bedeckt. Einige Straßen, die Pekanbaru, Dumai, Jambi, Bukittinggi und Padang miteinander verbinden, sind zusammen mit den großen schiffbaren Flüssen Ost-Sumatras hier die einzigen Verkehrswege.

Der im Ausbau befindliche Luftverkehr hat sein Zentrum im Simpang Tiga Airport, der 10 km außerhalb Pekanbarus liegt. Weitere Airstrips liegen in Dumai, Batam und Tanjung Pinang. Obwohl Pekanbaru eine direkte Flugverbindung mit Singapore unterhält, ziehen manche Touristen den Flug mit der Merpati nach Tanjung Pinang vor, um von dort die tägliche Fähre nach dem Inselstaat zu nehmen.

Büroadressen der Fluglinien: Garuda Airlines, Jl. Jend. Sudirman 207, Pekanbaru, Tel. 2 10 26, Merpati Airlines, Jl. Hos. Cokroaminoto 18, Pekanbaru, Tel. 55 85.

Das am Siakfluß gelegene **Pekanbaru** versteckt seinen Reichtum nicht. Die Öl-Dollars sorgten dafür, daß die öffentlichen Gebäude etwas repräsentativer ausfielen, als es normalerweise der Fall ist. Außer einem freundlichen Stadtbild und der Möglichkeit, Einkäufe und administrative Dinge wie beispielsweise Visa-Angelegenheiten zu erledigen, bietet Pekanbaru nicht allzuviel.

In den Wäldern Riaus leben noch verschiedene animistische Stämme, deren Kopfzahl auf 10 000 bis 15 000 geschätzt wird. Die **Sakai**, die wie die Kubu Jambis als Jäger- und Sammlernomaden leben, konzentrieren sich auf die Umgebung von Dumai. Die die dortigen Nutzungsrechte wahrnehmende Ölgesellschaft versuchte, die Sakai im Umkreis der Ölfelder anzusiedeln und sie mit der Zeit als Arbeitskräfte zu gewinnen. Würde in ihren Adern nicht das Blut von Nomaden fließen, wären diese an das extrem feuchte Klima in den Regenwäldern angepaßten Menschen in der Tat die idealen Arbeiter für die sumpfigen Ölfelder geworden. So aber nahmen nur wenige ein Dauerarbeitsverhältnis an.

Ein wichtiges, wenn auch kleines Handelszentrum ist **Tanjung Pinang** auf **Pulau Bintan.** Man erreicht von hier aus Singapore mit dem Schiff in vier Stunden. Die Nähe des Freihafens und das unübersichtliche Gewirr vieler kleiner Inseln sorgen dafür, daß im Gebiet um Tanjung Pinang der Schmuggel blüht. Von Gunung Bintan hat man einen schönen Panoramablick über die Stadt, die zum Teil auf Pfählen ins Meer gebaut ist, sowie auch über die umliegende Inselwelt. Außer schönen Stränden hat Bintan nur wenig Sehenswertes zu bieten. Die unscheinbare Nachbarinsel Penyenget war einst die Hauptstadt des Johore-Riau Sultanats, dessen Machtbereich über den Riau- und Lingga-Archipel, die malaysischen Teilstaaten Johore und Pahang sowie weite Teile Sumatras reichte. Bis auf die Gräber einiger Sultane und die Ruinen ihrer Paläste gibt es nur noch wenig, was auf die frühere Bedeutung Penyengets hinweist. Die Insel, auf der heute nur Malayen leben, hat keine Infrastruktur.

Viele andere Inseln beherbergen noch Reste alter Paläste sowie Grabplätze ihrer einstigen Bewohner. Auf **Pulau Biram Dewa,** etwa 20 km von Tanjung Pinang entfernt, liegen die Überreste eines Palastes, dessen Mauern mit Keramik bestückt sind. Im Volksmund nennt man ihn „Istana Piring" oder auch „Kota Piring".

Wer die äußeren Inseln des Riau-Archipels mit ihren teilweise paradiesischen Stränden kennenlernen will, sollte das Büro der Pelni-Linie in Tanjung Pinang, Jl. Temiang, aufsuchen. Hier gibt's Informationen über bestehende **Schiffsverbindungen.**

Süd-Sumatra und Lampung

Obwohl 75% der indonesischen Ölvorräte auf Sumatra liegen, tragen die Ölfelder der Provinz Süd-Sumatra statistisch gesehen nur einige Prozent zur Landesförderung bei. Der Grund für dieses offensichtlich verzerrte Bild ist das riesige Minas-Ölfeld in Riau, das bis heute bereits 300 Mio. t Erdöl lieferte und laut neueren Untersuchungen weitere 700 Mio. t fassen soll.

Von den mehr als 10 Feldern, die Pertamina, die staatliche indonesische Ölgesellschaft, in Süd-Sumatra nutzt, fördert nur ein einziges mehr als 10 000 t pro Tag. Andere Quellen wie beispielsweise Jatibarang in Nordwest-Java spenden hingegen mehr als 45 000 t täglich. An der Ostküste Süd-Sumatras hofft man jedoch auf weitere Ölfunde.

Die Provinzen Süd-Sumatra und Lampung waren schon zu Zeiten der Kolonialherrschaft Transmigrationsgebiet für Menschen aus dem überbevölkerten Java. Auch heute noch muß der Regenwald weiteren Siedlungsprojekten weichen. Die Forstwirtschaft mit ihrem kommerziellen Holzeinschlag sorgt an vielen Stellen für die weitere Offenlegung des Landes. Die unausweichliche Folge dieser Entwicklung ist, daß es immer häufiger zu unangenehmen Begegnungen zwischen den Tieren des Waldes und den Siedlern kommt. Vom 15. November bis zum 31. Dezember 1982 wurde daher mit einer der größten bisher stattgefundenen Treibaktionen der Versuch gemacht, über 200 Elefanten in ein eigens für sie bestimmtes Reservat von 75 000 ha umzusiedeln. Mit Hilfe von Polizei und Militär gelang es, die Tiere in das für sie sichere Gebiet, das 50 km von Palembang zwischen den Flüssen Air Sugihan und Air Padang liegt, zu treiben. Um das erneute Eindringen von Elefantenherden in benachbarte menschliche Wohngebiete zu verhindern, wurde ein 20 Meter breiter und 23 km langer Wassergraben als Trennlinie geschaffen. Es ist zu hoffen, daß dies nicht der einzige Versuch bleiben wird, den ca. 1700 Elefanten Sumatras das Überleben zu sichern.

Das **Way Kambas Reservat** in der Nähe Sukadenas an der Ostküste, das zu großen Teilen aus Grasland besteht, ist der beste Platz, um die Sumatra-Elefanten zu beobachten; sie sind schon von weitem zu sehen. Die sumpfige Marschlandschaft, die in der Trockenzeit hier unerreichbar bleibt, kann in der Regenzeit mit dem Einbaum befahren werden. Am günstigsten läßt sich das Way Kambas Reservat (way = Fluß) mit dem Boot vom Küstenort Labuhan Meringgi über sein Flußsystem erkunden. Das PPA-Hauptquartier in Tanjung Karang im Süden Lampungs ist für dieses Gebiet zuständig.

Tanjung Karang, wenige Kilometer nördlich von Telukbetung, ist im übrigen der Startpunkt für Touristen, die, aus Java kommend, hier die Durchquerung Sumatras in seiner ganzen Länge beginnen. Hier ist auch der Anfang des Trans Sumatra Highway, von dessen geplanter Gesamtlänge von 2700 Kilometern bisher nur einige Teilstücke fertiggestellt wurden.

Zweimal täglich verkehrt die **Fähre** von und nach Panjang, dem Hafen bei Telukbetung. Für die Fahrt von Merak in West-Java über die Sunda-Straße hierher benötigt sie ca. 5 bis 6 Stunden. Wer zu später Tageszeit in Panjang von der Fähre geht, sollte besser in Telukbetung oder in Tanjung Karang übernachten. Hier besteht eine größere Auswahl an **Unterkünften,** die wohl auch eher unseren Vorstellungen entsprechen.

Da den **Straßen** Sumatras ein schlechter Ruf vorauseilt, ziehen viele Reisende die Fahrt mit dem **Zug** ab Tanjung Karang vor. Die Züge fahren Wagen der 2. oder 3. Klasse und verkehren zweimal täglich in Richtung Palembang, die Provinzhauptstadt Süd-Sumatras. Der Srivijaya-Express ist besser als der Rajabasa, allerdings auch doppelt so teuer. Eine weitere Zugverbindung (nur 3. Klasse) führt von Palembang über Perabumulih nach Lubuk Linggau. Die Zugfahrt nach Palembang dauert etwas über 10 Stunden.

Palembang hat 650 000 Einwohner und soll angeblich in ihrem Ursprung die Hauptstadt des Srivijaya-Reiches gewesen sein. Zu Beginn des 11. Jh. hatte die einstige Weltstadt, die häufig von Händlern aus Ostasien und dem Mittelmeerraum aufgesucht wurde, ihren wirtschaftlichen und kulturellen Höhepunkt. Nachdem ein südindischer Herrscher die Stadt im Jahr 1028 überfallen hatte, verfiel ihr Ruhm zusehends. Anfang des 14. Jh. übernahm nun Malakka die einstige Machtposition der Stadt.

Pfeffer, Holz, handwerkliche Produkte, Zinn und Öl haben Palembang, dessen Bibliotheken und Lehranstalten vom 7. bis zum 12. Jh. das geistige Zentrum Südostasiens darstellten, mittlerweile wieder zu wirtschaftlicher Bedeutung verholfen. Kulturelle Überbleibsel aus der Zeit des Srivijaya-Reiches findet man zum größten Teil nur noch im Museum – das beste ist Rumah Bari –

oder im Brauchtum der Bewohner Palembangs.

Der von einer großen stählernen Brückenkonstruktion überspannte **Musi-Fluß** mit seinem bunten und hektischen Treiben ist einer der interessantesten Orte der Stadt. Sehenswert ist auch der **Pasar Ilir** (Pasar = Markt) 2 km flußabwärts.

Ein altes **holländisches Fort,** das gegen Ende des 18. Jh. erbaut wurde, wird heute – wie so oft in Indonesien – vom Militär genutzt; die Besichtigung des Inneren darf mit Erlaubnis des Kommandanten stattfinden.

Palembang, die zweitgrößte Stadt Sumatras, hat sich zu einem bedeutenden Knotenpunkt des Luft-, Land- und Wasserverkehrs entwickelt und bietet somit gute Bedingungen für die hier angesiedelte Chemie-, Gummi-, Schiffsbau- und Maschinenindustrie sowie für die Erdölraffinerie. Touristen werden sich hier allerdings nicht allzu lange aufhalten.

Der 17 km nördlich der Stadt gelegene Talangbetuhu-Airport bietet **Flüge** von und nach Jakarta, Singapore, Telukbetung, Tanjung Pinang, Pekanbaru, Padang, Medan, Bengkulu, Jambi und anderen Orten. Adressen der Fluggesellschaften: Garuda Airlines, Jl. Kapten Rivai 20, Tel. 2 29 33, 2 20 29, Merpati Airlines, Jl. A. Rivai, Tel. 2 16 04, 2 60 51.

Wer gute **Schiffsverbindungen** sucht, der sollte nach Muntok an die Westküste der Zinn-Insel Bangka fahren. Dort legt u. a. das Pelni-Schiff Tampomas I an, das zwischen Jakarta und Medan (Belawan) verkehrt.

Mit dem Bus durch Sumatra

Jemand, der die ganze Länge Sumatras im Bus durchquert, wird dieses sehr abenteuerliche Erlebnis mit all seinen Schwierigkeiten wohl in etwas überzogener Weise schildern. Reduziert man die Erzählung auf den wirklichen Hergang der Reise, dann verbleiben für eine interessante Berichterstattung immer noch stundenlange Fahrten und Wartezeiten, Hitze, Staub, Kälte, Feuchtigkeit, Schlaglöcher, volle „Spucktüten", enge Sitzplätze, scharfes Essen, Hunger, Durst, Hühner, Ziegen, sture und freundliche Fahrgäste sowie die meist grandiose wildromantische Landschaft Sumatras. In der Regenzeit kommen auch noch Schlamm, sintflutartige Wolkenbrüche sowie weggespülte Straßen und Brücken hinzu. Kaum ein Zuhörer wird sich wirklich vorstellen können, welche Strapazen ein „Busmarathon" durch Sumatra für den Reisenden mit sich bringt.

Dekoration auf einem Schiffssegel.

Die Busse mehrerer privater Gesellschaften führen auf Sumatra den Fernverkehr durch. A. N. S. und A. L. S. sind wohl die empfehlenswertesten Unternehmen. Sie unterhalten verhältnismäßig komfortable Mercedes Benz-Fahrzeuge (gebaut in Indonesien). Ihre Klimaanlagen (soweit vorhanden) sind tagsüber ein Segen und nachts in höhergelegenen und daher kühlen Gegenden eine Qual. Obwohl diese Busse nur selten ausgebucht sind, ist eine rechtzeitige Reservierung empfehlenswert. Die Buchung kann in jedem Ort vorgenommen werden; auch gibt es an den meisten Stationen einen Agenten, bei dem man buchen kann. Gegen Ende des Fastenmonats Ramadan, kurz vor den Lebaran-Festtagen, sind alle Sitze langfristig ausgebucht – ganz Indonesien ist unterwegs.

Wer auf Sicherheit und Fahrkomfort nicht verzichten will, sollte die überalterten und sehr niedrigen Chevrolet-Busse (keine Stehhöhe) meiden. Während der Trockenzeit sind sie meist vom Staub der Fahrpisten erfüllt, der durch die Rostlöcher im Boden ins Innere dringt. Der Fahrgastraum verfügt nur über 2 bis 3 Türen auf der linken Seite und hat durchgehende Bänke. Wer eine schwache Blase hat, sollte sich deshalb nicht unbedingt auf dem äußersten rechten Platz niederlassen... Außerdem sollte man sich bereits vor Fahrtantritt überlegen, wie man seine Extremitäten zusammenfalten könnte: Der Abstand der Holzbänke in den Bussen ist nämlich für die Kniefreiheit der Indonesier und nicht für großwüchsige Touristen konzipiert. Das viele Gepäck tut dann ein übriges. Obwohl die Sitze vorne neben dem Fahrer in der Regel geräumiger sind, dürfte das hautnahe Miterleben riskanter Überholmanöver und mehrerer Beinahe-Zusammenstöße einen rückwärtigen Platz „komfortabler" erscheinen lassen. Über die hitzige und allzu temperamentvolle Fahrweise der Chauffeure braucht man sich jedoch nicht zu wundern, angesichts der Mengen scharfer Speisen, die sie während ihrer 4 bis 5 Essenspausen in den an der Strecke liegenden Padang-Restaurants verzehren. Wenn man nicht nur Wert auf die Sicherheit der „eigenen Haut", sondern auch auf die des Gepäcks legt, sollte man dieses möglichst im Blick behalten. Vor allem die leicht aufzuschlitzenden Nylon-Rucksäcke mit ihren vielen Seitenfächern sind ein Lieblingsobjekt der Taschendiebe. Kann man sie im Bus nicht im Auge behalten, dann sind sie auf dem Dach unter einer Plane meist besser aufgehoben. Erhöhte Aufmerksamkeit ist angezeigt, wenn Passagiere aussteigen oder ein Zwischenstop eingelegt wird. Ständiges Mißtrauen ist allerdings nicht angebracht.

Ein wesentlicher Einflußfaktor für den Verlauf einer Busfahrt ist das Klima. Während der Regenzeit sollte vor allem der Süden Sumatras gemieden werden. In den nördlich des Äquators gelegenen Gebieten Sumatras liegt die Trockenzeit zwischen Mai und September und die Regenzeit zwischen Oktober und März (besonders heftig). Südlich des Äquators herrscht zwischen April und Oktober Trockenzeit und zwischen November bis Februar Regenzeit (besonders heftig).

Kalimantan

Mit einer Fläche von rund 74 000 qkm ist Kalimantan die drittgrößte Insel der Erde. Im Norden liegen die zu Malaysia gehörenden Teilstaaten Sarawak und Sabah sowie das kleine Sultanat Brunei. Auf vielen Karten trägt die Insel noch den Namen „Borneo", der wahrscheinlich vom Namen des Sultanats Brunei abgeleitet wurde. Nachdem Indonesien die Unabhängigkeit erhalten hatte, bekam die Insel ihren ursprünglichen Namen „Kalimantan" zurück.

Gegenwärtig leben ca. 6,5 Mio. Menschen im indonesischen Teil der Insel, der in die Provinzen Zentral-, Ost-, Süd- und West-Kalimantan mit der jeweiligen Hauptstadt Palangka Raya, Samarinda, Banjarmasin und Pontianak unterteilt ist.

Die einzigen Verkehrswege auf der teilweise sehr gebirgigen Insel sind die großen **Flüsse.** Abgesehen von einigen Straßen in der Nähe der Provinzhauptstädte bieten Wasser- und Luftwege die besten Verbindungen. Da das Fliegen für den Großteil der Bevölkerung zu teuer ist, spielt sich der Personen- und Gütertransport hauptsächlich auf den Flüssen ab. Der mehr als 700 km lange **Mahakam,** der bei Samarinda ins Meer mündet, der nach Süden strömende **Barito** und der nach Westen fließende **Kapuas** bilden die größten Flußsysteme der Insel. Ihre Befahrbarkeit wird durch Stromschnellen und in der Trockenzeit durch den niedrigen Wasserstand begrenzt. Der Einfluß der Gezeiten ist in Küstennähe zwar erheblich, stellt aber für die Flußschiffahrt keine Behinderung dar. Um auch durchgehenden Landverkehr zu ermöglichen, ist als großes Zukunftsprojekt ein „Trans-Kalimantan Highway" geplant. Wer die Insel jedoch kennt, wird wissen, welche großen Schwierigkeiten hierbei überwunden werden müssen.

Nicht nur ausgedehnte Sumpfflächen, sondern auch die Bergketten des Inselinnern haben schon den ersten Forschungsreisenden, die im vorigen Jahrhundert nach Borneo kamen, das Leben schwer gemacht. Die einst so undurchdringlichen Regenwälder haben sich seither jedoch schon kräftig gelichtet.

1983 zerstörte eine verheerende Umweltkatastrophe, ein Feuer, 3,75 Mio. Hektar tropischen Regenwaldes. In diesem riesigen Areal, wie auch in den Gebieten, die durch die Kahlschlagstrategie der Holzgesellschaften geschädigt wurden, werden intensive Wiederaufforstungsprogramme den Kampf gegen die Bodenerosion aufnehmen müssen. Bisher waren die Bemühungen auf diesem Sektor nicht ausreichend. Durch das Auswaschen der dünnen Humusschicht aufgrund sintflutartiger Regenfälle, wurden bereits große Flächen unbrauchbar gemacht. Häufig stellt sich in solchen Gebieten das Elefantengras („alang alang") ein, das nur dem Unkundigen das Bild einer grünen, fruchtbaren Landschaft vortäuschen kann. Sein stark verflochtenes Wurzelwerk ist schwer zu entfernen und schließt meist eine weitere Nutzung der Böden aus.

Da Kalimantan keinen Vulkanismus aufweist, ist die Erde hier nicht so fruchtbar wie auf Java oder Bali. Dennoch breitet sich hier ein **grünes Paradies** mit einer umfangreichen Pflanzen- und Tierwelt aus. Der phantastische Reichtum an Baumarten, Blumen, darunter auch Dutzende von Orchideenarten, Lianen und anderen Gewächsen ist geradezu spektakulär.

Daß „Urwald" nicht gleich „Urwald" ist, das kann man hier in den zehn Naturreservaten besonders anschaulich erleben. Neben den lichteren Bergwäldern, den Mangrovengürteln der Küstenregion, den Kerangas oder auch Heidewäldern findet man ausgedehnte Torfwälder, deren Flüsse und Bäche durch den torfigen Boden die Farbe schwarzen Tees angenommen haben. So mancher Regenwald wächst, ähnlich einer Hydrokultur, auch auf wasserdurchtränktem Quarzsand. Die Pflanzenwelt hat hier, unterstützt von einem Heer wiederaufbereitender Pilze, Bakterien und Insekten, ihre eigene Antwort auf die Unfruchtbarkeit der Böden gefunden. Gemüse oder andere Nutzpflanzen könnten hier nur schwerlich gedeihen. Nur das Leben, das sich seiner Umgebung anpaßt, kann hier auf Dauer existieren. Dies trifft auf alle Formen von Leben zu, auch auf die Tierwelt, die hier u. a. durch das Zwergreh, den Orang Utan und andere Affenarten, Hirsche, Bären, Leoparden, Argusfasane, Nashornvögel, Krokodile, Gaviale, Elefanten und Nashörner repräsentiert wird.

In diesem wundervollen Zusammenspiel der Natur ist nur wenig Platz für den Menschen, der versucht, die Umwelt seinen Bedürfnissen anzupassen. Nur die Jäger und Sammler-Völker, die hier nomadisierend durch den Busch streifen, verstehen es, im Einklang mit dieser Umwelt zu leben. Alle anderen zerstören das feinausgewogene Gleichgewicht der Natur. Maßnahmen, wie zum Beispiel der Brandrodungs- und Wanderfeldbau der Dayaks, erlauben dem Regenwald, sich wieder zu erholen und zu regenerieren – allerdings nur, solange sie sich auf kleine Flächen beschränken. In vielen Küstenregionen und auch im Inneren Kalimantans hat man jedoch durch den Einsatz von Maschinen die Möglichkeit einer erneuten Ausbreitung des Regenwaldes auf Dauer zunichte gemacht. Die Pläne, diese Gebiete für Transmigrationsprojekte zu nutzen, dürften wegen der besonders nährstoffarmen Böden nicht sehr zukunftsträchtig sein.

Gegenwärtig leben die meisten Menschen in den städtischen Zentren der Küste, wo hauptsächlich Malaien und Chinesen im Handel eine bedeutende Rolle spielen. Die Dayaks, die Ureinwohner Kalimantans, stellen einen Anteil von 45% der Gesamtbevölkerung dar. Sie leben an den Flußläufen im Inselinneren. Die junge Generation der Dayaks verdingt sich heute beim Holzschlag oder sucht in den Städten ihr Glück. Die meisten von ihnen kommen nicht über Handlangerdienste hinaus. Kinder reicher Eltern, die man bei den Dayaks übrigens auch manchmal finden kann, studieren an den Universitäten des Landes oder sogar Europas Medizin, Ingenieurwesen, Forstwirtschaft und vieles andere mehr. Sie erhoffen sich nach ihrer Ausbildung einen Job im „feinen Anzug". Die Holz- und die Ölwirtschaft, die gegenwärtig die Ökonomie der Insel prägen, haben die meisten Führungsposten noch an „know how" beherrschende Japaner, Amerikaner und Europäer vergeben. Die Regierung wacht jedoch darüber, daß auch die einheimischen Fachkräfte zum Zuge kommen.

Aus ökonomischer Sicht erhält das an Bodenschätzen sehr reiche Kalimantan zur Zeit noch zu wenig Aufmerksamkeit. Steinkohle, Erdöl und in geringem Maße auch Erdgas werden in mehreren Bereichen entlang der Ostküste gefördert. In Balikpapan ist seit geraumer Zeit eine Raffinerie in Betrieb, die für die Rohölverarbeitung sorgt. Während man im Westen Kalimantans durch Gold und Eisenerzgewinnung von sich reden macht, findet man im Süden weitere große Ölvorkommen und sogar Diamanten.

Im Gegensatz zu den malaysischen Teilstaaten Sarawak und Sabah und zu dem unter britischem Protektorat stehenden Sultanat Brunei ist im indonesischen Teil der Insel nur wenig touristische Aktivität

Ein Dayak-Mann mit Blasrohr und „mandau", dem traditionellen Schwert der Dayaks.

zu verspüren. Wer Kalimantan auf dem Fluß bereisen will, braucht in erster Linie viel Zeit – unendlich viel Zeit!

Das tropische **Klima** der Insel unterscheidet eine Regen- und eine Trockenzeit. Von April bis September herrscht zwar die Sonne vor; es kann aber dennoch zu heftigen Tropenschauern kommen. In der Zeit von Oktober bis März wird man sich an die regelmäßige Wiederkehr sintflutartiger Regenfälle gewöhnen müssen. Gerade diese Jahreszeit ist aber die beste Reisezeit für Liebhaber von Schmetterlingen und Orchideen.

Übrigens: Wer die gesamte Insel Borneo kennenlernen will und einen **Grenzwechsel** in die malaysischen Teilstaaten Sarawak und Sabah plant, sollte wissen, daß die Grenze zwischen Kalimantan und Sarawak für Ausländer offiziell gesperrt ist. Die einzige legale Möglichkeit ist die Flugverbindung zwischen **Pontianak** und **Kuching,** die die Merpati zweimal wöchentlich unterhält. Die Grenze zwischen Kalimantan und Sabah ist hingegen offen. Wer auch hier lieber den Luftweg wählt, kann von Tarakan aus nach **Tauwau in Sabah** fliegen. Auch Schiffsverbindungen sind vorhanden. Zwischen **Nunukan** und Tawau verkehrt ein Fährschiff. Die Fahrt dauert eine Nacht.

Die Dayaks

Das Wort Dayak ist eine Sammelbezeichnung für die Inlandstämme Borneos, die sich in ca. 300 verschiedene Gruppen unterteilen. In dem zu Malaysia gehörenden Sarawak sind die **Iban** mit 390 000 Menschen am stärksten vertreten. Auch im nördlichen West- und Zentral-Kalimantan wohnen manche einige Gruppen dieses Stammes. Charakteristisch für den Lebensstil der meisten Dayaks ist ihre Architektur. Sie bauen die sogenannten **Langhäuser,** die ca. 15 m breit und bis zu 150 m lang sein können. Früher, als die junge Generation noch nicht in die Städte auf Arbeitssuche ging, lag die durchschnittliche Bewohnerzahl vieler Langhäuser bei mehr als 1 000 Personen. Die indonesische Regierung betrachtet diese Wohnform als zu wenig zeitgemäß und unterstützt daher schon seit längerer Zeit den Bau von Einfamilienhäusern. In einigen „wissenschaftlichen" Werken wird die soziale Organisationsform der Dayaks als eine Art „Natur- oder Ur-Kommunismus" bezeichnet. Falsch verstanden, rief dies bei der Regierung „allergische Reaktionen" hervor.

Obwohl das Gemeinschaftsleben der Dayaks sehr stark ausgeprägt ist, hat jede Familie ihre eigenen Räumlichkeiten. Hier verbringen sie beispielsweise die Nacht oder bereiten ihre Mahlzeiten. Auf der Rückseite des Langhauses befindet sich meist eine nicht überdachte, aber mehr oder weniger durchgehende Plattform, auf der Wäsche getrocknet oder andere Hausarbeiten verrichtet werden. Der meist an der Flußseite gelegenen und überdachten Veranda kommt die Bedeutung einer Dorfstraße zu: Man flaniert hier hin und her, werkelt an Handarbeiten oder feiert auch Feste. Auf dieser auch „ruai" genannten Plattform geht es besonders in den Abendstunden hoch her, denn einen Grund zum Feiern hat man schnell.

In der Mitte eines Langhauses wohnt der Chef oder auch „tuai rumah": Er wird von den Ältesten der

Siedlung gewählt; sein Amt ist nicht erblich. Tanzt der Tuai Rumah aus der Reihe, ist er seinen Posten schnell wieder los. Während er für die internen und externen Angelegenheiten des Dorfes zuständig ist, kümmert sich der Schamane (Medizinmann) um das geistige und körperliche Wohl seiner Stammesmitglieder sowie um die Einhaltung religiöser Regeln. Während die in der Nähe der großen Flüsse lebenden Dayaks nach außen hin schon christianisiert sind, findet man in den Berggebieten an der Grenze zu Sarawak und Sabah noch animistische Dörfer. Auch in anderen Gebieten gibt es Langhäuser, die teils von animistischen, teils von christlichen oder islamischen Familien bewohnt werden.

Die meisten Langhausgemeinschaften leben heutzutage vom **Pfeffer- und Kautschukanbau.** Auch Jagd und Fischfang tragen zum Lebensunterhalt bei. Am Skrang-Fluß in Sarawak und am Mahakam in Ost-Kalimantan hat der **Tourismus** für eine neue Einkommensquelle gesorgt. Der Besuch bei ehemaligen **Kopfjägern** gilt in manchen Kreisen der westlichen Welt als schick, in anderen wiederum als Aushängeschild für den „Mutigen". Unsere Maßstäbe haben sich heute bereits so weit verschoben, daß sie, auf die Naturvölker übertragen, schnell zu einer Fehlbeurteilung führen. Während beispielsweise der Einsatz von Napalmbomben aus machtpolitischen Gründen von vielen durchaus vertreten wird, betrachtet man die Kopfjagd, deren Ursprünge auf religiösen und weltanschaulichen Motiven basieren, als primitiv und unmenschlich. Es gibt sogar Gelegenheiten, bei denen sich die „Zivilisierten" diese Sitte zunutze machten: nachdem die Kopfjagd auf Borneo bereits aufgegeben worden war, spornten die Briten die Urwaldbevölkerung zur Jagd auf „japanische Köpfe" im Zweiten Weltkrieg an.

Daß die Dayaks, die schon lange keine menschlichen Trophäen mehr sammeln, im Grunde ihrer Seele keine blutrünstigen Wesen sind, kann man schon daran erkennen, daß sie

Dayak-Mädchen in Stammestracht.

vor dem Schlachten eines Haustieres entschuldigende und erklärende Worte an das Opfer richten. Die sozialen und gesellschaftlichen Organisationsformen der Dayakstämme sind teilweise recht unterschiedlich. Während beispielsweise die fröhlichen und offenherzigen Iban ein freiheitlich-demokratisches und sozial hochstehendes Gesellschaftssystem realisiert haben, werden die **Kayan-** und **Kenyah-Stämme** von mächtigen Aristokraten geführt. Die Haltung von Sklaven war bei ihnen in diesem Jahrhundert noch an der Tagesordnung. Sie sind auch für ihre kunstfertigen Holz- und Schmiedearbeiten bekannt, die heute noch auf der ganzen Insel gehandelt werden.

Die Tätowierung der Haut, wie sie früher bei den meisten Stämmen gebräuchlich war, wird heute als unzeitgemäß erachtet und von den Behörden untersagt. Allerdings achtet in den Städten niemand auf die Einhaltung dieses Gesetzes. Hier sind lange Haare (bei den Dayaks verboten) und Tätowierungen wie Anker oder nackte Frauen ein Zeichen der Moderne und somit des Fortschritts.

Wer die Lebensweise der Dayaks hautnah erfahren will, sollte eine Zeit bei ihnen zubringen. Obwohl ihre Gastfreundschaft sprichwörtlich ist, darf man sie nicht überbeanspruchen. Ein nützliches Gastgeschenk (siehe Kapitel über das Asmatgebiet) ist kein Touristenbrauch, sondern eine traditionelle Geste.

<u>Nützliche Hinweise für den Besuch von Langhäusern:</u>
1. Man betrete ein Langhaus nicht wie ein Museum. Drinnen wohnen Leute, die gerne um Erlaubnis ge-

Dayak-Schild.

fragt werden möchten. Die Aufstiegsleiter gehört bereits zum Haus.
2. Beim Betreten eines Langhauses ziehe man seine Schuhe aus. Wer besonders viel guten Willen zeigen möchte, der lege auch die Strümpfe ab.
3. Lehnen Sie niemals den Willkommenstrunk ab. Nehmen Sie einen kleinen Schluck vom „tuak" (Palm- oder Reiswein) und bedanken Sie sich, wenn Sie nichts mehr trinken wollen.
4. Das gleiche gilt auch für angebotene Mahlzeiten.
5. Man nehme Speisen und Getränke mit beiden Händen gleichzeitig entgegen. Eine einzeln ausgestreckte Hand wird als fordernd verstanden.
6. Man necke oder quäle niemals Haustiere! Nach dem Glauben der Dayak könnte dies Überschwemmungen, Fehlernten und andere Katastrophen heraufbeschwören.
7. Langhäuser, die durch weiße Fahnen eine Tabu-Periode kundtun, wünschen keinen fremden Besuch.
8. Geschenke sind direkt in gleichem Wert zu erwidern. Keine Angst! Man bringt Sie nicht in Verlegenheit.

Ost-Kalimantan

Die ca. 20 000 Einwohner zählende Hafenstadt **Balikpapan** ist das wichtigste Ölzentrum an der Ostküste der Insel. Da ein Großteil der indonesischen Ölförderlizenzen an amerikanische Firmen vergeben ist, ist es nicht verwunderlich, daß der US-Dollar hier den Ton angibt. Ausländische Fachleute verdienen hier eine Menge Geld, wie man an den Preisen für den luxuriösen Bedarf der Ausländer unschwer erkennen kann. Die Preise, für „einfache" Indonesier unbezahlbar, sorgen auch dafür, daß man „unter sich" bleibt. Der Reisende, der in Balikpapan das Besondere sucht, muß sich mit dem Kontrast zwischen indonesischem Alltag und der „Ölkultur" begnügen. Aus touristischer Sicht gibt es in Balikpapan jedoch nichts zu erleben.

Der **Sepinggan-Airport** liegt 8 km außerhalb der Stadt. Von hier bestehen **Flugverbindungen** nach Jakarta, Surabaya, auf die Insel Sulawesi und ins Landesinnere. Das 120 km entfernte Samarinda, Ausgangspunkt für Fahrten auf dem Mahakam-Fluß, kann ebenfalls angeflogen werden. Wer Geld sparen will, nimmt den aus Balikpapan kommenden **Bus**, der an der Einfahrt zum Flughafen stoppt, oder fährt mit dem Taxi. Wenn man wissen möchte, wie ein Sekundärwald aussieht oder was Erosion ist, wird man unterwegs anschauliche Beispiele dafür finden. Nach anderthalb- bis zweistündiger Fahrt, die auch an kleinen Siedlungen und Pfeffergärten vorbeiführt, endet die Strecke vorerst in **Loa Janan am Mahakam.** Um nach **Samarinda** zu gelangen, muß man von hier aus die Fahrt mit einer Fähre auf dem Fluß fortsetzen.

Die Provinzhauptstadt Samarinda liegt im Mündungsgebiet des Mahakam, der hier bis zu 4 km breit wird; selbst große Seeschiffe kommen hierher. Daß Samarinda ein Zentrum des Holzhandels ist, kann man an den rötlichen Meranti- und Kerung-Stämmen erkennen, die zusammengebunden auf dem Fluß treiben.

Ihre Weiterverarbeitung findet in den Sägemühlen der Holzgesellschaften statt, die man links und rechts des Flusses bei Samarinda findet. Wer **touristische Informationen** benötigt, kann sich in Samarinda an das Kantor Parawisata in der Jl. Batur 1 wenden.

Derjenige, der nicht so sehr am Besuch Samarindas interessiert ist, sondern lieber gleich eine **Bootsfahrt auf dem Mahakam** beginnen möchte, sollte von Loa Janan aus mit dem Auto ins ca. 30 km flußaufwärts gelegene **Tenggarong** fahren. In dem netten Städtchen stand einst der älteste **Sultanspalast** Indonesiens; inzwischen wurde er zerstört. Die Niederländer bauten 1936 einen Ersatzpalast für den Raja. Da der Fürst zwanzig Frauen hatte, reichte der Platz in seinem neuen Domizil jedoch bald nicht mehr aus. Heute ist hier ein **Museum** untergebracht. Tenggarong liegt am Rande des Kutai-Beckens, in dem der Mahakam ein breites Flußdelta formt. Da der Fluß hier ab und zu Hochwasser führt, sind die meisten Häuser auf Pfählen gebaut.

Von Tenggarong aus fahren viele Boote den Fluß hinauf. Der Fahrpreis richtet sich nach der Schnelligkeit der Fahrzeuge: Die bis zu 60 km/h schnellen Speed-Boote kosten mehr als 100 000 Rp./Tg. und sind für Touristen nicht zu empfehlen. Sie benötigen für die Strecke nach **Muara Muntai,** für die normale Boote 18 bis 20 Stunden brauchen, nur ein Drittel der Zeit. In **Muara Kaman** am rechten Flußufer liegt angeblich das ehemalige Zentrum eines im 4. Jahrhundert n. Chr. durch den Hindukönig Mulawarman gegründeten Reiches. Es soll bis ins 17. Jh. gedauert und mit China und Arabien Handelsbeziehungen gepflegt haben. Etwas weiter, in **Sebulu,** befindet sich eine Rehabilitations-Station für Orang Utans.

Vielseitig und interessant ist das Gebiet um den **Jempang-See.** Die Fahrt dorthin nimmt mit einem sehr langsamen Boot mehr als 2 Tage in Anspruch. Unterwegs kann man, mit etwas Glück, den Süßwasser-Delphinen („Ikan pesut") begegnen, die sowohl im Mahakam als auch im Jempang- und **Semayang-See** leben. Das Seengebiet liegt im Land der **Benuak-Dayaks.**

Ein Zwischenstop auf der Bootsreise ist manchmal der Ort **Tanjung Isuy,** von wo man über das nahegelegene **Melak** das 16 km entfernte **Naturreservat Padang Luwai** erreichen kann. Das Reservat ist für seine über 70 Orchideenarten bekannt, doch die meisten Touristen kommen hierher in der Hoffnung, einen Dayak-Stamm besuchen zu können und vielleicht sogar einmal in einem Langhaus zu übernachten. Die Erlaubnis zum Betreten des Reservates erhält man vom PPA-Büro in Bogor (West-Java).

Melak ist, wie auch Tanjung Isuy, Ausgangspunkt für viele schöne Ausflüge. Ein empfehlenswerter Marsch führt von Melak nach **Barong Tongkok** in südwestlicher Richtung. Dieses idyllische Dorf kann man in 4 Stunden bequem erreichen. Nach einer Übernachtung im Losmen geht es am nächsten Morgen weiter nach **Tering,** das wieder am Mahakam liegt. Für diese Strecke, die an mehreren Dayak-Dörfern vorbeiführt, benötigt man ca. 7 Stunden ohne Besichtigungszeit. In einer weiteren Stunde erreicht man **Longiram,** das auch von Tenggarong aus direkt per Boot in einer 2-Tages-Fahrt angesteuert werden kann.

Wer sich unter dem Mahakam den großen unberührten Urwaldstrom vorstellt, wird von dem bisher Gesehenen vielleicht etwas enttäuscht sein. Auf der bis jetzt zurückgelegten Strecke wird der Fluß am Ufer von Sekundärwald und kleinen Moslem-Siedlungen gesäumt. Sowohl die Holz-Unternehmen als auch die malaiischen Siedler haben hier ihre Spuren hinterlassen. Um ins „Urwaldherz" Borneos vorzudringen, muß man noch weiter flußaufwärts nach Langbagun fahren. Doch auch hier ist noch nicht Endstation, im Gegenteil – hier beginnt erst das richtige Abenteuer.

Zwischen Longbagun und dem nächsten bedeutenden Ort namens **Longpahangai** liegen drei gefährliche Stromschnellen, die umgangen werden müssen. Die hier verwendeten bedeutend kleineren Boote müssen getragen werden. Aufgrund dieser Strapazen und Problemstellung kann eine regelmäßige Bootsverbindung nach Longpahangai nicht aufrecht erhalten werden. Obwohl der Ort nur mit Mühe zu erreichen ist, sind die hier ansässigen Dayaks seit nun schon beinahe 30 Jahren missioniert. Außer den **Bahau-** und den

Chinesen –
Eine starke Minderheit

Während der niederländischen Kolonialherrschaft in Indonesien wurden erstmalig viele Chinesen für die Arbeit in den Plantagen ins Land geholt. Ihr Hang zum Glücksspiel kostete sie häufig den von den Plantagengesellschaften nicht ohne Hintergedanken vorzeitig ausgezahlten Jahreslohn. Auf Jahre hinaus verschuldet, wurden die chinesischen und auch malaiischen Arbeiter, sogenannte Kulis, häufig wie Leibeigene gehalten.

Da der Absatz der kolonialen und europäischen Erzeugnisse eine gut funktionierende Einzelhandelskette erforderte, wurden weitere Chinesen, diesmal wegen ihrer merkantilen Eigenschaften, angeworben. Sie waren in der Tat geborene Händler. Die indonesische Bevölkerung, die, durch Buddhismus, Hinduismus und Islam geprägt, die Forderung von Zins-und Zinseszins als etwas von Gott Verbotenes und Schlechtes ansah, geriet dabei zwangsläufig ins Hintertreffen. Auch der für sie anfangs ungewohnte Umgang mit modernen Zahlungsmitteln sorgte für ein weiteres soziales Ungleichgewicht, das durch die Privilegien, die die im Handel sehr erfolgreichen Chinesen in der niederländischen Klassengesellschaft genossen, noch verstärkt wurde. Es dauerte nicht lange, bis die chinesischen Zuwanderer bei der einheimischen Bevölkerung als ein verlängerter Arm des kolonialen Apparates empfunden wurden. Die gnadenlosen Pfändungsgewohnheiten vieler chinesischer Geldverleiher, die häufig die volle Zustimmung der Kolonialverwaltung fanden, vergrößerten vielerorts die Not der in Geldangelegenheiten noch wenig disziplinierten Menschen.

Während der jahrelangen Bemühungen um die indonesische Unabhängigkeit kam es zu neuen Spannungen zwischen Indonesiern und Chinesen. Letztere, den Niederlanden meist treu ergeben, betrachteten häufig den Freiheitskampf indonesischer Nationalisten mit Skepsis und Ablehnung oder opponierten manchmal sogar dagegen. Ihre damalige Haltung wird ihnen teilweise bis heute noch nicht verziehen.

Chinesischer Unternehmer, um 1890.

Die chinesische Minderheit ist in vieler Hinsicht noch nicht gleichberechtigt. Es ist ihnen untersagt, eigene Parteien, Schulen und Zeitungen zu gründen. Die in Indonesien ansässigen Chinesen, „Tiong Hoa" genannt, dürfen neben der indonesischen keine zweite Staatsangehörigkeit besitzen.

Allerdings ist der Regierung bereits klargeworden, daß sie ohne die Chinesen, die gegenwärtig ca. 3% der Gesamtbevölkerung ausmachen, aber ca. 60% der indonesischen Wirtschaft kontrollieren, nicht mehr auskommt. Die Chinesen arbeiten heute in vielen Bereichen; besonders stark treten sie als Groß- und Einzelhändler, Laden- und Plantagenbesitzer, Handwerker, Bankiers, Ingenieure und Ärzte in Erscheinung. Die Tatsache, daß sie in den Vielvölkerstaat Indonesien auch eine interessante Kultur eingebracht haben, wird meist außer acht gelassen.

Die aus den verschiedensten Gegenden Chinas eingewanderten Volksgruppen haben sich auch in Indonesien je nach Herkunft auf gewisse Provinzen konzentriert. Die aus der Provinz Swatow stammenden **Teochu** leben heute meist in Ost-Sumatra und Riau. Sie haben sich auf Gemüseanbau und Einzelhandel spezialisiert. Das Volk der **Hakka** aus der gebirgigen Provinz Kwangtung arbeitete anfangs bei den niederländischen Minengesellschaften im Bergbau. Heute leben sie als geschickte Händler auf den Zinn-Inseln Bangka und Biliton sowie in West-Java und Kalimantan. Die auf West-Sumatra und den kleinen Sunda-Inseln lebenden **Hokkien**-Chinesen haben sich als Kaufleute besonders hervorgetan. Der Warenfluß in Nusa Tenggara geht zu 90% durch ihre Hände.

Viele Chinesen konnten sich durch Heirat oder Beruf in das indonesische Zusammenleben integrieren. Diese als „Peranakan China" bezeichnete Gruppe entwickelte dabei eigene Sitten und Gebräuche, eine eigene Küche und einen eigenen Dialekt. Es sind jedoch noch nicht alle Gegensätze zwischen Chinesen und Indonesiern ausgeräumt, wie man vor allem an den dem kommunistischen Putschversuch vom 30.9.1965 folgenden Unruhen erkennen kann. Hierbei kamen mehrere hunderttausend Menschen ums Leben, darunter besonders viele Chinesen, denen man kommunistische Agitation und Federführung unterstellte. Viele Überlebende flohen daraufhin ins Ausland. Die Vermutung, daß bei diesem Blutbad auch seit längerem angestauter Haß und Neid ausgelebt wurde, liegt nahe. Der langsam aber sicher ansteigende Lebensstandard der indonesischen Bevölkerung scheint allerdings den negativen Emotionen von einst den Nährboden zu entziehen – hoffentlich auf Dauer.

Modang-Dayaks leben hier auch **Kenyah-Dayaks.** Es ist empfehlenswert, in diesem Gebiet mehrtägige Wanderungen zu unternehmen.

Auf der Weiterfahrt nach Longapari wird man nicht mehr durch Stromschnellen behindert. Während der Trockenzeit kann der Fluß allerdings so wenig Wasser führen, daß der Bootsverkehr eingestellt werden muß. Besondere Vorsicht ist bei Regen angebracht: dann steigt der Mahakam innerhalb weniger Minuten in seinem Oberlauf um mehrere Meter an – vor allem für Nichtschwimmer eine gefährliche Angelegenheit!

In einer ruhigen Minute sollte man sich daran erinnern, daß man sich nördlich von Longpahangai, mehr als 500 km von Ausgangspunkt Tenggarong entfernt, befindet. Es gibt nicht viele Leute, die die Anstrengungen dieser Reise, die im ungünstigsten Fall über einen Monat dauern kann, auf sich nehmen. Die meist noch unversehrte Flußlandschaft am Oberlauf des Mahakam und die vielen Tiere, die unterwegs zu beobachten sind, entschädigen jedoch reichlich für diese Mühe.

Wer besonders verwegen ist, kann eine Durchquerung der Insel wagen, allerdings sollte eine solche Tour auf keinen Fall alleine unternommen werden. Für die Kommunikation mit einheimischen Führern ist es außerdem wichtig, die Bahasa Indonesia zu beherrschen. Nach Überquerung des **Müller-Gebirges** erreicht man, nach zwei Monaten Reisezeit, den Oberlauf des Kapuas.

Um das „echte Borneo" zu erleben, muß man an den Oberlauf eines Flusses fahren: dies gilt nicht nur für den Mahakam. Fährt man zum Beispiel die bei Muara Kaman einmündenden Flüsse hinauf, so stößt man erst nach einer langen Wegstrecke, die über Muara Ancalong nach Muara Wahau auf den Sungai Telen und in die kleinen Seitenarme der Flüsse führt, auf echte Dayak-Dörfer.

In **Muara Ancalong** und Umgebung werden manchmal Angehörige des **Punan-Stammes** gesichtet. Die Menschen dieses nomadisierenden Jäger- und Sammlervolkes sind scheu und halten sich im Dunkel des Regenwaldes auf. Versuche der Regierung, die Punans, die auch noch in anderen Gebieten der Insel leben, zur Seßhaftigkeit zu bewegen, schlugen meistens fehl, und die wenigen, bei denen dieses Vorhaben gelang, wurden schnell von Krankheiten dahingerafft. Die Punan sind noch vollkommen ursprünglich in ihrer Lebensweise und der Regenwald ist ihr Zuhause, deshalb kann man sie als wirkliche Herrscher der Insel betrachten.

Auch von der Insel **Tarakan** aus kann man die an der Küste mündenden Flüsse hinauffahren, um Punans zu begegnen. Die touristische Bedeutung der Ölinsel Tarakan beschränkt sich auf den dortigen Flughafen. Von hier gehen Flüge nach Samarinda und Balikpapan. Pare Pare und Ujung Pandang können per Schiff angesteuert werden. Boote fahren sowohl in das südlich an der Mündung des **Sungai Kayan** gelegene **Tanjung Selor** als auch auf dem Kayan- und dem Berau-Fluß in das Gebiet des Kenyah- und des Kayan-Stammes.

Süd-Kalimantan

Die Provinzhauptstadt Kalimantans, **Banjarmasin,** liegt an der Mündung des **Barito-Flusses.** Da die Stadt von vielen Kanälen durchzogen wird, bezeichnet man sie häufig auch als das „Venedig Kalimantans". Der Besuch des schwimmenden **Kuin-Marktes** lohnt sich besonders am frühen Morgen. Nicht weit von hier liegt die **Pulau Kembang** im Barito-Fluß; sie wird von halbzahmen Affen bevölkert. Deren wildere Artgenossen findet man auf der 5 km entfernten **Pulau Kaget,** die ebenfalls im Barito liegt: In einem 270 ha großen Reservat leben hier die nur auf Borneo vorkommenden Nasenaffen.

Nicht nur die Umgebung Banjarmasins, sondern der ganze Süden Kalimantans ist sehr sumpfig. Die **Orang Banjar** verunsicherten einst als Piraten die mit großflächigen Mangrovenwäldern bestandenen Küsten dieses Gebietes; seit Mitte der fünfziger Jahre haben sie die Piratenflagge jedoch nicht mehr gehißt. Sie sind heute strenge Moslems und viele von ihnen pilgern nach Mekka.

In Süd-Kalimantan werden Diamanten gefunden, und zwar u. a. in der Nähe des Dorfes **Cempaka.** Da man für das Schleifen der Steine noch nicht genug Erfahrung besitzt, werden die meisten Diamanten im Ausland bearbeitet. In den Minen schürfen gegenwärtig mehr als 30 000 Menschen. In vielen Geschäften Banjarmasins gibt es günstig Edel- und Halbedelsteine zu kaufen; wer größere Beträge ausgeben will, sollte sich jedoch mit dieser Materie auskennen. Die unweit von Banjarmasin gelegene Stadt **Martapura** hat einen kleinen Diamanten-Markt.

Die **Monsune** bestimmen das Klima in ganz Süd- und Südostasien. Das Wort „Monsun" kommt von dem arabischen wort „mausim", das „Jahreszeit" bedeutet.
Links unten: Südostmonsun – trocken, weht von Mai bis Oktober.
Rechts unten: Westmonsun – Regen, weht von November bis April.

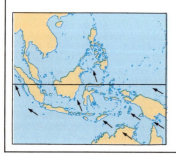
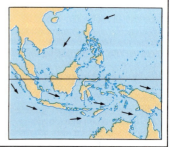

Der Flughafen von Banjarmasin liegt 20 km außerhalb und wird von Jakarta, Semarang und Surabaya aus direkt angeflogen. Auch Tarakan und Balikpapan stehen auf dem Flugplan, wobei letzteres auch auf dem **Landwege** zu erreichen ist. Die Fahrt führt über **Rantau, Barabai** und **Tanjung** nach **Balikpapan.**

Viele interessante Ziele sind über den Barito- und den **Kahayan-Fluß,** die mit ihren Seitenarmen und Querverbindungen ein dichtes Netz bilden, das weit ins Landesinnere führt, zu erreichen. Das Kartenmaterial dieses Gebietes ist jedoch sehr unzuverlässig, und nur erfahrene Flußkapitäne kennen sich hier noch aus.

Zentral-Kalimantan

Die Zentralprovinz bedeckt eine Fläche von 156 610 qkm und hat ca. 850 000 Einwohner. Die touristische Attraktivität dieser Gegend liegt in der kulturellen Vielfalt ihrer Bewohner und in den faszinierenden Naturschönheiten.

Die Provinzhauptstadt Zentral-Kalimantans ist **Palangkaraya.** Unter Sukarno sollte sie einst zur Hauptstadt der Insel ausgebaut werden. Das Prestige-Projekt wurde jedoch nicht zu Ende geführt. Palangkaraya hat ein erstaunlich gut ausgebautes Verkehrsnetz. Die 1960 durch russische Fachkräfte gebaute Autobahn, die nach ca. 35 km im Regenwald endet, wirkt freilich etwas überdimensioniert. Der beste Verkehrsweg nach Zentral-Kalimantan ist der **Barito-Fluß,** der über eine Strecke von 750 km beschiffbar ist. Die Bootsfahrt von Banjarmasin nach Palangkaraya dauert 20 Stunden, bei Benutzung der teuren Speed-Boote nur 6 bis 7 Stunden.
auch mit dem Flugzeug anreisen.

West-Kalimantan

In West-Kalimantan leben fast 2,5 Mio. Menschen, davon ist ein großer Teil chinesischer Abstammung. Sie wurden – teilweise schon zu Beginn des 18. Jh. – für die Arbeit in den Erzminen angeworben. Heute ist die Provinz nach Nord-Sumatra der zweitwichtigste Kautschuk-Produzent. Entlang des **Kapuas,** der mit seinen 1 150 km Länge der längste Fluß Indonesiens ist, liegen viele Kautschuk-Plantagen. Das 820 km von der Flußmündung entfernte Örtchen **Putussibau** kann noch von größeren Schiffen angesteuert werden.

Wer nach West-Kalimantan kommt, wird einen Besuch **Pontianaks,** der größten Stadt Borneos und Provinzhauptstadt, in der Regel nicht auslassen. Pontianak liegt genau auf dem Äquator. Es hat ca. 260 000 Einwohner und wurde im Jahre 1771 von einem Araber namens Syarif Abdur gegründet.

In dem Gebiet nördlich des Kapuas leben noch einige **Iban-Gruppen;** die meisten von ihnen sind jedoch in Sarawak beheimatet. Wegen ihrer Küsten-Raubzüge wurden sie früher auch See-Dayaks genannt. Ausländer können nur per Flugzeug ins benachbarte **Sarawak** reisen: Pro Woche gibt es zwei Flüge von Pontianak nach **Kuching.**

Sulawesi

Nicht nur aufgrund ihrer besonderen landschaftlichen Schönheit, sondern auch wegen der interessanten Kultur ihrer Bewohner, die in kunstvollen Hausbauformen sowie in farbenprächtigen Zeremonien und Festlichkeiten zutage tritt, ist Sulawesi schnell zu einem bekannten Reiseziel in Indonesien geworden. Die Insel ist mit 227 654 qkm und rund 11 Mio. Einwohnern die viertgrößte Insel des Landes. Bei uns wird sie häufig noch unter dem aus portugiesischer Zeit stammenden Namen „Celebes" in den Atlanten geführt. Die seefahrenden Portugiesen waren wohl mehrmals mit den gefürchteten Piraten der Insel in Berührung gekommen und haben sie deswegen „Ponto dos Celebes" (Ort der Berüchtigten) genannt. Die eigenartige und bizarre Form Sulawesis, die wegen der besonderen Anordnung seiner Halbinseln häufig mit einer Orchidee verglichen wird, ergibt eine sehr lange Küstenlinie, die noch Ende des vergangenen Jahrhunderts vielen Piraten Zuflucht bot. Die Insel ist in die Provinzen Nord-, Mittel-, Süd- und Ost-Sulawesi mit den Hauptstädten Manado, Palu, Ujung Pandang und Kendari unterteilt.

Die Infrastruktur, die sich im Aufbaustadium befindet, ermöglicht gegenwärtig noch keine durchgehenden Verkehrsverbindungen über Land. Wer von Ujung Pandang im Süden nach Manaru im Norden fahren will, wird daher nicht umhin kommen, einen Teil der Strecke mit dem Flugzeug oder Schiff zurückzulegen. Bei einigen auf Karten schon eingezeichneten Straßen handelt es sich um zukünftige Projekte, die noch auf ihre Ausführung warten. Nur der Süden mit dem Toraja-Land und die Nordprovinz mit ihren Tauchrevieren sind touristisch und verkehrsmäßig voll erschlossen. Für die seltener besuchte Zentral- und Ostprovinz braucht man viel Zeit und ausreichende indonesische Sprachkenntnisse. Die dortigen Unterkünfte sind auch nur für sportliche Naturen geeignet, denen es mehr um Land und Leute, als um den Komfort geht.

Während die südliche und östliche Provinz deutlich vom trockneren Klima gezeichnet und von Savannen bedeckt sind, findet man im zentralen und nördlichen Teil der Insel große zusammenhängende Regenwaldgebiete. Ihre Vegetation zeigt deutliche Ähnlichkeit mit der der östlichen Inselwelt.

Die Fauna Sulawesis besitzt mit dem Babi Rusa (Hirscheber), Anoa (Zwergrind) und dem schwarzen Makaken, der zwar klein, aber dennoch gorilla-ähnlich ist, drei außergewöhnliche Vertreter, die nur hier vorkommen.

Die den herrlichen Sandstränden vorgelagerten Korallenriffe sind ebenfalls von vielfältigem Leben erfüllt und ziehen besonders im Norden jährlich viele Tauchsportler an. Das Hinterland ist meist bergig. Mit seinen 3 455 m ist der **Rantekombola** die höchste Erhebung der Insel. Während im Süden Sulawesis meist erloschene Krater liegen, findet man den Norden von regem Vulkanismus beherrscht. Geysire, Solfataren und Stratovulkane formen hier das Landschaftsbild. Die Insel wird von einer Vielzahl verschiedenartiger Stämme, wie Bugis, Makassaren, Torajas, Seku, Loinang, Balantak, Minahasa, Mori, Muna, Wana und Toala bewohnt. Während die erst gegen Ende des 19. Jh. entdeckten Toalas noch auf einer „steinzeitlichen" Stufe lebten, befand sich die Mehrzahl der anderen Stämme auf einem neolithisch-bronzezeitlichen Niveau. Die Plastikwelle hat aber mittlerweile auch sie erreicht. Die protomalaiischen Torajas im südwestlichen Teil des Inselzentrums sind neben den Bugis die bekannteste Volksgruppe Sulawesis.

Süd-Sulawesi

Ujung Pandang, die Hauptstadt der Provinz Süd-Sulawesi, ist von Jakarta und Denpasar aus direkt zu erreichen. Täglich gibt es von dort mehrere Flugverbindungen zum Hassanudin Airport, der 20 km außerhalb der Stadt liegt. Als größte und wichtigste Hafen- und Handelsstadt der Insel bietet sie auch gute Schiffsverbindungen nach Kalimantan, auf die Molukken und nach Irian. Ujung Pandang, das als Makassar in die Geschichte einging, erinnert mit den Überresten alter Festungen an seine einst hart umkämpfte Position. Die Stadt, die der Sitz der Fürsten von Goa war, wurde 1667 von dem Niederländer Cornelis Speerman und seiner Flotte erobert. Den ehemaligen Sitz der Goa-Herrscher, den die Holländer in **Fort Rotterdam** umbenannten, kann man noch heute besichtigen. Hier starb übrigens auch Prinz Diponegoro im Exil, der 1825 bis 1830 den Volksaufstand in Java geleitet hatte. Sein Grabmonument findet man in der nach ihm benannten Straße. Das im Fort eingerichtete **Museum** zeigt neben altem chinesischen Porzellan auch einzigartige Musikinstrumente. Eine weitere Festung ist das **Fort Ujung Pandang,** das zu Beginn dieses Jahrhunderts von Sultan Aladdin erbaut wurde.

Die Stadt, die z. Zt. 750 000 Einwohner zählt, dehnte sich in den letzten Jahren explosionsartig aus. Um den aus dem 17./18. Jh. stammenden und im niederländischen Kolonialstil errichteten Stadtkern in der Nähe der Hafenmole liegen neue Viertel, mit breiten Straßenzügen, Hotels und Verwaltungsgebäuden. In der Stadt, auf die sich viele ethnische Volksgruppen der gesamten Insel konzentrieren, überwiegen jedoch Bugis und Makassaren. Typisch für die Bugi-Bevölkerung sind ihre Schoner, die im **Paotere-Hafen** zu Hunderten vor Anker liegen. Mit diesen bis zu 30 m langen und bis zu 12 m breiten Schiffen wird noch ein Großteil des interinsularen Warenverkehrs in Indonesien bewältigt. Ein Wahrzeichen der Stadt ist der in der Nähe des Hafens gelegene über hundert Jahre alte **Leuchtturm.** Sehenswert sind auch der **Orchideengarten** und das dazugehörige **Muschelmuseum** in Jl. Mochtar Lutfi 15a.

In der Umgebung der Stadt liegen weitere touristische Objekte. In **Sungguminasa,** 8 km von Ujung Pandang, gibt es ein Museum, das die Krone der Goa-Könige zeigt. Die Reste des alten **Sultan-Palastes von Goa** sowie einige interessante Gräber aus dieser Zeit sind noch zum Teil erhalten.

Wen es zum Wasser zieht, kann die vor Ujung Pandang gelegenen Inseln besuchen. Um die interessanten, von Touristen noch wenig besuchten Eilande **Lai Lai, Boletambu** und **Samalona** kennenlernen zu können, muß man den Tag früh beginnen. Die Abfahrtstelle der Boote, die meist im Charter verkehren, liegt neben dem **Wisma Ria.** Auf Boletambu kann man hervorragend schnorcheln und auch schwimmen. Für die Bevölkerung der Insel, die vom Fischfang lebt, ist ein Besuch von Fremden ein großes Erlebnis. Auf dem kleinen, kreisrunden Eiland wird man ständig von neugierigen, aber freundlichen Blicken verfolgt.

Auch das Sammeln von Muscheln wird hier schnell zum Volksfest; die Ausbeute ist zwar nicht immer unbeschädigt, aber kaum noch zu tragen. Wer sich an den teilweise faszinierenden Farben und Formen von Muscheln und Meeresschnecken erfreut und diese mit nach Hause nehmen will, sollte allerdings darauf achten, daß er keine lebenden Exemplare erwischt. Der Handel mit Muscheln, die zu einem weit verbreiteten Souvenir geworden sind, ist für manche Arten zu einer akuten Bedrohung geworden.

Der Besuch der Insel **Kayangan** kann auf der Fahrt nach Boletambu als Zwischenstop eingeplant werden. Die dicht bewohnte Insel ist jedoch nicht besonders sehenswert.

Wer Schiffsfahrten lieber vermeidet, kann bei **Barombong,** 20 km südlich von Ujung Pandang, ebenfalls einen schönen Strand finden. Dieser wird jedoch am Wochenende von der Bevölkerung der nahen Stadt stark frequentiert. Über **Maros** erreicht man das 40 km von Ujung Pandang gelegene Naturreservat **Bantimurung.** In der Regenzeit lohnt sich ein Besuch wegen der dann in Massen auftretenden Schmetterlinge besonders. Weitere interessante Besichtigungsobjekte sind die Tropfsteinhöhlen und ein Wasserfall. Wer hier einige Tage verweilen will, findet gute aber einfache Unterkünfte.

Ein angenehmes Höhenklima weist der 800 m über dem Meeresspiegel gelegene Ort **Cikorok** auf. Kleine saubere Gasthäuser verlocken zu einem mehrtägigen Aufenthalt. Zweimal pro Woche findet im nahe gelegenen **Malino** ein Markt statt. Im Süd-Osten der Halbinsel leben noch vereinzelt Gruppen von Jägern und Sammlern mit weddidem Einschlag. Seitens der Regierung versucht man diese teilweise noch nomadisierenden Völker der Toalas seßhaft zu machen. Auf der Fahrt ins Toraja-Land kommt man nach **Pare Pare.** In der Umgebung dieser Hafenstadt, so z. B. auch im Ort **Pallingo,** werden die bereits erwähnten Bugi-Schoner gebaut. Wer übrigens nach Ost-Kalimantan zu reisen gedenkt, bekommt in Pare Pare nahezu täglich eine Schiffsverbindung.

Das Toraja-Land

Man erreicht das Toraja-Hochland, welches 340 km nördlich von Ujung Pandang liegt, gegenwärtig nur in einer 7- bis 10-stündigen Busfahrt. In Zukunft sollen sich jedoch durch einen kleinen Flughafen in der Nähe von Makale die abenteuerlichen Strapazen der Busreise erübrigen. Da die Landschaft unterwegs wirklich grandios ist, sollte entweder die Hin- oder die Rückfahrt bei Tage stattfinden. Tiefe Schluchten, karg bewachsene Berghänge, Reisfelder, Regenwald, mit Nipa-Palmen bewachsene Küstensümpfe und hohe Kegelkarste sind nur ein Teil des abwechslungsreichen Landschaftsbildes, das sich während der Fahrt bietet. Die beiden Zentren des Hochlandes sind **Makale** und **Rantepao**. Letzteres liegt besonders günstig, da man von dort viele Sehenswürdigkeiten zu Fuß erreichen kann. Vom Losmen bis zum einfachen Touristen-Hotel werden dem Besucher die verschiedensten Unterkunftsmöglichkeiten geboten. In der Hauptsaison von Juni bis August sowie im Dezember und Januar kann das Bettenangebot knapp werden.

Von den 700 000 Torajas gehören ca. 50% dem Christentum und 5% dem Islam an. Der Rest folgt der traditionellen Glaubensrichtung des Aluk Tudolo, die auf der Verehrung der Ahnen beruht. Die geschwungenen und mit Bambusschindeln bedeckten Dächer der Toraja-Häuser formen das typische Gesicht der Dörfer, in denen sich die Wohnbauten und Reisspeicher gegenüberliegen. Die Außenwände der Häuser sind meist von kassettenartigen Schnitzereien mit geometrischen Mustern, die in den Farben schwarz, rot, gelb und weiß gehalten sind, bedeckt.

Der Ahnenkult ist das Zentrum des geistigen und kulturellen Lebens der Torajas, das nach ihrer Vorstellung nur im Jenseits (Puya) von Bedeutung ist. Ihr großes Selbstbewußtsein ließ sie die Einflüsse des Buddhismus, Hinduismus, Islams und Christentums zu einer synkretistischen Glaubenswelt verbinden, in der der Schöpfergott Puang Matua zentral steht. Neben der Geburt, an die sich ein Schattendasein schließt, sind Tod und Begräbnis die wichtigsten Ereignisse im Leben der Torajas. Die Zeremonien der Totenfeiern sind genauestens festgelegt. Nach der Einbalsamierung und Einbindung wird der Tote in seinem Hause aufbewahrt. Im Leichnam ist nach Meinung der Torajas noch so lange Leben, bis die letzten religiösen Handlungen, darunter das Schlachten von Büffeln und Schweinen, durchgeführt sind. Je nach seinem sozialen Status in dem nach Adel und niedrigem Volk eingeteilten vielgliedrigen Kastensystem kann sich die Zahl der Opfertiere von einigen wenigen bis auf mehrere hunderte belaufen, deren Fleisch nach traditionellen Richtlinien verteilt wird. Der Verstorbene, der, von den Seelen vieler Opfertiere begleitet, in Puya eintrifft, erhält nach dem Glauben der Torajas dort eine halbgottartige Stellung. Am Ende der in fröhlicher Stimmung gehaltenen Totenfeier, die von Tänzen, Stierkämpfen und gemeinsamen Mahlzeiten geprägt ist, wird der Leichnam in einem Felsengrab, das seiner Familie gehört, beigesetzt. Wenn der Verstorbene dem Toraja-Adel angehörte, wird für ihn eine lebensgroße Holzfigur angefertigt und bekleidet, die der Seele des Toten als Aufenthaltsort dienen und die Lebenden vor bösen Geistern schützen soll. Diese, auch **Tau-Tau** genannten, Figuren werden dann in eine Felsnische unterhalb des Grabes gestellt, von wo sie mit ihren starren, teilweise ausdruckslosen Gesichtern über das weite Land schauen. Die Begräbnisstätten von **Lemo, Londa** und **Kete Kusu** sind wohl die schönsten im Toraja-Land und werden daher auch am häufigsten besucht. Nach der Beisetzung beginnt die eigentliche Trauerperiode, bei der von engsten Familienmitgliedern während 10 Tagen kein Reis verspeist werden darf. Bei allen Festen, bei denen auch der fremde Besucher ein gern gesehener Gast ist, wird reichlich gegessen und getrunken. Was bei uns das Bier ist, ist bei den Torajas der aus der Enau-Palme gewonnene und vergorene Zuckersaft, der in anderen Landesteilen „tuak" und auf Sulawesi „balok" genannt wird.

Wer die Chance hat, einer Toraja-Totenfeier beizuwohnen, sollte seinem Gastgeber eine kleine Aufmerksamkeit (z. B. Tabak, Zigaretten, einige Kilogramm Reis) mitbringen. In diesem Fall ist es keine touristische Untugend sondern Tradition. Bei dem für uns ungewohnten Anblick der Büffelschlachtungen sollten abwertende Äußerungen vermieden werden. Der Tod des Tieres, der hier aus traditionellen Gründen mit einem Schwerthieb oder Lanzenstich herbeigeführt wird, ist das offensichtlich unschöne Ende eines

Mit Büffelhörnern dekorierte Toraja-Häuser. Die Hörner stammen von geopferten Tieren und zeigen den Wohlstand des Hausbesitzers an.

lebenswerten, naturnahen und umhegten Daseins. Der Bolzenschuß in unseren Schlachthöfen ist dagegen nichts anderes als das mit technologischen Mitteln geförderte „zivilisierte Ausklingen" einer rein kommerziellen Tierexistenz, die in ewiger Stallgefangenschaft geschlechtslos dahinvegetierte.

Das Toraja-Hochland ist allein schon wegen der außerordentlichen Schönheit seiner Landschaft die weite Reise wert. Um das Tana Toraja und seine Bewohner nicht nur flüchtig kennenzulernen, bedarf es jedoch mehr als der normal üblichen 3 bis 4 Tage. Gegenwärtig kommen die meisten Touristen von Bali nur zu einem Kurzbesuch hierher. Es ist daher kein Wunder, daß viele kulturelle und landschaftliche Höhepunkte außer acht bleiben. So sollte z. B. der nur selten besuchte Bergort **Batutumonga** unbedingt ins Programm aufgenommen werden. Dieses 20 km von Rantepao gelegene Dorf, welches in 4 bis 5 Stunden Fußmarsch oder 2 Stunden Jeepfahrt über eine steinige Piste erreicht werden kann, bietet besonders in den frühen Morgenstunden einen phantastischen Ausblick auf umliegende Berge und Täler. Das Haus des Lehrers ist hier mittlerweile zu einer Art Touristenherberge geworden. Der mangelnde Komfort wird jedoch durch die freundliche Art des Hausherrn mehr als wett gemacht. Der Ort selbst hat außer seiner wunderschönen Umgebung jedoch nichts zu bieten. Wer von hier vor Sonnenaufgang nach Lokomata in Richtung Westen aufbricht, wird bei günstiger Wetterlage ein Farbschauspiel erleben, das mit dem Sonnenaufgang auf dem Bromo durchaus konkurrieren kann. Wer bis zu diesem Punkt ein kleines Photo-Stativ mitgeschleppt hat, wird für diese Mühe hier sicherlich belohnt.

Der Weg zum 3 km entfernten **Lokomata** führt an einem Tal entlang, dessen Hänge von Reisterrassen und riesigen Monolithen übersät sind. In einem von ihnen sind auch die **Felsengräber** von Lokomata untergebracht. Unweit des riesigen Felsbrockens liegt in einem kleinen Bambushain noch ein alter Opferkreis, der von Menhiren umgeben ist. An den Hängen des Gunung Sesean, der sich rechts der Straße, die weiter nach Pangala führt, erhebt, liegen noch viele traditionelle Toraja-Siedlungen, die nur zu Fuß zu erreichen sind. Von Bambusgehölzen umgeben, kann man sie von weitem nur schwer entdecken. In den Morgen- und Abendstunden sind sie jedoch durch das hölzerne Dröhnen der Reisstampfer genau zu lokalisieren.

Auch in der Umgebung von **Pangala,** welches bereits abseits der touristischen Pfade liegt, gibt es noch viele interessante Toraja-Dörfer, deren Bewohner teilweise wieder zu ihrem ursprünglichen Glauben des Aluk Tudolo zurückgekehrt sind. Von hier aus kann man in einem mehrtägigen Marsch über Awan, Bolokan und Bittuang, das man auch über Makale erreicht, nach Wamasa laufen, oder in einem Tag über Lolai nach Rantepao zurückkehren. Für die Wanderungen ins Gebiet um **Mamasa,** für die übrigens eine Reiseerlaubnis (Surat Jalan) von der Polizei in Bittuang verlangt wird, empfiehlt sich die Mitnahme eines einheimischen Führers. Hier wird im Gegensatz zu Rantepao und Makale kaum noch englisch gesprochen. Auch Losmens und Hotels sind hier nicht mehr vorhanden. Da auch die einheimische Bevölkerung bei der Übernachtung in fremden Dörfern ein Gastgeschenk an das Oberhaupt oder den Ältesten, in dessen Haus sie dann auch in der Regel schlafen, überreicht, denke man selbst, wenn man ähnliches plant, rechtzeitig an die Mitnahme von Tabak, Zigaretten, Reis, Bonbons (hier noch eine „Droge" für Jung und Alt), Batterien oder ähnliches. Man legt die Geschenke am besten mit einer deutlichen Geste etwas abseits des Blickfeldes nieder und wendet sich einem anderen Thema zu. Oder wollen Sie etwa ein „Dankeschön" abwarten? Tun Sie es besser nicht, denn Sie haben den Beschenkten schon genug in Verlegenheit gebracht.

Wer nicht gut zu Fuß ist und mit dem Jeep nach Batutumonga, Lokomata und Pangala fährt, sollte auf dem Wege dorthin das Dorf **Palawa** besuchen. Es liegt kurz hinter der Abzweigung nach Pangala und ist in seiner Art wohl eine der schönsten Dorfanlagen der Torajas. Im Haus des Dorfoberhauptes, das im älteren Teil auf dem Hügel liegt, kann man gegen einen kleinen Unkostenbeitrag übernachten. Wer sich gern über die Webkunst der Torajas informieren möchte, sollte das 4 km nördlich gelegene Weberdorf **Sadan** besuchen. Die Arbeiten sind hier noch um einiges billiger als in den Souvenir-Shops von Rantepao.

Im Süden von Rantepao findet man die bekanntesten touristischen Sehenswürdigkeiten, so z. B. auch die **Felsengräber von Londa,** die noch von vielen hölzernen Ahnenfiguren, sogenannten Tau-Taus, bewacht werden. Wer auf dem Weg nach dem 6 km entfernt liegenden Londa einen Zwischenstop in **Kete Kusu** einlegt, ist gut beraten. Man erreicht das für seine Holzschnitzarbeiten bekannte Dorf nach kurzer Fahrt auf der Straße in Richtung Sullukang. Gleich hinter Kete Kusu ist unter einem Felsüberhang eine Grabstelle zu besichtigen, bei der man sich einer der prachtvollsten Tau-Tau Gruppen des Toraja-Landes bis auf einen Meter nähern kann. Direkt daneben sind noch Reste angeblich vierhundert Jahre alter kunstvoll beschnitzter Holzsärge verstreut. Touristen, die glaubten, sich hier günstig mit Souvenirs (in Londa sogar ganze Tau-Tau Figuren) eindecken zu können, mußten die Ahnengeister des entweihten Platzes mit einem Büffel- und Schweineopfer besänftigen. Eine kleine telegrafische Geldanweisung der Daheimgebliebenen war dabei wohl nicht zu umgehen.

Da die Begräbnisstätten der Torajas Orte der Ahnenverehrung sind, ist wie auf unseren Friedhöfen auch hier ein ruhiges bedächtiges Verhalten durchaus am Platze. So z. B. auch an der bereits erwähnten Begräbnisstätte von Londa, die am Fuße einer steilen Karstwand liegt. Auf einem hölzernen und überdachten Balkon steht auch hier eine schöne Gruppe Tau-Taus. Kinder halten für den Besuch der benachbarten Begräbnishöhle gegen ein kleines Taschengeld Taschen- oder Petroleum-Lampen bereit. In einer kleineren Höhle nebenan liegt ein

Liebespaar begraben, das wegen der unumstößlichen Adatregeln, die eine Heirat zwischen Aristokraten und Bürgerlichen nicht zuließen, Selbstmord beging. Im Schatten eines überhängenden Felsdachs liegen alte, schön bearbeitete Holzsärge. Sie sind besser erhalten als die vom Grabplatz in Kete-Kusu. Während der Nachmittagsstunden ist es besonders günstig, in Londa zu photographieren. **Lemo,** 5 km weiter links der Straße von Makale, ist wohl die bekannteste und am meisten photographierte Begräbnisstätte im Tana Toraja. In einer 60 bis 70 m hohen Felswand sind viele Galerien aus dem Stein gehauen. In ihnen stehen mehrere, nahezu lebensgroße Ahnenfiguren, die – in starrer Haltung und Gestik verharrend – teilweise jedoch sehr lebendig wirken. Dieser, wie auch die anderen bereits aufgeführten Begräbnisplätze werden bis auf den heutigen Tag noch genutzt. Man erkennt dies im übrigen auch an den neuen Grabhöhlen, die noch in langwieriger Arbeit aus dem Fels gehauen werden. Wer etwas Zeit mit nach Lemo gebracht hat, sollte in der Umgebung der Grabstelle auf Entdeckungsreise gehen. Riesige Kegelkarste, schön angelegte Reisfelder, bizarre Felswände und idyllisch gelegene Dörfer formen ein traumhaftes Landschaftsbild. Hier werden nicht nur die Hobby-Photographen auf ihre Kosten kommen.

Wem es im Tana Toraja nach einem kühlen Bade gelüstet, der sollte nach dem 10 km südöstlich von Rantepao gelegenen **Tilanga** fahren, wo ein natürlicher Swimmingpool zum Plantschen einlädt. Das Felsbecken wird durch einen sauberen Bergbach gespeist. Auf dem Wege nach Tilanga kommt man am Dorfe **Sullukang** vorbei. Obwohl das Dorf über viele sehenswerte Objekte wie Menhire, Ahnenfiguren und Grabhöhlen verfügt, wird es eigenartigerweise nur selten von Fremden aufgesucht. Auch der „rante", ein großer Festplatz, der bei großen Fürstenbegräbnissen benutzt wird, ist nur wenig bekannt. Wer Rantepao in Richtung Makale verläßt, wird kurz hinter dem Ortsausgang links der Straße eine große Anzahl provisorisch, aber dennoch sehr farbenfroh ausgestatteter Toraja-Häuser entdecken. Sie dienen zur Unterbringung mehrerer tausend Gäste. Besondere Beachtung sollten die riesigen Menhire in der Mitte des schön gelegenen Festplatzes erhalten. Ihr hohes Alter konnte noch nicht genau bestimmt werden. Wer das Toraja-Land in Richtung **Palopo** verläßt, kommt an ausgedehnten Bambus- und Fichtenwäldern vorbei. Auch in dieser Region gibt es noch Toraja-Kultur zu erleben.

Makele, größer und geschäftiger als Rantepao, ist ebenfalls eine gute Basis für einen Aufenthalt im Toraja-Land. Es wird besonders von den großen Reiseveranstaltern wegen seiner besseren Unterbringungsmöglichkeiten bevorzugt. In Makale findet ein bunter, sehenswerter Markt statt, der jedoch nicht mehr so ursprünglich ist, wie der Pasar in Rantepao. Markttag gibt es in beiden Orten alle sechs Tage. **Buntukalando,** zwischen Makale und Sangalla, besitzt einen Königspalast und ebenfalls einen Rante (Festplatz). Einige Familien, die noch etwas von der traditionellen Webkunst verstehen, zeigen gerne ihr Können. Weitere, wenn auch wenig bekannte Paläste findet man auf einem Berg bei Kandora (5 km von Makale) als auch 8 km südlich von Mengendek. Die dort gelegenen Ruinen von Puan Marinding werden wie viele andere bauliche Überbleibsel aus vergangener Zeit von der Bevölkerung in der Dämmerung gemieden. Touristen bleiben jedoch meist nur wegen des weiten Weges fern. Wer das Toraja-Land auf „Schusters Rappen" erkundet hat, kann seinen Füßen in den heißen Quellen von Makula, in der Nähe Buntukalandos, verdiente Erholung bieten.

Südost-Sulawesi

Die Südost-Provinz wäre nicht so bekannt, würde hier nicht der Kendari-Gold- und Silberschmuck gefertigt werden. Experten meinen, daß die hiesigen Silberschmiede ihre Kollegen in Yogyakarta noch bei weitem an Fingerfertigkeit übertreffen. Filigranwerk aus Silberfäden, welches in seiner Feinheit beinahe dem Gewebe einer Spinne gleicht, versetzt einheimische wie auch fremde Besucher immer wieder in Staunen. Dennoch hat das Kendari-Silber, das in der gleichnamigen Provinzhauptstadt gefertigt wird, bei uns eigenartigerweise nur wenig Bekanntheit erlangt.

Einer der wirtschaftlichen Eckpfeiler der Provinz ist die Landwirtschaft, deren Leistungsfähigkeit auf der Fruchtbarkeit der Böden beruht. Da jedoch auch hier das trockenere australische Klima Einfluß nimmt, muß mit verminderten Niederschlägen gerechnet werden. Eine überregionale wirtschaftliche Bedeutung hat die Nickelgewinnung, die gegenwärtig von Amerikanern und Japanern betrieben wird.

Der Tourismus steckt noch in den Anfängen. Die große kulturelle Vielfalt dieser Region wird jedoch auf diesem Sektor eine Entwicklung in Gang bringen. Neben den verschiedenen Volksgruppen im Innern der Halbinsel verdienen besonders die **Bajau,** auch See-Zigeuner genannt, unsere Aufmerksamkeit. Die Bajau leben vom, mit und auf dem Meer und haben nur wenig mit dem Land zu tun. Sie unterscheiden sich von anderen Volksgruppen durch ihre Lebensweise und verwandte Samal-Dialekte. Die Anzahl der Bajau wird auf ca. 35 000 bis 40 000 Personen geschätzt, die in Dörfern der südlichen Philippinen, Nordost-Borneos, Nord- und Ost-Sulawesis, sowie in weiten Teilen Ost-Indonesiens leben. Man findet ihre Siedlungen in der Südost-Provinz Sulawesis meist an entlegenen Küstenstrichen oder in der direkten Umgebung von Bugis-Dörfern. Am Bone-Golf, in den Seestraßen von Butung und Tioro, an den Küsten der Insel Wowoni, sogar in der Kendari Bay und bis hinauf zur Salabangka-Insel trifft man ihre Pfahldörfer und Boote an. Ganz gleich, ob ihre Siedlung aus einer Ansammlung von Booten oder einer Gruppe strohgedeckter Pfahlbauten besteht, ihre ganz dem Meer verhaftete Lebensweise unterscheidet sie deutlich von den Festlandbewohnern der gleichen Küsten. So essen sie z. B. nur Fisch und Gemüse, da das Fleisch der Landtiere als unrein angesehen wird. Einen Teil ihres

Fangs müssen sie daher gegen landwirtschaftliche Produkte eintauschen. Die Handelsbeziehungen mit den Bewohnern der Küste waren aber nicht immer so problemlos wie heute. Obwohl die Bajau nominell Moslems sind, werden sie von ihren Nachbarn als Heiden betrachtet.

Die Regierung ist heute nach Kräften bemüht, die Bajau seßhaft zu machen. Ihr Alltag läuft dennoch meist nicht nach dem Kalender, sondern nach den Mondphasen ab. In welchem Jahr man lebt oder wie alt man ist, ist vielen Bajau noch unbekannt. Alles richtet sich nach den vom Meer vorgeschriebenen Erfordernissen, die dem nach der Uhr lebenden Europäer sehr eigenartig vorkommen dürften. Werden Fischschwärme gesichet oder vermutet, erwachen die Dörfer, egal zu welcher Tageszeit, zum Leben.

Kendari, die Hauptstadt der Südost-Provinz, zu erreichen, ist gegenwärtig kein Problem mehr, da Merpati und Garuda viele Verbindungsmöglichkeiten anbieten. Täglich führen Flüge von Jakarta oder Surabaya über Ujung Pandang hierher. Von Bone in Süd-Sulawesi oder auch von Palopo gibt es Fährverbindungen nach Kolaka. Von dort verkehren Busse nach Kendari.

Zentral-Sulawesi

Palu, die Hauptstadt Zentral-Sulawesis, kann von Ujung Pandang aus regelmäßig mit Merpati Airlines angeflogen werden. Touristen sind in dieser 43 000 Einwohner zählenden Stadt gegenwärtig noch eine Seltenheit. Die, die dennoch herkommen, nutzen Palu als eine Zwischenstation auf dem Wege nach Manado oder Poso (Flugverbindung), oder suchen eine Schiffsverbindung nach Kalimantan.

Die meisten Besucher kommen wegen des **Danau Poso** (Poso-See) in das Zentrum der Insel. Vom Toraja-Land kommend kann man über Palopo und Wotu, wo eine neue Straße gerade fertiggestellt ist, nach Pendolo an das Südende des Sees gelangen. Dieser von Regenwald umgebene 1 400 Meter tiefe See liegt im Herzen eines Gebietes, das ebenfalls von Torajas bewohnt wird. Ihre kulturellen Ausdrucksformen unterscheiden sich jedoch deutlich von den Toraja-Gruppen Süd-Sulawesis. In der Umgebung des Sees lassen sich schöne Wanderungen unternehmen. In den dichten Urwäldern kann man hier dem Babirussa, einer speziellen Wildschweinart Sulawesis, und mit etwas Glück auch dem bereits sehr selten gewordenen Anoa, einem Zwergbüffel, begegnen. Von Pendolo besteht eine regelmäßige Bootsverbindung nach Tentena am Nordende des Sees und umgekehrt. Von Tentena kann man in einer dreistündigen Busfahrt die 60 km nach Poso zurücklegen.

Drei weitere Seen im Südosten des Inselzentrums sind ebenfalls einen Besuch wert. Der **Matana-, Towuti-** und **Mahalona-See** sind am leichtesten von Malili an der Bone Bay zu erreichen. Da die Landverbindungen nach Malili sehr schlecht sind, empfiehlt sich die Schiffsverbindung von Palopo (ca. 8 Stunden) oder Wotu. Hier findet man auch die Hauptbasis einer großen Minengesellschaft, die in

Soroako am Matana-See Nickel abbaut. Soroako verfügt mittlerweile über eine Flugpiste, die von der Merpati jedoch meist nur im Charter angeflogen wird. Die meisten Fahrzeuge, die zwischen dem Matana- und dem Towuti-See verkehren, gehören der Minengesellschaft. Wer also den Towuti-See, den größten See Sulawesis, besuchen will, wird sich, wenn er nicht laufen will, um eine Mitfahrgelegenheit kümmern müssen.

Die ausländischen Mitarbeiter der Minengesellschaften vermitteln dem Neuankömmling den Eindruck, daß in dieser Region ein Touristenboom herrscht. In Wirklichkeit ist dieses Seengebiet sehr abgelegen. In seiner weiteren Umgebung leben noch Gruppen proto-malaiischer Urvölker. Es ist nur wenig über sie bekannt. Man weiß aber, daß die Zahl der traditionell lebenden Stämme durch äußere Einflüsse hier ständig abnimmt. So hat auch das Leben der Tobela, die nordöstlich von Malili und um den Matana-See leben, viel von seiner Ursprünglichkeit eingebüßt. Dennoch lohnt sich der Besuch dieses Gebietes.

An dem Mangel an Unterbringungsmöglichkeiten hat sich seither in diesem Areal noch nicht allzuviel verändert. Für manchen Amerikaner der Minengesellschaft ist ein Reisender aus der „Zivilisation" jedoch eine willkommene Abwechslung.

Nord-Sulawesi

Die kleinste der vier Inselprovinzen Sulawesis hat eine Landfläche von 25 786 qkm und ist in die Distrikte Minahasa, Bolaang Mongondow, Gorontalo und Sangir-Talaud-Inseln unterteilt. Letztere unterscheiden sich auf kultureller Ebene deutlich vom Festland. Die Provinz erstreckt sich über einen Teil der nördlichen Halbinsel, die hier meist nur 50 km breit, aber mehr als 500 km lang ist.

Das schöne und abwechslungsreiche Nord-Sulawesi bietet für jeden etwas: Fauchende Vulkane, heiße Quellen, weiße, schier unendliche Sandstrände, grüne und blaue Seen, unerforschte Regenwälder mit einzigartiger Tierwelt, eine freundliche offenherzige Bevölkerung, deren buntes Brauchtum besonders bei Festlichkeiten zutage tritt, und die mittlerweile weltweit bekannten Unterwassergärten von Bunaken, Manado Tua, Mantehage und Siladen sind nur ein kleiner Teil der touristischen Möglichkeiten. In internationalen Tauchsportkreisen ist Sulawesi Utara schon lange kein unbeschriebenes Blatt mehr. Der Nusantara Diving Club sowie andere neu gegründete **Tauchstationen** verzeichnen in der ganzen Welt Interesse. Es versteht sich daher von selbst, daß die Unterwasserwelt hier auch verschärfter Schutzmaßnahmen bedarf. Eigenständiges Tauchen ist beispielsweise genehmigungspflichtig. Neben den tauchsportbegeisterten Franzosen kommen gegenwärtig auch Japaner und sogar Australier, die zu Hause das einzigartige Great-Barrier-Reef „vor der Nase" haben, zur Ausübung ihres Hobbys nach **Manado.**

Die Stadt ist nicht nur Hauptstadt, sondern auch das wirtschaftliche Zentrum der Provinz. Sie macht einen netten, aufgeräumten Eindruck und es scheint, als seien hier

Armut und soziale Unterschiede – im Gegensatz zu anderen Teilen der Republik – aus der Welt geschafft.

Als größter Kopra-Produzent Indonesiens (monatlich ca. 17 000 bis 19 000 t) und bedeutender Gewürznelkenlieferant konnte Nord-Sulawesi auch eine eigenständige industrielle Entwicklung finanzieren.

Der größte Teil der Bevölkerung ist christlichen Glaubens und westlichem Lebensstil und Gedankengut gegenüber recht aufgeschlossen. Westliche Mode hat die traditionelle Kleidung weitestgehend verdrängt. In ihr spiegelt sich ein Teil der manadonesischen Wesensart wider, für die vor allem die hiesigen Frauen in ganz Indonesien bekannt sind. In der „Hitliste" für empfehlenswerte Ehepartnerinnen stehen die Mädchen aus Manado an zweiter Stelle, direkt hinter ihren Konkurrentinnen aus Solo. Die Qualitäten der Ehemänner stehen anscheinend auch hier nicht zur Diskussion.

Die ersten Kontakte zu Europa hatte Nord-Sulawesi im 16. Jahrhundert. Die Portugiesen, gefolgt von den auf den Philippinen operierenden Spaniern, führten bei dem hiesigen Stamm der Minahasa den Katholizismus ein. Doch schon bald, nachdem die Holländer Ende des 18. Jh. im Norden der Insel Fuß gefaßt hatten, machte sich der protestantische Einfluß breit und sorgte dafür, daß der größte Teil der Bevölkerung zur neuen Religion überwechselte. Die Zusammenarbeit zwischen den Minahasa und den Kolonialherren entwickelte sich so gut, daß sich erstere nach der Unabhängigkeit Indonesiens anfangs nur mit Mühe an die Zugehörigkeit zur Republik gewöhnen konnten. Als es Ende der fünfziger Jahre in Nord-Sumatra zu Aufständen gegen die Zentralregierung kam, schloß sich auch die Nordprovinz Sulawesis an. Bomben auf die Hauptstadt Manado dienten Jakarta als Warnung gegenüber den Abtrünnigen.

Heute leben rund 200 000 Menschen in der Stadt. Während in anderen Orten Sulawesis nach Sonnenuntergang das Leben zur Ruhe kommt, entfaltet sich in den Straßen Manados ein buntes und geselliges Treiben. Ausgezeichnete China- und Seafood-Restaurants laden zu einem preiswerten kulinarischen Bummel ein. Abgesehen von ihrer fröhlichen und angenehmen Atmosphäre hat die Stadt nur wenige Besonderheiten zu bieten.

Es gibt verschiedene Möglichkeiten, nach Manado zu gelangen. Eine wichtige ist der direkte Anschluß an das indonesische Flugnetz. Verbindungen bestehen von Jakarta oder Surabaya über Ujung Pandang oder auch von Balikpapan und Banjarmasin nach Manado. Obwohl die Stadt offiziell auch als „gateway" von und nach den Philippinen gilt, fehlt es hier gegenwärtig noch an Verbindungen. Bouraq und Merpati fliegen nur bei Bedarf nach Davao im Südosten Mindanaos. Da die Marcos-Regierung der zum größten Teil katholischen Philippinen auf dieser großen südlichen Insel schon jahrelang einen Krieg gegen separatistische Moslem-Rebellen führt, steht sie den Verkehrsverbindungen mit den islamischen Nachbarstaaten Indonesien und Malaysia verhältnismäßig mißtrauisch gegenüber. Von dort unterstützen islamische Gruppierungen ihre aufständigen Glaubensgenossen mit Waffen. In der Regel werden diese aber von Borneo und Sulawesi durch Kopra- und Fischerboote ins Land geschmuggelt. Der Schiffsverkehr in den Territorialgewässern der südlichen Philippinen erfährt durch die dortigen Behörden besonders scharfe Kontrollen. Der als Abenteuer-Reise geplante inoffizielle Grenzwechsel mit Schmugglerbooten kann daher nur allzu schnell mit einem „Meditationsaufenthalt" in philippinischer Untersuchungshaft enden. Weitere **Flugverbindungen** führen von Manado nach Gorontalo an die Südküste der Halbinsel, auf die Sangir Talaud-Inseln und 2 mal wöchentlich auch nach Ternate in die Nord-Molukken. Der Hafen Bitung östlich von Manado bietet Schiffsverbindungen nach Java, Kalimantan, in die Nord-Molukken und nach Irian.

Auskünfte über Preise und Abfahrtszeiten erteilen in **Bitung:**
Pelni Lines, Jl. Suprapto, Tel. 23 71;
Sriwijaya Lines, Jl. Kol. Soegijono, Tel. 29 41;
Gesuri Lloyd, Jl. Tikala 1, Tel. 26 67.
Busse, die zwischen Manado und dem Hafen Bitung verkehren, benötigen ca. 1 Stunde; Bemos brauchen etwas länger. Abfahrtsort für Busse und Bemos ist der Busterminal am Jenkie Market in Manado.

Viele lohnenswerte Ausflüge führen in die nähere und weitere Umgebung der Provinzhauptstadt. Der Bergort **Tomohon** hat ein angenehmes, luftiges Höhenklima. Viele preisgünstige Losmens verlocken zu längerem Aufenthalt. Die Besteigung des im Hintergrund der Ortschaft thronenden aktiven Lokon-Vulkans ist von hier kein Problem. Da Vulkane auch Giftgasschwaden abgeben, empfiehlt sich für unkundige Personen die Begleitung eines ortskundigen Führers. Der Vulkanismus ist auch die Ursache für die vielen heißen Quellen dieses Gebietes. Die bekanntesten Thermalgewässer liegen wenige Kilometer von Tomohon entfernt in Kinilow und Lahendong. Die hohe Temperatur des Erdinnern, die hier teilweise bis an die Oberfläche reicht, wird in Nord-Sulawesi zur Zeit versuchsweise zur Energiegewinnung genutzt. Bei diesen geothermischen Projekten wird der durch Einleiten von Wasser in den glühendheißen Untergrund entstehende Wasserdampf zum Antrieb von Turbinen verwendet.

In **Tara Tara,** 30 km südlich von Manado, wird die Tanzkunst der Minahasa gepflegt und weiterentwickelt. Jeden Sonntagnachmittag um 15 Uhr finden hier Folkloredarbietungen mit teilweise mehr als zweihundert Tänzern und Musikanten statt. Gezeigt wird neben dem Maengket der Cakalele, ein Kriegstanz, den es auch auf den Molukken gibt. Eine für Nord-Sulawesi typische Kolintang-Band, deren Instrumente aus Bambus bestehen, tritt ebenfalls auf. In den Tänzen und den klangvollen Vibrationen des Bambus treten mehr als 400 Jahre Geschichte der Minahasa anschaulich zutage. Gegen Bezahlung kann das Dorfoberhaupt von Tara Tara auch während der Woche kleinere Darbietungen improvisieren lassen.

Auf der Suche nach der Kultur der Minahasa stößt man hauptsächlich auf Tanzaufführungen und Sarkophage aus vergangenen Jahrhunderten. Die besonders geformten Steinsärge haben einen quadratischen Grundriß und einen Deckel, der an das Dach eines chinesischen Tempels erinnert. In ihnen wurden die Verstorbenen zusammen mit Waffen, Schmuck und altem chinesischem Porzellan in sitzender Position beigesetzt. Die schönsten dieser sogenannten „warugas" findet man in Airmadidi. In Kema und Sawangan stehen weniger gut erhaltene Exemplare. Obwohl die Minahasa die Warugas als den Wohnsitz ihrer Ahnengeister ansahen, konnten einige der Versuchung nicht widerstehen und raubten sie aus. Heute noch werden die Gräber, in denen meist adlige Personen beigesetzt wurden, von der Bevölkerung verehrt.

Das sehenswerte Provinz-Museum in Manado, Jl. Ki Hajar Dewantara, zeigt interessante Stücke des alten Minahasa-Erbes sowie auch seltene Objekte aus portugiesischer, spanischer und niederländischer Kolonialzeit.

Eine große Bedeutung für das Volk der Minahasa hat der Ort **Pinabetengan,** 50 km von Manado, im Tompaso Distrikt. Auf einem Steinblock, wenige Kilometer außerhalb der Ortschaft, wurden mysteriöse Schriftzeichen und Texte gefunden, die bisher noch nicht entziffert werden konnten. Nach Aussage alter Überlieferungen markiert der Batu (Stein) von Pinabetengan die Stelle, an der die Urväter der Minahasa ihren Landbesitz an ihre Nachkommen verteilten, um für den Norden Sulawesis den Frieden zu sichern. Sie schieden ihr Volk dabei in folgende 8 Stämme: Tombulu, Tounsawang, Tonsea, Ponosaken, Toulour, Bantik, Pasan-Ratahan und Tountamboan.

Daß sich das Volk der Minahasa nicht besonders an der kolonialen Beherrschung durch die Niederlande störte, wurde bereits erwähnt. Dennoch liegen in Sulawesi utara zwei der bekanntesten indonesischen **Freiheitskämpfer** begraben. Sie starben hier jedoch beide im Exil. Einer von ihnen war Imam Bonjol, der den Widerstand in West-Sumatra leitete. Nach beinahe dreißigjährigem Kampf verstarb er 1837 im Exilort Pineleng, 8 km von Manado entfernt. Sein Sarkophag hat die für West-Sumatra typische Form eines Minangkabau-Hauses. In Kampung Jawa liegt der javanische Nationalheld Kiay Mojo begraben, dessen Gefolgschaft mit ins Exil ging. Man findet das Dorf, dessen Einwohner noch Abkömmlinge des Freiheitskämpfers und seiner Mannen sein sollen, in der Nähe von Tondano. Kiays Todestag wird jährlich im Kampung Jawa in festlicher Weise gedacht.

Eines der bekanntesten Feste, das Schaulustige aus dem In- und Ausland anzieht, ist das von den Chinesen Nord-Sulawesis gefeierte Toa Peh Kong-Fest, das auf das 14. Jahrhundert zurückgeht. Bei diesem spektatkulären Ereignis werden neben Umzügen auch Tänze, Theater und traditionelle Selbstverteidigung vorgeführt. Es findet jährlich Mitte Februar, zwei Wochen nach dem chinesischen Neujahrsfest, statt. Hotelreservierung ist ratsam.

Von der Periode kolonialer Eroberungen blieben meist nur steinerne Reste zurück. Während man in Kema die Ruinen eines portugiesischen Forts aus dem 16. Jh. findet, trifft man in Kawarukan auf Spuren der Niederländer. Um viele diese Orte ranken sich mehr oder weniger alte Legenden. So beispielsweise auch um den bereits erwähnten Ort **Airmadidi** (air mendidi = kochendes Wasser). Er war angeblich der Badeplatz von neun Engeln, die in Vollmondnächten zum Planschen hierherkamen. Einem von ihnen wurden, wie so häufig, von einem Unhold die Kleider gestohlen. Der Engel mußte daraufhin in Airmadidi sein Dasein als Erdenbürger fristen. Seither führen die Bewohner dieses Ortes ihre Abstammung auf himmlischen Ursprung zurück.

Auch am 600 Meter hoch gelegenen **Tondano-See** wissen sich die Menschen noch viele ähnliche Geschichten zu erzählen. Dieses ca. 30 km südlich von Manado gelegene Gewässer läßt sich über Tomohon bequem mit dem Bus erreichen. In einigen Orten an dem in hügelige Landschaft eingebetteten See sind Losmens vorhanden. Eris und Tandengan sind richtige Touristen-Gebiete, die von der einheimischen Bevölkerung meist an Wochenenden aufgesucht werden. Zum Baden und Schwimmen fährt man aber besser ans Meer. Bei Tanawangko und Tombariri, ca. 18 km von Manado entfernt, liegt der „weiße Sandstrand" von **Tasik Ria**. Dieser bekannte Wochenenderholungsort Manados bietet neben einer Bootsvermietung auch die Möglichkeit zum Wasserski.

In der Nähe der Hafenstadt Bitung liegt das **Naturreservat Tangkoko Batuangus**, dessen Besuch Naturfreunden wärmstens empfohlen werden muß. Eine schriftliche Erlaubnis des PPA (Perlindungan dan Pengawetan Alam = Naturschutzbehörde), dessen Büro sich in Manado befindet, ist ohne weiteres zu erhalten.

Wegen der starken Tierpopulation wird der geduldige Beobachter mit Sicherheit interessante Begegnungen erleben. Anoas, Nashornvögel, schwarze Makaken, Maleos, Hirsche, Wildschweine und Beuteltiere sind nur ein kleiner Teil der einzigartigen Fauna dieses Parks. Leider wird dieses Reservat, wie auch viele andere Reservate Indonesiens, durch illegale Landgewinnung in seinem Bestand bedroht. Auch der Schutz der Korallengärten läßt an vielen Stellen noch zu wünschen übrig. Da sich Sporttaucher weltweit als Naturschützer hervorgetan haben, sollten sie auch hier nicht zögern, eventuell beobachtetes Zerstörungswerk mündlich oder schriftlich dem PPA-Büro in Manado oder der Hauptstelle in Bogor (am besten gleich beiden) mitzuteilen. Anschrift des PPA in Bogor:
PPA – Direktorat Perlindungan dan Pengawetan Alam, Jl. Juanda 9, Bogor, West-Java.

Kurzbeschreibung der bekanntesten Tauchreviere Nord-Sulawesis

Ort	Tauch-bedingungen	Unterwasser-Fauna	Temperatur/Strömung	Bemerkungen
Bunaken (Insel)	Riff bis zu 90 m tief; Weitsicht bis 50 m.	Verschiedenartiger Korallenbewuchs; unzählige Korallenfischarten; Karet-Schildkröten; Hochseefische.	±24°C; schwach bis mittelstark.	Bewohnte Insel; ideal zum Schwimmen; Westseite mit Mangroven bewachsen; ca. 30 Min. Anfahrt von Malalayang/Manado.
Manado tua (Insel)	Riff bis 60 m tief; Weitsicht 40 bis 50 m; Korallen-bewuchs zeigt teilweise große Lücken.	Fischpopulation ist nicht so verschiedenartig wie vor Bunaken.	±25°C; schwach bis gering.	Bewohnte Insel; erloschener Vulkan; von einer Anhöhe aus phantastische Sicht über Inseln und Festland; Meer in Strandnähe zu flach zum Schwimmen, Verletzungsgefahr durch scharfe Korallen; ca. 35 Min. Anfahrt.
Mantehage (Insel)	Riffbildung weniger ausgeprägt; Weitsicht 35 bis 45 m.	Haie, Barakudas, Delphine und andere Großfische.	±24°C; gering.	Küste mit starkem Mangrovenbewuchs; Seezigeunerdorf (Bajau); lange Anfahrt (ca. 75 Min.).
Bitung	Offenes Wasser; Weitsicht max. 12 m.	Thunfische, Haie und Delphine.	18–23°C; mittelstark.	Japanisches Wrack in 35 m Tiefe; nur für Taucher mit Erfahrung im offenen Wasser geeignet.
Pantai selatan	Leicht abfallender Meeresboden; Weitsicht 25 bis 30 m.	Thunfische, Haie, Delphine, einige Korallenfischarten.	20–23°C; mittelstark.	Sehr gut geeignet für Tauchanfänger; gut für Sportangler.

Kontaktadresse für weitere Informationen: Nusantara Diving Club, Malalayang, I.P.O. Box 15, Manado/Sulawesi utara.

In diesem Hauptbüro des PPA, das links vom Haupteingang des botanischen Gartens liegt, kann auch die Erlaubnis für einen Besuch von Naturreservaten eingeholt werden.

Da von Nord-Sulawesi keine Straßenverbindung in den zentralen Teil der Insel führt, kommen nur wenige Reisende nach Gorontalo, um von hier mittels Schiff oder Flugzeug nach Poso auf der anderen Seite des Teluk Tomini zu gelangen. Von Manado kann man mit dem Bus über die von einem koreanischen Bauunternehmen angelegte Straße an der Nordküste entlang nach Inobonto, Maelang und Kwandang nach Gorontalo fahren. Wer es nicht eilig hat, sollte vom verschlafenen Küstenort Inobonto, dessen Name deutliche Verwandtschaft mit der Tagalog-Sprache der Philippinen aufweist, einen Ausflug in die Distrikt-Stadt **Kotamobagu** machen. Die Straße dorthin führt am Mongondow-Fluß entlang, der dem Distrikt Bolaang Mongondow seinen Namen gab. Die kurvenreiche Strecke führt durch ein waldreiches Gebiet in die Berge.

Durch die Höhenlage hat Kotamobagu ein angenehmes Klima. Viele Ausflugsmöglichkeiten, so z. B. in das 5 km entfernte Dorf Bilalang oder zum nahen Danau Moat, in dessen Nähe ein schwefliger Vulkankrater liegt, lassen die Zeit hier nicht lang werden. Losmens sind ausreichend vorhanden. Die vielen Moscheen in diesem Gebiet zeigen, daß hier wiederum der islamische Bevölkerungsanteil überwiegt. Auch die Fischerdörfer in der Umgebung von **Inobonto** sind alle streng moslemisch. Besucher anderen Glaubens sind hier dennoch gerne gesehen. Reisende, die auf den Molukken ihre Vorliebe für die Ruinen alter Forts entdeckt haben, sollten in Bintuna (nahe Inobonto) die Reste einer alten portugiesischen Festung nicht unbesucht lassen.

Gorontalo ist in der Regenzeit auf dem Landwege häufig nur unter Schwierigkeiten zu erreichen. Besonders die 70 km lange Strecke von Kwandang, die am Limboto-See entlangführt, ist dann manchmal schwer passierbar. Wegen der Seltenheit ausländischen Besuches sieht die Polizei von Gorontalo es gerne, wenn man sich persönlich vorstellen kommt. Wenn man länger zu bleiben gedenkt, empfiehlt sich hier die Eigeninitiative. Wer auf Flüge oder Schiffsverbindungen von Gorontalo aus wartet, sollte sein Domizil am Limboto-See einnehmen. Vom 11 km entfernten Dahawalolo hat man wohl den schönsten Ausblick über das große Gewässer. Hier, wie auch in Utapato und Batudia, befinden sich Thermalquellen. Die Tagestemperaturen wecken hier jedoch eher das Bedürfnis nach Abkühlung.

Sehenswürdigkeiten in der direkten Umgebung Gorontalas gibt es – bis auf den Limboto-See – nicht allzu viele. Erwähnenswert wären beispielsweise noch die Orte Tapa und Kota Utara, in denen die handgewebte Kerawang-Kleidung hergestellt wird. Auch das Otanaha-Fort in Kota Barat ist nicht uninteressant. Die Könige von Gorontalo, die mehr

Probleme mit den Kolonialherren hatten als ihre nördlichen Nachbarn, die Minahasa, verbarrikadierten sich hier gegen die Holländer.

Nebenbei: Niemand sollte die Provinz Nord-Sulawesi verlassen, ohne eine der drei kulinarischen Spezialitäten dieser Region probiert zu haben. Für Moslems sind diese „Leckerbissen", die übrigens nicht gerade billig sind, verboten. Es sind:
tikus utan goreng – gebratene Waldratte,
lawa pangang – geschmorte Fledermaus,
gulei anjing – gewürztes Hundefleisch.
Wem die Auswahl schwer fällt, der nehme am besten von jedem etwas...

Es ist ratsam, sich nach dem genauen Datum der Gewürznelkenernte zu erkundigen. In dieser Zeit erfährt nämlich das öffentliche Leben einige Störungen. Beinahe jeder ist dann mit dem Auflesen der aromatischen Früchte des Cengkeh-Baumes beschäftigt. Nicht nur einige Hotels, Läden und Büros, auch die Schulen feiern dann „erntefrei".

Auskünfte über **Schiffsverbindungen** ab Gorontalo erteilen folgende Büros in Gorontalo:
Surya Ship Co., Jl. Hati Mulia 3/34;
Sriwijaya Lines, Jl. Hati Mulia 3/34;
Gapsu Lines, Jl. Pertivi 5.

Flugverbindungen erfährt man bei:
Bouraqu Airlines, Jl. Jend. A. Yani;
Merpati Airlines, Jl. Jend. A. Yani;
beide in Gorontalo.

Auskünfte über die Provinz Nord-Sulawesi erteilt das North Sulawesi Regional Tourist-Office, Jl. Martadinata 11, Manado.

Sangir-Talaud-Inseln

Die zwei Inselgruppen Sangir (auch Sangihe geschrieben) und Talaud erstrecken sich im äußersten Norden des indonesischen Archipels an der Grenze zu den Philippinen. Der Distrikt umfaßt 77 Inseln, wovon 56 bewohnt sind, und bedeckt ein Gebiet von 32 000 qkm Meeres- und 2 273 qkm Landoberfläche. Die Bevölkerung, rund 250 000 Menschen (zu 90% Christen), weist eine faszinierende Vielfalt von Sitten und Gebräuchen auf.

Die Hauptinseln der Sangihe-Gruppe sind Sangir Besar, Siau, Biaro und Tagulandang. Die Talaud-Gruppe besteht aus den Hauptinseln Karakelang, Salibabu, Nanusa, Kabaruan, Miangas und vielen kleinen Eilanden. Die Hauptstadt der Sangir-Talaud-Inseln ist **Tahuna** auf **Sangir Besar.** Die nördlichste Insel von Sangir-Talaud liegt nur runde 150 km von der großen Philippinen-Insel Mindanao entfernt. Legale Verbindungen dorthin gibt es von diesem kleinen Archipel jedoch keine. Losmens sind in Tahuna vorhanden. Der Flughafen **Naha** liegt 21 km außerhalb der Stadt und hat Verbindung mit Manado. Reger Schiffsverkehr herrscht zwischen Tahuna und dem Hafen Bitung.

Die Molukken

Die Molukken erstrecken sich über eine Landfläche von 87 100 qkm, das Territorialgewässer umfaßt 763 911 qkm. Die 999 großen und kleinen, bewohnten und unbewohnten Inseln der Molukken machen nur ca. 4% der Landmasse Indonesiens aus. Zusammen mit Sulawesi bilden sie eine Übergangszone zwischen euro-asiatischer und australasiatischer Fauna und Flora. Im Norden werden sie von den Philippinen, im Westen von der beinahe 5 000 m tiefen Molukken-See und Sulawesi, im Süden von den kleinen Sunda-Inseln und Australien sowie im Osten von Neuguinea eingegrenzt.

Die Molukken, deren Provinzhauptstadt Ambon ist, sind in drei Verwaltungsbezirke unterteilt: Die Nord-Molukken (Maluku Utara) umfassen die Hauptinseln Halmahera, Morotai, Tidore, Ternate, Bacan, Sula und Obi; die Zentral-Molukken (Maluku Tengah) bestehen aus Ceram, Banda, Ambon und Buru und die Südost-Molukken (Maluku Tenggara) werden aus den Hauptinseln Wetar, Babar, Tanimbar, Kai und Aru gebildet. Die meisten von ihnen haben einen gebirgigen Charakter. Auf Ceram und Halmahera erreichen die Erhebungen Höhen von bis zu 3 000 Metern. Besonders auf den Nord-Molukken sind viele Inseln vulkanischen Ursprungs. Viele ihrer Gebiete besitzen ein angenehmes Seeklima, dessen Temperaturen in der Trockenzeit von September bis März von 24 bis 29 °C variieren. Während der Regenzeit, von April bis August, liegen die Temperaturen zwischen 19 und 22 °C. Da in dieser Zeit der Seegang sehr rauh ist und der interinsulare Bootsverkehr nahezu ruht, sollte man die Molukken besser in der Zeit von September bis März besuchen.

Der Archipel, der ein Bindeglied zwischen malaiisch-asiatischer und melanesisch-ozeanischer Kultur darstellt, ist für viele Ethnologen und Anthropologen von großem Interesse. Neben den dunkelhäutigen altmalaiischen Alfuren, die Urbevölkerung dieser Inselwelt, gibt es noch zugewanderte jungmalaiische Bevölkerungsgruppen, die heller pigmentiert sind. Auch Spanier, Portugiesen und Niederländer ließen hier nicht nur ihre Namen zurück. Die Molukken, die heute eine durchschnittliche Bevölkerungsdichte von nur 13 Ew./qkm aufweisen, werden gegenwärtig von ca. 1 250 000 Menschen bewohnt. Während man auf den Nord-Molukken und in den Küstenregionen der Zentral-Molukken meist auf moslemische Bevölkerung trifft, ist der südöstliche Teil des Archipels größtenteils christianisiert. Auf Ambon sind beide Religionen nahezu gleich stark vertreten. Hier regelt ein Adat-System, „pela" genannt, das Zusammenleben.

Die **verkehrstechnische Isolation** vieler Molukken-Inseln läßt sie bis auf den heutigen Tag ihren besondern exotischen Reiz bewahren. Obwohl die Zahl der ausländischen Besucher ständig steigt, kann man aber noch nicht von einem Tourismus auf den Molukken sprechen. Touristik-Fachleute sagen der Inselwelt, soweit sie demnächst über die angeblich so nötige Infrastruktur verfügen wird, eine große Zukunft im sogenannten „Marine Tourism" voraus. In der Tat sind viele riffumringte Vulkan- und Koralleninseln von wunderschönen und unberührten Unterwassergärten umgeben. Solange man aber drei bis sieben Tage der meist ohnehin sehr knapp bemessenen Urlaubszeit für die Erledigung der speziell auf den Molukken erforderlichen Einreise-Formalitäten (surat jalan = Reiseerlaubnis) und für das Abwarten von Schiffs- und Flugverbindungen opfern muß, werden diese Inseln weiterhin nur den Typus des unermüdlichen Individual-Touristen anziehen.

Mißtrauen und manchmal sogar Ablehnung gegenüber Fremden seitens Polizei und Verwaltung haben schon so manchen Urlauber voreilig nach Java oder Bali zurückkehren lassen. Wer jedoch die kleinen Unannehmlichkeiten des Alltags zu nehmen weiß, wird mit den Molukken ein faszinierendes Inselreich kennenlernen.

Seine Wirtschaft ruht heute weniger auf dem **Gewürzanbau,** der diesen Archipel einst in den Mittelpunkt europäisch-kolonialen Interesses rückte; die ehemals auch „Gewürzinseln" genannten Molukken gründen ihre Wirtschaft heute vorwiegend auf Fischerei, Viehzucht, Kopra-, Kakao-und Sagoanbau. Die Ausfuhr von Gewürznelken, Muskatnüssen, Pfeffer und Zimt ging bereits im vorigen Jahrhundert zurück. Vom erbitterten Machtkampf zwischen Spaniern, Portugiesen, Engländern und der niederländischen Vereinigten Ostindischen Compagnie (VOC) um das Gewürzmonopol zeugen heute noch die Reste vieler Forts, sogenannter Bentengs. Diese Überbleibsel, von denen die interessantesten auf Ambon, Saparua, Bandaneira, Ternate und Tidore gelegen sind, ziehen heute bereits viele historisch interessierte Reisende an.

Die Kolonial-Geschichte der Molukken hatte noch in den siebziger Jahren unseres Jahrhunderts ein unerwartetes Nachspiel. Die nach der gescheiterten Errichtung der von Indonesien unabhängigen Republik Maluku Selatan (Republik Süd-Molukken) in die Niederlande evakuierten Molukker, welche meist Angehörige der Kolonialarmee und Polizei waren, wurden dort entgegen ihren Erwartungen in den Zivilstand versetzt. Nachdem die anfänglichen Versprechungen der Niederlande, sich auch weiter um die Bildung eines unabhängigen Staates zu kümmern, nicht gehalten wurden, kam es zu gewaltsamen Protestaktionen dieser Minderheit, die nicht mit einem Dauerexil gerechnet hatte. Zugentführungen und Geiselnahmen waren der vorläufig letzte Akt dieses spätkolonialen Dramas. Obwohl die Exilmolukker heute in mehrere Richtungsgruppen zersplittert sind, werden die Integrations-Bemühungen seitens der niederländischen Regierung den Traum von einem unabhängigen Molukken-Staat vorerst noch nicht auslöschen können.

Die Zentral-Molukken

Die Landfläche der Zentral-Molukken beträgt 37 701 qkm, die Territorialgewässer umfassen 265 316 qkm.

Besonders in dieser Provinz spielte sich der jahrhundertlange Kampf europäischer Handelsnationen um das Gewürzmonopol ab. Er forderte nicht nur viele Menschenopfer bei den Eroberern, sondern hauptsächlich unter der Zivilbevölkerung. Auf manchen Inseln, wie z. B. den Bandas, wurde sie nahezu vollständig ermordet. Von diesem unerbittlichen Machtkampf zeugen allein auf Ambon mehr als vierzig Ruinen alter Befestigungen. Das Geld, das nach einem alten kolonialen Sprichwort auf den Molukken im wahrsten Sinne des Wortes aus den Bäumen geschüttelt werden konnte, brachte bald Zwietracht und Korruption unter die neuen Herrscher. Nur mit Schwierigkeiten konnte die Kolonialverwaltung dem aufflackernden molukkischen Widerstand, der sich auf Ternate und die Inseln um Ambon konzentrierte, begegnen. Da aber Kaffee, Tee und Kakao den Gewürzen im Welthandel allmählich den Rang abliefen, schwand Ende des 18. Jahrhunderts auch das Interesse an den Gewürzinseln. Die Molukken versanken bis zum Zweiten Weltkrieg in eine Art wirtschaftlichen Dornröschenschlafs.

Das Gebiet der Zentral-Molukken, das heute von seiner Distrikthauptstadt Masohi auf Ceram verwaltet wird, ist in 17 Unterbezirke eingeteilt. Den gegenwärtig ca. 500 000 Ew. steht ein Bupati voran.

Ambon – Stadt und Insel

Der Tourist, der seine Reise durch die Molukken auf der viel besungenen Insel Ambon beginnt, findet hier bereits viele landschaftliche und geschichtliche Sehenswürdigkeiten. Historiker sehen im portugiesischen Wort „apon", das „Plantage" bedeutet, den Ursprung des Namens Ambon. In der Tat war diese Insel eine der ersten in den Molukken, die die Portugiesen in ihren Besitz brachten und als Plantage nutzten. Die Entstehung der Stadt Ambon geht ebenfalls auf portugiesischen Einfluß zurück. Im Jahr 1577 gründeten diese dort ein Fort namens Kota Laha, das nach der Eroberung durch die nachdrängende Handelsmacht der Niederlande in **Fort Victoria** umbenannt wurde. Seine großen dunklen Mauern, die in der Nähe des Hafens, Jl. Slamet Riady, die Szenerie beherrschen, verdeutlichen die großen Anstrengungen, mit welchen die Europäer im 16. Jahrhundert diese Insel zu verteidigen gedachten. Da sich in diesem „benteng" heute eine Militärkaserne befindet, wird auf die Einhaltung eines Photographierverbotes am Hafen streng geachtet. Seitens der militärischen Führung hat man noch nicht erkannt, daß beim Photographieren vom Tiahahu Denkmal, das auf einem Berg liegt, außer den Mauern des Forts auch unweigerlich das Innenleben der Kaserne aufs Bild kommt. Wem aber seine Filmrollen lieb sind, der hält sich besser an die Regeln. Allerdings kann man mit etwas Glück für das Fort Victoria von der Militärverwaltung eine Besuchs- und Photographiererlaubnis bekommen. Diese sollte aber aus Gründen der Zeitersparnis zusammen mit der Besuchserlaubnis für andere Molukken-Inseln angefragt werden.

Die **Stadt Ambon,** die gegenwärtig ca. 85 000 Einwohner zählt, hat den Status einer autonomen Provinzhauptstadt. Der Reiz der Stadt liegt im wesentlichen in ihrer schönen Lage. Von dem auf einem Hügel des Stadtteils Karang Panjang gelegenen Denkmal der Freiheitskämpferin Martha Christina Tiahahu hat man vor allem in der Abenddämmerung einen phantastischen Panoramablick über die beleuchtete Stadt und die Ambon-Bay. Martha Christina, die den Kampf ihres Vaters gegen die niederländische Kolonialherrschaft unterstützte, verstarb während eines Gefangenen-Transports nach Java. Ein weiteres Denkmal, das an den unermüdlichen Freiheitskampf der molukkischen Bevölkerung erinnert, ist das von Thomas Matulessy, auch Kapitän Pattimura genannt. Am 5. März 1817 eroberte er mit seinen Mitstreitern das Fort Duurstede auf der kleinen, östlich von Ambon gelegenen Insel Saparua. Durch den Verrat eines der dortigen Rajas geriet er jedoch in einen Hinterhalt und wurde gefangengenommen. Zu den seiner Hinrichtung beiwohnenden Niederländern sagte er: „Ich wünsche Ihnen einen angenehmen Verbleib!"

Wer mehr über die Geschichte der Molukken erfahren will, sollte das auf dem Taman Makmur Hügel gelegene **Siwa Lima Museum** besuchen. Es zeigt neben historischen auch ethnographische Objekte aus allen Teilen des Molukken-Archipels. Eine weitere Sehenswürdigkeit der Stadt Ambon ist das Touristendorf

in **Karang Panjang.** An Wochenenden (bei rechtzeitiger Anmeldung auch während der Woche) werden dort folkloristische Tänze und traditionelles Handwerk vorgeführt. Außerdem gibt es in der großzügigen Anlage neben verschiedenen Pflanzen anderer indonesischer Inseln auch einige typische Spezies der molukkischen Flora zu bewundern. Besonders die Orchideen-Freunde wird es interessieren, daß sie hier auf einige endemische Arten ihrer Lieblingsgewächse treffen werden.

Der ca. 50 Kilometer außerhalb gelegene **Flughafen Laha** ist der Mittelpunkt für den interinsularen Flugverkehr auf den Molukken. Von Jakarta kann Ambon, das auf einer der Hauptstrecken des indonesischen inländischen Flugverkehrs liegt, schnell erreicht werden. Folgende Gesellschaften fliegen Ambon von Jakarta aus an: Garuda Indonesian Airlines (zweimal täglich), Merpati-Nusantara Airlines (zweimal wöchentlich), Mandala Airlines (zweimal wöchentlich), Pelita Air-Service (einmal wöchentlich).

Merpati bietet folgende Verbindungen auf die Außeninseln der Molukken: nach Taliabu (Sula Inseln), Tual

Pela oder: Einigkeit macht stark

Pela, das eigentlich Bruder bedeutet, ist eine Adatform (Adat = Gewohnheitsrecht), deren Ursprünge im 15. Jh. liegen. Auch heute ist sie auf den Molukken aktuell und wird sogar noch von den molukkischen Immigranten in den Niederlanden beibehalten. Pela drückt sich in einer Art Bundgenossenschaft aus, die zwischen zwei oder mehreren Dörfern besteht. Durch das Eindringen von Christentum und Islam entstanden im 15. und 16. Jh. auf den Molukken Unsicherheit und Feindschaft zwischen den einzelnen Dörfern. Um wieder Frieden zwischen die Anhänger der verschiedenen Weltanschauungen zu bringen, wurden die Pela-Bünde gegründet. Echte Pelas haben sehr strenge Regeln und Gesetze, die ihnen die nötige Stärke im Kampf ums tägliche Dasein verleihen. Eine Regel beinhaltet beispielsweise das absolute Heiratsverbot zwischen den Mitgliedern eines Bundes. Findet dennoch eine Heirat statt, wurde und wird sie als Inzest angesehen. Auch die Rechte und Pflichten der Pela-Mitglieder sind genau festgelegt. Ein echter Pela-Eid umfaßt nicht nur die Unterstützung im Falle kriegerischer Auseinandersetzungen, sondern auch gegenseitige Hilfe beim Hausbau sowie bei Aussaat und Ernte. Früher wurde die Eidablegung mit einer Art Blutsbrüderschaft unter den Dorfoberhäuptern besiegelt. In den verschiedenen mehr oder weniger strengen Pela-Formen ist die Zugehörigkeit zu einer anderen Religion kein Hindernis. Es gibt daher auch Bünde zwischen Moslem- und Christendörfern, die sich, wenn nötig, beim Bau ihrer Gotteshäuser helfen. Die Vitalität der Pela-Bünde ist jedoch in den letzten 3 Jahrzehnten auf den Molukken etwas geschwunden. Zunehmende Individualisierung der Jugend und die Jagd nach Arbeit, die viele junge Menschen in andere Teile der Republik führt, in denen sie neuen Lebensweisen begegnen, sorgen für umwälzende Veränderungen. Die Exil-Molukker in den Niederlanden stehen jedoch nach wie vor treu zu ihrem Pela-System, in dem sie neben menschlicher Wärme auch sozialen Zusammenhalt finden. Die finanzielle Belastung einzelner Familien bei Hochzeit oder Tod sowie andere wirtschaftliche Probleme innerhalb der Gemeinschaft werden hier durch die Pela geregelt. Daß auch das Problem des Heimwehs nach den Molukken durch die Pela gelöst werden kann, ist jedoch zu bezweifeln.

(Kai Inseln), Saum Laki (Tanimbar Inseln), Amahai und Bula (Ceram), sowie über Ternate nach Jailolo und Galela (Halmahera). Auch Bandaneira und Dobo auf den Aru-Inseln sollen demnächst an das Flugnetz angeschlossen werden. In der Regenzeit von April bis August sind die unbefestigten Flugpisten der kleinen Flugplätze so stark beschädigt, daß sie für längere Zeit nicht angeflogen werden können. Auch der Schiffsverkehr wird durch das Wetter beeinträchtigt, allerdings nicht die großen Schiffe. Wer sich für die regionalen **Schiffsverbindungen** auf den Molukken interessiert, der wende sich am besten an den Hafenmeister, der sich bei den ständig wechselnden Abfahrtszeiten gut auskennt. Das Tourist-Office im Gouverneurs-Büro in der Jl. Pattimura, Tel. 33 41 58, hält dagegen nur grundlegende Informationen bereit.

Ausflüge auf Ambon
Die ursprünglich aus den separaten Inseln Hitu und Leitimor bestehende Insel Ambon bietet dem Besucher die vielfältigsten Möglichkeiten. Da die Verkehrsverbindungen jedoch recht dürftig sind, wird man nicht alle Touren als Tagesausflug gestalten können.

Eine Tour führt auf die Nordseite der Insel, nach **Hila**, wo man außer einer alten portugiesischen Kirche mit holländischer Inschrift auch das Blockhaus Amsterdam, dessen alte Gemäuer im Würgegriff eines riesigen Waringinbaumes zu zerbröckeln drohen, findet. Von hier aus kann man in der dunstigen Ferne die bergige Insel Ceram erkennen. Wer rechtzeitig von Hila mit dem Boot nach **Lima** aufbricht, kann auch das dort gelegene und besser erhaltene Fort Rotterdam besichtigen. Die gesamte hiesige Region ist ein großer Gewürznelkenlieferant, was besonders in der Erntezeit unverkennbar ist: Dann erfüllen die auf den Straßen zum Trocknen ausgelegten Gewürznelken mit ihrem angenehmen und aromatischen Duft die Luft.

Das geschichtsträchtige **Soya**, das vor Ankunft der Europäer auch das Areal der heutigen Stadt Ambon beherrschte, ist von dort aus in einem zweistündigen Fußmarsch zu erreichen. Eine alte portugiesische Kirche aus dem Jahre 1817 und ein heiliger Krug, der sich angeblich von selbst mit Wasser füllt, sind hier zu besichtigen. Viele der Einheimischen holen sich regelmäßig etwas von diesem Wasser, da es seinen Besitzer schützen soll. Auf dem Weg von Soya über den Serimau Berg nach Erma hat man einen phantastischen Blick auf die Südküste Ambons. In Erma angekommen, kann man den Weg nach Naku und Hatalia fortsetzen, wo noch viele portugiesische Abkömmlinge wohnen. Die Tänze der dortigen Menschen erinnern deutlich an die im Portugal des 16. und 17. Jh. üblichen Tanzformen. Zwischen **Naku** und **Batu Itam** liegt übrigens noch ein schöner Wasserfall, dessen Besuch sich durchaus lohnt. Wer lieber im Meer badet, ist auf Ambon, das sehr schöne Strände vorweisen kann, bestens aufgehoben. Hier eine Auflistung der schönsten Badestrände:

Natsepa, 14 km von Ambon, mit Taxi oder Bus erreichbar; weißer Sandstrand, der bei Ebbe besonders breit ist; kristallklares Wasser; an Wochenenden besonders frequentiert.

Toisapu, 18 km von Ambon, gegenüber von Natsepa; ruhiger, abgelegener Strand; kann von Paso mit dem Boot erreicht werden.

Latuhalat, besonders zum Schnorcheln geeigneter Strandabschnitt an der Südküste von Leitimor; wegen der scharfen Korallen Badeschuhe mitbringen.

Amahusu, im Südwesten von Ambon gelegener Strand mit einem schönen Blick auf die Berge der Halbinsel Hitu; in direkter Nähe zum Strand liegen schöne Korallenformationen; Auslegerboote können hier gemietet werden.

Namalatu, liegt 16 km südlich von Ambon-City; klares, ruhiges Wasser, weißer Strand, Kokospalmen und ein Motel der Provinzverwaltung laden hier zu einem mehrtägigen Badeaufenthalt ein.

Waiame, liegt an der Bay gegenüber der Stadt Ambon; nicht immer ganz so sauber; besonders in der Dämmerung hat man einen schönen Blick zur Stadt hinüber; private Unterbringung möglich.

Ceram

Ceram, im Volksmund „Nusa Ina" (Mutterinsel) genannt, ist die größte Insel der Zentralmolukken. Die Gebirge im Inneren der Insel erreichen Höhen bis zu 3 000 m. Im Gegensatz zur Südküste, die steil und felsig ist, liegen im Norden ausgedehnte Sumpfgebiete. Das Straßennetz Cerams beschränkt sich auf die Umgebung von Amahai und Masohi.

In den zum Teil noch undurchdringlichen Urwäldern haben **alfurische Stämme** bis auf den heutigen Tag ihr ursprüngliches Leben erhalten können. Daß sie von der Verwaltung als unterentwickelt angesehen werden, läßt leider nicht viel von dem sonst auf den Molukken üblichen Lokalpatriotismus verspüren. Nach der Zukunft diese alfurischen Kulturen befragt, sagte ein Verwaltungsbeamter auf Ambon: „Wir haben ein sehr schönes Museum für sie gebaut." Während im Westen und an den dichtbevölkerten Südküsten hauptsächlich malaiische Gruppen wohnen, leben die Alfuren, deren Name vom portugiesischen Wort „fora" (Außenseiter) abgeleitet ist, im schwer zugänglichen Innern des östlichen Inselteils. Die zu den Nalulus oder Borera gehörenden Stämme sind teilweise noch Jäger und Sammler. Den Umgang mit Pfeil und Bogen erlernt hier die männliche Bevölkerung schon im Kindesalter. Ihre großzügige und freundliche Haltung gegenüber Besuchern hebt sich deutlich von der zurückhaltenden Art der Küstenbewohner ab.

Wer in den Osten der Insel vordringen will, muß die Küstenschiff-

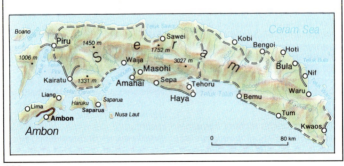

fahrt nutzen, um von Amahai in einer mehrtägigen Fahrt (ca. 2–3 Tage mit kleineren Booten) ans äußere Ende Cerams zu gelangen. Auch ein mehrtägiger Fußmarsch wird sich nicht umgehen lassen. Da man für das Reisen in den Osten der Insel 1 bis 2 Monate benötigt, scheitern die meisten Unternehmen dieser Art an Zeitmangel. Reguläre Unterkünfte sind schwierig zu bekommen, in Notfällen helfen aber Mission oder Polizei gerne aus.

Abgesehen von den touristischen Möglichkeiten hofft man, durch weitere Ölfunde im östlichen Küstensockel der Insel Finanzquellen zu erschließen. Der gesamte Waren-Im- und Export läuft gegenwärtig über die Distrikthauptstadt **Masohi,** die mit dem Flugzeug oder dem Schiff von Ambon aus leicht zu erreichen ist.

Wie auch bei den anderen großen Molukken-Inseln sind die vielen Sehenswürdigkeiten Cerams zum größten Teil noch nicht erfaßt. Die Entdeckung landschaftlicher und historischer Besonderheiten bleibt daher dem Spürsinn und Forschergeist des Besuchers überlassen. Für ihre bunte und vielseitige Vogelwelt ist Ceram jedoch international bekannt. Aber auch die Überreste der Kolonialzeit, von denen viele – teilweise schon stark überwuchert – noch der Entdeckung harren, machen einen Besuch lohnenswert. Das von den Niederländern 1616 erbaute **Fort Campelo** an der Westspitze der Insel ist nur eines von vielen.

Die unzählbaren schönen Strände an der beinahe 1000 km langen Küste Cerams können hier nicht alle aufgeführt werden. Man muß sie selbst entdecken. Hier nur einige Hilfen für die direkte Umgebung von **Amahai:** Ruta-Strand, Piru-Strand, Uneputtih-Strand, Elpaputih-Strand, Soleman-Strand und Koako Cape – sie alle sind mit dem Auto von Masohi oder Amahai aus zu erreichen. Ebenfalls in der Nähe von Amahai liegt der **Kawa-Teich,** der durch einen Bach mit der offenen See verbunden ist. Nach dem Glauben der Einheimischen leben in dem See heilige Fische. Derartige Besonderheiten oder Sehenswürdigkeiten, die in keinem Reiseführer vermerkt sind, erfährt man häufig von Dorfbewohnern. In solchen Fällen sind indonesische Sprachkenntnisse von großem Nutzen.

Die Banda Inseln

Der Banda Archipel, 160 km südöstlich von Ambon gelegen, besteht aus neun kleinen Inseln vulkanischen Ursprungs; auf einigen gibt es sogar noch einen aktiven „Feuerberg".

Die Geschichte der Banda Inseln ist ein schwarzes Blatt in der kolonialen Vergangenheit der Niederlande. Die Vereinigte Ostindische Compagnie, die stark an dem reichen Muskatnuß-Vorkommen der Inseln interessiert war, schickte im Jahre 1609 Admiral Peter Verhoeffe auf die Banda Inseln, um sie vollends zu erobern und durch Festungen abzusichern. Der Bevölkerung gelang es jedoch, ihn in einen Hinterhalt zu locken und zu töten. Dennoch wurde die Kolonialisierung seitens der Niederlande auf den Banda Inseln fortgesetzt. Die **Festung Nassau** auf Bandaneira war das erste Fort, das die Vereinigte Ostindische Compagnie auf den Bandas errichtete. Da die Bevölkerung jedoch das Gebiet um Nassau verließ, konnte hier keine Muskatnuß-Ernte eingebracht werden. Diese und andere Gründe brachten 1619 den General-Gouverneur Jan Pieterszoon Coen auf den Plan. Dieser, der einst zur Schiffsbesatzung Verhoeffes gehörte und dessen Ermordung durch die Bevölkerung miterlebt hatte, griff nun mit eiserner Hand durch. Mit Musketen und Kanonen wurden mehr als zwei Drittel der Banda-Bevölkerung niedergemetzelt. Die Überlebenden, die nicht fliehen konnten, wurden als Sklaven nach Java verschifft. Der durch die Bevölkerungsverluste entstandene Arbeitskräftemangel wurde nach und nach durch timoresische Sklaven, Papuas, Vertrags-Arbeiter aus Java, Chinesen und Makassaren ersetzt. Das koloniale Interesse an den Bandas schwand aber allmählich, als die Muskatnuß, die ursprünglich nur hier wuchs, auch auf anderen Inseln der Molukken angebaut wurde.

Bandaneira, der Haupthafen der Bandas, ist ein ruhiges, idyllisches Städtchen, mit alten Häusern im portugiesischen Stil. Gegenüber des Hafens liegt der 670 m hohe Vulkan **Gunung Api,** der noch Zeichen von Aktivität aufweist. Von den Mauern des unweit der Hafenmole gelegenen **Fort Belgica** hat man einen schönen Panorama-Blick. Im Gegensatz zu diesem Benteng, der noch zu 80% unversehrt ist, weist das **Fort Nassau,** ebenfalls auf der Insel gelegen, bereits größere Schäden auf. Eine alte **protestantische Kirche** aus niederländischer Zeit wird dagegen liebevoll gepflegt und ist heute noch in Gebrauch. Auch der ehemalige **Sitz von Jan Pieterszoon Coen** lädt noch zur Besichtigung ein. Wer an weiteren historischen Bauten interessiert ist, kann auf der benachbarten **Insel Lantor** das **Fort Hollandia** und auf der **Insel Ay** ein altes Blockhaus sehen.

Die Vulkan-Insel **Manuk,** 80 km südlich von Banda gelegen, ist ein Brutplatz vieler Seevögel. Auch hier findet man noch eine unberührte Unterwasserwelt, die noch nicht, wie auf anderen Inseln Indonesiens, von der Dynamit-Fischerei zerstört wurde.

Die Bevölkerung der Bandas ist besonders gastfreundlich, so daß der Mangel an regulären Unterkünften hier kein Problem darstellt. Das Wort „gastfreundlich" bezieht sich hier verständlicherweise auf zahlende Gäste, denn wo würde das, bei den langsam steigenden Besucherzahlen, sonst hinführen?!

Buru

Die 2 000 qkm große Insel Buru liegt noch keine 45 Minuten Flugzeit von Ambon entfernt. Als „Gefängnis-Insel" war sie lange Zeit für Touristen unzugänglich. Auch heute noch bedarf es einer Sondergenehmigung, die jedoch in der Regel erteilt wird. Die Insel ist hauptsächlich mit dichten Eukalyptus-Wäldern und mit Savannen, bewachsen mit Alang-Alang-Gras, bedeckt. In den Flüssen gibt es noch Krokodile, so z.B. im Wai Apu. Nach der Regenzeit wird Buru von einer wahren Moskito-Plage heimgesucht, unter der auch die örtliche Bevölkerung zu leiden hat. In den Küstenorten leben hauptsächlich chinesische, javanische und arabische Zuwanderer. Alfurische Stämme sind dagegen nur im gebirgigen Inneren zu finden. Diese einst als Kopfjäger gefürchteten Stämme der Waeloa, Rana und Waejapo konzentrieren sich um den 670 m hoch gelegenen **Wakolo-See.** Über diese im Aussterben begriffenen Völker ist bis jetzt leider nur sehr wenig bekannt.

Die Wirtschaft der Insel beruht in der Hauptsache auf der Holzgewinnung und auf der Produktion eines aus einer Eukalyptusart gewonnenen ätherischen Öls, dem Minyak Kayu Putih. Dieses Öl wird weltweit als Grundstoff in der pharmazeutischen Industrie verwendet und ist Hauptbestandteil des weltberühmten Tiger-Balsams.

Wer gerne wandert, Tiere und Pflanzen beobachten möchte und auch der Begegnung mit ursprünglichen Kulturen nicht ausweicht, wird in der noch etwas rauhen Natur der Insel viele Schönheiten entdecken. Da sowohl die Schiffs- als auch die Flugverbindung von Ambon nach **Namlea** auf Buru sehr unregelmäßig ist, sollte der Besucher auf jeden Fall ausreichend Zeit zur Verfügung haben.

Saparua
Saparua ist eine kleine, geschichtsträchtige Insel westlich von Ambon. Besondere Bedeutung erhielt sie durch den Sieg Pattimuras über das hier gelegene **Fort Duurstede.** Diese teilweise recht gut erhaltene Festung ist noch mit Kanonen bestückt. Neben einigen anderen historischen Resten kann auch eine Kirche aus dem 17. Jh. besichtigt werden. Der **Waisisil Strand,** der heute als Badeplatz geschätzt wird, war einst der Kampfplatz, an dem Pattimura die Kolonialmacht erstmalig in die Knie zwang. Saparua kann mit Schiffen von Tulehu oder Waai, beide an der Ostküste Ambons gelegen, in ca. 3 Stunden Fahrt erreicht werden.

Haruku
Das zwischen Saparua und Ambon gelegene Eiland Haruku hatte einst große Bedeutung im Gewürzanbau. Eine alte portugiesische Festung, schöne Sandstrände und eine heiße Schwefelquelle, die Hautprobleme auf natürliche Weise heilen soll, sind heute ihr touristisches Potential. Die Insel kann von Ambon und von Saparua aus erreicht werden.

Nusa Laut
Diese Insel hat ebenfalls Schwefelquellen und schöne Strände. Nusa Laut kann von Saparua aus per Boot erreicht werden.

Die Nord-Molukken

Die Landfläche der Nord-Molukken beträgt 32 000 qkm, das Territorialgewässer umfaßt 207 381 qkm. Die Nord-Molukken bestehen insgesamt aus 353 Inseln, die in 20 Unterbezirke unterteilt sind. Die durchschnittliche Bevölkerungsdichte dieser Region beträgt 17 Ew. pro qkm. Die Landschaft ist häufig vom Vulkanismus geprägt. Die größeren Inseln, wie beispielsweise Halmahera, Obi und Taliabu sind noch großflächig mit tropischem Regenwald bewachsen, der teilweise aber einer wirtschaftlichen Nutzung unterzogen wird. Nur in den schwer zugänglichen Gebieten blieben äußere Einflüsse fern, was der dort lebenden Bevölkerung in der Zeit kolonialer Wirren und Machtkämpfe viel Leid ersparte. Durch das Zusammenstehen der Sultanate von Tidore, Ternate, Bacan und Jailolo konnten die Niederlande in dieser Region nur mit Mühe Fuß fassen.

Da die Nord-Molukken im 16. und 17. Jh. praktisch die gesamte Produktion an Gewürznelken lieferten, suchte man seitens der Vereinigten Ostindischen Compagnie (VOC) nach Maßnahmen, um diese Machtposition zu brechen. Der Gewürzschmuggel mit dem auf Sulawesi gelegenen Makassar konnte jedoch nie ganz unterbunden werden. In mehreren Raubfeldzügen, sogenannten Hongi-Touren, versuchte die VOC, die Gewürznelken-Plantagen auf den Nord-Molukken zu vernichten. Die Dorfoberhäupter auf den Zentral-Molukken wurden zur Unterstützung dieser Kriegszüge verpflichtet und mußten Schiffe und Mannschaften liefern. Aber auch der Kampf gegen die in den Nord-Molukken noch anwesenden Mächte Spanien und Portugal führte die Holländer häufig in die dortigen Gewässer. In zahllosen Gefechten, in denen die einheimische Bevölkerung meist die Seite des Stärkeren wählte, konnten die Niederlande jedoch ihren Machtanspruch durchsetzen. 1663 räumten die Spanier die Insel Tidore, die ihr letzter Stützpunkt auf den Nord-Molukken gewesen war. Ständig aufflackernder Widerstand der Nord-Molukker wurde mit unglaublicher Gewalt niedergeschlagen. Arnold de Vlamingh, der die „Befriedung" der Nord-Molukken leitete, war für seine Unbarmherzigkeit bekannt und gefürchtet. Schließlich war die Angst unter der Bevölkerung so groß, daß sie ihre Anführer selbst töteten, um dem Zorn des Feldherrn zu entgehen. 1655 boten beispielsweise die Bewohner von Kelam de Vlamingh den Kopf des Prinzen von Ternate an, um die Verwüstung ihrer Stadt zu verhindern. Sie behielten wohl ihre Stadt, aber nicht ihre Freiheit.

Heute ist Ternate ein wichtiges Verwaltungszentrum der Nord-Molukken. Die Stützpfeiler der Wirtschaft dieser Region sind Fischfang, Holzgewinnung und auch der Gewürzanbau. Durch die Beliebtheit der Kretek, oder von Nelkenzigarette, steigt die Nachfrage nach Gewürznelken heute wieder an. Auf Ternate, Tidore, Moti und Makian werden auf ca. 300 000 ha beinahe 500 000 Cengkeh Bäume genutzt.

Ternate ist gegenwärtig der Mittelpunkt im See- und Flugverkehr der Nord-Molukken. Merpati Nusantara Airlines bietet nicht nur von Ambon, sondern auch von Manado (Nord-Sulawesi) Verbindungen nach Ternate an. Der Schiffsverkehr in den Nord-Molukken ist verhältnismäßig gut organisiert.

Ternate

Die nahezu runde Insel hat eine Fläche von ca. 40 qkm. In ihrem Zentrum liegen drei vulkanische Erhebungen, von denen die höchste 1830 m mißt. Die Stadt Ternate liegt an der Flanke des 1721 m hohen und noch aktiven **Gamalama Vulkans,** in dessen Kegel drei Kraterseen liegen. Obwohl Ternate eine große regionale Bedeutung hat, besitzt die Stadt eine etwas verschlafene, aber gerade deswegen so erholsame Atmosphäre.

Bedingt durch die frühen, bereits vor den Portugiesen geknüpften Handelskontakte arabischer Händler mit den Nord-Molukken, gehören 90% der Bevölkerung dem Islam an. Die Sultanate von Ternate und Tidore, die über weite Teile der ostindonesischen Inselwelt herrschten, konnten mittels ihres Machteinflusses die neue Religion einbringen.

Der **Sultanspalast** auf Ternate, der auf das Jahr 1234 zurückgeht, dient heute als Museum.

Die große Bebauungsdichte der Insel mit Forts und Blockhäusern ist ein Beweis für die bedeutende strategische Position, die Ternate im 16. und 17. Jh. einnahm. Hier nur eine kurze Aufzählung der sehenswertesten Festungsanlagen:

Das **Fort Oranje** wurde 1607 durch Madeliede in Ternate errichtet; 60% des Bauwerkes wurden jedoch weitgehend zerstört.

Das **Fort Gamalama** liegt ca. 12 km außerhalb der Stadt. Sein Ursprung geht auf das 14. Jh. zurück; nur 20% des Forts sind gut erhalten.

Fort Toleko, 2 km von Ternate in Dufa Dufa gelegen, ließ der portugiesische Admiral Alburquerque im Jahre 1511 errichten. 30% des Bauwerkes sind noch in passabler Verfassung.

Die Entstehung von **Fort San Pedro** geht auf das Jahr 1522 zurück. Auch hier sind 30% gut erhalten.

Das **Fort Kayu Merah** in Kalumata ist englischen Ursprungs. Sein Erhaltungsgrad entspricht ungefähr dem von San Pedro.

Das **Fort Kastella,** bei der Ortschaft Kastella gelegen, stammt angeblich noch aus der Zeit Magellans.

Da man auf Ternate nie weit vom Meer entfernt ist, gibt es genügend Möglichkeiten zum Baden und Schwimmen. Allerdings sollte man, wegen der starken Strömung an manchen Stränden, nur als sehr guter Schwimmer in tiefe Wasser gehen. Zwei der schönsten Strände sind **Ngade** und **Sulamendaha**, die über glasklares Wasser und ein schönes Riff verfügen. An manchen Stellen der Küste, so auch bei **Batu Hangus** (verbrannter Stein), trifft man auch auf die Folgen eines großen Vulkanausbruches. Hier flossen bei einer gewaltigen Eruption, die nun beinahe 250 Jahre zurückliegt, große Lavamassen ins Meer. Wer an weiteren vulkanischen Erscheinungen interessiert ist, kann auch mit einem Boot die zwischen Ternate und Tidore gelegene **Vulkan-Insel Mataira** besuchen.

Bei Wanderungen auf Ternate sind viele weitere Naturschönheiten zu entdecken. Der durch Erosion gebildete **Laguna-See,** der ein schönes Panorama hat, liegt beispielsweise nur 7 km von der Stadt entfernt. Man kann ihn natürlich auch mit dem Auto erreichen. Der **Tolire-See,** ebenfalls sehenswert, liegt 24 km von Ternate entfernt. Eine weitere Sehenswürdigkeit, die jedoch nur selten von Touristen besucht wird, ist der **Afu-Nelkenbaum.** Mit einem Alter von mehr als 350 Jahren hat er wohl den größten Teil der kolonialen Vergangenheit von Ternate miterlebt.

Tidore
Die Insel ist mit ca. 50 qkm etwas größer als ihre Schwester Ternate. Zwischen beiden Inseln besteht eine nahezu regelmäßige Bootsverbindung; mehrmals täglich kann man mit kleinen und großen Schiffen den **Haupthafen Rum** erreichen. Auch Tidore wird von einem Vulkan beherrscht, der sich 1 730 m über dem Meeresspiegel erhebt. Die Insel ist von regem, buntem Treiben erfüllt, das seinen Höhepunkt an Markttagen erreicht. Der **Basar** von Rum,

der mittwochs und samstags stattfindet, lohnt in jedem Fall den Besuch.

In kurzer Autofahrt kann man die **Stadt Tidore** erreichen. Neben einer alten Stadtmauer und anderen historischen Überbleibseln gibt es auch einige Forts. Vom einstigen Glanz dieses Sultanats, dessen Macht bis nach Neuguinea reichte, ist jedoch nur wenig übrig geblieben.

Halmahera

Sie ist die größte und unerforschteste der nördlichen Molukken-Inseln und erinnert in ihren Umrissen an die große, westlich gelegene Insel Sulawesi. Jede der vier Halbinseln Halmaheras hat ein gebirgiges Inneres, das noch weitestgehend mit tropischem Regenwald bedeckt ist. Da ein Großteil der Insel nicht von den europäischen Handelsflotten heimgesucht wurde, blieben hier viele der traditionellen Lebensweisen erhalten. Auch der Einfluß der Sultanate von Tidore, Ternate und Jailolo wirkte sich nur auf die Küstenregionen der Insel aus. Die nomadisierenden Stämme im Innern wurden davon am wenigsten berührt. Während die meisten Molukken-Inseln die malaiisch-polynesische Sprachfamilie beheimaten, findet man auf Halmahera auch Papua-Dialekte.

Die Orte Jailolo und Tobelo kann man von Ternate aus per Flugzeug erreichen. In **Jailolo** findet man die Reste eines **Sultanspalastes** aus dem 13. Jahrhundert. Typische Adat-Häuser sind in der Umgebung der Stadt zu besichtigen. Die meisten der historischen Überbleibsel auf der Insel stammen jedoch aus jüngster Vergangenheit. So findet man beispielsweise an der **Kao-Bay**, die man mit einem Motorboot von **Tobelo** aus erreichen kann, die Reste einer japanischen Militärbasis. Zerschossene Landungsboote am Strand und Flugzeugtrümmer in Meer und Urwald zeugen von einer gewaltigen Materialschlacht. Auch auf der vor Tobelo gelegenen Insel Meti sind noch Reste des Krieges zu finden.

Von den vielen landschaftlichen Schönheiten Halmaheras seien hier beispielsweise die fünf Seen in der Nähe **Galelas** erwähnt. Auch der **Duma-See**, ebenfalls im Unterbezirk Galela gelegen, lohnt wegen seiner schönen Umgebung den Besuch.

Der Tourist, der erstmalig auf die Molukken kommt, wird hier mit ansonsten nur noch in Irian gebräuchlichen Formalitäten konfrontiert. Häufig muß man sich erst bei der Polizei registrieren lassen, bevor man an das Kantor Immigrasi weiterempfohlen wird. In den meisten Fällen müssen Formulare ausgefüllt werden, in denen der Reisezweck und die Route eingetragen werden. Das Ganze wird je nach Ort und Behörde mit ein oder zwei Paßphotos verziert.

Morotai

Im Zweiten Weltkrieg war Morotai eine der am stärksten umkämpften Verteidigungsbasen der Alliierten und zeitweise das Hauptquartier von General McArthur. Auch die Japaner hatten hier anfangs einen Luftwaffenstützpunkt. Heute wird auf Morotai hauptsächlich Kopra, Damar-Harz und Rotan gewonnen. Die großen Kokosplantagen bestimmen weitgehend das Bild der einst stark bewaldeten Insel. Von der traditio-

Der Stoff, aus dem einst die Träume waren

Auf der Suche nach den sagenumwobenen Gewürzinseln war Europa lange Zeit erfolglos geblieben. Diese aromatischen Produkte, die im 15./16. Jahrhundert in den großen Städten unseres Kontinentes mit purem Gold aufgewogen wurden, erhielt man anfangs nur durch den Handel mit arabischen Küstenfahrern. Viele europäische Herrscher träumten daher vom Besitz dieser Inseln, die ihnen Macht und Reichtum sichern sollten.

Mittlerweile ist es um die ehemals so begehrten Gewürze ruhiger geworden. Nur die **Cengkeh (Gewürznelke),** die ursprünglich auf den Nord-Molukken zuhause war, hat durch ihre Verarbeitung in den indonesischen Kretek-Zigaretten und in der Pharmazie erneut größere Bedeutung bekommen. Die Cengkeh-Bäume benötigen nur wenig Pflege. Um ihr Wachstum zu fördern, wird ihre Umgebung unkrautfrei gehalten, was bei der Ernte, die nur alle zwei Jahre stattfindet, das Einsammeln der herabgefallenen Früchte erleichtert. Erst 8 bis 10 Jahre nach dem Pflanzen trägt der Baum zum ersten Mal Blüten. Zu spät geerntete Gewürznelken sind weniger aromatisch und werden unter dem Namen „Pulong" als mindere Qualität verkauft. Ein ausgewachsener Gewürznelkenbaum erbringt eine ungefähre Ernte von 5 bis 6 kg (Kilopreis gegenwärtig ca. 8 500 Rp.). Schon im letzten Jahrhundert fertigte man auf den Molukken aus Gewürznelken Schiffs-, Haus- und andere Modelle, die es auch heute noch auf Ambon und Ternate zu kaufen gibt.

Die **Muskatnuß (Pala),** deren Baum ebenfalls nicht viel Pflege braucht, kam ursprünglich von den Banda-Inseln. Im Alter von 5 Jahren beginnt das Gewächs erstmals Früchte zu tragen, erreicht aber erst nach 20 Jahren seine normale Fruchtproduktion. Die Palanüsse, deren grüne, pfirsichartige Schale ebenfalls verwendet wird, können während des ganzen Jahres geerntet werden. Die Bäume tragen jedoch nur bis zu ihrem 80. Lebensjahr Früchte. Der Kern, der unter einer weiteren Schale sitzt und von rötlichen Fasern umgeben wird, ist die eigentliche Muskatnuß. Auch die Fasern, die man Foelie nennt, werden zum Würzen von Suppen und Soßen verwendet. Die weiße Farbe der Muskatnuß entsteht durch ein Kalkbad, das schon in der Kolonialzeit angewendet wurde, um eine Nutzung als Saatgut zu verhindern. Erst später erkannte man, daß die Beschichtung mit Kalk zwar nicht die Keimfähigkeit der Nuß beeinträchtigt, sondern ihre Haltbarkeit erhöht. Im England des 17. und 18. Jahrhunderts lag der Preis für Muskatnüsse im Vergleich zum europäischen Festland bedeutend höher. Während die Damen sie hier in silbernen und goldenen Anhängern als eine Art Parfum benutzten, würzten die Herren ihre Grogs damit.

nellen Lebensweise der Bewohner ließ der Krieg nur wenig übrig. Morotai kann über Tobelo mit dem Flugzeug erreicht werden.

Bacan
Das westlich der Südspitze Halmaheras gelegene Bacan war einst ein mächtiges Sultanat. Es beherrschte, zusammen mit den umliegenden Fürstentümern, weite Teile der Nord-Molukken. Der aus dem 13. Jh. stammende Sultanspalast ist noch zu einem Drittel erhalten. Ein weiteres historisches Bauwerk ist das **Fort Barneveld.** Die Bevölkerung fürchtet noch immer die Geister der Soldaten, die hier einmal stationiert waren. Wer einen schönen Überblick über die Insel genießen will, der ersteige den **Sibelo-Vulkan.**

Sula-Inseln
Weitab des Tourismus liegen die Eilande Taliabu, Monggoli und Sanana im Südwesten der Nord-Molukken. Japanische Holzgesellschaften haben sich hier jedoch bereits eingefunden. Die Urbevölkerung auf Taliabu baut interessante Adat-Häuser. Flug- und Schiffsverbindungen bestehen hier sehr unregelmäßig.

Die Südost-Molukken

Die Landfläche der Südost-Molukken beträgt 27 451 qkm, die Territorialgewässer umfassen ein Gebiet von 320 470 qkm.

Die Südost-Molukken setzen sich aus 287 großen und kleinen Inseln zusammen, von denen zur Zeit 200 konstant bewohnt sind. Die Provinz ist in 8 Unterbezirke unterteilt; die durchschnittliche Bevölkerungsdichte beträgt 12 Ew. pro qkm, insgesamt wohnen hier 23 000 Menschen.

Die Südost-Molukken waren am wenigsten in den kolonialen Machtkampf der europäischen Handelsnationen verwickelt. Ihr kulturelles Selbstverständnis wurde erst durch die christlichen Missionen, die ihre Arbeit zu Beginn dieses Jahrhunderts auf den Südost-Molukken begannen, stark beeinflußt. Heute gehören hauptsächlich die Küstenbewohner dem christlichen Glauben an; in entlegenen Gebieten ist auch noch der Animismus existent. Einige Inseln westlich der Kai-Gruppe hatten noch bis vor wenigen Jahrzehnten eine Klassengesellschaft, die sich in Aristokraten, Bürger und Sklaven unterteilte. Letztere wurden auf Raubzügen noch zu Beginn dieses Jahrhunderts auf den Aru-Inseln und in Neuguinea eingefangen. Der Abkömmling eines Sklaven zu sein, ist hier auch heute noch ein gesellschaftlicher Makel.

Während die Bevölkerung der Südost-Molukken Sago als Hauptnahrungsmittel anbauen, wird auf den Inseln zwischen Alor und Tanimbar der Trockenreis, der auf unbewässerten Feldern ausgesät wird, genutzt. Die Wirtschaft der Inseln beruht heute auf Fischfang, Perlenzucht und Holzgewinnung (Eisenholz und Rotan). Die Fauna und Flora der Inseln weisen deutliche Parallelen mit Neu-Guinea und Australien auf. Neben Beuteltieren wie Känguruh und Kuskus trifft man hier auch auf Paradiesvögel und verschiedene Kakadu-Arten. Glücklicherweise wurden viele Gebiete dieser Region vollständig unter Naturschutz gestellt.

Dazu gehören folgende Inseln:
Tanimbar-Inseln:
Muswatar (7 500 ha)
Nustaran (3 200 ha)
Anguwarmasse (800 ha)
Aru-Inseln:
Baun (13 000 ha)
Enu (Reservat in Planung)
Andere Inseln:
Gunung Api (80 ha)

Für den Besuch dieser Inseln müssen in der Regel Boote gechartert werden. Eine Erlaubnis zum Betreten des Reservates kann man beim Camat, der Bezirksverwaltung oder den örtlichen Büros des P.P.A. (Naturschutzbehörde), erhalten. Die Unterbringung kann, so weit vorhanden, in den Gasthäusern des P.P.A. stattfinden. Wer die Südost-Molukken bereist, darf an seine Unterkünfte keine allzu hohen Ansprüche stellen. Man findet sie, wenn überhaupt, nur in den Verwaltungszentren. Mission, Schule und Polizei helfen jedoch gerne aus. Transportmöglichkeiten zu Lande gibt es – außer auf Klein-Kai – überhaupt nicht.

Die Kai-Inseln

Sie sind noch nicht das Ende der Welt, denn vom **Airstrip Dumaatuban bei Langgur** auf Klein-Kai gibt es neben Flügen von und nach Ambon auch Verbindungen nach Saumlaki (Tanimbar) und demnächst vielleicht auch nach Dobo (Aru-Inseln). In **Tual** auf Kai Kecil (Klein-Kai) liegt die Hauptverwaltung der Südost-Molukken; **Elat** auf Kai Besar (Groß-Kai) ist die Hauptstadt der Kai-Inseln. Der ansonsten rege interinsulare Schiffsverkehr ruht auch hier in der Regenzeit von April bis August nahezu völlig. Nur Schiffe mit größerer Tonnage können die Verbindung mit Ambon aufrechterhalten. In der trockenen Jahreszeit bestehen auch Verbindungen nach Kaimana (Irian). Lediglich die kleine Kai-Insel verfügt über ein ausreichendes Straßennetz.

Die insgesamt 900 qkm großen Kai-Inseln, deren Ursprung – bis auf das große gebirgige Kai Besar – auf Korallenwuchs zurückgeht, werden gegenwärtig von 22 000 Menschen bewohnt.

Die Inselwelt der Kais besitzt in der Vielzahl ihrer blendend-weißen Strände ein großes touristisches Potential. Die bergige Insel **Kai Besar** ist in ihrer landschaftlichen Schönheit jedoch bedeutend vielseitiger. Die Ostküste der Insel, die man nur zu Fuß über einen Gebirgsrücken erreicht, ist besonders aus ethnologischer Sicht interessant. Auch finden sich hier noch Nachkommen der einst vor den Truppen Jan Pieterszoon Coens nach den Kai-Inseln geflüchteten Bandanesen. Ohne Kenntnis der indonesischen Landessprache ist ein Besuch der Kai-Inseln nicht ganz unproblematisch. Etwas

Niederländisch kann jedoch im Kontakt mit der älteren Generation von Nutzen sein.

Zwei besondere Sehenswürdigkeiten, die hier noch Erwähnung finden sollen, sind die **Perlenzucht** in **Difur** auf der Nordseite der Dullah-Insel sowie die **Luat-Höhle** am Ohoidertawun-Strand auf Klein-Kai. An den Wänden dieser Höhle wurden Schriftzeichen gefunden, deren Art und Ursprung bis heute unbekannt sind.

Die Tanimbar-Inseln

Die Inselgruppe wird durch 62 große und kleine Eilande gebildet. Die größte Ortschaft der Tanimbaren ist **Saumlaki** auf Jamdena. Die Bevölkerung stellt eine Mischung aus Melanesiern, Papuas und Negritos dar. Die Webkunst dieser Menschen hat einen sehr hohen Stand erreicht. Bei der Jagd wurden von ihnen bis vor wenigen Jahren noch Blasrohre benutzt. Das prächtige Fest- und Kriegsornat gehört heute der Vergangenheit an und ist nur noch auf wenigen alten Fotos zu sehen. Die Gestaltung der Haare spielte bei der Tracht einiger Stämme einst eine große Rolle.

Die Tanimbar-Inseln, die auch wegen der Larat-Orchideen überregionale Bekanntheit erlangten, werden nach dem einheimischen Namen dieser Gewächse auch häufig Lelemuku-Inseln genannt. Neben Teak und Eisenholzbäumen, die hier bereits große Holzfirmen anzogen, herrschen in der Landschaft Sago- und Kokospalmen vor. Die Ausfuhr aller Erzeugnisse läuft über die beiden Häfen **Saumlaki** auf Jamdena und **Larat** auf der gleichnamigen Insel im Norden Tanimbars.

„Sightseeing" findet auf der gesamten Inselgruppe, die verhältnismäßig gute Bootsverbindungen aufweist, bis jetzt noch zu Fuß statt. Anstelle von Autos gefährden auf Jamdena wilde Büffelherden den Wanderer. Jährlich werden eine Handvoll Menschen im wahrsten Sinne des Wortes auf die Hörner genommen. Wer sich jedoch davon nicht

schrecken läßt, wird neben Tropfsteinhöhlen, ansprechenden Landschaftsbildern und Traumstränden auch eine Vielzahl interessanter Dörfer besuchen können. Die **Bangruti-, Weritibun-** und **Bangdas-Höhlen** sind wohl die bekanntesten auf Jamdena. Sich aus der Vielzahl von Stränden den passenden auszusuchen, ist kein Problem und muß daher nicht näher beschrieben werden. An Haifische sei hier jedoch nicht nur der Form halber erinnert.

Aru-Inseln

Mitte des letzten Jahrhunderts schrieb der Naturforscher Alfred Russel Wallace auf den Aru-Inseln seine Gedanken über die unterschiedlichen Verbreitungsgebiete von Tieren und Pflanzen im malaiischen Archipel nieder. Daß er sich gerade auf einer Inselgruppe befand, auf der sich zwei Verbreitungsgrenzen überschneiden, wird wohl kein Zufall gewesen sein. Neben Kasuar, Paradiesvogel, Kuskus und Känguruh trifft man auch auf Rehe und Niederwild. Die letzten beiden Arten wurden wahrscheinlich von Menschen mit auf die Inseln gebracht. Eine weitere Spezies, die in den Tropen keine Seltenheit ist, wohnt auf den rund 20 flachen, sumpfigen Inseln der Moskito. Er kann den Besuch auf den Aru-Inseln zu einem „einprägsamen" Erlebnis machen.

Die Küstenbewohner ähneln stark denen der Kai-Inseln; im Inselinnern findet man jedoch Negrito-, Papua- und Aboriginal-Kulturen. An den Küsten der Arus werden auch die sehr seltenen schwarzen Perlen gezüchtet; deshalb nennt man die Arus auch Pearl-Islands.

Die isolierte Lage dieser südwestlich von Neuguinea gelegenen Insel-Gruppe stellt auch heute noch ein verkehrstechnisches Problem dar. Lediglich ein- bis zweimal innerhalb von zwei Monaten fährt ein Schiff von den Kai-Inseln nach **Dobo** auf der kleinen Aru-Insel **Wamar.**

Babar

Die Insel wird von großen Fichtenwäldern beherrscht. 10 km vom Dorf **Tepar** entfernt speit ein von den Meeresgezeiten abhängiger Geysir sein Wasser bis zu 8 m hoch. In der Nähe des Dorfes **Yatoke** und **Wakpapapi** gibt es einen Berg mit heiliger Höhle. In den bewachten Gewölben werden Ahnenschädel und Grabbeigaben aufbewahrt. Eine weitere Höhle, die der Bevölkerung früher als Zufluchtsort diente, liegt bei **Potar Besar.**

Irian Jaya

Neuguinea liegt zwischen dem Äquator und Australien und ist die zweitgrößte Insel der Erde (nach Grönland). Ihre östliche Hälfte bildet mit 2,2 Mio. Einwohnern seit 1975 den unabhängigen Staat Papua-Neuguinea. Der westliche Teil gehört – wenn auch nicht kulturell, so doch politisch – als Provinz Irian Jaya seit 1969 zur Republik Indonesien. Flächenmäßig entfallen auf Irian 375 000 qkm und auf Papua-Neuguinea 398 000 qkm. Die Grenze zwischen den beiden Ländern verläuft, abgesehen von einer Abweichung am Fly-River, entlang des 141. Grades östlicher Länge.

Neuguinea – für viele noch mysteriös – ist in jedem Fall rauh, unzugänglich und von einer über 5 000 m hohen, windumtosten und teilweise von ewigem Schnee bedeckten zentralen Gebirgskette durchzogen. Hier besitzt der tropische Regenwald noch eine letzte große Domäne. Während in den Flach- und Schwemmlandebenen feuchte Hitze und sintflutartige Niederschläge vorherrschen, vermischen sich im zentralen Hochland starke Sonnenstrahlung mit Nebel und tiefhängenden Wolken. Je nach Höhenlage können auch Frost und Kälte unerwartet eine Rolle spielen. Das Klima mancher Hochtäler reicht daher von feuchtheißer Tropenhitze bis zu eisiger Kälte.

Die Insel wird häufig als das letzte unbekannte Land bezeichnet, oder auch als Überbleibsel aus der Steinzeit – wegen der naturgebundenen und autark lebenden Bevölkerung, die in entlegenen Gebieten noch Steinwerkzeuge benutzt. Neben den 800 000 ursprünglichen Bewohnern des westlichen Inselteils, die sich wie die Bewohner Papua-Neuguineas als Papuas bezeichnen und hauptsächlich im Inselinneren leben, gibt es auch 400 000 zugewanderte Einwohner aus den westlichen Provinzen Indonesiens, die vor allem in der Küstenregion ansässig sind und dort das Bild der Städte beherrschen.

Trotz ihrer phantastischen und ungebändigten Naturschönheit kann die Insel auch abweisend und sogar tödlich sein. Viele von extremem Ehrgeiz getriebene Abenteurer, Forscher und Missionare fanden dort durch Fieber und Schwächung den Tod. Häufig wurden die Papuas für das Verschwinden von Weißen zur Verantwortung gezogen, denn diese sich mit Nasenschmuck, Federn, Tierzähnen verzierenden dunkelhäutigen Menschen paßten und passen nur allzu gut in das bei uns tradierte Bild vom bösartigen kannibalischen Eingeborenen. Seine angebliche Existenz beruht wohl eher auf der Wesensart seiner „Entdecker" und auf der Geschäftstüchtigkeit von Sensationspresse und Filmindustrie.

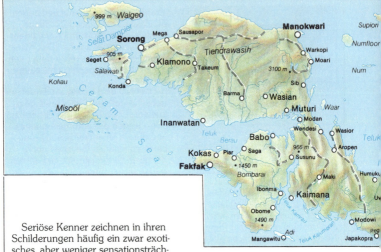

Seriöse Kenner zeichnen in ihren Schilderungen häufig ein zwar exotisches, aber weniger sensationsträchtiges Bild von der Insel und ihren Bewohnern. Erst langsam beginnt man jedoch, ihre Sitten und Gebräuche zu verstehen und zu würdigen. Bis vor kurzem stieß man in schwer zugänglichen Gebieten immer noch auf isoliert lebende Stämme, die als Jäger und Sammler oder Ackerbauern Werkzeuge aus Holz und Stein benutzten.

Auch heute ist Neuguinea noch eine Insel voller Kontraste, in der westliche Einflüsse mehr und mehr Fuß fassen und folgenschwere Veränderungen für Natur und Mensch bringen. Die Infrastruktur, die anfänglich nur in den Küstenregionen zu Hause war, dringt immer mehr ins Innere vor. Große Straßenbauprojekte sollen die Nord- und Südküste miteinander verbinden. An diesen Verkehrsadern plant man, Tausende von Transmigranten aus den überbevölkerten Gebieten der Republik anzusiedeln. Die dort ursprünglich ansässigen Stämme haben bereits angekündigt, daß sie diese Transmigrationsprojekte als Landraub ansehen und sie deshalb nicht tatenlos hinnehmen werden. Soweit dies noch möglich ist, beginnt man daher seitens einiger Missionen, die Landrechte der Ureinwohner rechtskräftig zu verbriefen.

Mit der wachsenden Infrastruktur steigt auch die Zahl der Touristen. Während in den letzten Jahren nur wenige Reisende nach Irian kamen, stellt der Fremdenverkehr in Papua-Neuguinea bereits eine bedeutende Einnahmequelle dar. Da man dort aber erkannt hat, daß beim Besuch

vieler Touristen weniger Interesse als sensationelle Aspekte im Vordergrund stehen und viele in dem Land einen prähistorischen Menschenzoo sehen, ist das anfängliche Interesse der Regierung am devisenbringenden Tourismus einer gewissen Zurückhaltung gewichen. Im aufstrebenden Entwicklungsland Indonesien versuchen die Behörden, die Zusammenführung von Touristen und den sogenannten Primitiv-Völkern aus Gründen der Image-Pflege zumindest nicht zu fördern.

Kasuare – große Laufvögel, eng verwandt mit dem Emu.

Geschichte Neuguineas

Die Besiedelung Neuguineas begann nach den Erkenntnissen der Wissenschaft während der letzten Eiszeit vor ca. 50 000 Jahren und erfolgte über die damals noch bestehenden, mit Asien verbindenden Landbrücken. Die tasmanisch-australischen Stämme erreichten den australischen Kontinent wahrscheinlich auf dem Weg über Neuguinea. Die zeitlich voneinander getrennt eingewanderten unterschiedlichen Volksgruppen konnten, durch Berge, Sümpfe und Wälder gegenseitig isoliert, ihre **kulturellen Eigenarten** bewahren. Dies mag auch zum Teil die Existenz der mehr als tausend Sprachen, die man heute noch auf der Insel antrifft, erklären. Da nach dem Ende der letzten Eiszeit vor ca. 12 000 Jahren die Landverbindungen Neuguineas mit Asien und Australien durch den um 120 m angestiegenen Meeresspiegel abbrachen, blieben weitere kulturelle Einflüsse auf ein Minimum beschränkt. Es war daher auch nicht nötig, neue gesellschaftliche Organisationsformen zu entwickeln.

Während das Hausschwein, das heute noch das wichtigste Status-Symbol der Hochlandvölker Neuguineas ist, bereits 6000 v. Chr. nachweislich vorhanden war, scheint der Anbau tropischer Knollenfrüchte ca. 2 000 Jahre später Einzug gehalten zu haben. Obwohl die ersten Steinklingenfunde – auch wenn es sich dabei um wenig ausgeprägte Formen handelte – auf das Jahr 10 000 v. Chr. zurückgehen, können linsenförmige Beilklingen, die bis vor wenigen Jahren noch gefertigt wurden, frühestens 3500 v. Chr. eingeführt worden sein. 500 Jahre später setzte die Ausbreitung hochwertiger **Keramikprodukte** (sog. Lapita-Keramik) über Melanesien ein. 1600 v. Chr. fand die **Lapita-Kultur** ihren Höhepunkt. Zur selben Zeit wurden von den Küstenvölkern neue Formen der Seefahrt und des Fischfangs entwickelt.

Erste metallzeitliche Einflüsse lassen sich im Norden Neuguineas feststellen und auf 1000 v. Chr. datieren. Die für den Ackerbau im Hochland heute noch so typischen Entwässerungsgräben wurden bereits um Christi Geburt eingeführt. Zu ersten intensiven Kontakten mit dem Osten Indonesiens kam es erst um 1000 n. Chr. Obwohl die Küsten der riesigen Insel schon lange vor Ankunft der ersten europäischen Entdeckungsreisenden den chinesischen und malaiischen Seefahrern bekannt waren, erfuhr man bei uns erst zu Beginn des 16. Jh. von diesem fernen Land. Im Jahre 1512 scheinen die portugiesischen Seefahrer d'Abreu und Serrano Neuguinea gesehen zu haben. Sicher wissen wir es aber von deren Landsmann Jorge de Menezes, der 1526 auf einer Fahrt von Malakka nach Ternate abtreibt, und bei Warsai, im Norden des sogenannten Vogelkopfes, 5 Monate besseres Wetter abwartet. Er nannte das neu entdeckte Land **„Ilhas dos Papuas"** („Insel der Kraushaarigen"). Auch die Spanier ließen nicht lange auf sich warten. Bei zwei Versuchen Alvaro de Savredo Cerons, von der Molukkeninsel Tidore ostwärts Mexico zu erreichen, wurden 1528–29 weitere nördliche Küstenstriche angefahren. Kaiser Karl V. von Spanien ging auf Vorschläge, die durch Ceron entdeckten Gebiete gewinnträchtig zu nutzen, nicht ein.

1545 ist wohl eine der bedeutendsten Jahreszahlen in der Geschichte der Insel. Der Spanier Ortiz de Retes, der, vom Zufall geleitet, in diesem Jahr dort landete, gab ihr wegen der Ähnlichkeit der Bevölkerung mit den Bewohnern des afrikanischen Guinea, denen er bei einer vorangegangenen Fahrt begegnet war, den Namen **Nueva Guinea**. Im Schiffstagebuch trug er ein: „Ich habe ein neues Negerland entdeckt." Erst hundert Jahre später erkannte man, daß dieses Land eine Insel war. Zuvor hatte man es für einen Teil des sogenannten Südlandes (Australien) gehalten. Gleich zu Beginn des 17. Jh. entdeckte der Spanier Luis Vaez de Torres eine Passage zwischen Australien und Neuguinea, welche bis auf den heutigen Tag nach ihm „Torres-Straße" heißt. Zur gleichen Zeit kreuzten auch die niederländischen Schiffe von Schouten und Le Maire in den dortigen Gewässern auf. Die **Vereinigte Ostindische Compagnie (VOC)** hatte sie damit betraut, neue Küsten auf Karten festzuhalten. Auch Jan Carstensz, der im Auftrag des niederländischen Gouverneurs auf Ambon Neuguinea ansteuerte, kam 1623 mit einer sensationellen Meldung zurück. Er hatte von der Küste aus ein überhohes, mit Eis und Schnee bedecktes Gebirge gesehen. Obwohl man anfangs nicht an den Schnee in Äquatornähe glaubte und im Rum die Ursache für diese Erscheinung sah, wurde sie bald von anderen

Seeleuten bestätigt: Nur 600 km südlich des Äquators gab es in der Tat Berge mit Gletschern. Erst im Jahre 1962 wurden die höchsten Gipfel dieses Gebirges, darunter auch der damals Carstensz-Pyramide genannte Jayawijaya (5 030 m), von einer Expedition unter der Leitung Heinrich Harrers bezwungen.

Die **Ankunft der Europäer** auf der Insel war für viele Papuas, die an den Küsten wohnten, ohne größere Bedeutung. Jene, die unter dem Sklavenhandel des benachbarten Molukken-Sultanats Batjan zu leiden hatten, sahen auch in den weißen Besuchern eine Bedrohung und begegneten ihnen teilweise zurückhaltend oder feindlich. Die Tatsache, daß man sich gegen fremde, bis an die Zähne bewaffnete Eindringlinge zur Wehr setzte, führte in den ersten Neuguinea-Karten der Europäer zu besonders abschreckenden Ortsbezeichnungen: Namen wie Mörder- oder Totschläger-Fluß prangten bis ins 20. Jh. auf den Landkarten.

Der anfänglich starke Einfluß der **Holländer** in Neuguinea schwand im 18. Jh. vorerst dahin. Durch gewinnbringenden Gewürzhandel und strategisches und wissenschaftliches Interesse angespornt, erschienen in dieser Zeit viele europäische Expeditionen in den Gewässern rund um die Insel. Neues Kartenmaterial verwirrte durch Neueintragungen und Umbenennungen alter Ortsnamen sowie durch den Gebrauch von englischer und französischer Sprache. Philip Carteret, Louis Antoine de Bougainville, James Cook und John McCluer trugen in dieser Epoche zu neuen Erkenntnissen über Neuguinea bei. Auch dem Kapitän der Bounty, William Bligh, der von den Meuterern seines Schiffes mit 18 Mann in einer kleinen Barkasse auf dem offenen Meer vor Tofua ausgesetzt worden war, gelang es nach einer Reise von 3 500 Seemeilen, die ihn durch die Torres-Straße führte, den niederländischen Handelsplatz Kupang auf Timor zu erreichen. Auf der entbehrungsreichen Fahrt dorthin fertigte er, wie auch bei einer weiteren Reise im Auftrag der englischen Admiralität, genaues Skizzenmaterial der südlichen Küstenlinien Neuguineas an. Diese leisteten in den darauf folgenden Jahrzehnten auch anderen Kapitänen wichtige Dienste.

Durch Intrigen mit örtlichen Fürstentümern gelang es den **Engländern** 1794, ihren Herrschaftsanspruch über den westlichen Teil der Insel durchzusetzen, der – von den napoleonischen Kriegen in Europa begünstigt – bis 1828 andauern sollte. Im gleichen Jahr gründeten die Niederlande ihren ersten Stützpunkt in der Triton-Bai, nachdem sie einen großen Teil Neuguineas als ihr Gebiet proklamiert hatten. Das Fort mußte jedoch innerhalb von weniger als 8 Jahren aufgegeben werden, da mehr als 50% der dort stationierten Holländer dem Fiebertod erlagen.

Am 28. August 1828 wurde die Ostgrenze der Kolonie bestimmt und auf den 141. Grad östlicher Länge festgelegt; sie wurde 1875 jedoch geringfügig korrigiert. Neuguinea war nun im kolonialen Interesse geteilt und sollte es auch weiterhin bleiben. Erst 1883 hißten die Engländer im Südosten ihren Union Jack, obwohl sie schon längere Zeit dort wirtschaftlich tätig waren. 1884 teilten sich England und das deutsche Kaiserreich den Osten der Insel. Am 3. November des gleichen Jahres wurde in Berlin der zuvor gegründeten „Neuguinea-Compagnie" die Verwaltung über den Nordosten der Insel, den Bismarck-Archipel sowie einen Teil der Salomonen und Mikronesiens anvertraut. An die Stelle des Wortes „Kolonie" trat nun die Bezeichnung „Schutzgebiet"; es erhielt den Namen **„Kaiser-Wilhelms-Land".** Da der Boden gute Erträge versprach, legte man Kaffee-, Kakao-, Baumwoll- und Tabakpflanzungen an, deren Produkte bald wegen ihrer hohen Qualität in Europa gerühmt wurden.

Die **Missionen,** die ihr Werk in der Mitte des 19. Jh. begonnen hatten, intensivierten in den kommenden Jahrzehnten ihre Anstrengungen. Heute sind es mittlerweile mehr als 60 verschiedene Missionsgruppen und Sekten, die in Neuguinea an der Verbreitung ihres christlichen Glaubens arbeiten. Manche von ihnen haben in den letzten Jahren dazugelernt und begegnen dem angestammten Glauben der Papuas mit mehr Toleranz; leider ist dies noch die Ausnahme.

Erst gegen Ende des 19. Jh. begann die **intensive Erforschung** des Inlandes. Deutsche, englische und niederländische Expeditionen drangen bewaffnet auf den großen Flüssen Sepik, Fly und Mamberano ins unbekannte Innere Neuguineas vor. Die Papuas merkten sehr bald, daß es sich hierbei nicht um Höflichkeitsbesuche, sondern um die Selbstdarstellung der herrschenden Kolonialmächte handelte. Obwohl die meisten Kontakte friedlich blieben, begann der Widerstand gegen die Fremdherrschaft zu wachsen. Es war jedoch weniger die resistente Haltung der Bewohner als die Härte des Tropenalltags, die den kolonialen Ausbau vielerorts zum Stehen brachte. Die 1895 durch die kaiserliche Marine begonnene Kartierung des Ostteils mit moderneren Mitteln konnte 1906 durch die Niederlande für den Westteil vervollständigt werden.

Gleich zu Beginn des **Ersten Weltkrieges** wurde Deutschlands Kolonialbesitz auf Neuguinea durch **Australien,** das 1906 von England den südlichen Teil erhalten hatte, konfisziert. Obwohl bereits am 13. September 1914 von australischen Truppen die britische Flagge nach kurzem Gefecht mit den deutschen Schutztruppen gehißt worden war, führte eine kleine Einheit unter Hauptmann Detzmer mit Unterstützung der einheimischen Bevölkerung im zentralen Bergland einen vierjährigen Guerilla-Krieg gegen die Australier. Von der deutschen Anwesenheit im vormaligen Kaiser-Wilhelms-Land blieben jedoch nur noch wenige Relikte übrig. Das Wort „raus", das man dort heute noch verwendet, um jemandem die Türe zu weisen, zeugt von einem rauhen Ton, der damals dort geherrscht haben muß.

1927 begann Australien im Tal von Bulolo die dort entdeckten **Goldvorkommen** auszubeuten. Da die hierfür benötigte Technik nur mittels Flugzeug in den Urwald transportiert werden konnte, wurde Neuguinea zu einem Pionier-Gebiet der Fliegerei. Mit vier Ganzmetallflugzeugen vom Typ Junkers G 31 ließ der Geschäftsmann Cecil Levine eine ganze Stadt in den Dschungel fliegen. Die bald darauf gegründete Neuguinea-Airlines führte als erste eine Flugversicherung für ihre weißen Passagiere ein. Papuas transportierte man zu einem Schilling pro Pfund Lebendgewicht – unversichert. Die in der Abgeschiedenheit der Hochtäler lebenden Papua-Stämme hielten die ersten Flugzeuge, die sie sahen, logischerweise für Vögel, die der Welt der Geister und Ahnen entstammen mußten. Nach der Landung brachten die mutigsten Männer häufig Früchte zum Empfang des Geistervogels und fragten dann teilweise auch nach dem Geschlecht des Tieres. Heute ist die Fliegerei in Neuguinea ein wichtiges Hilfsmittel bei der regionalen Entwicklung.

Auch der Pazifik-Krieg brachte neue Einflüsse auf die Insel. Nachdem man in den Jahren zuvor noch intensiv an der Erkundung des Inlandes gearbeitet hatte und dabei 1936 durch den Flieger Wissel die Wissel-Meere (heute Paniai-Seen) und das Baliem Tal entdeckt hatte, brach mit Ausbruch des **zweiten Weltkrieges** diese Entwicklung ab. Im Januar 1942 griff Japan, nach den Philippinen und Niederländisch-Indien, auch Neuguinea an, um sich die lebenswichtigen Rohstoffe der Region zu sichern. Der Oberbefehlshaber über die alliierten Streitkräfte im Südwest-Pazifik, McArthur, entschloß sich, mit 10 Divisionen als erstes Neuguinea zurückzuerobern, um sich dann den Philippinen zuzuwenden. Zwischen den „Aussies" und den Heeren des Tenno entbrannte nun ein blutiger Dschungelkrieg. Bei dem Vesuch, die auf dem Kokoda-Trail vorrückenden japanischen Verbände von der Südküste fernzuhalten, mußten 15 000 australische Soldaten ihr Leben lassen.

Die Papuas, die während des Krieges unentbehrliche Dienste als Pfadfinder und Träger leisteten, wurden erstmalig, teilweise aber auch nur notgedrungen, als Mensch und Freund erkannt und gleichberechtigt behandelt. Ihre persönlichen Interessen lagen jedoch außerhalb dieses unter den Großmächten ausgeführten Machtkampfes. Die Versorgung der alliierten Truppen aus der Luft führte zum Aufblühen eines bereits vorhandenen Mythos – des **Cargo-Kultes.** Die an Fallschirmen auf Dschungellichtungen herabschwebenden Lasten enthielten die phantastischsten Waren, deren Herkunft und Entstehung den Papuas nicht bekannt waren. Sie verstanden sie deshalb als Geschenke mächtiger Ahnen aus dem Jenseits. Die Tatsache, daß nur die Soldaten der fremden Mächte von den Waren profitierten, wurde als Fehlleitung oder sogar Diebstahl angesehen. Mit dem Cargo-Kult erblühte die Saat des **papuanischen Nationalismus.** Auch die Japaner, die der Bevölkerung wegen ihres brutalen Vorgehens besonders verhaßt waren, bekamen ihn noch zu spüren. Man verweigerte ihnen die Unterstützung mit Nahrungsmitteln und mußte dafür das Niederbrennen von Dörfern in Kauf nehmen.

Der Osten Neuguineas wurde zuerst befreit. Nachdem im April 1944 die Japaner auch im Westen der Insel ihre Waffen niedergelegt hatten, kehrte für kurze Zeit die gewohnte

Ruhe nach Neuguinea zurück. Die in ihre Kolonien „heimkehrenden" Niederlande mußten, wie bereits erwähnt, 1949 auf Druck der Weltöffentlichkeit hin die Republik Indonesien anerkennen. Obwohl Sukarno und Hatta ihre Gebietsansprüche anfänglich bei den Molukken enden ließen, kam es am 27. Dezember 1949 bei der **Souveränitätserklärung** zum Konflikt um den von den Niederlanden verwalteten Teil Neuguineas. 1952 entschloß sich Sukarno endgültig, den Westen Neuguineas in den **indonesischen Staatsverband** einzureihen. Da die Niederländer der durch Sprache und Kultur geprägten eigenen Identität der verschiedenen Papua-Völker durch Selbstverwaltung zu ihrem Recht verhelfen wollten, strebten sie die Verwirklichung des Artikels 73 der UNO-Charta an. Dieser sah die Förderung des Unabhängigkeitsstrebens kolonial beherrschter Völker vor.

Beunruhigt durch den wachsenden indonesischen Anspruch, verstärkten die Niederlande, die das Ende des kolonialen Zeitalters bereits erkannt hatten, den sozialen Aufbau in Niederländisch-Neuguinea. Als Folge der Erschließung von Bodenschätzen entstanden in den Küstenregionen neue Ortschaften. Die Insel erwies sich immer mehr als eines der rohstoffreichsten Gebiete der Erde. Nach der Exploration neuer Ölvorkommen in der Nähe von Sorong kam es zum Bau von Raffinerien. Am Südhang des Carstensz-Gebirges hatte man schon vor Jahren große **Kupfervorkommen** entdeckt. Genauere Untersuchungen ergaben einen Vorrat von 33 Mio. Tonnen Kupfererz. Da die politische Lage immer bedrängter wurde, entschlossen sich die Niederlande, vorerst keine Gelder in die Gewinnung dieser Vorkommen zu investieren.

Die Konfrontationspolitik Sukarnos wurde von Tag zu Tag heftiger. Nachdem die Ausweisung niederländischer Bürger und die Enteignung niederländischer Industrieunternehmen in Indonesien keinen Erfolg brachte, kam es auch zu militärischen Aktionen. Der Versuch indonesischer Luftlandetruppen, im West-Teil eine Invasion durchzuführen, mißlang jedoch. Während aus den Niederlanden eiligst entsandtes Militär den Status Quo sichern sollte, begann man in aller Eile, das Land auf seine **Unabhängigkeit** vorzubereiten. Sukarno forderte jedoch die sofortige Übergabe. **Amerika,** das unter John F. Kennedy ein besseres Verhältnis mit Sukarno suchte, entzog nun auch den Niederlanden die Unterstützung in der Neuguinea-Frage. Der 1961 vorgelegte **Luns-Plan,** der für den westlichen Teil eine Internationalisierung mittels UNO-Mandat und eine spätere Volksabstimmung unter der Bevölkerung vorsah, kam daher zu Fall. In der **Brazzaville-Resolution** wurden bilaterale Verhandlungen beschlossen, die endlich zu einem Ergebnis führen sollten. Im Auftrage Kennedys arbeitete der amerikanische Diplomat Bunker einen neuen Plan aus. Dieser sogenannte **Bunker-Plan** sah nach einer kurzen Interims-Regierung der UNO die einstweilige Übergabe West-Neuguineas an die Republik Indonesien vor. Nach 7-jähriger indonesischer Verwaltung sollten die Papuas mittels einer Volksabstimmung über ihren weiteren Verbleib in der Republik entscheiden. Die Bevölkerung, die man bereits auf Unabhängigkeit vorbereitet hatte, mußte sich mit diesem Beschluß vorerst begnügen. Mit folgenden Worten verabschiedete sich am 15. August 1962 der niederländische Ministerpräsident de Quai von seinen ehemaligen, dunkelhäutigen Staatsbürgern: „Arbeiten Sie auch weiterhin an der Wohlfahrt Ihres Volkes. Die Gedanken und besten Wünsche des niederländischen Volkes werden Sie dabei begleiten. Möge Gott Sie bewahren!"

Nach siebenmonatiger Übergangsregierung der UNO (UNTEA) übernahm am 1. Mai 1963 die Republik Indonesien den West-Teil und benannte ihn in West-Irian um. Das Wort „Irian" entstammt der Biak-Numfoor Sprache und bedeutet soviel wie „heißes Land". Indonesien hatte diesen Namen bereits in den Jahren zuvor propagiert, da die Buchstaben des Wortes **„Irian"** folgende Botschaft für die Papuas enthielten: „**I**kut **R**epublik **I**ndonesia **A**nti **N**ederland" (Folge der Republik Indonesien gegen die Niederlande). Das 1910 gegründete Hollandia, das später Sitz des niederländischen Generalgouverneurs wurde, erhielt von den neuen Machthabern anfänglich den Namen Kota Baru (Neue Stadt), um dann in Sukarnopura und schließlich Jayapura (wohlhabender Hafen) umbenannt zu werden.

Im Osten Neuguineas verlief unterdessen der Aufbau in ruhigeren Bahnen. Die UNO hatte für diesen Landesteil das australische Mandat bestätigt. 1964 fanden dort, von einer UNO-Kommission angeregt, zum ersten Mal Parlamentswahlen statt; von 54 gewählten Abgeordneten waren 38 Einheimische.

Aufgrund von Verstößen gegen das UNO-Abkommen, das in Irian die Besetzung wichtiger Verwaltungsposten mit Papuas vorsah, kam es schon bald zu Unruhen, die in die Gründung einer Widerstandsbewegung einmündeten.

Die vertraglich zwischen den Niederlanden und Indonesien vereinbarte Volksbefragung, die über die staatsrechtliche Stellung West-Irians entscheiden sollte, fand 1969 statt. Die Art und Weise der Abstimmung blieb jedoch bis heute umstritten. Die ca. 450 000 wahlberechtigten Papuas wurden durch 1 025 Wahlmännern vertreten, die sich beim Plebiszit für den weiteren Verbleib bei Indonesien entschieden. Das Bekanntwerden dieser Meldung führte im Inland zu neuen Unruhen und nachfolgendem Militäreinsatz.

Die **Freeport-Kupfermine** am Südhang des Carstensz-Gebirges wurde 1972 nach zweijähriger harter Arbeit eingeweiht. Von hier führt eine 100 km lange Straße zur Mündung des Tapoka-Flusses, wo ein spezieller Erzhafen angelegt wurde. Heute sind Japan und die Bundesrepublik Deutschland die Hauptabnehmer dieses Kupfererzes. Bei den Feierlichkeiten zur Einweihung der Mine im März 1973 wurde Irian barat (West-Irian) in Irian jaya (wohlhabendes Irian) umbenannt.

1975 wurde **Papua-Neuguinea** (heute Papua-Niugini) nach Verabschiedung einer eigenen Verfassung unabhängig. Unter Premierminister Michael Somare trat es als Mitglied des British Commonwealth of Nations auch der UNO bei.

Während der indonesischen Parlamentswahlen im Jahre 1977 kam es zum Aufruhr der Dani-Stämme im westlichen Baliem-Tal. Neue Aufstände gegen die Zentralregierung flakkerten immer wieder auf und zogen militärische Einsätze nach sich. Auch die Siedlungsprojekte in West-Irian für Transmigranten aus Sulawesi, den Molukken und Java führten zu sozialen Spannungen, die sich teilweise in Unruhen äußerten. Während in Irian Jaya auch weiterhin die Gefahr besteht, daß sich die Distanz zwischen der einheimischen Bevölkerung und den Zugezogenen aus westlichen Provinzen vergrößert, bemüht sich Papua Niugini heute mehr denn je um seine nationale Einheit.

Die einst von den niederländischen Kolonialherren am 141. Grad östlicher Länge gezogene Grenzlinie wird heute von beiden Seiten streng bewacht. Trotz gelegentlicher Spannungen zwischen Papua-Neuguinea und dem Nachbarn unterhält man diplomatische Beziehungen.

Stammesleben in Neuguinea

Die Stämme Neuguineas sprechen zwar ca. 600 verschiedene Sprachen, weisen aber in ihrer Lebensweise viele Gemeinsamkeiten auf. So ist beispielsweise das Amt des Häuptlings nicht erblich. Wer den täglichen Herausforderungen seiner Führungsposition nicht gewachsen ist oder sich Privilegien herausnimmt, muß seinen Hut bzw. seine Feder nehmen. Hier gilt: Gleiches Recht für alle.

Die größten gesellschaftlichen Einheiten im Landesinneren sind Dörfer oder Dorfgemeinschaften, denen meist mehrere Anführer vorstehen. Die Frauen eines Dorfes besitzen als Gesamtheit auch einen Teil der Macht. Da ihre Fruchtbarkeit den Fortbestand des Stammes sichert, kommt ihnen außer der persönlichen Achtung ihres eigenen Mannes eine große gesellschaftliche Anerkennung zu. Der Mann zahlt für seine Braut einen Preis, der traditionell mit dem wertvollsten Besitz der Bevölkerung, mit Schweinen, abgegolten wird. Er sieht seine Frau aber nicht, wie häufig vermutet, als sein Eigentum an.

Junge Mädchen werden schon recht früh von ihren Müttern mit den Pflichten des Alltags vertraut gemacht; den männlichen Nachkommen gewährt man hingegen eine gewisse „Anlaufzeit".

Die vom **Ahnenkult** beherrschten Glaubensvorstellungen der Papuas basieren häufig auf dem grundlegenden Gedanken, daß es ohne Tod kein neues Leben gibt. Beim Stamm der Asmat entsprang aus diesem Mythos ein Kopfjagd-Kult, der durch den Tod eines Gegners den Fortbestand des eigenen Stammes sichern sollte. Die Vorstellung vom Gleichgewicht im Kommen und Gehen des Lebens beschränkt sich bei den Papuas nicht nur auf das menschliche Dasein, sondern umfaßt auch die – ihrem Glauben nach beseelte – Natur.

Der den Papuas häufig unterstellte **Kannibalismus** ist mit wissenschaftlichen Mitteln noch nicht genau nachgewiesen worden. Sogenannte Augenzeugenberichte erwiesen sich in der Regel als Sensationslust. Das Verspeisen von Herz und Leber eines im Kampf erschlagenen Feindes, von dem einige Missionare berichteten, ist dagegen ein altes kulturgeschichtliches Ritual der Menschheit, das sogar in der vom europäischen Humanismus als hochstehend angesehenen Kultur des alten Griechenland ebenfalls üblich gewesen sein soll. Auch das Essen von Asche nach einer Leichenverbrennung, das von einigen Stämmen praktiziert wird, hat nichts mit Kannibalismus zu tun; vielmehr drückt sich in dieser mythisch gebundenen Verhaltensweise eine enge Stammesverbundenheit, die die Seelen der Toten einschließt, aus.

Solche für uns extreme Verhaltensweisen sind Teil eines komplexen Naturweltbildes, das selbst von Wissenschaftlern nach langem, eingehendem Studium mehr erahnt als begriffen wird. Der Versuch, eine uralte Kultur mittels wissenschaftlicher Momentaufnahmen zu bewerten, ist daher ein Wagnis und endet oft in Vorurteilen. Der Besucher Neuguineas sollte sich deshalb nicht um Wertung, sondern um Verständnis bemühen.

Ahnenkult und **Krieg** sind bei den Papua-Völkern stark miteinander verflochten. Trotz der gegenüber den Totengeistern bestehenden Verpflichtung, Kriege zu führen, fanden unter gegenseitig verfeindeten Dörfern häufig noch Handel und Hochzeiten statt. In manchen Gebieten eskalierte die Feindschaft jedoch so stark, daß nur noch die Flucht einen Stamm vor dem totalen Untergang retten konnte. Wenn das Kriegführen zu sehr an die Substanz der Menschen ging, war auch das Aushandeln eines Friedensabkommens möglich.

Es gibt jedoch auch nicht-kriegerische Stämme, die vor allem unter den Jägern und Sammlern zu finden sind. Im Dunkel des Waldes weichen sie nach Möglichkeit jeder Begegnung mit anderen Menschen aus.

Bezeichnenderweise wird Neuguinea eine ethnologische und anthropologische Fundgrube genannt: Immer wieder werden hier unbekannte Stämme entdeckt. Mit Hilfe von For-

Maniok — eine tropische Pflanze, aus deren Wurzelknollen Stärkemehl gewonnen wird.

schungsprojekten werden diese dann meistens schneller als beabsichtigt ins 20. Jahrhundert und somit häufig ins Grab katapultiert. Von den Tapiro-Zwergen, die einst im Gebiet um die Paniai-Seen ansässig waren, fehlt beispielsweise inzwischen jede Spur. Man nimmt an, daß sie von einer eingeschleppten Krankheit ausgerottet wurden.

In den Dörfern Neuguineas werden viele Aufgaben, wie z. B. Hausbau und Feldrodung, gemeinschaftlich erledigt. Auch alte Menschen werden dabei nach Möglichkeit integriert. Trotz fehlender Anleitung koordinieren sich die Arbeiten von selbst; ohne Absprache erkennt jeder Mitwirkende seinen Aufgabenbereich, beispielsweise beim **Hüttenbau.** Als Werkzeuge dienen neben Schneidezähnen von Nagetieren, Knochen und Steinsplittern inzwischen auch Metallklingen. Der Bambusspan, ein Allzweck-Schneidegerät, ist ebenfalls noch im Einsatz. Mit ihm werden nicht nur Haare geschnitten und Schweine zerlegt, sondern auch die Nabelschnur eines Neugeborenen durchtrennt.

Feste haben in Irian nicht nur kultischen Charakter, sondern dienen auch der Vertiefung nachbarlicher Beziehungen und des Zusammengehörigkeitsgefühls. Bei solchen Gelegenheiten werden auch häufig Tauschgeschäfte abgeschlossen.

Die traditionelle Ökonomie der Papuas kennt auch ein eigenes Zahlungsmittel: das **Muschelgeld.** Der Wert der Muscheln wird nach Form, Größe, Farbe und Alter geschätzt. Sie werden jedoch nach und nach durch Münz- und Papiergeld verdrängt, und nehmen im Handel der Bergpapuas nur noch einen unbedeutenden Platz ein. Früher aber war die **Kauri-Muschel** das Gold der Bergpapuas. Größe, Härte und Gewicht sowie die Tatsache, daß sie schwierig zu beschaffen ist, ließ sie nicht nur bei den Stämmen Neuguineas, sondern auch bei anderen Völkern als geeignetes Zahlungsmittel erscheinen. Für eine echte Kauri-Muschel, deren Aussehen jedoch den lokal gängigen Wertvorstellungen entsprechen mußte, konnte man bis vor wenigen Jahren in entlegenen Regionen noch ein ganzes Schwein einhandeln. Da der weiße Glanz in der äußeren Emailleschicht der Muschel ihren Kurswert mitbestimmte, halfen Fälscher in den Küstenorten durch das Bleichen in Säure etwas nach. Das traditionelle Währungssystem erfuhr auch eine Art Inflation: Die japanischen Besatzer sowie Expeditionsgruppen brachten größere Mengen der begehrten Muscheln in Umlauf, und ließen so die Preise für normale Handelsgüter schnell steigen. Die Kauri-Muschel diente nicht nur als Zahlungsmittel, sondern auch als Amulett gegen Unfruchtbarkeit und Krankheit. Wegen ihrer Ähnlichkeit mit der weiblichen Vagina wird die Muschel auch „Venusmuschel" genannt. Ihr werden Kräfte zugeschrieben, die sich positiv auf Schwangerschaft und Geburt auswirken sollen. Doch die sensible Balance in den Wechselbeziehungen zwischen Ahnenkult, Mensch und Natur, die in solchen Amuletten ihren Ausdruck findet, ist bei den Naturvölkern heute bereits nachhaltig gestört.

Auch der Cargo-Kult der Papuas wird von den Anhängern moderner Entwicklungspolitik gerne so ausgelegt, als ob diese Menschen nichts sehnlicher wünschten, als eine Annäherung an unsere Konsumwelt. Diese Annahme ist jedoch weit von der Wahrheit entfernt. Im übrigen sind auch die Industrieländer heute kaum noch in der Lage, den propagierten Lebensstil für jeden und auf Dauer zu garantieren.

Reisen in Irian Jaya

Das Wort „Massentourismus" ist in Irian Jaya noch unbekannt. Der Mangel an komfortablen Hotels und die unumgänglichen Reisestrapazen bewirken, daß das Land bisher nur von wenigen Einzelreisenden und Pauschal-Gruppen als Reiseziel ausgesucht wird. Die Tatsache, daß die meisten Touristen den Papuas eine Hauptrolle in ihrem Reiseabenteuer zuschreiben, dokumentiert deutlich die falschen Vorstellungen, unter denen die Reisen stattfinden. Die Erfahrung verantwortungsvoller Reiseveranstalter zeigt, daß es nicht das Interesse am Leben der Naturvölker, sondern die Sensationslust ist, die die meisten Touristen zu ihrem jährlichen „Pflichtabenteuer" in den Urwald treibt. In den Erzählungen am heimischen Herd fehlt daher auch häufig die Information, daß man ohne Mithilfe der einheimischen Bevölkerung als Träger, Führer oder Gastgeber in Irian keine größeren Wegstrecken hätte zurücklegen können.

Wer sich zu einer Reise in solch entlegene Gebiete entschließt, muß wissen, daß die „Hand- und Fußsprache" nicht die geeignete Basis ist, auf der eine bewußt geplante Begegnung mit einer fremden und isolierten Kultur ruhen sollte. Mißverständnisse und Ärger, verursacht durch unabsichtliche Verstöße gegen örtlich geltende Tabus, können gerade in Neuguinea die Folge davon sein. Es ist daher für Irian-Reisende unumgänglich, die wichtigsten Grundlagen der Bahasa Indonesia, die von vielen Papuas beherrscht wird, zu erlernen. Diese Mühe wird mit einem aus eigenen Erkenntnissen gewonnenen tieferen Einblick in die täglichen Lebensgewohnheiten sowie einem größeren Verständnis für die Sitten und Gebräuche des besuchten Volkes belohnt werden. Wer hierfür jedoch nicht die nötige Zeit aufbringen kann, sollte die Reise mit einem erfahrenen und verantwortungsvollen Reiseveranstalter durchführen, dessen Reiseleiter ihm dann die ungeschminkten Tatsachen vermitteln kann. Allerdings wirkt dann häufig die spontane und großzügige Gastfreundschaft des besuchten Stammes wie eine im Pauschalpreis enthaltene Leistung.

Anreise nach Irian

Die Städte Jayapura, Timuka und Sorong sowie die benachbarte Insel Biak können von der indonesischen Hauptstadt Jakarta aus mit der Merpati und der Garuda Indonesian Airways über Surabaya, Ujung Pandang und Ambon erreicht werden. Wer von Papua-Neuguinea aus einreisen will, kann mangels Straßenverbindungen nur den einmal wö

Cargo-Kulte

Das aus dem Englischen stammende Wort „cargo" bedeutet ursprünglich „Ware" oder „Fracht". Nach dem Glauben der ozeanischen Völker, zu denen auch die Papuas zählen, stammen die Waren, die die Weißen besitzen, ursprünglich aus der Welt der Ahnen. Die Güter sind demnach für alle Menschen bestimmt, werden aber von den Weißen offensichtlich alleine beansprucht. In der Hoffnung auf ausgleichende Gerechtigkeit bildeten sich im Laufe der Jahre religiöse Heilsbewegungen, die sogenannten „Cargo-Kulte", deren Ursprung jedoch nicht nur auf den ersten Kontakten mit den „cargo-reichen Europäern", sondern auch auf der eigenen kultischen Vergangenheit beruht. Die Propheten dieser Bewegung, die auch Elemente des christlichen Glaubens beinhaltet, versprechen ihren Anhängern hauptsächlich Glück und Wohlstand. Die heute meist sektiererischen Gruppen versuchen, in magisch-mechanischen Praktiken ihr Dasein positiv zu beeinflussen. Die ca. 300 verschiedenen Kulte enthalten Botschaften, die im allgemeinen von ganzheitlichem Denken bestimmt sind und sich inhaltlich kaum voneinander unterscheiden. Sie sind für die Menschen in Neuguinea von elementarer Bedeutung: Obwohl mit den Cargo-Kulten keine aktuellen Lebensfragen bewältigt werden können, hat sich das Selbstwertgefühl der Bevölkerung durch sie erhöht und ein gesundes Eigenbewußtsein geschaffen. Wie die Volkskunst auf Neuguinea beweist, setzte die Bewegung auch eine große Portion Kreativität frei. Die Cargo-Kulte basieren nicht auf einer rein materialistischen Grundhaltung der Bevölkerung; die von den Kultanhängern herbeigesehnte Warenpalette wird weniger von überflüssigen als von praktischen Dingen bestimmt – obwohl hier und da auch ein kleines Statussymbol dabei ist. Es wird jedoch nicht beabsichtigt, die Lebensweise der „Zivilisation" zu kopieren.

chentlich stattfindenden Flug von Wewak (Papua-Neuguinea) nach Jayapura (Irian) nutzen. **Schiffsverbindungen** von und nach Irian sind nur den Reisenden vorbehalten, der über genügend Zeit verfügt. Für die Strecke Surabaya–Jayapura muß man mit einem Schiff der staatlichen Pelni-Linie je nach Zahl der Zwischenstops mit 10 bis 14 Tagen Reisezeit rechnen.

Die Tatsache, daß 80% Irians mit dichtem Regenwald bedeckt sind, läßt bereits die Schwierigkeiten erkennen, mit denen der Reisende hier rechnen muß. Während der Urwald in den Flach- und Schwemmlandebenen, durch die sich zahlreiche große und kleine Wasseradern winden, nicht selten sumpfig und malariaverseucht ist, bedeckt er im zentralen Hochland tückische Berge mit steilem Böschungswinkel. Durch die hier häufigen Erdbeben sowie durch starke Regenfälle wurden schon öfters Erdrutsche verursacht.

Fußmärsche von der Küste ins zentrale Hochland haben Expeditionscharakter und müssen bei den Sicherheitsbehörden (Polizei und Militär) angemeldet werden. Da selbst geringe Abstände in diesem Land tagelange Märsche erfordern, die nur allzu häufig durch unbewohntes Land führen, ist die Mitnahme von Zelt und ausreichend Proviant anzuraten. Um auch eventuell notwendige Träger mit Lebensmitteln versorgen zu können, sollte an entsprechende Mengen gedacht werden – man ist es hier gewohnt, ehrlich zu teilen.

Da die meisten Reisenden nur einen 4- bis 6-Wochen-Urlaub zur Verfügung haben, finden hier nur kleinere **Trekking-Touren** Erwähnung. Um sie alleine durchführen zu können, muß man kein Survival-Fachmann sein; Anspruchslosigkeit, sportliche Kondition und etwas Tropenerfahrung sind aber in jedem Falle von Nutzen. Das Hauptziel der meisten Trekking-Touren ist das Baliem-Tal im Herzen des Hochlandes. Auch das Gebiet um die Paniai-Seen wird, soweit es von den örtlichen Autoritäten erlaubt ist, immer häufiger besucht.

Offizielle **Inlandflüge** führt nur die Merpati durch. Von Biak gibt es Verbindungen nach Manokwari, Sorong, Fakfak und Nabire. Von Nabire werden Muanemani, Enarotali, Hometo und Ilaga angeflogen. Von dem zu Jayapura gehörenden Sentani-Airport gibt es täglich 1 bis 2 Flüge nach Wamena. Weitere Orte im Flugplan sind Merauke, Bokondini und Ok Sibil. Die kleineren Airstrips in Irian werden hauptsächlich von zwei den Missionen gehörenden Gesellschaften angeflogen. Obwohl die für die protestantischen Missionsgruppen zuständige MAF (Missionary Aviation Fellowship) über die meisten Flugzeuge und Piloten verfügt, ist man hier nur bedingt bereit, Touristen zu befördern. Die katholische AMA (Associated Mission Aviation) scheint dieses Problem großzügiger zu handhaben, verfügt jedoch nur über ein beschränktes Sitzplatzangebot.

Die Zahl der wöchentlich stattfindenden Flüge hängt besonders in Neuguinea vom Wetter ab. Wegen der guten Sichtbedingungen eignen sich hauptsächlich die frühen, turbulenzfreien Morgenstunden zum Fliegen. Plötzlich aufziehende Wolkenwände stellen besonders im gebirgigen Inneren des Landes eine große Gefahr dar, wie die Zahl der jährlichen „Crashs" zeigt. Viele der ca. 250 Airstrips sind nicht leicht anzufliegen, da sie an Berghängen, in Schluchten oder im Regenwald liegen und meist nur eine Gras- oder Schotterpiste haben. Um auf diesen teilweise sehr kurzen Bahnen starten und landen zu können, werden neben Cessnas auch STOL-Flugzeuge (short takeoff and landing) vom Typ Islander und Twin Otter benutzt, die je nach Typ und Zuladung 5 bis 15 Passagiere aufnehmen können.

Wer seinen eigenen Flugplan gestalten will, muß sich eine Maschine chartern. Für eine zweimotorige Islander zahlt man gegenwärtig ca. 400,– US$ pro Stunde. Pro Charterflug wird auch der jeweils notwendige Rückflug zur Basis berechnet. Die Firma Airfast auf dem Sentani-Airport hat sich auf Charterflüge in Irian spezialisiert.

Touristen benötigen für Reisen in der Provinz Irian Jaya eine **Sondergenehmigung,** einen „surat jalan", den man bei der obersten Polizeibehörde in Jakarta oder Jayapura erhält. Um sicher zu gehen, daß man die Reise nach Jayapura nicht vergebens angetreten hat, sollte man sich schon in Jakarta um die Erlaubnis bemühen. Auch größere Reisebüros können dieses Visum in 1 bis 3 Tagen gegen einen Unkostenbeitrag besorgen. Reisende, die ihre Genehmigung selbst einholen möchten, wenden sich an: Dinas Intel Pol (Mabak), Jl. Sudirman Gedung Veteran, Jakarta pusat oder Polisi (MABD), Jl. Trunojojo 3, Jakarta.

Trekking und Ausrüstung

Wie man sich rüstet, so reist man – dieser Leitsatz trifft besonders für Irian-Reisende zu. Das Gelingen einer Trekking-Tour – die man im übrigen nicht alleine unternehmen sollte – hängt im wesentlichen von der Wahl der richtigen Ausrüstung ab. Bei der Reiseplanung sollte man ihr deshalb erhöhte Aufmerksamkeit zukommen lassen.

Da „Sightseeing" in Irian auf „Schusters Rappen" stattfindet, stellen gut eingelaufene, nicht zu schwere **Wander- oder Bergschuhe** mit kräftigem Profil den Faktor dar, von dem der Erfolg des ganzen Unternehmens abhängt. Vor Ort entscheidet sich dann meist sehr schnell, ob man die richtigen Schuhe ausgewählt hat. Eine gute Imprägniercreme, 4 Paar eingetragene Skisocken und ein Paar Ersatzschnürsenkel gehören außerdem zur Ausrüstung. Für Sumpf- und Bachdurchquerungen können wasserdichte Gamaschen sehr nützlich sein. Auch Sportschuhe sollte man mitnehmen, da sie auf leichten Wegstrecken und während des Lagerns den Füßen Erholung verschaffen.

Ein gutes, wetterfestes **Leichtgewichtszelt** mit Fliegennetz am Eingang kann demjenigen, der unabhängig von Einladungen reisen möchte, eine gewisse Selbständigkeit verleihen. Mit ihren 2,5 bis 3,5 Kilogramm bieten die Iglu- gegenüber den Pyramidenzelten den meisten Platz und Komfort. Eine Erfahrung besonderer Art, auf die man auch als Zeltbesitzer nicht verzichten sollte, ist die Übernachtung in einem der traditionellen Häuser der Hochlandstämme. Wer dann in der ersten Nacht mit einer halben Rauchvergiftung und geschwächt durch die „Energieanleihen" fliegender und springender Insekten ins Freie torkelt, der wird mit Sicherheit bald sein Zelt schätzen lernen. Wie für das Übernachten in den Hütten der einheimischen Bevölkerung benötigt man auch für das Biwakieren im Regenwald eine Eingewöhnungszeit von 2 bis 3 Tagen. Außer den Moskitos gibt es meist keine anderen nächtlichen Besucher, die den Schlaf beeinträchtigen.

In den Urwäldern der Niederungen sind es die **Blutegel,** die, wenn sie massiv angreifen, den Spaß am Trekking zunichte machen können. Die im Schweiß des Menschen enthaltene Milchsäure sowie die Wärmestrahlung des Körpers locken die Tiere an. Die einzige Möglichkeit, sich gegen die eng mit unseren Regenwürmern verwandten Plagegeister zu schützen, ist die „Vertuschung" warmblütiger Geruchsmerk-

Le Roux und die Bergpapuas

Der Niederländer Le Roux lernte das Innere Neuguineas auf mehreren Expeditionen zwischen 1926 und 1939 kennen. In einer Zeit, in der fremde Völker und Kulturen außerhalb der zivilisierten Welt als primitiv, uneigenständig und daher schutzbedürftig angesehen wurden und der Kolonialismus als etwas Natürliches und Selbstverständliches galt, schrieb er in seinem bedeutenden Werk über die Bergpapuas, die man damals als die rückständigsten menschlichen Wesen ansah, folgendes: „Obwohl der „Steinzeitmensch" Kigimujakigi, urplötzlich aus seinem Milieu gerissen, in den modernen Alltag Ambons plaziert wurde, betrug er sich alles andere als ein hilfloses Kind. Er stellte vielmehr ein fantastisches Anpassungsvermögen zur Schau. Würde ein Großstadtmensch, wenn er auf gleiche Weise mutterseelenallein unter Bergpapuas landen würde und dort leben müßte, sich genauso flink durchschlagen können? Ist beispielsweise der Ekari-Stamm wirklich so unzuverlässig, betrügerisch und selbstsüchtig veranlagt, wie Post es in seinem Buch erscheinen lassen will? Sind wir Fremden, die von den Papuas sicherlich nicht gerufen wurden, eigentlich nicht egoistisch gegenüber diesen?

Wir verlangen von diesen Naturmenschen, daß sie als Kuli immer wieder auf Kommando für uns bereit stehen, um allerlei Dienste zu verrichten, daß sie fortlaufend Materialien anschleppen für den Bau von Biwaks, Häusern und Kirchen und daß sie darüber hinaus ohne Unterbrechung

male: Neben dem Einreiben der Haut mit dem Saft ausgekochter Tabakblätter hat sich auch das Einschmieren der Kleidung mit Haushaltsseife bewährt. Es ist in jedem Fall empfehlenswert, in solchen Gegenden ein langärmeliges Hemd und eine lange Hose zu tragen. Wird man doch einmal gebissen, so löse man den Blutegel durch Berühren mit einer brennenden Zigarette ab oder warte, bis er nach ca. 10 Minuten von alleine verschwindet. Man sollte den Blutegel aber keinesfalls abreißen, da dies schwer heilende Wunden hinterläßt.

Die für das Biwakieren notwendigen Kenntnisse sollte man sich, sofern man sie noch nicht besitzt, aus einem guten **Tropen- oder Survival-Handbuch** aneignen. Daraus kann man erfahren, wie man sich im Regenwald orientiert, ein sicheres Lagerfeuer macht und vieles mehr. Einen besonders anschaulichen und praktischen Unterricht in naturgebundener Lebensweise erhält man von den Papuas selbst, wenn man ihre Mithilfe als Träger oder ortskundige Führer erbittet. Es ist erstaunlich, wozu menschliche Hände ohne den Gebrauch technischer Werkzeugs in der Lage sind: Die Papuas können Seile und Netze flechten, Brücken und Hütten bauen, Feuer machen und vieles mehr. Gegen die

Lebensmittel liefern. Und dies alles für eine Kauri Muschel, die uns nichts kostet, deren Wert wir aber sprunghaft herunterdrücken und damit ihr gesamtes wirtschaftliches System verwirren. Ist es da nicht verwunderlich, wenn beispielsweise die Ekaris aus einer Zahl von Gründen, die wir noch nicht einmal erahnen können, auf Dauer genug von diesen Diensten und Handreichungen bekommen? Spricht es eigentlich nicht zu ihren Gunsten, wenn sie bei all diesen Transaktionen sich als geschickte Handelsleute erweisen, die zu trachten holen, was sie von den Fremden, die ihre Gemeinschaft stören kommen, zu holen gibt? Wollen wir diesen Naturmenschen zukünftig vorwerfen, daß sie von unseren westlichen Normen, unseren Sitten und Gebräuchen keinen Begriff haben, und daß sie gerne ein ruhiges und unbesorgtes Leben zu führen wünschen? Wie viele von uns lechzen nicht nach Erlösung von dem engen Korsett staatlicher und kirchlicher Verpflichtungen?

Der einfache und sympathische Bergpapua hat mein Herz gestohlen; ich glaube ihn gegen die unrichtigen Behauptungen jener verteidigen zu müssen, die sich nur unzureichend in die Gedankenwelt dieses Naturmenschen einzufühlen vermögen und seine Auffassungen von Sittlichkeit und Anstand, sowie auch seine Lebensweise an westlichen Maßstäben messen wollen."

Le Roux hat die Herausgabe seines dreibändigen Werkes, das für die Wissenschaft von großer Bedeutung war und ist, selbst nicht mehr erlebt. Er verstarb am 8. September 1947 bei der Endsichtung des Buchskriptes zum Thema: „De Bergpapoeas van Nieuw-Guinea en hun woongebied."

Moskitos haben sie jedoch noch kein geeignetes Gegenmittel (außer Rauch) gefunden.

Da mittlerweile nicht nur das Flachland Irians von Malaria- und Filariose-übertragenden Mücken heimgesucht wird, sollte man vor Antritt der Reise auf jeden Fall eine **Malaria-Prophylaxe** durchführen. Außerdem erweist man seiner Gesundheit einen guten Dienst, wenn man ein **Moskito-Netz** benutzt. Dieses sollte an nur 2 Ösen aufhängbar und auf eine Person zugeschnitten sein (ca. 1 x 2 m). Das hat den Vorteil, daß Sie, wenn Sie Ihren Schlafplatz verlassen, für eventuell eindringende Fliegen nur sich selbst verantwortlich sind. Ansonsten hat jeder der Reisepartner – falls sie sich trennen – seinen eigenen Mückenschutz. Der Gebrauch von Insektensprays bietet zwar zusätzliche Schutzmöglichkeiten, ist aber nicht unbedingt empfehlenswert: Das Einbringen neuer Konsumgewohnheiten bei der einheimischen Bevölkerung sollte nicht unsere Aufgabe sein. Unachtsam weggeworfene oder verschenkte leere bzw. halbvolle Spraydosen werden außerdem zu einer Gefahr für die Gesundheit der Gastgeber, wenn diese versuchen, dem „zischenden Geheimnis" mit spitzen Gegenständen oder gar mit Feuer auf den Grund zu gehen.

Die **Schlange** ist für uns Europäer meist der Stoff, aus dem die Alpträume sind. Man bekommt sie allerdings sehr selten zu sehen, es sei denn, man begibt sich auf die Suche. Obwohl nur 20–30% aller unbehandelten Bisse tödliche Folgen haben, muß der Trekker bestens vorbereitet sein, da es an Krankenhäusern mangelt. Von den sehr temperaturempfindlichen Anti-Seren, die bei unsachgemäßer Anwendung mehr schaden als nutzen können, sollte der Laie besser Abstand nehmen. Die so wichtige erste Hilfe kann man durch Mitnahme eines **Schlangenbiß-Sets,** das man in guten Sport-, Trekking- oder Camping-Geschäften erhält, sichern; es sollte ständig griffbereit sein und der Gebrauch bereits vor der Reise geübt werden. Um die ersten allgemeinen Reaktionen des Körpers auf das Schlangengift zu mildern, können große Vitamin C-Dosen (alle 2 Stunden 5 000–10 000 mg) verabreicht werden. Der Kreislauf sollte durch einen starken Kaffee gestärkt werden. Überhaupt hat das Trinken großer Flüssigkeitsmengen eine günstige Wirkung auf den Krankheitsverlauf. Der Patient sollte ruhig liegen und den betroffenen Körperteil niedrig lagern. Wichtig: Wenn man gebissen wurde, kommt es oft auf jede Minute an, deshalb muß man generell davon ausgehen, daß der Biß giftig war. Versucht man erst, das Reptil zu identifizieren, so gerät man nicht nur häufig in Panik, sondern verliert auch kostbare Zeit.

Je nach Art und Dauer der geplanten Tour muß auch an **Proviant** gedacht werden. Kleinere Touren bis zu 2 Wochen bedürfen keiner umfassenden Vorsorgemaßnahmen. Bei längeren Aufenthalten empfiehlt sich neben Instant-Suppen, Fisch- und Fleischkonserven auch die Bevorratung mit Müsli, das die notwendigen Ballaststoffe liefert. Da man der einheimischen Bevölkerung, die häufig ohnehin an Eiweißmangel leidet, nicht auch noch das letzte Suppenhuhn abkaufen sollte, um seinen eigenen Proteinbedarf zu decken, muß man sich mit einem Eiweißpräparat (für Hochleistungssportler) eindecken. Aus dem gleichen Spezialernährungsbereich gibt es als weiteres nützliches Produkt sogenannte Elektrolyt-Getränke, die den bei starkem Schweißverlust auftretenden Mineralmangel auf angenehme Art ausgleichen. Um den Speisezettel auch mit frischen Lebensmitteln anreichern zu können, lassen sich an Ort und Stelle – soweit die Ernte gut ausfiel – Süßkartoffeln, Zuckerrohr und eventuell auch einige Obstsorten erwerben. Gemüse gibt es vor allem im Flachland kaum, da die Wachstumsbedingungen hier sehr schlecht sind. Man sollte daher den Bedarf an Vitaminen durch ein Multivitaminpräparat decken. Einen Benzin- oder Kerosin-Kocher sollte man nur einpacken, wenn man in die holzarme alpine Zone vorrücken möchte, in der Moose und Gräser vorherrschen. Auf kleineren Touren ist er nur unnötiger Ballast. Die Mitnahme flüssigen Brennstoffs beim Fliegen ist in der Regel untersagt.

Ein gutes Taschenmesser, einen Marschkompaß, eine lichtstarke Taschenlampe mit Ersatzbatterien und -birne – diese Dinge sollte man auf eine Trekking-Tour selbstver-

Muschel- oder Papiergeld?

Mit dem angestammten Muschelgeld kennen sich die Papuas bestens aus. Es ist nur noch in wenigen Gebieten als Zahlungsmittel üblich, seine symbolisch religiöse Bedeutung ist jedoch vielerorts geblieben. Der Umgang mit den modernen Zahlungsmitteln, hauptsächlich mit Papiergeld höheren Wertes (Rp. 5 000 und Rp. 10 000), stellt für sie noch ein Problem dar. Abhängig von der Art ihres Zählsystems, das Finger, Zehen und andere Körperteile sowie Knotenschnüre und Steine zur Hilfe nimmt, enden die Zählreihen der verschiedenen Stämme bei 5, 10, 13 oder 20.

Wegen ihrer Unkenntnis in Geldangelegenheiten werden die Bergpapuas auf den Märkten von den meist zugewanderten Händlern gerne übers Ohr gehauen. Daß sie beim Bezahlen mit großen Scheinen die ihnen zustehende Wechselgeldmenge nicht mehr errechnen können, ist bekannt und wird nur allzu häufig ausgenutzt. Kinder, die eine Schule besuchen, sind ihren Eltern in diesen Dingen weit voraus. Viele Papuas sind sich dieser Tatsache bewußt und lehnen den Empfang von Fünftausend- und Zehntausend-Rupiah-Noten kategorisch ab. Obwohl sie die Fünfhundert- und Eintausend-Rupiah-Scheine akzeptieren, ziehen die Papuas vielerorts die roten Einhunderter vor. Münzgeld steht bei der Bevölkerung des Hochlandes ebenfalls nicht hoch im Kurs, da sie es (mangels Hosentaschen) erfahrungsgemäß sehr schnell verlieren.

Für den Reisenden bedeutet dies, daß er sich, abhängig von seiner Reisedauer, mit ausreichenden Kleingeldmengen versorgen muß. Daß die Träger und ortskundigen Führer gerne täglich nach getaner Arbeit ausgezahlt werden möchten, sollte man dabei jedoch berücksichtigen.

ständlich dabeihaben. Ein Bergseil von 50 m Länge kann ein unentbehrliches Hilfsmittel sein.

Unbedingt ins Gepäck gehört eine gute Karte von Irian zwecks Orientierung, die allerdings nicht einfach zu bekommen ist. Die **ONC-(Operational Navigation Chart)Karte** mit der Kennzahl M-13 im Maßstab 1:1 000 000 ist zwar für die Fliegerei gedacht, bietet aber auch dem Trekker beste Orientierungshilfen. Die Tatsache, daß noch viele weiße Flecken mit der Eintragung „data incomplete" auf dieser Karte zu finden sind, läßt erkennen, daß viele der vorhandenen Angaben ebenfalls nur mit Vorsicht zu genießen sind. Dies gilt besonders für den Verlauf der Flüsse, der sich im Flachland ständig ändert. Eine andere brauchbare, wenn auch schwer erhältliche Landkarte ist **Nederlands-Nieuw-Guinea** 1:1 750 000, erschienen bei Topografisk, Delft/NL 1959. Das Kartenmaterial sollte an den Faltstellen mit einer Klarsichtfolie überklebt werden, um es gegen Zerreißen zu schützen. Beim Wandern im Baliem-Tal genügt eine Skizze.

Einmaleins des Hochlandes

Obwohl „Adam Riese" im Innern Neuguineas nicht bekannt ist, weiß man hier seit langem die kleinen Rechenprobleme des Alltags zu lösen. Als Basis der „höheren Mathematik" dienen hier Zahlen, die nicht nur in der Sprache festgelegt sind, sondern auch durch verschiedene Körperteile symbolisiert werden. Bei den Dems im Tal von Nogolo sieht das folgendermaßen aus:

1	=	ama	= Daumen
2	=	dingi	= Zeigefinger
3	=	juda	= Mittelfinger
4	=	amagime	= Ringfinger
5	=	emea	= kleiner Finger
6	=	jagakot	= Handballen
7	=	jasige	= Handrücken
8	=	jagaja	= Handgelenk
9	=	jagabua	= Unterarm
10	=	jaga mungkut	= Ellenbogen
11	=	jaga bua moak	= Oberarm
12	=	jengkegenggu	= Schulter
13	=	jemenuak	= Brust

Die linke Hand benutzt man zum Anzeigen der Zahlen. Häufig wird auch die andere Körperseite zum Zählen bis 25 (linker Daumen) mit einbezogen.

Die Moni machen es wiederum so:

1	=	nana	= Daumen
2	=	kindo	= Zeigefinger
3	=	dagupa	= Mittelfinger
4	=	mugu	= Ringfinger
5	=	kiu	= kleiner Finger
10	=	anegi	= beide Hände (Fäuste) zusammen
20	=	ane baro	= Hände und Füße zusammen.

Beim Zählen an den Händen wird der jeweilige genannte Finger umgelegt.
Einige Moni- und Ekari-Gruppen kennen auch Zählreihen bis 100. Bei den Ekaris ist das übrigens kein Wunder, denn sie sind in Handelsangelegenheiten besonders geschickt. Hier werden auch häufig Muscheln oder Knotenschnüre zum Abzählen verwendet.

Das Baliem-Tal

Es ist der 23. Juni 1938. Die „Guba", ein CAC Longrange-Flugboot, bringt eine Expedition unter der Leitung von Richard Archbold in das noch nahezu unerforschte Inselinnere Neuguineas. Das schwere Brummen der zwei je 1 000 PS starken Pratt & Whitney-Motoren läßt die ohnehin schon spannungsgeladene Luft in der Cabine vibrieren. Der Pilot G. G. Rogers, der die fliegerische Leitung der Expedition, die sich die Erforschung des zentralen Hochlandes zur Aufgabe gemacht hat, übernahm, starrt gebannt auf die Landschaft unter sich. Drohend zieht es heran – das Grün. Erst in Form eines flachen Teppichs; bald jedoch wirft es sich in hohen schroffen Faltengebirgen bis zu den Tragflächen der kleinen Maschine empor. Dem Lauf der Täler folgend, verliert sich das kleine Flugboot in der von Wolkenfetzen verhangenen gigantischen Bergwelt. Doch plötzlich, nachdem die „Guba" letzte Dunstschleier durchdrungen hat, liegt auf 1700 m Höhe ein weites, sonnendurchflutetes Hochtal vor den staunenden Augen der Mannschaft. In seiner Mitte windet sich ein Fluß in silbrigen Schleifen bis an den östlichen Horizont. Die Landschaft gleicht aus der Luft einem riesigen Garten Eden. Kleine, umzäunte Weiler mit runden und länglichen Hütten liegen in sorgfältig angelegten Gärten, die durch ein umfangreiches System von Entwässerungsgräben ein schachbrettähnliches Muster erhalten. Während das Flugboot auf einem ruhigen Flußabschnitt zur Landung ansetzt, geht ein Pfeilhagel der Talbewohner auf den vermeintlichen Geistervogel nieder. Im Naturhistorischen Museum von New York wird dieses Ereignis noch mit einem Bild belegt. So oder so ähnlich hat sich die Entdeckung dieses Tals, das anfangs von Richard Archbold „Grand Valley" genannt wurde, damals abgespielt. Heute heißt es nach dem in ihm gelegenen Fluß „Baliem-Tal."

Seit Mitte der 70er Jahre fand hier eine rasante Entwicklung statt. Der in den 50er Jahren von den Niederländern im Baliem-Tal gegründete Polizeiposten Wamena, dessen Name auf einen berühmten Stammesführer der Region zurückgehen soll, erhielt eine asphaltierte Landepiste. Obwohl das recht dürftige Straßennetz um Wamena heute noch keine 10 km umfaßt, wurden in den letzten 3 Jahren mehr als 50 Fahrzeuge mit einer Transall der indonesischen Luftwaffe eingeflogen. Ein erhöhtes Flugaufkommen und größere Maschinen sorgen ständig für neue Entwicklungen. Betonmischmaschinen, Generatoren, Kühlschränke, TV und Motorräder sind nur ein Teil des modernen Güterstroms, der unaufhörlich in dieses Tal fließt. Auch die Wegwerfgesellschaft hat bereits Einzug gehalten: eine Blechdose, um die sich die Danis früher noch zankten, bleibt heute meist unbeachtet liegen.

Neben vielen Transmigranten aus Sulawesi – meist Makassaren –, denen man das angenehme Hochlandklima und die fruchtbaren Böden empfohlen hat, kommen auch immer häufiger Touristen in das jetzt leichter erreichbare Baliem-Tal. Das

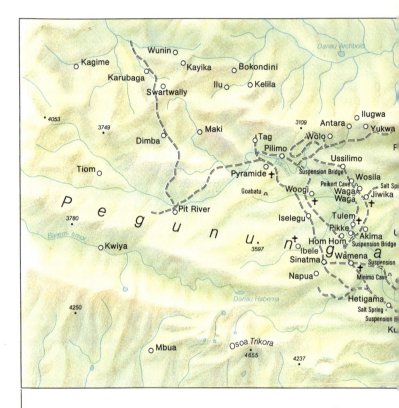

alte Hotel Negara, das noch Heinrich Harrer bei seinen Expeditionen im Jahre 62 beherbergt hatte und heute Nayak heißt, entsprach schon bald nicht mehr den Ansprüchen der sogenannten Abenteuer-Touristen. Die staatliche Öl-Gesellschaft Pertamina erbaute daraufhin die Baliem-Cottages im Stil der lokalen Männerhäuser. Von ihrem anfänglichen Komfort hat der Zahn der Zeit innerhalb von 10 Jahren nur wenig übriggelassen.

Obwohl **Wamena** sich auch als Ausgangspunkt für Tagesmärsche eignet, bleibt der Aktionsradius insgesamt doch sehr eingeschränkt. Wer dagegen ein Zelt und einen Schlafsack besitzt, kann sich im Bereich des Baliem-Tales (20 x 80 km), soweit er die polizeiliche Erlaubnis dazu hat, frei bewegen.

Wamena selbst bietet außer einem Markt, auf dem die Mitglieder verschiedener Dani-Stämme täglich ihre landwirtschaftlichen und handwerklichen Produkte verkaufen, keine Besonderheiten. Der Markt, der von der indonesischen Regierung eingerichtet wurde, um die Danis mit unserer Ökonomie vertraut zu machen, hat wegen seiner kontrastierenden Besucher und des gegensätzlichen Warenangebotes eine gewisse Berühmtheit erlangt. Während in seiner überdachten Mitte die einheimische Bevölkerung ihre qualitativ hochwertigen Feldfrüchte anbietet, verkaufen die umliegenden Läden, die hauptsächlich von Transmigranten aus Sulawesi betrieben werden, vom Plastikeimer bis zur Gemüsekonserve fast alles, was das „zivilisierte Herz" begehrt. Der traditionelle Gemüseanbau der Danis im Baliem-Tal versorgt auch die Städte Biak und Jayapura, wo Boden und Klima weniger günstige Erträge bringen. Wenn man seinen Lebensmittelvorrat auf dem Markt ergänzen möchte, sollte man vorher einen Preisvergleich vornehmen. Im schnell wachsenden Wamena wirken die Papuas, die sich hier meist durch Gelegenheitsarbeiten ein Taschengeld verdienen, häufig wie Zaungäste. Nur hier Seßhafte dürfen sich nach Sonnenuntergang noch in der Ortschaft aufhalten (Touristen ausgenommen).

Die bekannteste Sehenswürdigkeit des Baliem-Tales ist die **Mumie von Akima.** Das westlich von Wamena gelegene Dorf kann in einem 2- bis 3-stündigen Fußmarsch erreicht werden. Gegen einen der inflationären Entwicklung angepaßten Unkostenbeitrag, den man beim Dorfältesten hinterlegt, darf die im Sitzen verharrende Mumie besichtigt werden. Man beachte auch den steinernen Pavillon im Hintergrund des Dorfes, der vom Minister für Tourismus zwecks Aufbewahrung des kulturellen Reliktes gestiftet wurde. Da viele Touristen nur wegen der Mumie von Akima in diese Region kommen, wurde dem Dorf auf diese Art für die regionale Förderung des Fremdenverkehrs gedankt. Das Dorfoberhaupt, wurde jedoch vom Geist des verstorbenen Ahnen aufgefordert, ihn wieder in seiner alten Hütte unterzubringen. Abgesehen vom pekuniären Segen, den er über das Dorf bringt, sorgt der mächtige Ahne sich auch um die Fruchtbarkeit der Felder, die Kampfkraft der Männer und die Schönheit der Frauen. Der Häuptling von Akima, Hulolik, sieht jedoch nicht mehr ganz so optimistisch in die Zukunft, da die Mumie inzwischen von einem Knochenwurm befallen ist.

Der Weg nach Jiwika, der an Akima vorbeiführt, kann heute bereits mit dem Auto befahren werden. Doch nur der Wanderer wird die Schönheit der Natur und ihre Eigenarten sowie die Anmut der Menschen ungestört wahrnehmen können. Der Hauptweg bietet keine Schwierigkeiten und ist auch kaum zu verfehlen. Jiwika ist Ausgangspunkt für den Besuch einer **Salzquelle,** die im Eingang zum Pass-Valley liegt. Hier und aus einer anderen Quelle bei Hetigima gewinnen die Danis nach einer alten Methode das für sie so kostbare Mineral. Baumbast und faserig geklopfte Bananenstämme werden in der Sole längere Zeit eingeweicht, anschließend nach Hause transportiert und dort getrocknet. Nach der Verbrennung wird durch vorsichtiges Blasen die Asche vom Salz getrennt.

Von Jiwika gelangt man in westlicher Richtung nach ca. 3 Stunden zur **Höhle von Kontilola.** Neben einem unterirdischen See, der über einen steil nach unten führenden Gang erreichbar ist, gibt es dort auch Höhlenzeichnungen und eine Menge Fledermäuse. Eine weitere, leicht zu erreichende Höhle liegt in der Nähe des Dorfes **Minimo,** nordöstlich von Wamena. Auf dem Weg dorthin muß man eine 60 m lange Hängebrücke überqueren, bei deren Errichtung bereits Drahtseile verwendet wurden. Die Pikke-Brücke verfügt sogar schon über eine moderne Stahlbetonkonstruktion. Im Osten des Tales, wo der Baliem-Fluß reißend der Schlucht bei Kurima entgegenströmt, liegen die bewundernswerten **Hängebrücken** der Danis. Entlang des Baliem-Flusses ins Flachland zu gelangen, ist eine Tour von besonderem Schwierigkeitsgrad, die Heinrich Harrer in seinem Expeditionsbericht deutlich beschreibt. Wer sich für diese Tour entschließt, sollte es – im Gegensatz zu Harrer – linksseitig des Flusses versuchen. Allerdings muß man auch hier landschaftliche Hindernisse weiträumig umgehen.

In 1- bis 2-Tagesmärschen kann man von Wamena aus den **Danau Habema** erreichen, der auf einer unbewohnten, mit Strauchwerk bewachsenen Ebene liegt. Der Weg dorthin führt durch einen noch unberührten primären Hochlanddschungel. An den Ufern des Sees findet man noch Lagerreste der Archbold-Expedition von 1938 – als schlechtes Vorbild. Nicht weit von hier erhebt sich die 4 655 m hohe **Trikora-Spitze.** Früher war sie von ewigem Schnee bedeckt, heute trägt sie nur nach einem Wettersturz noch eine Schneekappe. Die Besteigung des Berges kann nur erfahrenen Alpinisten angeraten werden, da die teilweise sehr glatten Plattenformationen schon einigen Bergsteigern zum Verhängnis wurden.

Bei Wanderungen ist es für die Orientierung nützlich, wenn man die von den Danis benutzten richtungsangebenden Bezeichnungen kennt:

  östliche Richtung   = pigu
  südliche Richtung   = uwabu
  westliche Richtung = agindoga
  nördliche Richtung = koma

Die Aussprache kann je nach Dani-Gruppe etwas variieren.

Die Danis

Die zur Dani-Sprachgruppe gehörenden Stämme besiedeln nicht nur das große Baliem-Tal, sondern auch viele kleine Seitentäler. Die Zahl der Angehörigen der Stämme wird heute auf insgesamt 80 000 bis 100 000 geschätzt. Über die Abstammung dieser tiefbraunen, mittelgroßen Melanesier, die einen gewissen negroiden Einschlag haben, gibt es viele Theorien. Einige Wissenschaftler nehmen an, daß die Danis vor den Polynesiern aus Asien auswanderten, aber erst nach den australischen Stämmen Neuguinea erreichten.

Die Lebensweise der Danis weist zwar einige Gemeinsamkeiten mit der der anderen Hochlandbevölkerung auf, Siedlungsform, Sippenwesen und Gesellschaftsordnung sind jedoch sehr unterschiedlich. Sie wohnen – im Gegensatz zu anderen Stämmen – nicht in einzelnen Dörfern, sondern in umzäunten Weilern im Schutz ihrer Gärten. Innerhalb der Einfriedung, die von außen zusätzlich mit Strauch- und Buschwerk getarnt ist, finden sich runde **Familien- und Männerhäuser** und längliche Küchen- und Stallgebäude. Die mit einem sehr niedrigen Eingang ausgestatteten Männerhäuser liegen meist am Ende des Dorfplatzes, von wo man diesen leicht überblicken kann. Die Dächer der Häuser bestehen in der Regel aus 10 bis 20 cm dicken Graslagen, die einen hervorragenden Schutz gegen die hier sehr heftigen Regenfälle bieten. Familien- und Männerhäuser haben einen Lattenfußboden, der 30 bis 40 cm über der Erde liegt. In seiner Mitte befindet sich eine aus Lehm geformte Feuerstelle, die Tag und Nacht in Betrieb gehalten wird. Der Rauch, für den in den traditionellen Häusern kein Abzug eingeplant ist, muß sich durch das dicke Strohdach nach außen verflüchtigen. Verursacht durch dieses rauchige und stickige Wohnklima, leiden viele Danis an Bronchial- und Augenkrankheiten.

Im Männerhaus, in dem das männliche Geschlecht ab dem sechsten Lebensjahr die Nacht verbringen kann, haben Frauen keinen Zutritt. Der Bereich der Frau ist das Familienhaus; hier findet das Eheleben statt. Hat ein Mann mehrere Frauen geehelicht, so muß er für jede ein eigenes Familienhaus bauen und eine eigene Feuerstelle im Küchengebäude herrichten. Er ist auch verpflichtet, für jede von ihnen ein Feld anzulegen, das groß genug ist, um sie und ihre Kinder zu ernähren.

Die Feldarbeit wird, je nach Schwierigkeitsgrad, von Männern oder Frauen erledigt: Roden, Umgraben und Entwässerungsgräben ausheben ist Sache der Männer, das Bestellen und Abernten der Felder wird dagegen von den Frauen gemacht. Die Hauptnahrung der Danis besteht im allgemeinen aus Süßkartoffeln, Bananen, Yams, Bohnen, Zuckerrohr und Pandanus-Früchten. Das Schwein spielt als tierischer Eiweißlieferant keine große Rolle, da es nur zu bestimmten, sehr seltenen Gelegenheiten geschlachtet wird. Das **Schweinefest,** bei den Danis „isatare" genannt (auf indonesisch: pesta babi), ist der absolute Höhepunkt des sozial-religiösen Lebens vieler Hochlandstämme. Die großen Schweinefeste, bei denen bis zu 1 000 Tiere getötet werden, finden aber nur in Intervallen von 3 bis 10 Jahren, manchmal auch nur alle 15 Jahre statt.

Das Schwein, „wam" genannt, ist der kostbarste Besitz der Danis und auch vieler anderer Hochlandbewohner; es spielt eine große Rolle in deren rituellem Leben. Die grunzenden Vierbeiner zählen bei den Danis sogar zur Familie und haben Namen. Die Schweinefeste sind daher auch kein Schlachtfest im europäischen Sinne. So manche Dani-Frau hat sich nach dem Ableben ihres Lieblingsschweines aus Trauer nach alter Tradition ein Fingerglied amputiert.

Schweine werden nicht nur bei Schweinefesten, sondern auch im Kriegsfall sowie bei Geburt und Tod geschlachtet. Das Vorbereiten der Kochgrube, in der das Schweinefleisch zusammen mit verschiedenen Gemüsesorten auf erhitzten Steinen gegart wird, führen Frauen durch. Das Töten und Zerlegen der Tiere ist Sache der Männer. Der vor einigen Jahren nach West-Irian eingeschleppte Schweinebandwurm (Cacing pita) konnte sich mangels fachkundiger Fleischbeschau stark verbreiten. Der Mensch, der als Zwischenwirt fungiert, stirbt nach langem, mit epileptischen Anfällen einhergehendem Siechtum. **Wichtig:** Da die Temperatur in den Kochgruben meist nicht ausreicht, um alle Parasiten im Fleisch abzutöten, sollte man es besser selbst zubereiten oder ganz darauf verzichten.

Zur Zeit der Isatare werden auch gerne Ahnenfeste und Initiationsriten durchgeführt. **Hochzeiten,** die bei den Danis nach besonderen Re-

Auszug aus dem „Dani-Knigge"

Freundliche und lachende Gesichter sind bei den Hochlandstämmen besonders gern gesehen. Wer ein offenes Wesen besitzt und daneben auch noch die lokal übliche Grußform beherrscht, wird sich hier schnell beliebt machen.

Im Baliem-Tal grüßen sich die Leute mit „lauk". Eine Ausnahme bildet der Gruß unter Männern, sie begrüßen sich mit „nayak". Je nach Gegend wird „nayak" auch „narrak" oder „nalak" ausgesprochen („nayak" ist typisch für die Umgebung von Wamena). Bei den Ekari rund um den Paniai-See grüßt man sich mit „koya".

Einige weitere Höflichkeiten aus der Dani-Sprache (gilt für Wamena und Umgebung):

huben ke	= guten Morgen
dikane	= guten Mittag
hiam ke	= guten Nachmittag
hibako	= guten Abend
noge	= gute Nacht
nayak	= vielen Dank

Bei den Männern einiger Hochlandstämme wird zur Begrüßung eine Art Fingerhakeln durchgeführt. Dabei wird zwischen Zeige- und Mittelfinger der Zeige- und Mittelfinger des Gegenüber eingeklemmt und kräftig auseinandergezogen. Als erwünschter Effekt entsteht dadurch ein schnalzendes Geräusch.

geln stattfinden, fallen ebenfalls in die Zeit der Schweinefeste. In der Dani-Gesellschaft unterscheidet man zwei exogame Heiratsklassen, nämlich die Waija und die Wida. Dies bedeutet, daß Braut und Bräutigam verschiedenen Gruppen angehören müssen. Da die Kinder einer Familie immer nur in dieselbe Klasse hineingeboren werden und die Verwandtschaft der Mutter von der Heirat ausgeschlossen ist, kommt es nicht zur Ehe zwischen blutsverwandten Personen (Endogamie). Die sehr früh aufgeklärten Jungen und Mädchen suchen sich im allgemeinen ihre Partner in der ihnen zugedachten Heiratsklasse selbst aus. Wird die Werbung des Jungen, die er meist durch eine weibliche Verwandte überbringen läßt, erhört, dann erhält die Familie der Auserwählten einen Monat vor dem Fest eine bestimmte Anzahl Schweine als Geschenk. Die Zahl der Tiere richtet sich nach der Größe des Besitzes der Familie des Bräutigams.

Ist einer der Partner mit seinem Eheleben unzufrieden oder gibt es Streit unter den Nebenfrauen, dann trennt man sich. Nach der Geburt eines Kindes läßt der Dani-Mann den ehelichen Verkehr für 4 bis 5 Jahre ruhen. Da die Ernährung vieler Kinder in schlechten Erntejahren den ganzen Stamm in Gefahr bringen kann, greifen die Dani-Frauen nach der Geburt des zweiten Kindes im Falle einer erneuten Schwangerschaft meist zum Mittel der Abtreibung. Neben inniger Liebe und Fürsorge der Eltern genießen die Kinder der Danis auch viele Freiheiten, die sie zu verantwortungsvollen und selbstbewußten Stammesmitgliedern werden lassen. Jeder zum Stamme gehörenden Person wird Schutz, Nahrung und Unterkunft geboten. Bleibt eine Frau als Witwe zurück, wird sie in der Regel vom Bruder oder Freund ihres verstorbenen Mannes geheiratet.

Im Leben der Danis nimmt der **Geisterglaube** einen zentralen Platz ein. Jeder geht davon aus, daß er zu Lebzeiten von einem Lebens- und einem Totengeist beherrscht wird; letzter bleibt auch nach dem Tode bestehen. Für im Kampf verstorbene Stammesmitglieder werden besonders große Feste organisiert, an deren Ende die Leichenverbrennung steht. Die früher recht häufig vorgekommenen Stammesfehden der Danis brachten die Verpflichtung mit sich, die Geister der im Kampf gefallenen Verwandten durch die Tötung eines Gegners zu besänftigen. Sieg des einen und erneute Kampfansage des unterlegenen Stammes waren dadurch unweigerlich miteinander verbunden und führten zu dem berühmt-berüchtigten „Pay back-System". Der Gedanke des Expansionismus und der totalen Vernichtung des Gegners war den Danis bis vor kurzem jedoch unbekannt. Ein Kinobesuch in Wamena hat aber schon viele von ihnen mit den Prinzipien vertraut gemacht, nach denen die zivilisierte Menschheit ihre Kriege führt.

Die Danis stellten ihre **Kämpfe** bei großer Hitze, Regen, Dunkelheit und zur Mittagszeit ein. Nach Augenzeugenberichten haben sie beim Kampf häufig herzlich gelacht. Wurde jemand ernstlich verletzt oder sogar getötet, zog sich der Sieger zurück. Der Gegenschlag der unterlegenen Partei folgte manchmal erst Monate oder Jahre später. Zur Teilnahme an dem eher einem sportlichen Wettkampf gleichenden Gefecht, bei dem die Anführer in den vordersten Reihen mitmischten, wurde niemand gezwungen. Wer dem Krieg jedoch regelmäßig fernblieb, fristete sein Leben meist bis ins hohe Alter als Junggeselle. Für die Danis, für die der Kampf ein Teil ihrer Weltanschauung war, brachte das Kriegsverbot durch Regierung und Mission grundlegende Veränderungen. Heute münden die Reste ihres Kampfgeistes häufig in den Willen zur Unabhängigkeit.

Die „koteka" oder auch „holim" genannt, ist das traditionelle Kleidungsstück der Männer. Der **Penisköcher** wird aus einer getrockneten Kalebasse gefertigt. Die längliche Form der Kürbisfrucht wird bereits während des Wachstums durch Beschweren mit Steinen künstlich angestrebt. Die Koteka dient nicht nur als Schutz, sondern ist auch je nach Größe und Form ein Ausdrucksmittel für die Männlichkeit des Trägers. Ihr Verlust oder ihre Beschädigung

Der Schöpfungsmythos der Danis

Gott schuf die Ureltern der Danis, indem er sie aus einem Felsen meißelte; sie hießen Tabeh und Hesage. Beide, Mann und Frau, hatten weiße Haut, die aber bereits am ersten Tag ihres irdischen Daseins von der Sonne für alle Zeiten gebräunt wurde. Sie wohnten in einer Höhle, in der Hesage im Laufe der Jahre viele Kinder gebar. Als diese Kinder, deren Haut ebenfalls tiefbraun war, ins heiratsfähige Alter kamen, verwandelte Gott ihre Mutter Hesage in brennendes Gras und Tabeh, den Vater, in verwelkte Blätter. Er warf die Blätter auf das brennende Gras und die Seelen der Ureltern stiegen empor. Sie ließen sich in den Steinen in ihrer Wohnhöhle nieder und fanden darin schließlich Ruhe. Ihre Kinder, die ausgezogen waren, die Welt zu erkunden, kehrten in die elterliche Höhle zurück und fanden dort nur noch die beseelten Steine vor. Sie nahmen die Steine mit in ihre Hütten, die im Stil der Höhle ihrer Eltern erbaut wurden – rund und mit gewölbtem Dach.

Auch heute trifft man noch häufig auf heilige Steine als Symbol und Wohnort der Ahnengeister. Die Danis schreiben ihnen magische Kräfte zu und benutzen sie u. a. auch zur Heilung von Kranken. Hat der Ahnengeist seine magische Kraft verloren, so verkaufen sie den Stein gerne als Souvenir an Touristen. Das Geld, das sie dafür erhalten, veranlaßt sie erneut, an Macht und Einfluß des Verstorbenen zu glauben.

Die Höhle der Dani-Ureltern soll übrigens nach Aussage der Bewohner des Baliem-Tals bei dem Dorf Abulakme im Analaga-Gebiet zu finden sein.

---

erwecken bei einem Dani, der sich ohne eine Koteka nackt und schutzlos fühlen würde, Schamgefühl. Sie wird mit einer Schnur, die um die Hüfte gelegt ist, zusätzlich befestigt. Viele Hochlandstämme haben ihre eigene Methode, den Penisköcher zu befestigen und verzieren ihn mit Orchideenschnüren, Federn oder Pelzresten.

Bei den Frauen gibt der **Schurz** Aufschluß über ihren gesellschaftlichen Status: Verheiratete Frauen erhalten von ihren Männern einen geflochtenen Rock, den sogenannten „yokal". Er wird aus gelben und roten Orchideenfasern gefertigt und ist im Normalfall der Stolz jeder Ehefrau. Ledige Frauen tragen einen Grasrock, „kam thalis" genannt. Auch die „noken", aus Baumbast kunstvoll geflochtene Netze, die ständig in mehreren Lagen auf dem Rücken getragen werden, dienen den Frauen nicht nur als Transportmittel, sondern auch als Kälteschutz. Sie befördern darin neben Feldfrüchten auch kleine Schweine und Kinder. Häufig kann man Frauen beobachten, die ihre Säuglinge während der Feldarbeit im Noken mit sich tragen. Im Hochland sind die sehr sorgfältig geflochtenen Netze der Danis ein begehrtes Tauschobjekt.

Um sich gegen die Launen des Wetters zu schützen, benutzt man eine aus Pandanusblättern gefertigte Regenmütze, die auch Teile des Rückkens bedeckt. An die großen Temperaturschwankungen, die sich je nach Höhenlage, Tages- und Jahreszeit zwischen 0° und 35° Celsius bewegen, konnte sich der menschliche Organismus auch ohne Kleidung optimal anpassen. Das Verteilen von „zivilisierter" Kleidung durch Mission und Regierung ohne gleichzeitige Mitlieferung von Waschmitteln und hygienischen Gebrauchsregeln hatte für viele Stämme fatale Folgen. Chronische Erkältungs- und Hautkrankheiten ließen nicht lange auf sich warten. Inzwischen wird das „Adamskostüm" dort wieder bevorzugt.

Die Dani-Männer reiben ihren Körper häufig mit Ruß und Schweinefett ein – dies entspricht durchaus ihrem Schönheitsempfinden. Ihre gekräuselten Haare tragen sie in kleinen geölten Strähnen, die manchmal in einer pilzförmigen Art und Weise gestaltet werden. Als Schmuck dienen Federn, bunte Samenkerne, Flechtwerk und Pelzstreifen. Der Hauer des Ebers, ein Teil des früher verwendeten Kriegsschmuckes, wird – durch das durchbohrte Nasenseptum gesteckt – auch heute noch bei Festen getragen. Frauen, die ihren Körper mit Lehm eingerieben haben, tun dies jedoch aus Gründen der Trauer. Früher amputierten sich Kinder, Frauen und ältere Männer ein Fingerglied zum Zeichen persönlicher Trauer. Um eine Hand auch weiterhin als Greifwerkzeug gebrauchen zu können, wurde der Daumen davon ausgeschlossen. Diese Sitte ist inzwischen von der Regierung verboten und findet nur noch in entlegenen Gebieten Anwendung.

Obwohl die eine oder andere administrative oder missionarische Maßnahme uns logisch oder nützlich erscheinen mag, untergraben sie doch in ihrer Gesamtheit eine gewachsene Gesellschaftsordnung. Zurück bleibt meist ein künstliches System, das sich ständig vom natürlichen Ursprung fortentwickelt und ununterbrochen Anpassung erfordert.

Das Asmat-Gebiet

Südlich des Zentralgebirges liegt das Asmat-Gebiet, ein riesiges Schwemmland von der ungefähren Größe Belgiens. An seiner 200 km langen Küstenlinie münden eine Vielzahl großer und kleiner Flüsse in die Arafura-See. Im Hinterland bilden sie ein verwirrendes sumpfiges Labyrinth, in dem der Einfluß der Gezeiten noch 100 km landeinwärts zu verspüren ist. Bei Flut wird eine große Salzwassermenge in die Flüsse geschleust, die nicht nur deren Strömungsrichtung umkehrt, sondern sie auch weithin brackig werden läßt. Trinkwasser ist daher im Küstengebiet des Asmat eine Kostbarkeit und muß meist von weither geholt werden.

Im brackigen Teil des Flußnetzes prägen neben den Riesen des Regenwaldes auch Sago- und Nipa-Palmen sowie Mangroven das Landschaftsbild. Letztere wachsen bis in die permanente Naßzone hinaus, die

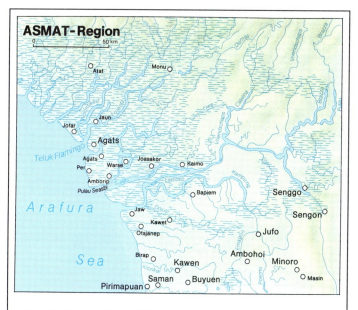

sich an ein bis zu mehreren Kilometern breites Watt anschließt. Viele Küstendörfer können bei Ebbe mit dem Einbaum vom Meer aus nicht mehr erreicht werden. Auch in den Flußläufen erfährt der Bootsverkehr wegen des um mehrere Meter schwankenden Wasserspiegels große Behinderungen. Kleine abkürzende Flußläufe, die häufig mehrere Stunden Bootsfahrt einsparen, liegen beispielsweise bei Ebbe trocken.

Die Flüsse und das an Asmat angrenzende Flachmeer sind besonders fischreich. Große Meeresfische wie Stachelrochen, Sägefisch und Delphin sind auch in den brackigen Regionen der Flüsse heimisch. Die hier vorkommenden Muschelarten – darunter jedoch nicht die als Muschelgeld benutzte Kauri – sind ein ideales Handelsobjekt für den Warentausch mit den Völkern des Hinterlandes.

Die noch endlos erscheinenden Regenwälder des Asmat werden schon seit Jahren von großen Holzfirmen heimgesucht. Es gibt hier noch eine besonders artenreiche Vogelwelt. Von der Hitze gelähmt, schweigen die Tiere jedoch tagsüber. Nur das metallische Gezirpe verschieden großer Zikaden ist hier, wie auch in anderen Gebieten des Flachlandes, die typische Geräuschkulisse. Außer diesen chitingepanzerten Musikanten wird der Asmat von zwei weiteren, meist sehr lästigen Insektenheeren belagert: Tagsüber liegt ein wahrer Fliegenteppich über der Landschaft, der in der Abenddämmerung von einem Mückenheer abgelöst wird.

Größter Vertreter der Säugetiere ist hier das Wildschwein, das jedoch im Ursprung ein verwildertes Hausschwein ist. Im Asmat-Gebiet sind auch viele Beuteltier-Arten beheimatet. Neben den Kletter- und Streifenbeutlern trifft man häufig auf Busch- und Baumkänguruhs. Extrem selten kommt der eierlegende Schnabeligel vor.

Wenn im Asmat die Wassermassen des Zentralgebirges, des Himmels und der Meeres-Flut zusammentreffen, kommt es zu großflächigen Überschwemmungen. Tiere, die schlecht oder gar nicht schwimmen können, z. B. einige Reptilarten wie Warane und Leguane, bewegen sich daher im Asmat mit Vorliebe in den Kronen der Urwaldbäume. Was die Schlangen betrifft, so fürchten die Einheimischen am meisten die kleine orangebraune Todesotter, die in den Ausläufern des Gebirges vorkommt. Schuhträger sind im allgemeinen gut geschützt, da sie nur bis zur Knöchelhöhe beißt. Der bis zu 2,5 m lange Taipan, der hauptsächlich in den trockenen Grassavannen um Merauke lebt, ist besonders wegen seiner Aggressivität bekannt und wird daher nach Möglichkeit gemieden. Sowohl die Asmat als auch die Jale im Hochland glauben, daß nur schlechte Menschen von einer Schlange gebissen werden. Krokodile werden hingegen als Bedrohung für jeden angesehen. Die beim Fischen bis zu den Hüften im Wasser stehenden Frauen fürchten besonders das im Meer- und Brackwasser vorkommende Salzwasserkrokodil, von dem schon 8 m lange Exemplare gefangen wurden.

Wie kann man nun in das Asmat-Gebiet gelangen? Die Gegend ist nicht nur abgelegen, sondern auch verkehrstechnisch weitestgehend isoliert; es gibt bis jetzt noch keine regelmäßigen Flugverbindungen dorthin. Wie in vielen anderen Gegenden Irians kommt man auch hier meist nur mit einem Charterflug zum Ziel. Bei den selten stattfindenden Flügen der Missionsfliegerei wird der Platz in den fünfzigen Maschinen in der Regel für Post, Lebensmittel, Brennstoff oder Mitarbeiter benötigt. Wohl am häufigsten angeflogen wird in Asmat das kleine Flugfeld Ewer in der Nähe des Distriktpostens Agats. Basim und Yaosokor sind weitere Airstrips, die aber auch nur STOL-Flugzeuge aufnehmen können. Wegen der hohen jährlichen Niederschläge an der Südküste Neuguineas von ca. 5 200 mm sind die Pisten oft aufgeweicht. Während dieser Zeit ist auch der Flugverkehr lahmgelegt.

Eine weitere Anreisemöglichkeit besteht von Merauke aus, das tägliche Flugverbindungen mit Jayapura hat. Von diesem am südöstlichsten gelegenen Verwaltungszentrum Irians verkehrt einmal monatlich ein Schiff der staatlichen Pelni-Linie nach Sorong mit Stops in Agats, Kokonau, Kaimana, Fak Fak und Teluk Bintuni. Für diese Strecke werden 10 bis 12 Tage benötigt. Allerdings ist es schwierig, Informationen über genaue Abfahrtsdaten zu erhalten. Wer es dennoch versuchen möchte, wende sich an die

Pelni-Agenturen in Sorong, Merauke oder auch Jayapura.

Jeder Reisende, der den Asmat als Reiseziel ins Auge faßt, muß dabei bedenken, daß er dieses Gebiet nicht zu Fuß erforschen kann. Sogar kleine Wegstrecken müssen in diesem Sumpfgebiet meist mit Booten zurückgelegt werden. Die Tatsache, daß der gesamte Treibstoff eingeflogen werden muß, läßt bereits die Kosten erahnen, die hier für den motorisierten Transport zu Buche schlagen werden. Die Crosier-Mission bietet mit der Vermietung ihrer Dieselboote eine noch verhältnismäßig günstige Transportmöglichkeit. Man muß jedoch damit rechnen, daß die Boote defekt oder andernorts im Einsatz sind. Wer mehr Geld oder weniger Zeit hat, sollte für kleine Entfernungen die Paddelfahrt im Einbaum vorziehen. Da diese nicht besonders kippstabil sind, wird den ungeübten Touristen von den im Stehen paddelnden Asmat-Männern keine andere Haltung als die sitzende erlaubt. Elektronische und optische Geräte sollten dennoch sicherheitshalber wasserdicht verpackt werden. Ein großer Vorteil dieser Transportart ist das Fehlen jeglichen Motorgeräusches, wodurch vielfältige Tierbeobachtungen und das Vernehmen von Tierstimmen möglich werden.

Offizielle Übernachtungsmöglichkeiten sind im Asmat-Gebiet sehr dünn gesät. Bis auf zwei kleine Losmens in Agats bleibt nur noch die Wahl, in den Dörfern der Asmat oder im eigenen Zelt zu übernachten. Da der Sinn der Reise in dieses Gebiet in der Regel die Begegnung mit einer anderen Kultur ist, erscheint diese Lösung auf den ersten Blick ideal, zumal fremde Besucher bei der Bevölkerung im allgemeinen stets willkommen sind. In der Praxis wird aber nur der Reisende hier ein Auskommen finden, der sich an einen Bretterboden als Matratze sowie Sago und Fisch als tägliche Nahrung gewöhnen kann. Es gehört dort keinesfalls zum guten Ton, seinen Gastgebern aus dem mitgebrachten Proviant etwas vorzuessen. Für den Gastgeber sollte man an ein kleines Geschenk denken, das in seiner Art weder den Überfluß des Herkunftslandes noch die Voreingenommenheit des Besuchers widerspiegeln sollte; Radios, Uhren, Glasperlen und Spiegel sind daher fehl am Platze. Für das Leben im Asmat-Gebiet unentbehrlich sind dagegen Angelhaken, Schnüre, Axtklingen und andere praktische Dinge. Geld ist als Gastgeschenk ungeeignet, da es als Bezahlung verstanden wird.

Die Asmat

Sie nennen sich selbst „asmat ow", was soviel heißt wie: „Wir, die wahrhaftigen Menschen". Hierin erkennt man eine weit verbreitete Eigenart der Menschheit, den eigenen Stamm oder die eigene Nationalität als die bessere und überlegenere anzusehen. Im Schöpfungsmythos der Asmat wird der Ursprung der überzogenen Selbstbewertung deutlich. Er berichtet von „Fumeripitsj", dem Windmann, der die Asmat aus dem Holz des Yua-Baumes schnitzte. Die anderen Stämme ließ er hingegen aus dem Fleisch eines mörderischen Krokodils entstehen.

Die Asmat, deren Zahl heute auf 46 000 geschätzt wird, teilen sich in mehrere Sprach- und Dialektgruppen auf, denen manchmal nur eine Handvoll Dörfer angehören. Die Einteilung nach sprachlichen Gesichtspunkten, die nicht mit den jeweiligen kulturellen Eigenarten gleichbedeutend sein muß, führte zur Unterscheidung von 3 Gruppen: den Asmat der Casuarinenküste, den Nordwestküsten-Asmat und den Asmat an den Oberläufen der Flüsse.

In Europa wurden sie bereits zu Beginn dieses Jahrhunderts durch ihre Schnitzkunst, die sich durch vitale und faszinierende Formen auszeichnet, bekannt. Der Inhalt der auf das Dasein der Asmat bezogenen Symbolik blieb uns jedoch lange verschlossen. Heute gehört es zum guten Ruf eines jeden Völkerkunde-Museums, einige „Asmat-Stücke" im Besitz zu haben. Bis zur Ausfuhrbeschränkung durch die Regierung konnte der internationale Kunsthandel mit Hilfe der ungebändigten Schöpfungskraft der Asmat gute Geschäfte machen. Durch den beispielhaften Einsatz der Crosier-Mission in Agats wurde den Asmat ein eigenes Museum errichtet, in dem dieses Naturvolk eine Anerkennung der eigenen kulturellen Identität sieht.

Trotz des sehr sumpfigen, unwirtlichen und malaria-verseuchten Gebietes empfinden sich die Asmat als Einheit von Land und Volk. Auch heute noch spielt sich ihr Leben im Schatten ihrer Ahnen ab. Trommeln bilden die Verbindung zwischen den Lebenden und den Seelen der Toten, die zur ständigen Pflicht zur heutzutage verbotenen Kopfjagd mahnen. Sie basiert nicht auf einer willkürlichen Aggression benachbarter Dörfer, sondern auf dem im Mythos begründeten Glauben, daß neues Leben nur durch Tod entstehen kann. Durch die weitestgehende Unterbindung der Kopfjagd wurde den Asmat ein Teil ihres Lebensinhaltes, dessen Sinn uns zweifelhaft erscheinen mag, genommen. Der Tod, der für die Asmat die permanente Trennung von Geist und Körper bedeutet, die nach ihrer Vorstellung ohnehin nur eine labile Einheit bilden, beruht immer auf Magie oder Gewalt. Damit der Geist den Körper nicht verläßt, bietet der Asmat ihm alle nur erdenklichen Annehmlichkeiten. Um den als Flucht des Geistes verstandenen Traum zu verhindern, bettet er beispielsweise sein Haupt während der Nachtruhe auf dem Schädel eines Ahnen oder auf einer kunstvoll beschnitzten Nackenstütze. Das Umherstreifen der Ahnengeister, deren Einfluß nicht vorhersagbar ist, wird von den Asmat ebenfalls als Bedrohung empfunden. Man fertigt für sie aus Holz einen neuen Körper an, der dann den erneut zum Leben erwachten Ahnen darstellt. Zu Ehren der Ahnen werden auch besondere Feste gefeiert, bei denen diese in Form von „mbis" (Ahnenpfähle), „kawe" (Ahnenfiguren) und anderen Schnitzereien verkörpert werden. Solche Feste stehen in engem Zusammenhang mit dem Fortbestand eines Stammes und waren früher nicht selten der Anlaß zur Kopfjagd.

Inzwischen haben verfeindete Dörfer ihre gegenseitigen Beziehungen teilweise erheblich eingeschränkt oder aber ritualisiert. Um die Spannungen zwischen zwei Dörfern nachhaltig zu beseitigen, werden Adoptionen durchgeführt, bei denen ausgewählte Personen beiderlei Geschlechts, die dem feindlichen Stamm angehören, in die eigene Sippe aufgenommen werden. Hierbei wird – durch symbolische Nachahmung einer Geburt – der ehemalige Feind wie ein eigenes Kind in die Gemeinschaft „hineingeboren". Während die Männer unter Ausrufung ihres neuen Namens durch einen Pfeilschuß die Kampfbereitschaft für ihr neues Dorf dokumentieren, schlagen die adoptierten Frauen zum Zeichen des Zusammenhalts mit einer Feuerzange gegen einen Balken des Hauses. Die Bindung an die neue Familie und deren Dorfgemeinschaft ist damit fest und dauerhaft.

In den großen Dörfern der Asmat, die vor allem im Küstengebiet zu finden sind, wohnen bis zu 2 000 Menschen. Zum Schutz gegen feindliche Angriffe, Kriechtiere und Hochwasser sind die Familien- und Männerhäuser auf 2 bis 3 m hohe Pfähle gebaut. Die langgestreckten, schmucklosen Männerhäuser, „yeu" genannt, sind der Mittelpunkt einer jeden Siedlung. Der Yeu ist für die Asmat der Begegnungsort von Lebenden und Toten. Jeder Pfosten, jeder Winkel und jede Wand verkörpert einen angesehenen Ahnen und trägt daher dessen Namen. Hier werden unter ihrem Schutz Trommeln, Schilde, Mbis-Pfähle und Figuren gefertigt, deren Symbole zur Versöhnung der unberechenbaren Ahnengeister dienen. Die Schnitzwerke der Asmat zeichnen sich vor allem durch ihre künstlerische Abstraktion aus, deren typischer Stil nicht selten den Ursprungsort erkennen läßt. Die handwerklichen Produkte der Asmat werden je nach den verwendeten Motiven in vier Stilregionen unterteilt, in deren Grenzbereich jedoch keine scharfe Trennung mehr möglich ist.

Das Männerhaus darf normalerweise von Frauen nicht betreten werden; nur zu besonderen Anlässen, wie z. B. Trauerfeiern, wird eine Ausnahme gemacht. Dennoch sind die Frauen nicht unterprivilegiert. Kommen die Männer des Dorfes ihren Pflichten nicht nach, macht sich der Unmut der Frauen häufig durch einen Angriff auf das Männerhaus Luft.

Bei den Asmat herrscht, wie bei vielen anderen Stämmen, Polygamie. Meist wird bereits vor Eintreten der geschlechtlichen Reife geheiratet. Die Kindererziehung fällt im wesentlichen in den Aufgabenbereich der Mutter. Während die Jungen im Alter von 10 Jahren ins Männerhaus und damit in die Obhut des Vaters überwechseln, bleiben die Mädchen weiterhin unter der Aufsicht der Mutter. Kinder dürfen sich an allem beteiligen, außer am Kampf; sie lernen dadurch schon früh spielerisch die Pflichten des Alltags kennen. Sogar beim Fischen im Meer oder Fluß, das von Frauen mit Netzen und von Männern mit Speeren durchgeführt wird, sind sie schon dabei.

Die Asmat im Küstengebiet sind Jäger und Sammler. Sie sind es nicht gewohnt, Gärten anzulegen. Die Sagopalme, die das Hauptnahrungsmittel der Asmat liefert, wächst in manchen sumpfigen Küstenstrichen wild dicht an dicht und braucht daher nicht angepflanzt zu werden. Die ganze Palme ist nahezu verwertbar und erbringt neben dem begehrten Sagomehl auch Fasern und Blätter als wichtiges Grundmaterial, aus dem Netze, Schmuck, Röcke und Dachbedeckungen gefertigt werden. Die Blattscheiden der Palme finden als Waschanlage bereits bei der Sagoproduktion Verwendung. Um 140 kg Sago zu gewinnen, muß eine ganze Familie einen Tag lang hart arbeiten. Obwohl bei der Sagoernte jedes Geschlecht seinen eigenen Aufgabenbereich hat, hilft man sich, wenn nötig, auch gegenseitig. Von dem an einem Tag gewonnenen Mehl, das zwecks Haltbarkeit sofort geräuchert wird, kann eine Familie ca. 6 Wochen lang leben. Eine Sagopalme bringt nur dann eine gute Ernte, wenn sie noch keine Blüte getragen hat.

Das Fällen einer Palme hat für die Asmat magischen Charakter und symbolisiert auch den Tod des Menschen. Die Wurzeln des Baumes entsprechen den Füßen, der Stamm dem Körper, die Äste den Armen und die Früchte dem Kopf. Die Sagopalme hat als Baum eine große rituelle Bedeutung. Man impft ihren Stamm häufig mit dem Capricorn-Rüsselkäfer, dessen große fette Larven, die sich nach 6 Wochen im Holz gebildet haben, den kulinarischen Hauptgang eines Festessens darstellen.

Während der Arbeit in den Sagogründen sorgen die Männer nicht nur für das Fällen und Zerlegen der Palme, sondern auch für die Sicherheit der Frauen und Kinder. In den sechziger Jahren waren feindliche Überfälle im Asmat relativ häufig. Um Kriegen vorzubeugen, wurde die Errichtung der als Schutzburgen dienenden 10 bis 12 m hohen Baumhäuser bereits von der niederländischen Kolonialverwaltung verboten. Diese Bauform, die früher im ganzen Asmat-Gebiet üblich war, findet man heute nur noch an den Seitenarmen der oberen Flußläufe. Die Häuser liegen nicht direkt an den Ufern, sondern meist im Schutze des Waldes. Die verfeindeten Dörfer führten auch viele Kämpfe auf den Flüssen aus, indem sie mit ihren bis zu 14 m langen Einbäumen aufeinander losfuhren. Heute dienen die Einbäume in der Hauptsache dem Verkehr, der im Flußlabyrinth des Asmat nur auf dem Wasser möglich ist. Wegen der starken Strömung in den Flußoberläufen findet man dort nur noch kleinere Einbäume von bis zu 8 Metern Länge. Im Gegensatz zu Küsteneinbäumen sind sie teilweise noch mit Steinäxten roh bearbeitet und haben keine Verzierungen.

Die Asmat schmücken sich – wie auch die Dani im Hochland – nicht nur zu festlichen Gelegenheiten: Stirnbänder aus Kuskusfellen, mit Hundezähnen bestückte Halsketten, Armreifen und Ohrpflöcke werden auch im Alltag benutzt. Der für die Asmat so typische Nasenschmuck aus Muscheln oder Knochen wird nur zu besonderen Anlässen getragen. Kleidungstücke waren bis vor wenigen Jahren bei den männlichen Asmat unbekannt; nur die Frauen bedeckten sich mit einem Schurz aus Sagofasern, der auch heute noch nicht vollends durch westliche Kleidung verdrängt ist. Bei den entfernteren Inlandstämmen, die sich nur mit Blättern oder Flechtwerk bedecken, ist das Verhältnis zum eigenen Körper noch nicht durch übertriebene Scham oder Angst belastet.

Wer in die Welt der Asmat „hineinriechen" möchte, der sollte auf den Vergleich mit der eigenen Zivilisation verzichten.

Etwas Asmat-Sprache für den Anfang:
tam kubitnakap   – guten Morgen
yok fak   – guten Tag
parainimnakap   – guten Abend.

Städte und Orte in Irian Jaya

Wohl kaum ein Tourist wird die weite Reise nach Irian antreten, um ausschließlich die dortigen Städte zu besuchen. In der Tat bieten sie neben wenig Sehenswertem nur einfache Hotels und für indonesische Lebensverhältnisse sehr hohe Preise. Da sie aber das kontrastreiche Bild vom Leben auf der Insel abrunden, ist ein zwei- bis dreitägiger Aufenthalt durchaus anzuraten. Wer größere Touren oder gar Expeditionen in Irian plant, bringt in den dortigen Städten zur Erledigung der nötigen Formalitäten und Vorbereitungen ohnehin mehr Zeit zu, als ihm lieb ist.

Biak
Biak ist eine der Geelvik-Bai (Teluk Sarena) vorgelagerte Insel mit gleichnamiger Stadt. Auf ihrem Flughafen enden die Domestik-Langstreckenflüge von Jakarta, Ujung Pandang und Ambon. Anschlußflüge nach Jayapura, Manokwari, Sorong und Fak Fak sowie Verbindungen nach Enarotali, Moanemani und Hometo, die alle über Nabire führen, machen die Stadt zu einem Drehkreuz des Flugverkehrs auf Irian. Man plant, Biak auch an internationale Flugverbindungen anzuschließen, um der wirtschaftlichen Entwicklung dieser Region neue Impulse zu geben.

Der Ursprung großer Inselteile Biaks geht auf Korallenwachstum zurück. Da auch die Stadt auf Korallenkalk erbaut ist, wird sie häufig im Volksmund Kota Karang (Korallen-

stadt) genannt. Für Badeaktivitäten eignen sich hier zwar mehrere Strandabschnitte, die man jedoch meist nur per Boot oder nach längerem Fußmarsch erreichen kann. Da die Strände vor der Stadt wegen scharfer Korallen und Abfällen verschiedenster Herkunft nicht gerade zum Schwimmen verlocken, fährt die Bevölkerung der Insel am Wochenende auf die Nordseite nach Korim. Wer jedoch einsame tropische Strände liebt, sollte besser an einem Wochentag nach Korim kommen. Ein wahres Badeparadies sind die süd-östlichen, vor Biak liegenden unbewohnten Koralleninseln, die nur manchmal von einem Fischerboot angelaufen werden. Herr Engels, der Chef der Titwaka Hotelkette auf Biak, kann auf Wunsch ein- oder mehrtägige Fahrten auf diese Inseln organisieren. Er ist ein Kenner der Region und steht den Besuchern gerne mit Rat und Tat zur Seite.

Neben zwei Märkten und einem schönen Ausblick auf die Korallensee sowie die vorgelagerte Insel Japen bietet Biak dem historisch interessierten Reisenden alte Kriegsreste, die von den hiesigen Materialschlachten zwischen Japanern und Alliierten im Zweiten Weltkrieg zeugen. In einem steten Feldzug der Natur rosten hier Landungsboote und Panzer im Kommen und Gehen der Brandung. Ein besonderer Anziehungspunkt für Touristen ist die japanische Höhle, die man in einem zweistündigen Fußmarsch oder mit einem allradgetriebenen Fahrzeug erreichen kann. In ihr versteckten sich im Sommer 1944 mehrere tausend Japaner, als sie von den Amerikanern mit Flugzeugen angegriffen wurden. In einer tödlichen Wolke aus Kampfgas und brennendem Kerosin kam der größte Teil der Soldaten des Tenno ums Leben. Noch heute pilgern ihre Angehörigen zum Gebet in diese Karsthöhle.

Jayapura
Wer auf dem Weg ins Baliem-Tal ist, wird unweigerlich in dieser ca. 40 000 Einwohner zählenden Stadt westlich der wunderschönen Humboldt-Bai haltmachen müssen. Der Flughafen, der Sentani Airport, liegt ca. 45 km von der Stadt entfernt am

Sentani-See. Von hier aus bestehen regelmäßige Flugverbindungen nach Wamena, Bokondini, Merauke und Timika. Auch die Missions- und Charterfliegerei hat hier ihre Basis. Abhängig von der politischen Situation zwischen Papua-Neuguinea und der Republik Indonesien gibt es auch einmal wöchentlich eine Flugverbindung nach Wewak.

Die Stadt, die von der Küste her die hüglige Landschaft emporwächst, ist besonders idyllisch gelegen. Abgesehen von der schönen Lage Jayapuras sind der Badestrand (Base G) und das der Universität von Abepura angegliederte Völkerkundemuseum sehenswert. Auch an Jayapura ging der Zweite Weltkrieg nicht spurlos vorbei; am Hamadi-Strand trifft man noch heute auf Kriegstrümmer. Wie die Siedlungen an den östlich der Stadt gelegenen Docks und am Sentani-See zeigen, wurden auch Häuser aus ihnen erbaut. Ihre rostigen Blechteile beherrschen die ansonsten sehr reizvolle Landschaft. Die einst so interessante Sentani-Kultur, die an den Ufern des Sees zu Hause war, wurde ein Opfer des Krieges. Nur noch die alte Generation fertigt hier Holzschnitzarbeiten, die die traditionellen Muster tragen. Auf den Hügeln, die Jayapura und die vorgelagerte Bucht umgeben, hatte General McArthur während der Neuguinea-Phase des Zweiten Weltkrieges sein Hauptquartier errichtet. Die Besichtigung seiner alten Kommando-Baracke ist jedoch weniger spektakulär als die Aussicht, die man von dort über Stadt, Hafen und vorgelagerte Inseln genießt.

Als administratives Zentrum und Gouverneurssitz der Provinz Irian Jaya ist Jayapura in ein umfassendes infrastrukturelles Entwicklungsprogramm einbezogen worden. Dennoch herrscht in dieser Stadt ein ruhiges und gemächliches Leben. Zwischen 12.00 und 16.00 mittags wirkt das Zentrum nahezu verlassen. Wer hier ein ausgiebiges Nachtleben erwartet, wird ebenfalls enttäuscht sein: Mit der Paradiso-Bar am Hafen und einer weiteren in der Stadt sowie zwei Kinos erschöpfen sich die Möglichkeiten.

Manokwari

Manokwari liegt in einem reichen und daher verhältnismäßig stark bevölkerten Gebiet. Da es durch Berge vom Dschungel des ansteigenden Hinterlandes getrennt ist, kommt hier das günstige Meeresklima voll zur Geltung. Entlang der Küste trifft man auf idyllisch gelegene Fischerdörfer, die jedoch nur auf schlechten Straßen zu erreichen sind. Ihre Bewohner sind eine Mischung aus Papuas, Melanesiern, Buginesen und Chinesen. Auch die Nähe zu den Philippinen hat deutlich ihre Spuren in der Bevölkerung hinterlassen.

Wer von Manokwari ins Hinterland will, sollte die erste Strecke des Weges ohne Begleitung oder Träger zurücklegen. Die Bevölkerung der Küste stellt nämlich wegen des dortigen höheren Lebensstandards größere Forderungen an die Reisekasse. Das im Hinterland gelegene Arfak-Gebiet ist prinzipiell nicht ohne Mühe zu erreichen. Die meisten Aktiv-Touristen versuchen es mit einem Charterflug von Sorong aus. Für die Schiffahrt der Region ist Manokwari wegen seines natürlichen Hafens von Bedeutung.

Sorong

Sorong ist eine Ölstadt im Westen Irians, in der die staatliche indonesische Ölgesellschaft Pertamina ihr Hauptquartier aufgeschlagen hat. Neben Papuas und vielen Mitarbeitern aus anderen indonesischen Provinzen arbeiten hier auch Spezialisten aus Texas, um das schwarze Gold aus der Erde zu holen. Der überdurchschnittliche Verdienst der Ölleute hat die Preise in der Stadt erheblich ansteigen lassen. Daß die „Oilmen" aus Texas auch Entertainment und Whisky brauchen, das hat Sorong mittlerweile dazugelernt. Wer aber das neue Lebensgefühl des Alkoholismus nicht zu handhaben weiß, rutscht schnell auf der sozialen Leiter nach unten.

Eine schöne Strandpromenade und ein kontrastreiches Stadtbild sind gegenwärtig die einzigen Sehenswürdigkeiten Sorongs. Der zur Stadt gehörende Jefman-Airport, der auf einer Insel 30 km entfernt liegt, kann mit dem Schiff oder Helikopter erreicht werden. Reguläre Schiffsverbindungen finden jedoch nur zweimal täglich statt. Von Sorong aus sind mehrere Airstrips im Westteil Irians, dem sogenannten Vogelkopf, zu erreichen. Auch nach Fak Fak im Süden besteht eine regelmäßige Flugverbindung der Merpati-Nusantara-Airlines.

Merauke

Merauke ist die südlichste Stadt Indonesiens nahe der Grenze zu Papua-Neuguinea. Wegen der Nähe Australiens ist das Klima in diesem Teil Neuguineas häufig von Trockenheit geprägt. Die Umgebung der Stadt mit ihren Grassavannen und Eukalyptusbäumen erinnert, nicht zuletzt wegen der dort vorkommenden Känguruhs, an den roten Kontinent Australien. Entlang der Flüsse und in Senken wachsen Sagopalmen, die der Bevölkerung hier als Hauptnahrungsmittel dienen.

Merauke selbst ist staubig und heiß. Man fühlt sich schnell auf verlorenem Posten. Die Touristen, die dennoch hierher kommen, suchen eine Schiffs- oder Flugverbindung ins Asmat-Gebiet oder planen eine Flußfahrt auf dem Bian- oder Maro-Fluß. Letzterer bietet bei ausreichend hohem Wasserstand eine 300 km lange Verbindung bis nach Tanah Merah. An diesem klimatisch sehr belastenden Ort wurden von den Niederländern einst politische Häftlinge, darunter auch Sukarno, gefangen gehalten. Auch heute dient dieser Ort angeblich noch dem gleichen Zweck.

Voraussetzungen für einen Besuch im Naturreservat

Natur und alles, was damit verbunden ist, wird gegenwärtig wieder groß geschrieben. Wenn man ein Land wie Indonesien besucht, will man, diesem vernünftigen Trend folgend, natürlich auch etwas von dessen unberührter Natur kennenlernen. Da wären die großen Regen- und Monsunwälder, Savannen- und Buschland, Berg- und Vulkanlandschaften sowie die marine Umwelt mit ihren Korallen und Mangroven; die meisten Reisenden möchten von jedem etwas sehen. Und dann sind da noch die Tiere Indonesiens: Elefant, Tiger, Nashorn, Leopard, Komodo-Waran, Anoa, Kuskus, Kakadu, Kasuar und viele andere mehr möchte man schon mal gerne in freier Wildbahn beobachten. Wer aber die Größe des Landes bedenkt, wird den Wunsch, alle Reservate und die in ihnen lebenden Tiere kennenzulernen, als hoffnungslos einstufen müssen. Es gilt daher zu erkennen, wo der Schwerpunkt des persönlichen Interesses liegt.

Das **Direktorat Perlindungan dan Pengawatan Alam** (Natur- und Wildschutzbehörde), kurz **P.P.A.** genannt, ist für den Unterhalt und die Verwaltung der mehr als 55 Naturschutzgebiete und Nationalparks Indonesiens verantwortlich. Das Hauptbüro befindet sich in Bogor, Jl. Juanda 9, gegenüber dem Haupteingang des Botanischen Gartens. Fragen über Anreise, Organisation und Unterbringung kann man getrost an diese Adresse richten. Hier erhält man auch die schriftliche Erlaubnis für den Besuch der Reservate, die man nur in einigen Fällen auch bei einem der 27 Provinzbüros bekommen kann. Die Leiter der Büros stehen dem Touristen ebenfalls mit Rat und Tat zur Seite. Wenn kein P.P.A.-Büro in der Nähe ist, dann wende man sich an die Forstverwaltung, der auch die P.P.A. unterstellt ist.

Für den Besuch extrem abgelegener Gebiete wie Kalimantan, Teilen Nusa Tenggaras, der Molukken und Irian Jayas benötigt man außerdem noch einen Reisebrief (surat jalan), der über die Person, den Grund der Reise und das geplante Ziel des Reisenden Auskunft gibt. Obwohl die Erledigung dieser Formalitäten sehr zeitraubend und daher nicht sehr angenehm ist, kann man sie nicht umgehen. Es hat sich herausgestellt, daß ein Brief des Provinz-Gouverneurs von großem Nutzen sein kann. Da die Forstbeamten für die Sicherheit des Besuchers in ihrem Reservat die Verantwortung tragen, teilen sie diese gern mit der Polizei. Sie lassen den Touristen auch dort vorsprechen.

Ist ein Dorf der Ausgangspunkt für den Reservatbesuch, empfiehlt es sich, auch dem Dorfoberhaupt einen Höflichkeitsbesuch abzustatten. Abgesehen von den vielen Geschichten, die er meist über das Gebiet, seine Menschen und Tiere zu erzählen weiß, ist es in der Hauptsache er, der für Träger, Führer und Unterkünfte sorgt. Auch den Besuch beim Camat (Distriktsvorsteher) sollte man nach Möglichkeit nicht auslassen.

Nur in wenigen Fällen gibt es Straßen und befahrbare Wege in den Reservaten. Fußmärsche gehören daher zu dem Besuch dazu. Manchmal läßt sich ein Reservat auch über das dazugehörige Flußnetz erkunden. In einigen Gebieten Nusa Tenggaras stehen auch Pferde zur Verfügung. Wer Träger benötigt, muß gegenwärtig mit einem Tageslohn von 2 000 bis 3 000 Rp. (gebietsabhängig) rechnen. Für deren Versorgung mit Proviant ist man

ebenfalls verantwortlich: Reis, Gemüse, Trockenfisch oder Corned Beaf sowie Tee und Zucker sind das Übliche. Qualitätsunterschiede in der Verpflegung von Trägern und Besuchern sollte es nicht geben. Vielerorts können die Träger auch als Führer fungieren.

Bei Touren im Regenwald sind Moskitos, Blutegel und schwere Regenfälle vor allem am Anfang sehr störend, man wird sich allerdings daran gewöhnen müssen. Da Zeltplanen hier nur schwer trocknen, sind Plastikplanen, die man von der Rolle kaufen kann, in vielen Fällen ideal. Kleidung und Lebensmittel müssen trocken verpackt werden.

Viele Menschen, die mit dem Gedanken spielen, den Tieren des Regenwaldes selbst einmal nachzuspüren, schrecken dann nicht selten vor dem ihrer Meinung nach unkalkulierbaren Risiko der Wildnis zurück.

In der Realität sind die Gefahren jedoch minimal. Wer sich an die Empfehlungen der ortskundigen P. P. A.-Beamten hält und sich der Verhaltensweise der Träger anpaßt, wird keine Probleme haben.

Hinweis:
Im Sinne der „**C**onvention on **I**nternational **T**rade in **E**ndangered **S**pecies of Wild Fauna and Flora in Commerce" **(CITES),** zu deutsch

NATIONALPARKS und NATURSCHUTZGEBIETE in INDONESIEN

kurz „Washingtoner Artenschutzübereinkommen", noch kürzer „WA" genannt, sollten Sie (eigentlich grundsätzlich) keine Souvenirs kaufen, die aus wildlebenden Tieren bzw. Teilen davon oder wildwachsenden Pflanzen hergestellt sind.

Bezogen auf Indonesien gilt dies für Elfenbein (Elfenbein von asiatischen Elefanten darf generell nicht gehandelt werden, auch nicht das von zahmen Elefanten), Schildpatt, Rhinozeros-Hörner, Schmetterlinge, Reptilienprodukte, verschiedene Vogelarten und Orchideen. Das große Angebot an Krokodilhäuten, ausgestopften Meeresschildkröten, Schildpatt- und Elfenbeinarbeiten, Korallen und Muscheln läßt zwar vermuten, es handele sich um offizielle Handelsware. Nach indonesischem Gesetz ist der Verkauf dieser Artikel jedoch nicht zulässig; die Regierung ist aber momentan nicht in der Lage, ausreichende Kontrollen durchzuführen.

Lassen Sie sich auch nicht auf den Kauf eines der häufig angebotenen jungen Affen ein: es gibt keine Genehmigung für private Halter!

Nehmen Sie bitte vom Kauf solcher „Souvenirs" Abstand; Sie leisten damit einen wichtigen Beitrag zur Erhaltung bedrohter Tier- und Pflanzenarten.

Indonesien von A–Z

Aceh/N.-Sumatra (A5,6), nordwestlichste Provinz Indonesiens; Hauptstadt: Banda Aceh; Lake Tawar im Gayo-Hochland ist sehenswert; Tabakanbau um Bireuen; streng islamische Bevölkerung.

Adat, religiös untermauerte traditionelle Wertvorstellungen und Verhaltensweisen, die das Zusammenleben der Menschen innerhalb einer Volksgruppe regeln.

Agats/W.-Irian (E7), Dorf an der Südküste; Zentrum der Asmat; Holzschnitzkunst; Ausgangspunkt für interessante Bootstouren ins Inselinnere.

Agung Gg./Bali (B5), höchster und heiligster Berg Balis (Vulkan), 3142 m hoch; Besteigung dauert 1–2 Tage.

Alang alang, auch Elefantengras genannt; bis zu 2 m hoch, meist als Sekundarbewuchs.

Alfuren, Urbevölkerung der Molukken und einiger der Kleinen Sunda Inseln.

Ambarawa/M.-Java (H5), Stadt südlich von Semarang; Eisenbahnmuseum.

Ambarita/N.-Sumatra (B6), Toba-Batak-Dorf auf der Insel Samosir; alte Megalithkultur; Königshof mit Richtstätte.

Ambon/Molukken (E6), Administrativ-Hauptstadt der Molukken auf gleichnamiger Insel; Fort Rotterdam, Fort Amsterdam (Photographierverbot!) sehr sehenswert; in Hila alte portugiesische Kirche und Fort; Gewürznelkenanbau.

Ancol/Jakarta (G2), Vergnügungspark bei Jakarta, auch Bina Ria genannt; Golf, Schwimmbad, Bootsverleih, Souvenirmarkt, Freilichtkino, Spielkasino, Hai Lai u. v. a.

Ampenan/Lombok (F4), Hafenstadt im Westen von Lombok; Fährverbindung mit Bali; schöner Badestrand.

Angklung, Bambus-Instrument mit vier aufeinander abgestimmten Tönen; frei aufgehängte Bambus-Klangkörper werden durch Schütteln zum Klingen gebracht.

Arjuna, hinduistische Heldenfigur; kommt als Wayangfigur in Souvenirläden häufig vor.

Arjuna Gg./O.-Java (H7), Vulkan, 3344 m hoch, südöstlich von Surabaya in der Nähe von Tretes; Besteigung dauert 1–2 Tage.

Arjuna Tempel/M.-Java (H5), älteste Tempelanlage Indonesiens auf dem Dieng Plateau; kühles Höhenklima, schöne Landschaft, sehenswert.

Asmat/W.-Irian, Papua-Stamm an der Südküste; bekannt für seine

Holzschnitzkunst; Kultur vom Aussterben bedroht.

Atoni, Urbevölkerung auf Timor; jagen noch mit dem Blasrohr; austronesischer Typ.

Babi Guling, balinesische Spanferkel-Spezialität; nur gut durchgebraten essen!

Badui, Stamm im Westen Javas; lehnt den Gebrauch des Rades und anderer technischer Hilfsmittel ab; wünschen keinen Kontakt mit Außenstehenden; ca. 4 000 Stammesangehörige.

Bahasa, indonesisches Wort für „Sprache".

Bahau, Dayak-Stamm in Ost-Kalimantan; interessante Kriegstänze.

Bajai, kleines 3rädriges Motor-Taxi.

Bajang Ratu/O.-Java (H7), Hindu-Tempel bei Trowulan; Badeplatz in Terrassenform; Ruinen in sehr gutem Zustand.

Bajau, Seenomaden von Südost-Sulawesi bis zu den Philippinen; strenge Moslems.

Bali/Kl. Sunda-Insel (F4), ca. 2,8 Mio. Ew., 5 600 qkm groß; hinduistischer Glaube; Urbevölkerung Bali Aga; wichtigstes touristisches Zentrum Indonesiens.

Bali Aga, leben in Trunyan, am See des Batur-Vulkans und in Tenganan/O.-Bali.

Baliem/W.-Irian (E7), Fluß, der durch reizvolles Hochtal fließt; Stammesgebiet der Danis; Karsthöhlen; traditionelle Salzgewinnung.

Balikpapan/O.-Kalimantan (F4), Hafen und Zentrum der Ölwirtschaft Kalimantans; ca. 100 000 Ew.; keine besonderen Sehenswürdigkeiten, 1st Class-Hotel „Benakutai".

Baluran/O.-Java (H9), Naturschutzgebiet 12 km von Wonorejo; trockene Savannenlandschaft; Vulkane; Leoparden, Wildschweine, Bantengs, Hirsche, u. v. a.

Banda Aceh/N.-Sumatra (A5), Provinzhauptstadt; 2,3 Mio. Ew.; traditioneller Fußball, „bow awe" genannt; Museum mit Relikten aus der Zeit des Widerstandes gegen die Niederlande; Baturahman Moschee, zur Zeit des Sultans Iskander Muda gebaut; Sultansgräber.

Banda/Z.-Molukken (E6), kleiner Archipel; alte portugiesische Festungen; Haupthafen Bandaneira; portugiesische Rest- und Mischbevölkerung.

Bandung/W.-Java (H3), drittgrößte Stadt Indonesiens; angenehmes Hochlandklima, ca. 770 m hoch; technische Hochschule, international bekannt; Zentrum der modernen Malerei; 1955 Afro-Asiatische Konferenz, machte die Stadt weltweit bekannt; Geologisches Museum, Armee-Museum, Rattan-Möbel-Industrie.

Bangka/S.-Sumatra (D9), Inselgruppe nördlich S.-Sumatra, bekannt für seine hohen Zinnvorkommen; schöne weiße Strände; ebenso Belitung.

Bangli/Z.-Bali (B4), freundlicher Ort; schöne Aussicht auf den Gunung Agung; interessante Tempel; preiswerte Unterkünfte.

Banjarmasin/S.-Kalimantan (F4), Provinzhauptstadt am Barito-Fluß, von Mangrovensümpfen umgeben; islamisches Zentrum; viele Kanäle; Museum Lampung Mangkurat; Ausgangspunkt für interessante Bootstouren flußaufwärts.

Batanghari/Sumatra (D8), längster Fluß Sumatras; entspringt am Vulkan Kerinci.

Banten/W.-Java (G2), Ort an der Nordküste Javas; 1596 erste Landung holländischer Schiffe unter Cornelius Houtman; sehenswert ist Fort Spelwijk; 200 Jahre alter chinesischer Tempel; Reste des Suwosawan Palastes; Mesjid Agung.

Banyuniba/M.-Java, buddhistischer Tempel aus dem 9. Jh.; doppelliniges Makara-Motiv.

Banyuwangi/O.-Java (H9), Fährhafen nach Bali, schöne Moschee, gute Strände in der Umgebung.

Baris, balinesischer Kriegstanz; Solo eines männlichen Darstellers, bekannt für sein intensives Mienenspiel.

Barito/S.-Kalimantan (F4), Fluß im Süden der Insel, der weit ins Innere führt, 750 km beschiffbar; regelmäßiger Bootsverkehr.

Baron-Strand/M.-Java (H6), einer der sicheren Badestrände 50 km südöstlich von Yogyakarta; durch Bucht geschützt.

Barong-Tanz, wilder balinesischer Tanz, der den Kampf zwischen dem heiligen Fabelwesen Barong und der Hexe Rangda zum Inhalt hat.

Batak, Volksstamm um den Toba-See und auf der in seinem Innern gelegenen Insel Samosir; unterteilt in Karo-, Simalungun-, Pak Pak-, Gajo- und Toba-Batak; verschiedene Hausbauformen; interessantes Brauchtum; zum größten Teil christianisiert.

Batavia, Haupthandelsstützpunkt der VOC (Vereinigte Ostindische Compagnie); 1618 durch den Niederländer Jan Pieterszoon Coen gegründet; wird heute nach dem früher dort gelegenen Ort Jayakarta Jakarta genannt; früher Hauptstadt Niederl. Ost-Indiens, heute der Rep. Indonesien.

Batik, im Negativ-Färbeverfahren mit Mustern und Ornamenten versehene Stoffe; Wachs dient zum Abdecken weißer oder bereits gefärbter Partien.

Batuan/Bali (B4), Zentrum naiver Malkunst; Schnitzen von Tanzmasken.

Batubulan/Bali (C4), Zentrum der Steinmetzkunst auf Bali; lebensgroße Götter- und Dämonenstatuen werden von hier fachmännisch in alle Welt versandt.

Batukau/Bali (B3), am Hang dieses 2276 m hohen Berges liegt neben einem See im Urwald der Pura Lahur Tempel.

Batur Gg./Bali (A4), großer vulkanischer Einbruchskessel bei Kintamani mit großem Talsee und dem neu entstandenen Batur-Vulkan; Bali Aga-Dorf Trunyan am See; heiße Quelle; eine der schönsten Landschaften Balis.

Batusangkar/W.-Sumatra (C7), 56 km südöstlich von Bukittinggi; atemberaubende Landschaft; alte Steininschriften; Stierkämpfe (Stier gegen Stier).

Batu Tulis/W.-Java (G2), 3 km südlich von Bogor; alte Steininschrift aus dem 5. Jh. n. Chr.; Fußabdrücke des Königs Purnawarman und eines seiner Elefanten.

Bawamataluo/S.-Nias (C6), typisches Süd-Nias-Dorf, auf einem Hügel gelegen; alte Megalith-Kultur; Kriegstänze und Steinspringer; schöne Obelisken und Reliefs.

Becak, traditionelles Fahrradtaxi; im Archipel weit verbreitet.

Bedugul/Bali (A3), reizvoller Ort am Bratan-Kratersee mit Uludanu-Tempel; sehenswert.

Bedulu/Bali (B4), Ruinen von Yeh Pulu in der Nähe des Nationaltempels; 4 m hoher und 25 m langer Steinfries.

Belahan/O.-Java, alter Badeplatz aus dem 11. Jh.; ehemalige Einsiedelei des Königs Airlangga.

Bemo, kleines Motor-Taxi mit 8–12 Sitzplätzen.

Bengkulu/SW-Sumatra, (E8), schönes altes Städtchen, in der Umgebung herrliche Strände; Ruinen des englischen Fort York.

Besakih/Bali (B4), älteste und heiligste Tempelstätte Balis, am Hange des Gg. Agungs in 1000 m Höhe gelegen; 60 km von Denpasar entfernt.

Betel, weitverbreitetes Stimulanzmittel; wird mit Kalk, Pfefferblättern und/oder Tabak gekaut; färbt Mund und Zähne rot.

Biak/Irian (E6), Insel im Norden von Irian; großes Schlachtfeld im Zweiten Weltkrieg; Kriegstrümmer in Wäldern und an Stränden; Sehenswürdigkeit: Korim-Strand und japanische Höhle.

Bima/Sumbawa (F4), Hafen im Osten der Insel; streng islamische Bevölkerung; von hier Überfahrt nach Komodo möglich.

Bima, kriegerischer Held des Ramayana Epos, schwarzköpfiger Bösewicht.

Bogor/W.-Java (G2), botanischer Garten mit über 15000 Pflanzenarten, 1817 vom deutschen Professor Caspar G. Reinwardt auf Wunsch des britischen Gouverneurs Sir Stamford Raffles angelegt; naturhistorisches Museum; ehemalige Residenz der niederländischen Generalgouverneure; angenehmes Höhenklima; P. P. A.-Hauptbüro.

Bohorok/N.-Sumatra (B6), Orang-Utan-Rehabilitationsstation 80 km von Medan.

Bondowoso/O.-Java (H9), bekannt für seine Stier gegen Stier-Kämpfe; Ijen-Plateau und Kawah-See sind herrliche Landschaften.

Borneo, indonesisch: Kalimantan.

Borobudur/M.-Java (H5), auf vier umlaufenden Galerien sind mehr als 1 500 Reliefszenen, die vom Leben des erleuchteten Buddha berichten; größtes buddhistisches Heiligtum der Erde, aus dem 8. Jahrhundert.

Brahma, Hindu-Gott der Schöpfung; er wird mit vier Köpfen, einem Zepter und anderen Symbolen dargestellt.

Brastagi/N.-Sumatra (B6), Ort mit angenehmem Höhenklima unterhalb des Sibayak-Vulkans; 78 km südlich von Medan; bunter Markt dienstags und samstags.

Bratan-See/Bali (A3), siehe Bedugul.

Bromo/O.-Java (H8), Vulkaneinbruchskessel mit mehreren kleinen Vulkanen im Zentrum; Übernachtungsmöglichkeit am äußeren Kraterrand; Anreise von Probolinggo über Ngadisari; ein besonderes Erlebnis ist der Sonnenaufgang über dem Kraterrand.

Buddhismus, Lehre Buddhas.

Bugis, seefahrendes Volk, über den ganzen Archipel verstreut; Bugisschoner findet man u. a. im kleinen Sunda Kelapa Hafen bei Jakarta.

Burkit Barisan/Sumatra, Gebirgsrücken, der in Längsrichtung durch Sumatra verläuft.

Bukittinggi/W.-Sumatra (C7), hübscher Ort mit angenehmem Höhenklima, 920 m ü. d. M.; Universität; altes Fort de Kock (1825), schöne Szenerie; Zoo mit seltenen Tieren Sumatras.

Celebes, indonesisch: Sulawesi.

Celuk/Bali (C4), Zentrum der Silberschmiedekunst auf Bali.

Ceram/Molukken (E6), Molukkeninsel mit vielen Alfurenstämmen; geringe Infrastruktur; bergiges Innenland bis zu 3 000 m; farbigste Vogelwelt der Molukken.

Ceta/M.-Java, ein dem Bima geweihter Tempel aus dem 15. Jh.

Cipanas/W.-Java (G2), Landhaus des Präsidenten im viktorianischen Stil.

Dalang, Künstler des Schatten- und Puppenspiels; er allein beherrscht die Dialoge und Rollen von ca. 200 Figuren und mehreren Epen; aussterbende Kunst.

Dani, in West-Irian lebender Papua-Stamm, der das Baliem Tal und einige Seitentäler bewohnt. Die Zahl der Danis wird auf 80 000 geschätzt. Sie verfügen über ein leistungsfähiges Ackerbausystem. Die Danis leben nicht in offenen Dörfern, sondern in abgeschlossenen Weilern.

Dayak, Oberbegriff für die Stämme Kalimantans, die unterteilt sind in Bahau, Kayan, Kenyak, Iban u. a.; bewohnen Langhäuser; teilweise praktizieren sie Trockenreisanbau.

Demak/M.-Java (G6), erstes islamisches Königreich 15. Jh.; 20 km östlich von Semarang.

Denpasar/Bali (C4), Hauptstadt auf Bali; über 100 000 Ew.; Bali-Museum sehenswert; interessanter Abendmarkt, Geschäftszentrum; weniger für längeren Aufenthalt geeignet.

Dewi Sri, Göttin des Reis; auf Java und Bali zur Erntezeit viele Zeremonien ihr zu Ehren.

Dieng/M.-Java (H5), Hochplateau 26 km nordwestlich von Wonosobo; älteste Tempel Indonesiens aus der frühen Mataram Periode.

Dokar, Benhur oder **Andong** werden zweirädrige Pferdekutschen in Indonesien genannt.

Dongson, Bronzekultur in Nord-Vietnam mit typischen Bronzetrommeln; wurden von jung-malaiischen Völkern ins Land gebracht.

Durga, Frau Shivas.

Ekagi, Papua-Stamm mit interessanter Kultur; in Irian westlich der Paniai-Seen.

Enarotali/Irian (E7), Missionsstation westlich der Paniai-Seen; angenehmes Höhenklima, grandiose Landschaft; Flugverbindung mit Nabire u. Biak.

Ende/Flores (F5), kleine Stadt auf Mittel-Flores; Ausgangspunkt für Touren zum Kelimutu-Vulkan.

Enggano/SW.-Sumatra (F8), Insel im Südwesten von Sumatra; ehemals bekannte Enggano-Kultur, ausgestorben; Viehzucht.

Galumpang/M.-Sulawesi (A2), Zentrum des Toala Volkes.

Gamelan, traditionelles javanisches und balinesisches Gong- und Metallxylophon-Orchester mit bis zu 70 Instrumenten, darunter Flöten und Saiteninstrumente.

Ganesha, Hindugottheit mit Elefantenkopf; Sohn Shivas.

Garuda, göttlicher Adler; Symbol des Himmels; er ist Reittier des Hindu-Gottes Vishnu.

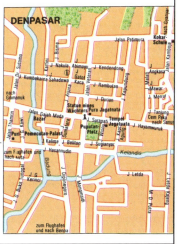

Gilimanuk/Bali (A1), westlichster Hafen Balis; Fähre nach Banyuwangi auf Java.

Glodok/Jakarta (G2), Chinesenviertel im Nordwesten Jakartas.

Goa Gajah/Bali (B4), im 11. Jh. Einsiedelei buddhistischer Mönche; Grotte mit Ganesha-Statue; der Badeplatz kam erst später hinzu.

Halmahera/Molukken (E5,6), größte Molukkeninsel; Berge bis 1500 m hoch; Vulkane; 17 Sprachen, darunter auch Papua-Dialekte; ca. 30 Stämme; Perltaucher.

Hari Raya, auch Lebaran genannt, ist das Fest am Ende der islamischen Fastenzeit; größter Festtag des Jahres: 1. Tag des 10. Monats des Arabischen Kalenders; am 2. Tag des dreitägigen Festes werden Freunde und Familien besucht.

Hila/Ambon (E6), an der Nordküste der Insel; altes Fort Amsterdam; alte portugiesische Kirche.

Hilisimaetano/S.-Nias (C6), typisches Süd-Nias-Dorf mit alter Megalith-Kultur; 16 km von Teluk Dalam; 140 traditionelle Häuser.

Hitu/Ambon (E6), ältestes islamisches Dorf auf Ambon; Alfuren-Sprache.

Helicak, exotisch aussehendes Scooter-Taxi mit aerodynamisch geformter Passagierkanzel.

Iban, See-Dayak-Stamm im Norden Kalimantans und in Sarawak.

Ikat, traditionelle Webkunst; hauptsächlich bei den Batak, Toraja, einigen Dayak-Stämmen und auch auf Flores, Timor und Roti.

Imogiri/M.-Java (H6), königlicher Friedhof der Sultanate Yogya und Solo.

Irian, Teil Neuguineas; wurde 1969 dem indonesischen Staatsverband eingereiht; hauptsächlich Papua-Bevölkerung; vergletscherte Berge über 5000 m mit ewigem Schnee; große sumpfige Küstenniederungen; kaum Infrastruktur.

Islam, Lehre des Propheten Mohammed; 90% der indonesischen Bevölkerung gehören ihm an; liberalere Form der Religionsausübung als in anderen islamischen Ländern, besonders in Bezug auf die Stellung der Frau.

Istana Negara/Jakarta (G2), Präsidentenpalast in Jakarta.

Istiglal/Jakarta (G2), größte Moschee Südostasiens; Platz für 20000 Gläubige.

Jagaraga/Bali (A3), balinesischer Tempel südöstlich von Singaraja in Sawan; modern anmutende Reliefs von Europäern in Autos (Oldtimer), Flugzeugen und Schiffen, Karikatur des kolonialen Lebensstils, der durch die Hindumächtigen ein Ende findet.

Jago/O.-Java (H8), gehört zu einem Tempelkomplex in Malang aus verschiedenen Jahrhunderten.

Jakarta (G2), Hauptstadt der Republik mit ca. 6 Mio. Einwohnern.

Jayapura/Irian (E7/4), Distrikt-Hauptstadt Irians; Sitz des Gouverneurs.

Jayawijaya/Irian (E7), höchster Berg Indonesiens mit 5030 m; früher Carstenz-Pyramide genannt.

Jepara/Java (G6), Zentrum der javanischen Holzschnitzkunst.

Jiwika/Irian (E7), Ort traditioneller Salzgewinnung der Baliem-Stämme.

Kalasan-Tempel/Java (H6), buddhistisches Mausoleum, 800 n. Chr.; zwischen Yogya und Solo.

Kalimantan (E4), drittgrößte Insel der Erde; Nordteil, außer Brunei, gehört zu Malaysia; Urbevölkerung sind die Dayak-Stämme; Öl- und Holzwirtschaft; Infrastruktur nur an der Küste.

Kaliurang/M.-Java (H6), Höhenkurort am Hang des Merapi-Vulkans in 900 m Höhe; 20 km von Yogya; Schwimmbad.

Kapuas/W.-Kalimantan (F3), längster Fluß Indonesiens im Westen Kalimantans; 300–400 km beschiffbar.

Karo, Batak-Stamm am Toba-See, aus fünf Gruppen und 83 Untergruppen bestehend; Zentrum der Karo-Batak ist Kaban Yahe.

Kartini, Raden Kartini kämpfte für die Schulerziehung der indonesischen Frau. Sie starb mit 24 Jahren im Kindbett. Der Kartini-Tag ist eine Art Muttertag in Indonesien.

Kawah-See/O.-Java (H9), Kratersee 1,3 km im Durchmesser, in der Nähe des Ijen-Plateaus.

Kayan/Kalimantan (E3), Fluß in Kalimantan und gleichnamiger Dayak-Stamm. Die Kayans sind für ihre Knochenschnitzereien bekannt.

Kayu putih, Eucalyptus-Baumart, hauptsächlich auf den Molukken und in Irian; Baumharz für pharmazeutische Zwecke.

Kebayoran, vornehmer Villenvorort von Jakarta.

Kecak, balinesischer Tanz, sogenannter Affentanz, wird von einem Chor sitzender Männer begleitet; einer der eindrucksvollsten Tänze.

Keli Mutu/Flores (F5), Vulkan mit drei verschiedenfarbigen Kraterseen; grandiose Landschaft.

Kelud Gg./O.-Java (H7), Vulkan, 1700 m hoch mit heißem Kratersee; 1919 kamen bei einem Ausbruch Tausende von Menschen in den heißen Schlammassen ums Leben.

Kendari/S.-Sulawesi (B3), Distrikt-Hauptstadt; hochentwickelte Silberschmiedekunst; Ziselierarbeiten.

Kenya, Dayak-Stamm im Nordwesten Kalimantans; eindrucksvolle Kriegstänze.

Kerinci/M.-Sumatra (D7), mit 3100 m höchster Berg (Vulkan) Sumatras, Quellgebiet vieler Flüsse.

Kete Kesu/S.-Sulawesi (B2), typisches Toraja-Dorf in faszinierender

Landschaft; 4 km südlich von Rantepao; 100 m hinter dem Dorf traditionelle Begräbnisstelle mit alten Tau Taus.

Kidal-Tempel/O.-Java (H8), Grabmal des zweiten Singarasi-Königs, 7 km westlich von Tumpang.

Kintamani/Bali (A4), am Rande des Batur-Vulkans gelegener Ort mit Höhenklima; hervorragende aromatische Orangen und Maracujas.

Komodo/Kl. Sunda-Insel (F4), auch Insel der Drachen genannt; bis zu 4 m lange Echsen; reizvolle Landschaften.

Koran, heiliges Buch der Mohammedaner.

Kota Gadang/W.-Sumatra (C7), Zentrum der Silberschmiedekunst.

Kota Gede/M.-Java (H6), Zentrum der javanischen Silberschmiedekunst, südlich von Yogyakarta.

Krakatau (G1), Vulkan in der Sunda Straße zwischen Sumatra und Java. 1883 größter Ausbruch seit Menschengedenken; erhalten sind Reste des alten Vulkans und die neue vulkanische Insel des Anak Krakatau.

Kraton, Sultanspaläste in Mittel-Java, Yogyakarta und Solo.

Kris, doppelschneidiger Dolch, teilweise aus Meteoreisen geschmiedet. Man schreibt ihm magische Kräfte zu; mehr Symbolcharakter als Waffe.

Kubu, Jäger- und Sammlervolk auf Sumatra zwischen Bengkulu, Palembang und Jambi.

Kudus/M.-Java (G6), 50 km östlich von Semarang; Zentrum der Nelkenzigarettenindustrie; javanisches Hauptanbaugebiet für Gewürznelken.

Kupang/W.-Timor (F5), größte Stadt der Kleinen Sunda-Inseln; 55 000 Ew., interessante Völker- und Sprachvielfalt; diverse Schiffsverbindungen zu benachbarten kleinen Inseln.

Kusambe/Bali (B4), Küstendorf östlich von Klungkung mit Goa Lawah (Fledermaushöhle) und Tempel; empfehlenswert.

Kuta/Bali (C3), reger touristischer Badeort im Südwesten Balis; preiswerte Unterkünfte; traditionelle Tanzvorführungen; gute Surfbedingungen; Restaurants aller Preisklassen; Juli/August überfüllt.

Kutai/O.-Kalimantan (E4), Sultanat; Zentrum Tengarong; Kutai Naturschutzpark; regelmäßige Bootsverbindungen ins Landesinnere.

Ladang, durch Waldrodung gewonnene Anbaufläche (Wanderfeldbau), 3–4 Jahre nutzbar.

Lawu/M.-Java (H6), Vulkan, 3 265 m hoch, mit interessanten Tempelanlagen, z. B. Candi Suku.

Legian/Bali, kleineres touristisches Zentrum nördlich Kutas; ruhig und erholsam.

Legong, einer der bekanntesten klassischen balinesischen Tänze, von drei Mädchen im vorpubertären Alter aufgeführt; Tanzmotiv ist eine Legende um den König Lasem, der die Prinzessin Langkasari begehrt; prächtige Kostüme.

Lembang/W.-Java (H3), Vorort von Bandung; Höhenort mit Sternwarte und SOS-Kinderdorf; hier wird hervorragende Sozialarbeit geleistet; Besuch lohnenswert; Ausgangspunkt für den Tangkuban Prahu-Vulkan.

Lemo/S.-Sulawesi (B2), in einer Felswand gelegene Begräbnisstätte mit typischen Dörfern in der Umgebung; schöne Szenerie (siehe Bildteil).

Lingga/N.-Sumatra (B6), 5 km westlich von Kabanjahe gelegenes schönes Karo-Dorf mit über 400 Jahre alten Häusern (ohne Nägel gebaut); quadratischer Grundriß; wurde von Großfamilien bis zu 100 Personen bewohnt.

Lombok, Kl. Sunda-Inseln (F4), Insel östlich von Bali; an der Westküste herrscht balinesische Kultur vor; liegt östlich der Wallace-Linie, Übergang in austral-asiatische Fauna und Flora; islamische Sassak-Bevölkerung im Innern und im Osten der Insel; Rinjani-Vulkan, 3 775 m, zweithöchster Berg Indonesiens mit großem Kratersee.

Londa/S.-Sulawesi (B2), Toraja-Begräbnisstätte in Kalksteinhöhle mit einem Balkon voller Tau-Tau-Figuren (Ahnenfiguren).

Lontar, Palme, aus der Zuckersaft gewonnen wird; vergärt-alkoholisches Getränk; wächst in trockenen Zonen der Kleinen Sunda-Inseln; Blätter werden zur Herstellung von verschiedenen Haushaltsartikeln (z. B. Körbe) verwendet.

Madura (G8), Insel östlich Javas; bekannt für seine Stierrennen; zwischen April und August sehr trockenes Klima; Überfahrt von Kalimas bei Surabaya; heiße Quellen; Salzproduktion; Viehzucht.

Mahabharata, Hindu-Epos; erzählt die Geschichte einer Schlacht in Indien in vorchristlicher Zeit; übte Einfluß auf indonesisches Theater der Neuzeit aus.

Mahakam/O.-Kalimantan (E4), zweitgrößter Fluß Borneos mit ethnisch vielfältiger Bevölkerung an seinen Ufern; Tanjung Issuy ist Zentrum der Dayak-Kultur am unteren Teil des Flusses; Holzindustrie.

Majapahit, ost-javanisches Großreich von 1290–1400 n. Chr.

Makale/S.-Sulawesi (B2), neben Rantepao Zentrum des Toraja-Landes; regelmäßige Busverbindung nach Ujung Pandang.

Makassar, siehe Ujung Pandang.

Manado/N.-Sulawesi (E5), Distrikt-Hauptstadt; Zentrum der Gewürznelkenproduktion auf Sulawesi; liegt im Minahasa-Gebiet; größtenteils christliche Bevölkerung; portugiesische Restbevölkerung aus kolonialer Zeit; Unterwasser-Naturschutzgebiet bei Bunaken.

Mandailing, Batak-Stamm; beste Naßreisanbauer südwestlich des Toba-Sees.

Maninjau/W.-Sumatra (C7), schön gelegener See; füllt einen Vulkankrater aus vorgeschichtlicher Zeit; preisgünstige Unterkünfte; Möglichkeit zum Fischen; beliebtes Ausflugsziel der Einheimischen.

Manokwari/Irian (E6), Provinz mit gleichnamiger Hauptstadt im sogenannten „Vogelkopf" Irians; bergiges Hinterland, angenehmes Klima.

Mas/Bali (B4), Zentrum der balinesischen Holzschnitzkunst.

Medan/N.-Sumatra (B6), ca. 1 Mio. Ew., Provinzhauptstadt; täglich mehrfache Flugverbindung mit Singapur; Plantagenwirtschaft, Ölpalmen, Kautschuk; großer Überseehafen Belawan; buntes Völkergemisch: Araber, Inder, Chinesen; Palast des Sultans von Deli von 1888; alte koloniale Gebäude um den Merdeka-Platz; Raja-Moschee, Gang Bengkok-Moschee (17. Jh.); alte niederländische Forts; Medan-Garnison.

Mendut/M.-Java (H5), Tempel 3 km östlich vom Borobudur aus dem 9. Jh. n. Chr.; 1836 entdeckt; in einem Raum stehen neben einer Buddhastatue zwei weitere Figuren unbekannter Herkunft; die Stupa dieses Tempels zerfiel im Laufe der Zeit (siehe auch Pawon-Tempel).

Mengwi/Bali (B3), Zentrum der Gelgel-Dynastie mit dem Pura Taman Ajun Tempel, zweitgrößte und eine der schönsten Tempelanlagen Balis.

Mentawai-Inseln (D/E 6/7), südwestlich von Sumatra, mit den Inseln Siberut, Sipora und Pagai; interessante Kultur; Langhäuser; Bevölkerung hauptsächlich Jäger und Sammler; Hauptnahrung Sago; Malariagebiet.

Merak/W.-Java (G1), Fährhafen nach Telukbetung (Süd-Sumatra).

Merapi/M.-Java (H6), Vulkan, 2 911 m hoch; einer der aktivsten; 1931 Ausbruch mit über 1 000 Toten; Aufstieg über Bojolali; je nach Wetterlage Gefahr von Gasemission.

Merapi/O.-Java (H9), Vulkan, 2 800 m hoch; nordwestlich von Banyuwangi.

Merauke/Irian (E7), südöstlichste Stadt Indonesiens; trockenes Klima, Grassavanne, Känguruhs; Haupterwerbsquelle: Viehzucht.

Minahasa/N.-Sulawesi, Stammesgebiet des gleichnamigen Stammes im nördlichen Arm der Insel; interessante Grabsteine (sog. Warugas).

Minangkabau, Stamm in W.-Sumatra (C/D7); Zentrum ist Bukittinggi; Matriarchat (Mutter regelt den Ablauf familiärer Angelegenheiten wie Hochzeit, Erbschaft, Geld); besitzen schönste Architektur im Archipel.

Molukken (E6), Inselgruppe mit vorwiegend melanesischer Bevölkerung; Gewürzanbau, Kajuh Puti-Öl, Fischfang; viele Festungen aus portugiesisch-niederländischer Zeit; Surat jalan (Reiseerlaubnis) für die Außeninseln erforderlich.

Negritos, Urbevölkerung, die vor den Proto-Malaien im Archipel ansässig waren; heute noch Restgruppen in den Molukken und Irian.

Nias/Insel westl. Sumatras (C6), im Norden Rundhäuser, im Süden lange Wehrdörfer mit typischen Pfahlbauten; alte Megalithkultur; Steinspringer-Kriegstänze.

Nusa Dua/Bali (C4), Halbinsel im Süden; bekannter Ulu Watu Meerestempel an Steilküste; gute Surfbedingungen; großes Touristenzentrum mit 5-Sterne-Hotel.

Nusa Tenggara, indonesische Bezeichnung für die Kleinen Sunda-Inseln.

Padang/W.-Sumatra (D7), Provinzhauptstadt; Haupthafen an Sumatras Westküste; viele Sehenswürdigkeiten in der Umgebung; schöne Küstendörfer und Strände.

Padang Bay/Bali (B5), kleiner Hafen im Südosten; Schiffsverbindungen nach Lombok, Nusa Penida und Sumbawa.

Palembang/S.-Sumatra (E9), Stadt am Musi-Fluß; 650 000 Ew.; quirliges Chinesenviertel Pasa Illir; Zentrum der Ölwirtschaft auf Sumatra; Limas-House-Museum: Relikte des alten Großreiches Srivijaja; keine touristischen Attraktionen.

Panataran/O.-Java (H8), größter Tempelbezirk Ost-Javas; 80 km südöstlich von Malang; aus der Singosari-Dynastie 1200 n. Chr.

Panca Sila, die 5 Prinzipien des Staates (eine Art Staatsphilosophie); sie umfaßt: 1. den Glauben an Gott, 2. die Humanität in Gerechtigkeit und Zivilisation, 3. die Einheit des Staates, 4. Demokratie, gesichert durch die Weisheit allgemeiner Beratung, 5. soziale Gerechtigkeit. Die Panca Sila erschien in der Verfassung von 1945.

Pandaan/O.-Java (H8), 60 km südlich von Surabaya; großes Freiluft-Amphitheater; Mai–Oktober monatlich viermal zur Vollmondzeit Aufführung klassischer ost-javanischer Tänze (8.–9. Jh.).

Paniai/Irian (E7), Distrikt mit großer Seenplatte; durch den Piloten Wissel 1936 erstmals entdeckt; atemberaubende Seen-Landschaft; Stammesgebiet der Ekagi und Moni; per Flugzeug von Biak über Nabire zu erreichen.

Papua, dunkel- bis schwarzhäutige Bewohner Irians und der benachbarten Inseln; im westlichen Teil der Insel (Irian) 800 000–1 Mio. Ew.; mehr als 250 Sprachen.

Parangtritis/M.-Java (H5/6), Badestrand im Süden Yogykartas; schöner Strand, aber gefährliche Strömung.

Pasir Putih/O.-Java (G9), westlich von Panarukan gelegener schöner weißer Strand; Korallengarten; Palmen; preisgünstige Hotels.

Pawon-Tempel/M.-Java (H5), 1 km östlich vom Borobudur gelegener Tempel aus dem 9. Jh. n. Chr., gut erhalten mit kleiner Stupa und schönen Figuren.

Pekalongan/M.-Java (G5), 90 km westlich von Semarang; Batik-Industrie; typische Ornamente.

Pekanbaru/M.-Sumatra (C8), am Siah-Fluß gelegen; Ölstadt mit vielen Ausländern; in den Urwäldern der Umgebung noch vorhandenes Tierleben vom Tiger bis zum Elefanten.

Pematang Purba/N.-Sumatra (B6), Fürstenhof der Simalungun-Batak; kunstvoll mit Ornamenten geschnitzte Häuser.

Pematang Siantar/N.-Sumatra (B6), zweitgrößte Stadt Nord-Sumatras, nahe Medan; bekannt wegen seines Simalungan-Museums; Pasarbesar (großer Markt); günstig für Handarbeiten.

Pencak silat, indonesische Art der Selbstverteidigung ähnlich dem chinesischen Schattenboxen.

Penelokan/Bali (A4), am südlichen Rand des Batur, 1 400 m hoch; wenn hier die Apfelsinen reif sind, unbedingt probieren; Bewohner rauh, aber herzlich.

Plaosan/M.-Java (H6), buddhistischer Tempel, einer Shailendra Prinzessin gewidmet (9. Jh. n. Chr.); Anlage ist in mehrere Sektoren eingeteilt; enthält in seiner Mitte zwei große, durch Ringmauer getrennte, einander gleichende Tempel, die wiederum von zwei Steinmauern umgeben sind; 2 km nordöstlich von Prambanan.

Pontianak/W.-Kalimantan (F3), Provinzhauptstadt; lebt von Holzhandel und Holzverarbeitung; liegt genau auf dem Äquator an der Mündung des Kapuas-Flusses; regelmäßige Bootsverbindungen ins Landesinnere.

Prahu, Bezeichnung für verschiedene Bootstypen, die meist aus einem Baumstamm gefertigt wurden (Einbaum).

Prambanan/M.-Java (H6), Tempelkomplex 17 km östlich von Yogykarta in Richtung Solo; Hindu-Tempel (1000 n. Chr.); ehemaliges Mausoleum; in der direkten Umgebung sind mehr als 30 Tempel verstreut; Haupttempel dem Shiva gewidmet, mit südlichem Brahma- und nördlichem Vishnu-Tempel.

Prapat/N.-Sumatra (B6), touristisches Zentrum am Toba-See; Schiffsverbindung mit der in der Mitte des Sees gelegenen Insel Samosir; Hotels und Losmen verschiedener Preisklassen, angenehmes Höhenklima.

Punan, Jäger- und Sammlervolk in den Regenwäldern Kalimantans; hochgradig angepaßt an die Natur, man sagt, sie könnten „der Spur einer Ameise folgen".

Puncak/W.-Java (G/H2), Paßhöhe zwischen Bogor und Bandung (1 500 m); Hotels, Restaurants; kühles und nebliges Klima; Zentrum des Teeanbaus in West-Java; bei Cibodas liegt ein botanischer Garten mit Höhenfauna.

Pulau Mata Hari (G2), kleines, in den Pulau Seribu gelegenes Inselparadies. Unterkunft in sauberen Bambushütten; kein elektrischer Strom! Das Motto der Insel: „Zurück zur Natur". Schönes Tauchrevier; viele Kokospalmen. Buchung über: Tamborah Parawisata Inc., Jl. Prapanca Raya No. 24, Jakarta.

Pulau Seribu (G2), „Tausend Inseln", nördlich von Jakarta in der Java-See gelegen; Anreise per Schiff oder Flugzeug. Die Hauptinsel Pulau Putri ist ein beliebtes Wochenendziel. Reservierung für das Hotel ist anzuraten. Ideal zum Schwimmen und Tauchen.

Ramayana, Hindu-Epos mit 500 Gesängen und 24 000 Versen; Thema ist die Geschichte von Ramas Frau, die von dem König von Ceylon, Rawana, gestohlen wurde; dieser über 2 000 Jahre alte Epos ist in Südostasien weit verbreitet.

Rantepao/S.-Sulawesi (B2), touristisches Zentrum im Toraja-Land; Umgebung bietet neben einmaliger Landschaft interessante Kultur mit Ahnenkult; sehenswerter Markt.

Ratubarka/M.-Java (H6), einige km südlich des Prambanan; ehemaliger Teil eines riesigen Kratonkomplexes aus dem 9. Jh.; liegt am Abhang des Gg. Sewu.

Riau/S.-Sumatra (C8), Provinz umfaßt ca. 1 000 Inseln; Ölfelder; in den Urwäldern viele Großtierarten; Malariagebiet.

Rinjani/Lombok (F4), 3 775 m, zweithöchster Berg Indonesiens; Besteigung vom Norden oder Südosten her empfohlen, möglichst während der Trockenzeit.

Ruteng/Flores (F5), kleiner Ort im Westen der Insel; Flugverbindung mit Ende (Mittel-Flores); Straße nach Reo (Nordküste); von Ruteng Bergwanderungen zu typischen Dörfern der Region; charakteristische Architektur.

Sago, aus dem Mark einer Palme gewonnenes Stärkemehl; Hauptnahrung in den Küstenebenen, besonders auf den Molukken und Irian.

Sadan/S.-Sulawesi (A1/2), Zentrum der Webkunst im Toraja-Land.

Samarinda/O.-Kalimantan (E4), Hauptstadt der Provinz an der Mündung des Mahakam; Zentrum der Holz- und Ölwirtschaft Ost-Borneos.

Samosir/N.-Sumatra (B6), Insel im Zentrum des Toba-Sees; 630 qkm groß; Toba-Batak-Kultur; alte Gräber und Kultstätten; Dörfer Tomok und Ambarita; Simanindo besonders sehenswert.

Sangeh/Bali (B4), Affenwald in der Nähe des Bukir Sari-Tempels, 20 km nördlich von Denpasar; freilebende Affen.

Sangiran/M.-Java (H6), Fundort von Knochenresten des Pithekanthropus erectus; liegt 16 km nördlich von Solo; kleines Museum mit prähistorischen Funden.

Sangsit/Bali, typischer nord-balinesischer Tempel ohne Merus.

Sanskrit, Kultur- und Bildungssprache Indiens; existierte bereits 300 v. Chr., kam durch Handelsbeziehungen in den Archipel.

Sanur/Bali (C4), touristisches Zentrum an der Südostküste, 9 km östlich von Denpasar; die großen internationalen Hotels befinden sich hier; der Strand ist vom Meer durch ein Korallenriff getrennt, daher besonders für Kinder geeignet.

Sarangan/M.-Java (H6), schöner Ort zwischen Solo und Madiun, an einem Kratersee gelegen; angenehmes Klima.

Sarong, traditionelles Wickeltuch, je nach Gebiet unterschiedliche Muster und Bearbeitung; gewebt oder mit Batikmustern verziert.

Sawah, indonesische Bezeichnung für Naßreisfelder.

Seketan, Fest in Yogyakarta und Umgebung zu Mohammeds Geburtstag mit Darbietungen auf dem Alun-Alun (Platz) nördlich des Kraton.

Semarang/M.-Java (G5), Verwaltungszentrum Mittel-Javas, an der Nordküste gelegen; Klinteng Sam Poo, chinesischer Tempel; Tegalwareng-Zoo mit vielen Schlangenarten Indonesiens; Baiturahan, größte und schönste Moschee Mittel-Javas.

Semeru/O.-Java (H8), höchster Vulkan Javas 3 676 m hoch; der schönste Vulkan Indonesiens durch nahezu symmetrischen Bau; typischer Stratovulkan; Besteigungsdauer mindestens zwei Tage.

Sentani/Irian (E7), Seenkette, die mit dem offenen Meer (Humboldt-Bai) in Verbindung steht. Die Sentani-Dörfer waren vor dem II. Weltkrieg von interessanter Kultur erfüllt. Heute sieht man hier Häuser aus Blechteilen von Kriegstrümmern. Der Flughafen von Jayapura liegt an den Seen und heißt Sentani-Airport.

Serangan/Bali (C4), nordöstlich vom Hafen Benoa gelegene Insel; mit Segelboot auch von Sanur aus zu erreichen. Einmal im Jahr findet ein großes Schildkrötenfest statt, zu dessen Ende Hunderte großer Seeschildkröten geschlachtet werden. Gegen dieses Ereignis gab es mehrfach internationale Proteste von Tierschützern.

Serimpi, langsamer Tanz Mittel-Javas; kann in der Tanzakademie Susono Mulyo in Solo freitags angesehen werden.

Sewu/M.-Java (H6), 1 km nördlich des Prambanan, auch „1 000 Tempel" genannt; in Mandala-Form angeordnet; größtenteils zerstört; früher waren hier neben einem Zentral-Tempel 250 kleinere Tempel angeordnet.

Shiva, Hindu-Hauptgott, verkörpert die Urgewalt; Zerstörer der Welt; aber auch Urheber menschlicher Fruchtbarkeit.

Sibayak/N.-Sumatra (B6), geborstener Vulkan in direkter Nähe von Brastagi; 4-5 Std. Aufstieg; schöne Landschaft.

Siberut/Mentawai (D6) größte der Mentawai-Inseln; sehr sumpfig; nach intensivem Holzschlag wurde hier ein Natur-Reservat eingerichtet; eine schwarze Affenart kommt nur auf der Insel vor; interessante Kultur; ohne Sprachkenntnisse nicht zu empfehlen!

Sibolga/N.-Sumatra (B6), kleiner Hafen an der Westküste Sumatras; Ausgangspunkt für Schiffsfahrt oder Flug nach Nias.

Simalungun, Batak-Stamm; Zentrum Pematang Purba; ehemaliger Fürstenhof; typischer Hausbau.

Simanindo/N.-Sumatra (B6), Dorf im westlichen Teil der Insel Samosir; Königshof eines Toba-Batak-Stammes; Tortor-Tanzaufführungen.

Singaraja/Bali (A3), nördliche Distrikthauptstadt mit Hafen, Museum.

Singarak/W.-Sumatra (D7), See, in schöner Landschaft eingebettet; Übernachtung möglich.

Singosari/O.-Java (H8), Tempel in der Nähe von Malang bei der Ortschaft Singosari; der letzte König der Singosari-Dynastie, Kertanegara (1268–1292), ließ ihn erbauen; ein Teil der Asche des von Rebellen ermordeten Königs wurde in diesem Shiva geweihten Tempel beigesetzt; größte Tempelanlage Ost-Javas.

Sipisopiso/N.-Sumatra (B6), hoher Wasserfall am Nordende des Toba-Sees; großartige Landschaft; weiter Blick auf den See und die Insel Samosir; Anfahrt über Kabanjahe oder Seribudolok.

Solo/M.-Java (H6), früher Surakarta genannt; 66 km östlich von Yogyakarta; 650 000 Ew.; ältestes kulturelles Zentrum Javas; ebenfalls große Batik-Industrie: Batik Kris, Danar Hadi, Batik Semar; in diesen Batik-Fabriken kann man wichtige Informationen über Qualitätsunterschiede der Batiken erhalten. Die Kratons des Susu hunan und Mangkunegaran öffnen vormittags. Das Solo Museum zeigt alte Gegenstände aus den Anfängen der Mataram-Zeit und eine Sammlung alter Krise.

Sorong/Irian (E6), große Ölstadt im Westen Neuguineas; hohe Preise; schöne Lage; wenig Sehenswürdigkeiten.

Spies, Walter, deutscher Maler, der sich von balinesischer Kunst, Landschaft und Alltag beeinflussen ließ; er inspirierte die einheimischen Maler durch neue Techniken und Ausdrucksweisen; er gehörte neben dem Belgier Bonnet, dessen Haus in Sanur zum Museum wurde, und dem Franzosen Rousseau zur europäischen Künstler-Kolonie auf Bali (1933–1939).

Sriwiyaya, buddhistisches Königreich auf Sumatra mit Zentrum in Palembang; Machthöhepunkt 12. und 13. Jh.; kaum noch Reste erhalten.

Stupa, glockenförmiges Kultmal oder Tempelaufbau; Bewahrplatz für Buddha-Relikte.

Suharto, 1921 als Sohn einfacher Eltern auf Java geboren; militärische Karriere; sorgte 1965, während des kommunistischen Putsches, für die Gegenoffensive; 1968 vom Volkskongreß zum Präsidenten der Republik gewählt, dreimalige Wiederwahl; höchstes Exekutivorgan, nur dem Volkskongreß verantwortlich.

Sukarno, 1945 erster Präsident der Republik; errichtete unter niederländischer Kolonialherrschaft die Partei Nasional Indonesia; wurde von den Niederländern mehrfach interniert; nach kommunistischem Putsch 1965 zerfiel seine Macht; starb 1970.

Sukuh/M.-Java (H6), Tempelanlage am Hang des Lawu-Vulkans, 900 m hoch gelegen; östlich von Solo; der Tempel weist große Ähnlichkeit mit den Maya-Tempeln Mittelamerikas auf; er stammt aus dem 15. Jahrhundert und ist Gott Bima geweiht; freimütige erotische Darstellungen.

Sulawesi/Gr. Sunda-Insel (ehemals Celebes), große ethnische Vielfalt; bergig, Trockengebiete; Toraja-Gebiet bereits touristisch berührt; insgesamt 9,3 Mio. Ew.; Hauptorte: Ujung Pandang, Kendari, Manado; nördliche Teile mit tropischem Urwald bedeckt.

Sulukang/S.-Sulawesi (B2), altes abgelegenes Dorf 3 km von Kete Kusu; schönes Grab mit Tau Tau-Figuren.

Sultan Agung, javanischer Herrscher, 1613–45; Feind der VOC; belagerte mit 30 000 Mann starkem Heer erfolglos Batavia.

Sumatra/Gr. Sunda-Insel, 1750 km Länge, an breitester Stelle max. 400 km breit, mehr als 20 Mio. Ew.; Bukit-Barisan-Gebirge teilt die Insel von Norden nach Süden; Tieflandebenen mit Mangrovenbewuchs, große zusammenhängende Urwaldflächen; bunte Tierwelt; ethnische Vielfalt; Öl- und Holzwirtschaft; Hauptorte: Medan, Palembang, Banda Aceh, Padang.

Sumba/Kl. Sunda-Insel (F4,5), flach, trocken, Eukalyptuswälder und Savanne; Pferdezucht; Sandelholz und Zimt; Hauptort Waingapu. Schiffsverbindung nach Flores und Sumbawa; bekannt für Ikats (Webarbeiten).

Sumbawa/Kl. Sunda-Insel (F4), nordwestlich von Sumba; vulkanische Gebirgskette im Süden; trockenes Klima, Busch und Savannen; 360 000 Ew. meist streng islamischen Glaubens; Orte: Bima, Sumbawa Besar.

Sumberawan/O.-Java (H8), einer der zwei Stupatempel in Ost-Java bei Singosari.

Sundanesen, Volksgruppe in West-Java; temperamentvolle Tänze; Kecapi-Suling-Orchester mit u. a. violinartigem Instrument; das bei den Sundanesen bekannteste Instrument ist das Angklung, das aus Bambusröhren verschiedener Länge, die in einem Rahmen befestigt sind, gefertigt wird.

Surabaya/O.-Java (G7/8), mit 3,5 Mio. Ew. zweitgrößte Stadt Indonesiens, internationale Hafen- und Industriestadt; Zoo und Seeaquarium, Lunapark mit traditionellen Tanz- und Theatervorführungen; Tunjungan-Shopping-Center mit günstigen Einkaufsmöglichkeiten.

Tamansari/Yogyakarta (H5/6), ehemaliger Vergnügungspark des Kratons von Yogya; heute Zentrum des selbständigen Batikhandwerks.

Tambora/Sumbawa (F4), Vulkan, 2 755 m hoch, bei Ausbruch im Jahre 1815 starben über 10 000 Menschen.

Tanah Lot/Bali (C3), schönster Meerestempel Balis, auf schwarzem Vulkanfelsen gelegen, Meeresgöttern gewidmetes Heiligtum; Anfahrt über Kediri, sehr sehenswert!

Tanimbar/S.-Molukken (F6), Inselgruppe mit mehr als 50 Inseln; „buntes" Völkergemisch: Papuas, Negritos, Melanesier, mit vielfältigem Brauchtum; Flughafen Saumlaki auf Jamdena.

Tanjung Issuy/O.-Kalimantan (E4), erster Ort mit Dayak-Langhaus am Mahakam-Fluß, interessanter Markt mit Besuchern verschiedener Stämme.

Telaga Warna/W.-Java (G/H2), See am Puncak Pass; wechselt seine Farbe; hier wird beste Teequalität gepflückt.

Teluk Dalam/S.-Nias (C6), kleiner Hafen im Süden der Insel; Schiffsverbindung nach Sibolga/Sumatra und Gunungsitoli/Nias, von dort Flugverbindung nach Medan. Sehenswerte Dörfer: Bawamataluo und Hilisimaetano, in direkter Nähe von Teluk Dalam, ebenso La Gundi, das Surfparadies; in La Gundi bessere Unterkünfte.

Tenganan/Bali (B5), Ort zwischen Klungkung und Amlapura. Eines der wenigen Dörfer Balis, das noch von der Urbevölkerung, der Bali Aga, bewohnt wird; man lebt hier nach eigenen sozialen Gesetzen.

Tengger/O.-Java (H8), Umgebung des Bromo-Vulkans; Reste hindubuddhistischer Kultur mit einem Kastensystem ähnlich wie auf Bali; Bewohner retteten ihre alte, aus dem Majapahit-Reich stammende Lebensweise durch Rückzug in dieses Berggebiet.

Ternate/N.-Molukken (E5), kreisrunde Insel mit drei Vulkanen von ca. 1 700 m Höhe; bereits bekannt im 17. Jahrhundert wegen ihrer Gewürznelken; ehemalige portugiesische und spanische Besitzung, danach von den Niederländern eingenommen; viele alte Forts und Ruinen aus portugiesisch-niederländischer Zeit. Folgende Forts lohnen den Besuch: Benteng Oranje in Ternate; Toloko in Dufa Dufa, Kaju Merah in Kalumata, Kastella in Kastela.

Tidore/N.-Molukken (E5), ehemaliges Sultanat südlich von Ternate; Vulkan, 1 730 m hoch; Rum (Nord-Tidore): schöne alte Stadt mit dicken Mauern und altem Fort; interessanter Markt.

Timor/Kl. Sunda-Insel (F5), ehemals unterteilt in Indonesisch-West-

Timor und Portugiesisch-Ost-Timor; seit 1975 gehört letzteres auch zu Indonesien; Städte: Dilli und Kupang; trockene und bergige Landschaft; Grassavanne; Viehzucht; Sandelholz; Atoni (austronesische Urbevölkerung), leben im bergigen Innern der Insel.

Tirtha Empul/Bali, bei Tampaksiring gelegener Badeplatz, wird mit Wasser einer heiligen Quelle gespeist, die angeblich Heilkräfte besitzen soll; schöner Tempel in der Nähe.

Toba-See/N.-Sumatra (B6), ca. 800 qkm groß, liegt in einem prächtigen vulkanischen Einbruchbecken; in der Mitte des Sees liegt die Insel Samosir (ca. 630 qkm); Höhenvegetation; tiefste Stelle des Sees ca. 450 m.

Tomok/Samosir (B6), Dorf auf der Insel Samosir im Toba-See; alter Ort mit Kultplatz und Friedhof, Steinsarkophag von König Sidabutar; Reste alter Megalith-Kultur der Batak; typische Toba-Batak-Häuser.

Tondano/N.-Sulawesi (E5), schön gelegener See im Minahasa-Land; preiswerte Unterkünfte, freundliche Bevölkerung; Gewürznelkenproduktion.

Toraja/S.-Sulawesi (B2), Volksstamm, ca. 350 000 Mitglieder, altindonesisches Volk; ca. 45% christianisiert; Ahnenkult; eindrucksvoller Totenkult und Hausbau, ehemalige Kopfjäger. Das Torajaland ist eine großartige Mischung von faszinierender Landschaft und einzigartiger Kultur.

Trowulan/O.-Java (H7), 60 km südlich von Singosari, ehemaliges Zentrum des Majapahit-Reiches; sehenswertes Museum; Reste des Palastes von Gajah Mada (einflußreicher Premierminister des König Hajam Wuruk, der das Reich im 14. Jh. zu großem Ansehen brachte).

Trunyan/Bali (A4), Bali Aga-Dorf am Ostrand des Batur-Sees mit Ur-Bevölkerung von Bali; sie verbrennen ihre Toten nicht, sondern legen sie zu ebener Erde ab; der Friedhof liegt von der Seeseite her links vom Dorf; man muß eine kleine Spende bezahlen, um ihn zu besichtigen.

Tuk Tuk/N.-Sumatra (B6), ruhiger Ort auf der Insel Samosir; Batak-Häuser können hier von Touristen als Unterkunft angemietet werden; große Hotels, Schwimmgelegenheit.

Ubud/Bali (B4), Zentrum balinesischer Kultur (Tanz, Musik, Malerei); Fürstenhäuser; Kunstmuseum Puri Lukisan (umfaßt die beste Sammlung balinesischer Malerei neuerer Zeit).

Ujung Kulon/W.-Java (H1), Wildreservat; letzte Exemplare des hornlosen javanischen Panzernashorns; Sümpfe bieten ideales Rückzugsgebiet für viele Tierarten: Gibbons, Krokodile, Nashornvögel, Hirsche, Panther, einige Tiger, Büffel etc.

Agaphos, Jl. Gajah mada 16, Jakarta, ist spezialisiert auf Touren durch die indonesischen Reservate; beste Besuchszeit für Ujung Kulon: April bis Oktober.

Ujung Pandang/S.-Sulawesi (C2), ehemals Makassar genannt; Provinzhauptstadt; Paotere-Hafen mit Bugis-Segelschiffen; Fort Rotterdam; mehrere Museen, darunter Muschelmuseum; kleinere Koralleninseln, 2–3 Stunden vor der Stadt, lohnen den Besuch; Boletambu (erreichbar mit dem Motorboot) ist ein kleines Paradies.

Uludanu-Tempel/Bali (A3), siehe Bedugul.

Ulu Watu/Bali (C3), Meerestempel im Süden der Halbinsel Nusa Dua, auf einer Steilwand 90 m hoch gelegen; nach der Legende ist er ein zu Stein gewordenes Schiff. Die Küste bietet hier gute Surfbedingungen.

Vishnu, für viele Hindus ist er die alles umfassende Gottheit, der Erhalter der Welt.

Waicak, ein an die Erleuchtung Buddhas erinnerndes Fest (stammt aus dem 5. Jh. v. Chr. aus Indien) bei Vollmond im Mai, zu dem indonesische, thailändische und ceylonesische Buddhisten zum Borobudur kommen.

Wamena/Irian (E7), Hauptort im Baliem-Tal, Ausgangspunkt für Campingtouren; interessanter Markt, wunderschöne Umgebung. Hotel Nayak und Hotel Baliem: einzige Unterkunft, einfachste Ausstattung. Neben verschiedenen Papua-Stämmen wohnen hier auch Transmigranten aus anderen indonesischen Provinzen.

Wayang, indonesisch für „Schatten". Verschiedene Formen des Wayang: Wayang orang – Schauspiel, von Personen aufgeführt (Java); Wayang kulit – Schattenspiel (Java und Bali); Wayang golek – Puppenspiel (West-Java). Das Wayang kulit ist ca. 2 000 Jahre alt. Ein komplettes Spiel hat etwa 300 Figuren, die alle von einer Person, dem Dalang, gehandhabt werden.

Yogyakarta/M.-Java (H6), Zentrum des heute noch bestehenden Sultanats; touristischer Mittelpunkt Javas; Universitätsstadt; Batikindustrie; Sultanspalast täglich bis 12 Uhr zu besichtigen; Sono Budoyo Museum mit javanischer und balinesischer Kunst; viele Unterkunftsmöglichkeiten, vom 5-Sterne-Hotel bis zum preisgünstigen Losmen.

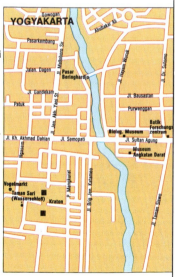

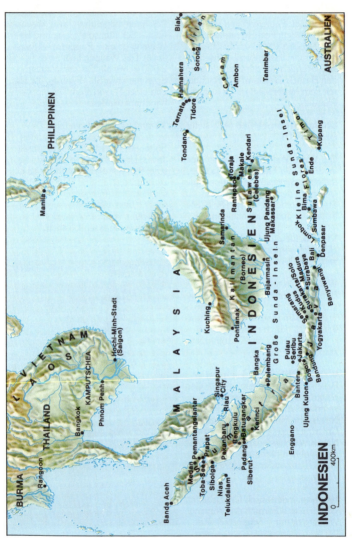

Praktische Hinweise

Währung
Landeswährung ist die indonesische Rupiah (Rp.). 1 Rp. = 100 Sen; wegen ihres geringen Wertes sind Sen nicht mehr im Verkehr. Den aktuellen Wechselkurs entnehmen Sie bitte der Beilagekarte.

Devisenvorschriften, Geldumtausch
Die Ein- und Ausfuhr von Landeswährung ist auf Rp. 50 000 beschränkt. Fremdwährung kann in beliebiger Höhe in Form von Bargeld oder Reiseschecks ein- und ausgeführt werden; Beträge über US$ 500 müssen jedoch deklariert werden. Der Umtausch von US$ und DM erfolgt problemlos.

In Notfällen kann man Eurocheques der Deutschen Bank und evtl. anderer großer Kreditinstitute bei der European Asian Bank, Jl. Imam Bonjol 80, Jakarta, einlösen; die Bank ist aber nicht zur Abnahme der Schecks verpflichtet. Mit Kreditkarten kann man nur in großen Hotels, Restaurants und Reisebüros bezahlen.

Während man in den großen touristischen Zentren für Travellerschecks einen besseren Kurs erhält als für Bargeld, kann man in entlegenen Gebieten das Gegenteil erleben. Da die indonesische Rupiah mit dem US$ konvertiert, bekommt man teilweise für den Dollar einen günstigeren Wechselkurs.

Einreisebestimmungen
Reisende aus der Bundesrepublik Deutschland und West-Berlin benötigen einen noch mindestens 6 Monate über den Rückreisetermin hinaus gültigen Reisepaß – bei einer Aufenthaltsdauer bis zu 60 Tagen. Bei der Ankunft in Indonesien wird dann die Einreisegenehmigung erteilt, sofern sowohl Einreise- als auch Ausreiseticket nachgewiesen werden können. Ansonsten muß man, um die Einreisegenehmigung zu erhalten, ein Ausreiseticket lösen. Mitreisende Kinder müssen einen eigenen Reisepaß besitzen (keinen Kinderausweis) oder im Paß der Eltern eingetragen sein.

Geschäftsreisende müssen kein spezielles Visum mehr beantragen.

Ausreise
Individualreisende müssen ihren bereits gebuchten Flug 3 Tage vor Abflug bestätigen lassen. Die Abfertigungsschalter werden 2 Stunden vor Abflug geöffnet.

Eine Ausreise-Erlaubnis (Exit Permit) wird nur von Personen gefordert, die länger als 6 Monate im Lande zugebracht haben.

Airport-Tax
Auf dem Soecarno-Hatta-Flughafen sowie auf den Flughäfen in Medan, Manado, Biak, Denpasar und Ambon beträgt die Flughafengebühr für internationale Flüge Rp. 9 000 und für Flüge innerhalb Indonesiens Rp. 2 000.

Transit-Passagiere müssen für ihren Weiterflug keine Airport-Tax bezahlen. Im Soecarno-Hatta Airport dürfen sie dann aber den Transitbereich nicht verlassen.

Zollvorschriften
Zollfrei sind nur Gegenstände des persönlichen Bedarfs, die auch wieder ausgeführt werden. Jede Person über 18 Jahren darf maximal 2 Liter alkoholische Getränke, 200 Zigaretten oder 50 Zigarren oder 100 g Tabak sowie eine angemessene Menge Parfüm einführen. Autos, fotografisches Zubehör, Schreibmaschinen und Recorder müssen bei der Einreise deklariert und wieder ausgeführt werden. Die Einfuhr von Narkotika und Pornographie ist verboten. Tiere und Schußwaffen dürfen nur nach vorheriger schriftlicher Genehmigung eingeführt werden. Bei der Ausfuhr von Andenken (ohne Museumswert) treten keine Probleme auf.

Impfungen
Die Pockenimpfung ist nicht mehr vorgeschrieben. Eine Impfung gegen Typhus/Paratyphus ist dringend zu empfehlen, obwohl sie nicht verlangt wird. Reisende aus Gelbfieber-Infektionsgebieten müssen eine Impfung vorweisen.

Die Malaria-Prophylaxe wird ganzjährig für alle Gebiete unter 1 200 m einschließlich der Städte empfohlen. Sie sollte in Indonesien wegen der dort vorhandenen resistenten Plasmodienstämme nicht nur mit Resochin durchgeführt werden. Über die derzeit empfohlene Prophylaxe informieren die tropenmedizinischen Institute der Universitäten Tübingen und Hamburg.

Da sich die Gesundheitsbestimmungen oft kurzfristig ändern, sollten Sie sich rechtzeitig vor Reiseantritt bei den indonesischen Konsulaten erkundigen.

Gesundheitsvorsorge
Folgende Regeln sollte man beachten:

Nur abgekochtes Wasser trinken. Vor dem Schälen sollte das Obst gewaschen werden, da von der Schale über die Hände Erreger übertragen werden können. Abseits des Strandes möglichst nicht barfuß gehen (Hakenwurmerkrankung!).

Viel trinken und gut gesalzen essen hilft, eine bei starkem Schwitzen auftretende Entwässerung und Entsalzung des Körpers zu vermeiden. Salztabletten können bei Schwächegefühl Abhilfe schaffen. 2–3 x täglich duschen, aber keine Seife benutzen. Alkoholgenuß möglichst erst nach Sonnenuntergang. Übertriebene Vorsicht bei der Gesundheitsvorsorge ist jedoch fehl am Platze. In endemischen Malaria- und Filariagebieten (Irian) ist die Benutzung eines Fliegennetzes beim Schlafen trotz Malariaprophylaxe anzuraten.

Reiseapotheke
Neben den evtl. persönlich benötigten Medikamenten (in ausreichender Menge) sollte ein Mittel gegen Magen- und Darmstörungen mitgenommen werden. Weitere wichtige Mittel sind: Desinfektionsmittel oder Penicillinpuder bei Verletzungen, Anti-Allergika bei Überempfindlichkeit gegen Insektenstiche, Sonnenschutzcreme mit Lichtschutzfaktor etc.

Medizinische Versorgung
In den meisten Gebieten herrscht Mangel an Ärzten und Krankenhausbetten; dies trifft aber nicht auf die großen touristischen Zentren zu. Große internationale Hotels haben einen eigenen Arzt. In dringenden Fällen wende man sich an die diplomatische Vertretung seines Landes, die dann beraten und evtl. weiterhelfen kann.

Die bei Behandlungen durch Ärzte oder Krankenhäuser entstehenden Kosten sollten Sie evtl. durch eine Reisekrankenversicherung abdecken.

Transport
Die Taxipreise betragen Rp. 500 für den ersten Kilometer und Rp. 200 für jeden weiteren. Taxen mit Zählern gibt es nur in Jakarta. Bestehen Sie in jedem Fall darauf, daß der Zähler eingeschaltet wird. Neben öffentlichen Buslinien, die sehr langsam und überfüllt sind, haben manche Hotels einen eigenen Bustransfer für ihre Gäste.

Öffnungszeiten
Regierungsstellen:
Mo–Do 8.00–15.00, Fr 8.00–11.30, Sa 8.00–14.00.

Büros: Mo–Fr 8.00–16.00 bzw. 17.00, Sa halbtags.

Banken: Mo–Fr 8.00–14.00 Uhr. Geldwechsler haben bis in die Abendstunden geöffnet.

Geschäfte sind von 8.00–20.00 Uhr und länger geöffnet; teilweise sind sie über Mittag geschlossen. Freitags muß wegen des üblichen Moscheebesuchs des islamischen Bevölkerungsteils mit vorzeitigem Büroschluß gerechnet werden. Große Kaufhäuser, wie das Sarinah Department Store, sind während der ganzen Woche bis abends geöffnet. In entlegenen Provinzen kann es abweichende Regelungen geben.

Post, Telefon
Postämter sind Mo–Do 8.00–14.00 und Sa 7.00–13.00, Fr 7.00–11.30 geöffnet. Große Hotels haben eine eigene Postabfertigung. Luftpost nach Europa dauert 5–7 Tage, Seepost 3–6 Monate und länger. Telegramme können bei allen Postämtern und großen Hotels aufgegeben werden. Telefongespräche nach Deutschland gehen über Satellit, Direktwahl 00 49 (Mindestdauer 3 Minuten). Wartezeit für handvermittelte Gespräche: 15 Minuten bis 3 Stunden.

Zeitverschiebung
Indonesien hat 3 Zeitzonen: Sumatra, Java und Bali liegen mit plus 6 Stunden Unterschied der MEZ (Mitteleuropäische Zeit) am nächsten; dann folgen Kalimantan, Sulawesi und Nusa Tenggara, die zentralindonesische Standardzeit haben, mit plus 7 Stunden; auf den Molukken und in Irian sind es plus 8 Stunden. Während der Sommerzeit in Deutschland verringert sich diese Zahl um je 1 Stunde.

Stromspannung
Im allgemeinen 220 Volt Wechselstrom, manchmal auch 110 Volt. In großen Hotels sind Adapter erhältlich. Mit Stromausfällen ist besonders in der Regenzeit zu rechnen.

Taxis

In den meisten Städten stehen Taxis zur Verfügung. Man sollte auf der Benutzung des Taxameters bestehen oder den Fahrpreis durch das Hotel aushandeln lassen. Die Preise liegen bei Rp. 500 für den ersten Kilometer und Rp. 200 für jeden weiteren Kilometer. Normalerweise gibt es verschiedene Tarife für Stadtfahrten und Überlandfahrten. Registrierte Taxis und Mietwagen erkennen Sie an den gelben Nummernschildern, Privatautos haben schwarze und regierungseigene Fahrzeuge rote.

Mietwagen

Man sollte nur dann selbst einen Mietwagen fahren, wenn man die Verkehrsverhältnisse (Linksverkehr!) näher studiert hat. Die Verkehrsregeln werden meist recht großzügig ausgelegt. Der größte Teil der indonesischen Verkehrsteilnehmer ist im Falle eines Unfalls nicht zahlungsfähig. Das allgemeine Versicherungssystem befindet sich erst im Aufbau.

Auf Bali und in Mittel-Java kann man Motor- und Fahrräder mieten. Für Motorräder benötigt man den Führerschein Kl. 1 in internationaler Ausführung. Hühner, Hunde und Wasserbüffel machen das Motorradfahren zu einer stressigen Angelegenheit. Die Unfallrate unter den Urlaubern ist dementsprechend hoch.

Eintrittsgelder

Für die großen kulturellen Sehenswürdigkeiten werden meist Eintritts-

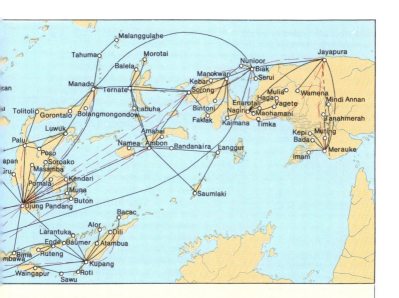

gelder erhoben. Will man photographieren, muß meist eine Photoerlaubnis gekauft werden. Man kann sie jeweils vor Ort erhalten. Im Toraja-Land wird von den Besuchern eine Touristensteuer von Rp. 1 000 verlangt. Einige von Touristen häufig besuchte Dörfer bitten um eine Eintragung im Gästebuch und eine Spende zum Erhalt ihrer Sehenswürdigkeiten.

Fremdenführer
Autorisierte, fremdsprachige „Touristenguides" kann man bei der jeweiligen Touristen-Informationsstelle anfordern. Auch große Hotels und Reisebüros können hier meist weiterhelfen. Bei großen kulturellen Sehenswürdigkeiten und in Museen stehen besonders sachkundige „Guides" zur Verfügung.

Lektüre
Deutschsprachige Tageszeitungen und Illustrierte treffen meist mit zwei- bis viertägiger Verspätung in den Zeitungsständen der großen internationalen Hotels ein.

Kleidung
Leichte Baumwoll- und Leinenkleidung ist am besten geeignet; für Berg- und Hochlandtouren ist ein warmer Pullover nötig. Neben Sommerschuhen (Sandalen) sollten auch festes Schuhwerk und ein Regenschutz zum Reisegepäck gehören. Im Lande kann man preisgünstige Batikkleider und Hemden einkaufen,

die wohl am besten zu Klima und Landschaft passen. Auch Kopfbedeckungen aller Art gibt es hier in Hülle und Fülle. Anzug und Abendgarderobe kann man nur bei offiziellen Besuchen gebrauchen.

Wäsche
Der Wäsche-Service in den großen Hotels arbeitet in der Regel schnell und zuverlässig. In Städten ist die chemische Reinigung (Dry Cleaning) bisher noch die Ausnahme. Im Hotel President, Jakarta, Jl. Thamrin 59, ist die chemische Reinigung auch für Außenstehende offen.

Trinkgeld
In großen Hotels und Restaurants sind die Trinkgelder im Rechnungsbetrag enthalten und extra aufgeführt. Wenn nicht, sind 10% der Summe üblich. Kofferträger, Hotelboys und Taxifahrer erhalten für normale Leistungen Rp. 500. Bei besonderen Dienstleistungen läßt ein 1000-Rupiah-Schein den Alltag eines Angestellten zu einem Freudenfest werden.

Einkaufen
Wer nach Souvenirs und Geschenken Ausschau hält, kann aus einem großen Angebot handwerklich und künstlerisch hervorragender Arbeiten auswählen. Man sollte sich jedoch zum Einkaufen Zeit nehmen, um Preise und Qualitäten vergleichen zu können. Durch geschicktes Handeln lassen sich Preisnachlässe bis zu 30% erzielen. Man bedenke dabei, daß die niedrigen Preise durch die geringen Löhne zustandekommen. In Kaufhäusern und einigen anderen Geschäften gibt es jedoch Festpreise.

Die beliebtesten Mitbringsel aus Indonesien sind Batikprodukte, Silberarbeiten, Holzschnitzereien und Lederwaren. Repliken alter Buddhas und hinduistischer Gottheiten aus Bronze und Stein sind ebenfalls sehr gefragt. Auch andere kulturelle Gegenstände wie Schattenspielfiguren, Krise und Tanzmasken finden viele Liebhaber. Gelegentlich scheuen Touristen auch nicht vor dem Transport lebensgroßer Holzfiguren oder einer ganzen Rattan-Sitzmöbelgruppe zurück. Viele Art-Shops sind bei den Export-Formalitäten behilflich oder können sogar den See- oder Lufttransport organisieren.

Wer direkt beim Hersteller einkauft, bekommt meist eine bessere Qualität und niedrigere Preise. Dort, wo Preise schon in Dollar angegeben sind, liegen sie häufig über dem Durchschnitt. Für folgendes Handwerk sind diese Orte bekannt:

Silberschmiedearbeiten:
Kendari/Sulawesi, Celuk/Bali, Kota Gede/Mittel-Java, Kota Gadang/West-Sumatra.
Holzschnitzkunst: Mas/Bali, Asmat/Irian, Jepara/Mittel-Java.
Batik: Surakarta (Solo)/M.-Java, Yogyakarta/M.-Java.
Korbflechterei: Tasikmalaya/West-Java.

Beim Einkaufen von Batik sollte man wissen, daß die Stempel- oder Cap-Batik billiger ist als die handgemalte und wertvollere Batik Tulis. Wer in namhaften Batikbetrieben einkauft, kann die Möglichkeit ausschließen, Maschinenware aus Hongkong und Singapore erworben

zu haben. Anschriften einiger Hersteller:
Silber:
M. D. Silver
Jl. Kebon, Kota Gede
bei Yogyakarta/Java.
Batik:
Koesnadi
Jl. Kadipaten Kidul 16
Yogyakarta/Java.
Holz:
Sjadja
Mas, Gianjar/Bali.
Panjang
Jl. Pemuda 25
Jepara/M.-Java.
Gemälde:
Wayan Gerendeng
Jl. Hutan Kera
Ubud/Bali.

Die Zentren der indonesischen Malerei sind Bandung und Ubud. Besonders die Künstler von Ubud erlangten mit ihren Werken zum Teil Weltruhm. Wenn man ihre Gemälde in der Hauptstadt kauft, kosten sie meist das Zwei- bis Dreifache.

Wer einen Überblick über die handwerklichen Produkte des Landes sucht, findet diesen auf einer Art Flohmarkt in der Jalan Surabaya, Jakarta. Manchmal entdeckt man neben geschickt angefertigten Nachbildungen auch echte Antiquitäten. Im Zweifelsfall sollte man sich vom Händler bestätigen lassen, daß es sich nicht um ein Kunstwerk von nationaler Bedeutung handelt. Dies gilt besonders für Steinstatuen, die teilweise nur schwer von ihrem Original zu unterscheiden sind. Vom Kauf alter Silbermünzen kann nur abgeraten werden, da es sich meist um Fälschungen handelt. Auch Edel- und Halbedelsteine sind häufig nur gute Nachbildungen. Wer vor der Rückreise noch ein paar typische Souvenirs des Landes sucht, findet auch eine reiche Auswahl im Kaufhaus Sarinah an der Jl. Thamrin.

Hinweis:
Im Sinne der „**C**onvention on **I**nternational **T**rade in **E**ndangered **S**pecies of Wild Fauna and Flora" (**CITES**), zu deutsch kurz „Washingtoner Artenschutzübereinkommen", noch kürzer „**WA**" genannt, sollten Sie (eigentlich grundsätzlich) keine Souvenirs kaufen, die aus wildlebenden Tieren bzw. Teilen davon oder wildwachsenden Pflanzen hergestellt sind.

Bezogen auf Indonesien gilt dies für Elfenbein (Elfenbein von asiatischen Elefanten darf generell nicht gehandelt werden, auch nicht das von zahmen Elefanten), Schildpatt, Rhinozeros-Hörner, Schmetterlinge, Reptilienprodukte, verschiedene Vogelarten und Orchideen. Das große Angebot an Krokodilhäuten, ausgestopften Meeresschildkröten, Schildpatt- und Elfenbeinarbeiten, Korallen und Muscheln läßt zwar vermuten, es handele sich um offizielle Handelsware. Nach indonesischem Gesetz ist der Verkauf dieser Artikel jedoch nicht zulässig; die Regierung ist aber momentan nicht in der Lage, ausreichende Kontrollen durchzuführen.

Lassen Sie sich nicht auf den Kauf eines der häufig angebotenen jungen Affen ein: es gibt keine Genehmigung für private Halter!

Nehmen Sie bitte Abstand vom Kauf solcher „Souvenirs"; sie leisten damit einen wichtigen Beitrag zur Erhaltung bedrohter Tier- und Pflanzenarten.

Hotels
Von allen indonesischen Inseln haben Java und Bali die größte Auswahl an Unterkunftsmöglichkeiten.

Außer Jakarta, das mehrere „5-Sterne-Hotels" besitzt, bieten die anderen Großstädte der beiden Inseln viele Hotels der noch verbleibenden Kategorien, von denen der größte Teil mit Klimaanlagen ausgestattet ist. In kleineren Hotels, Losmens und Cottages wird jedoch der Kontakt zur einheimischen Bevölkerung um vieles erleichtert, da hier meist eine familiäre Atmosphäre herrscht. Auf den kleinen Außeninseln des Archipels kann die Übernachtung manchmal Probleme aufwerfen. Teilweise muß man hier auf Privatquartiere ausweichen. In entlegenen Gebieten ist häufig der Lehrer, Pastor, Polizist oder Missionar zur Aufnahme Fremder gegen Bezahlung bereit. Für Touren in schwach oder nicht besiedelte Gebiete ist die Mitnahme eines Leichtgewichtszeltes zu empfehlen.

Auskünfte über die Unterkunftsmöglichkeiten erteilt das Indonesische Fremdenverkehrsbüro.

Preise
Geld ist heutzutage ein sehr unstabiler Wert. Vor allem die Länder der 3. Welt haben mit hohen Inflationsraten zu kämpfen; die Preise ändern sich hier von Tag zu Tag. Es ist deshalb nicht möglich, in einem Reiseführer den aktuellen Preisstand wiederzugeben.

In Indonesien variiert das Preisniveau auch in den einzelnen Provinzen: so sind z. B. die Molukken und Irian teurer als Java oder Bali. Die erste Regel für Reisende sollte daher sein: Fragen Sie zuerst nach dem Preis!

Sport
Wer gerne Sport treibt oder auch nur zuschauen will, dem bietet Jakarta vielfältige Möglichkeiten. Neben Fußball im Senajan Stadion, Tennis, Golf und Pferderennen finden auch dreimal wöchentlich Hunderennen im Canidrome statt. Wer gerne schwimmen geht, sollte dies im Vergnügungspark Bina Ria an der Küste tun. In einer modernen Schwimmanlage mit Wasserfall, Wellenbad, Strömungskanal und Riesenrutsche lassen sich die heißen Stunden des Tages in angenehmster Weise verbringen. Das nahe Meer ist hier dagegen weniger verlockend. Auch der Ballsport Hai Lai zieht in Bina Ria allabendlich Hunderte von Schulustigen an, die ihr Herz an die Geldwette verloren haben.

In der Inselwelt Indonesiens nimmt natürlich der Wassersport eine besondere Stellung ein. Neben dem normalen Wellenreiten (Surfen) gewinnt Windsurfen immer mehr an Popularität. Einige Hotels wie das Hotel Krakatau, Charita Beach bei Labuan in West-Java verleihen bereits komplette Ausrüstungen. Wer taucht, findet auch hier die notwendige Technik und Anleitung. Dieses unter deutscher Leitung stehende Hotel bietet noch eine Vielzahl anderer Sportmöglichkeiten. Auch auf Bali und Nord-Sulawesi finden Tauchsportler zuverlässige Ansprechpartner, die über viel Erfahrung und Technik verfügen:

Nusantara Diving Club,
Malalayang I, P.O. Box 15,
Manado/North Sulawesi;
P.T. Baruna Watersports,
Jl. Seruni 21,
Denpasar/Bali.

Unterhaltung
An Unterhaltung fehlt es in Indonesien ebenfalls nicht. Unzählige Kinos, die neben indonesischen, indischen und chinesischen Filmen aus Hongkong und Taiwan (meist englisch untertitelt) auch westliche Produktionen (häufig zensiert) zeigen, erkennt man an ihren schockbunten Plakatwänden.

Wer traditionelle Unterhaltung vorzieht, kann den auf Java und Bali stattfindenden Tanz-, Theater- und Schattenspielvorführungen beiwohnen, die häufig erst bei Sonnenaufgang enden. Die touristischen Darbietungen dieser Art dauern meist nur ein bis zwei Stunden. Das Nachtleben der großen Städte Jakarta, Surabaya und Semarang findet heute nicht nur in den Bars der großen Hotels statt, sondern verlagert sich immer mehr nach draußen. Bei Nachttouren durch das nahezu durchgehend geöffnete Jakarta sollte der Neuling jedoch den Alleingang vermeiden.

Nähere Informationen über „What's going on in Jakarta" bekommt man durch die beiden englischsprachigen Tageszeitungen „Indonesian Observer" und „Indonesian Times". Weitere Angaben kann man bei den lokalen Fremdenverkehrsämtern oder an den Hotelrezeptionen erhalten.

Feiertage
Offizielle Feiertage mit festem Datum:
1. Januar – Neujahrstag
30. Januar – Geburtstag Mohammeds (Maulid Nabi Muhammad)
17. August – Unabhängigkeitstag
19. Oktober – islamischer Pilgertag (Idul Adah)
25. Dezember – Weihnachtstag

Offizielle Feiertage ohne festes Datum:
Karfreitag, Ostersonntag, Himmelfahrtstag, islamischer Neujahrstag

Myristica fragrans Houtt.

Caryophyllus aromaticus

(Muharam), Pfingstsonntag, Himmelfahrt von Mohammed (Mi Raj Nabi Muhammad), Idul Fitri.

Halboffizielle Feiertage:
21. April – Kartini-Tag
10. November – Heldentag
31. Dezember – Silvester

Chinesischer Feiertag:
Ende Januar oder Anfang Februar – Chinesisches Neujahr

Ramadan
Die Fastenperiode Ramadan liegt im neunten Monat des islamischen Jahres. In dieser Zeit ist für Moslems das Essen, Trinken, Rauchen etc. tagsüber verboten; nachts nimmt man 2–3 mal Speisen zu sich. Das Ende der Fastenzeit wird durch das Fest Idul Fitri gekennzeichnet. Da der islamische Kalender besonderen astronomischen Regeln folgt, fallen Ramadan und Idul Fitri jedes Jahr in einen anderen Zeitraum.

Feste und Zeremonien
Im Vielvölkerstaat Indonesien werden derart viele Feste gefeiert, daß eine vollständige Aufzählung nicht erfolgen kann. Auch ist die Angabe von Terminen sehr schwierig. Der Balinesische Kalender beispielsweise zählt nur 210 Tage, daher finden die Odalan-Feste (Tempelgeburtstage) immer zu verschiedenen Zeiten statt. Auch die Bataker in Nord-Sumatra haben eine andere Zeitrechnung.

Um zu erfahren, welche Feste und Ereignisse in die jeweils geplante Reisezeit fallen, sollte man den jährlich neu erscheinenden „Calendar of Events" des Ministeriums für Kommunikation und Tourismus rechtzeitig anfordern.
Die Adresse lautet:

Directorate General of Tourism (DGT)
Jl. Kramat Raya 81/P.O.Box 409, Jakarta,
Tel. 35 90 01–6.
Der Kalender ist auch bei den Tourist Boards erhältlich.

Diplomatische Vertretungen der Republik Indonesien in der Bundesrepublik Deutschland:

Botschaft der Republik Indonesien
Bernkasteller Str. 2
5300 Bonn 2
Tel. 02 28/31 00 91
Weitere Konsulate in:
Berlin, Bremen, Düsseldorf, Frankfurt, Hamburg, Kiel, München, Stuttgart.

in der Schweiz:
Botschaft der Republik Indonesien
Elfenauweg 51
3000 Bern
Tel. 0 31/44 09 83/85

in Österreich:
Botschaft der Republik Indonesien
Gustaf-Tschermak-Gasse 5–7
1180 Wien
Tel. 02 22/34 25 33/34

Diplomatische Vertretungen in der Republik Indonesien:

Botschaft der Bundesrepublik Deutschland
1, Jl. M. H. Thamrin
Jakarta
Tel. 32 39 08
Öffnungszeiten: Di–Fr 7.15–13.30, Mo 7.15–16.30.

Honorarkonsulat der Bundesrepublik Deutschland
17, Jl. Pantai Karang, Sanur
Denpasar
Tel. 85 35

Honorarkonsulat der Bundesrepublik Deutschland
Jl. Let.-Jen. S. Parman 217
Medan
Tel. 32 40 73

Botschaft der Schweizerischen Eidgenossenschaft
Jl. H. R. Rasuna Said, Block 13/2
Kuningan
12950 Jakarta/Selatan
Tel. 51 60 61, 51 74 51, 51 60 62
Öffnungszeiten: Mo–Fr 7.15–14.30

Botschaft der Republik Österreich
44, Jl. Diponegoro
Jakarta Pusat
Tel. 33 80 90, 33 81 01
Öffnungszeiten: Di, Do, Fr
8.00–14.00

Touristen-Information Directorat General of Tourism (DGT)
Jl. Kramat Raya 81, P.O. Box 409
Jakarta
Tel. 35 90 01–6, 34 03 34, 36 02 08
Zweigstellen befinden sich in:
Bali: Nit Mandala Renon
An der Hauptpost
Denpasar, Tel. 23 87
Zentral-Java: Jl. Dahlan 2,
Semarang, Tel. 31 11 69;
Ost-Java: Jl. Jend. A. Yani
242–244, Surabaya, Tel. 81 53 12,
81 22 91;
West-Java: Jl. K. H. Hasan,
Mustafa, Bandung, Tel. 7 23 55;
Jakarta: DKI Jl. Gatot Subroto,
Jakarta, Tel. 51 17 42 (speziell für
Jakarta und Umgebung);

Yogyakarta: Jl. Adisucipto 7–8,
Yogyakarta, Tel. 51 50;
Nord-Sulawesi: Jl. Diponegoro 111,
Manado, Tel. 5 17 23;
Süd-Sulawesi: Jl. A. Pangeran
Petta Rani, Ujung Pandang,
Tel. 2 11 42;
Nord-Sumatra: Jl. Alfalah 22,
Medan, Tel. 2 44 18;
West-Sumatra: Jl. Khatib Sulaiman, Padang Baru, Tel. 2 32 31,
2 21 18.

Indonesisches Fremdenverkehrsamt
Wiesenhüttenplatz 26
6000 Frankfurt/Main 1
Tel. 0 69/23 36 77.

Büro der indonesischen Fluggesellschaft in der Bundesrepublik Deutschland:
Garuda Indonesian Airways
Poststr. 2–4
6000 Frankfurt/Main
Tel. 0 69/23 80 60

in der Schweiz:
Garuda Indonesian Airways
Sumatrastr. 25
8006 Zürich
Tel. 3 63 64 46.

Literatur
Apa-Fotoguide – Bali
Apa-Fotoguide – Java
Dalton, Bill – Indonesia Handbook
DuMont-Kunstreiseführer – Indonesien
Globetrotter-Handbuch – Bali und Lombok
Kohlhammer – H. Rau: Indonesien
Mai's Weltführer – Indonesien
Merian – Bali
Polyglott – Bali
Polyglott – Indonesien
Reisen heute – Indonesien in Farbe

Soecarno-Hatta Airport – Jakartas neuer Flughafen

Der seit 1. April 1985 voll operierende Soecarno-Hatta International Airport ist Jakartas erster Flughafen, der rein zivilen Zwecken dient. Seine Architektur stellt eine Mischung aus Tradition und Moderne dar und ist auf das wachsende Passagieraufkommen der nächsten Jahrzehnte ausgerichtet. Er liegt 25 km westlich vom Herzen der City entfernt. Diese nicht geringe Distanz wird nicht nur von Taxis und Mietwagen, sondern für Jakarta erstmalig auch von einem speziellen Airport-Busservice überbrückt. Mit Aircondition ausgerüstet, verbinden 3 Buslinien in regulärem und passagierfreundlichem Dienst den neuen Airport mit folgenden Zentren der Stadt:

1. Blok M/Kebayoran Baru (Süd-Jakarta)
2. Kemayoran Airport (Nord-Jakarta)
3. Station Gambir (Jakarta-Mitte)

Während der Fahrt dorthin wird vor den an der Strecke liegenden Nobelherbergen der Hauptstadt haltgemacht. Der Preis für die einfache Fahrt beträgt pro Person Rp. 2 000,–. Von den zwei Straßen, die die Stadt mit dem Airport verbinden, ist der neue Muara Karang Highway gebührenpflichtig. Der bei der Auffahrt zu entrichtende Preis beträgt gegenwärtig Rp. 2 700 pro Fahrzeug. Für die Zufahrt zum Flughafen bezahlen PKW weitere Rp. 500,–. Wer von der City zum Airport ein Taxi benutzt, muß mit einem Preis von Rp. 6 500 und mehr rechnen. Da „Hertz Rent A Car" in der Ankunftshalle des Airports eine Filiale unterhält, ist auch der Gebrauch eines Mietwagens möglich. Die Tatsache, daß alle 3 Terminals des Flughafens den gleichen Grundriß haben, erleichtert die Orientierung für Passagiere und Publikum erheblich. Während im Terminal A internationale Flüge abgefertigt werden, dient B dem Domestikbereich und C dem Charterverkehr.

Nach der Paß- und Sicherheitskontrolle erreicht der abreisende Passagier mit einem Lift die Abflugsebene. Hier findet er neben Restaurants, Hotel-Kabinen und Transfer-Schaltern auch Tax-Free-Geschäfte vor. Von diesem Bereich führt ein 200 Meter langer Korridor zu den Abflugsschaltern. Sie sind jeweils durch eine Treppe mit der darunter liegenden Ankunftsebene verbunden, deren Herzstück die Ankunftshalle ist. Außer der Kontrolle der Reisedokumente findet hier auch die Entgegennahme des Gepäcks statt. Im sich anschließenden Zollbereich können Gepäckkontrollen je nach Passagieraufkommen an bis zu 20 Schaltern erfolgen. An ihn schließt sich eine halbüberdachte Vorhalle an, die direkte Berührung mit Taxi- und Busverkehr hat. Hier sind auch die Schalter für Hotelreservierungen, Mietwagenservice, und Touristeninformation sowie einige Banken untergebracht.

Mit einem Bugis-Schoner auf Schiffsexpedition

Da eine neue Generation von Touristen herangewachsen ist, die ein faszinierendes Land wie Indonesien nicht nur vom Sonnendeck eines Luxusliners aus kennenlernen will, werden immer mehr Expeditions- und Entdeckungsfahrten im Archipel angeboten.

Ein völlig neues und ansprechendes Konzept liegt den unter indonesischer Flagge fahrenden Bugis-Segelschonern zugrunde, dessen Einsatzgebiet sich auf Indonesien beschränkt. Ihre traditionelle Konstruktion erlaubt es, auch dort vor Anker zu gehen, wo andere Schiffe auf Abstand bleiben müssen. Folgende Inseln liegen im Fahrwasser:
Molukken: Kai, Tayandu, Babar, Tanimbar, Fordate, Kambing, Damar, Ambon, Banda, Lucipara;
Nusa Tenggara: Alor, Wetar, Solor, Roti, Sawu, Sumba, Lembata, Flores, Adonara, Sumbawa, Terwangan, Komodo, Lombok;
Nias, Siberut, Pagai, Enggano;
Irian Jaya: Triton Bai, Amana Pare, Fak Fak.

Die meisten dieser Inseln sind vom Einzeltouristen nur unter Aufwendung von viel Zeit und Geld sowie nach Erlangung einer Sondergenehmigung zu erreichen. Eine maximale Belegung mit 20 Passagieren sichert den individuellen Charakter.

Informationen über dieses Kreuzfahrtangebot erteilt in Europa:
Indonesisches Fremdenverkehrsamt
Wiesenhüttenplatz 26
6000 Frankfurt, Tel. 23 36 77.

Hotels

Die Hotelinformationen in diesem Reiseführer (siehe nächste Seite) beruhen auf Angaben des indonesischen Ministeriums für Tourismus und Kommunikation.
(Stand: 1986).

Preisgruppe:
1 = 2 000– 5 000 Rp   3 = 10 000–20 000 Rp
2 = 5 000–10 000 Rp   4 = über 20 000 Rp
Die Preise gelten pro Nacht und Einzelzimmer.

Wer weitere Auskünfte über Unterbringungsmöglichkeiten auf seiner jeweiligen Reiseroute benötigt, wende sich bitte an das Indonesische Fremdenverkehrsamt (Adresse: siehe „Praktische Hinweise"). Hier erfahren Sie auch die aktuellen Preise und Konditionen. Die folgende Auflistung kann aufgrund häufiger Umstrukturierungen und Veränderungen vor Ort lediglich als Anhaltspunkt dienen.

Hotels in Java

West-Java

Name/Anschrift	Preisgruppe	Anz. d. Zimmer	Mit WC/Bad	Km z. Flugh.	Km z. Bus	Km z. Bahnh.
Jakarta						
Hilton International***** Jl. Gatot Subroto Jakarta P.O. Box 3315 JKT Tel. 37 01 08	4	396	396	16	2	4
Jakarta Mandarin***** Jl. Thamrin P.O. Box 3392 Jakarta Tel. 32 13 07	4	504	504	14	4	4
Borobudur Internat.***** Jl. Lapangan Banteng P.O. Box 329 JKT Jakarta Tel. 37 01 08	4	866	866	16	0,01	0,5
Horison**** Taman Impian Jaya Ancol P.O. Box 3340 JKT Tel. 68 00 08	4	315	315	25	10	5
Hotel Indonesia**** Jl. Mh. Thamrin P.O. Box 54 Tel. 32 00 08, 32 20 08	4	600	600	18	1	5
Hyatt Aryaduta**** Jl. Prapatan 44–46 P.O. Box 3287 Tel. 36 70 08	4	215	215	22	5	1
Kartika Chandra**** Jl. Gatot Subroto P.O. Box 085 KBY Tel. 51 10 08	4	200	200	16	5	6
President Hotel**** Jl. Thamrin 59 Tel. 32 05 08	4	354	354	10	0,5	3
Orchid Palace Hotel*** Jl. Letjen S. Parman Jakarta Slipi Tel. 59 69 11, 59 31 13	4	82	82	13	1,5	3
Interhouse Hotel** Jl. Melawai Raya 18–20 Jakarta, Kebayoran Tel. 71 64 08, 77 59 69	4	133	133	15	0,5	10
Menteng I** Jl. Gondangdia Lama 28 Tel. 32 52 08	4	70	70	20	5	4
Natour Hotel** Jl. Merdeka Timur 16 Tel. 35 13 73, 35 13 74	4	50	50	10	1	0,5
Pardede International* Jl. Raden Saleh I/9–11 Tel. 35 09 01, 34 63 76, Jakarta	3	20	20	3	1	2

Name							Name						
Copacabana Taman Impian Jaya Ancol Jakarta Tel. 68 22 14	3	36	36	20	–	7	**Banten Distrikt** Carita Krakatau Beach** Jl. Carita Kecamatan Labuan Kabupaten Pandeglang Booking Office: Hotel Menteng Jakarta Jl. Gondang-dialama Tel. 32 52 08 ext. 5		150	100	160	7	7
Gunung Sari Jl. Gunung Sahari V/7 Jakarta Tel. 41 33 08	3	24	10	1	–	2							
Jusenny Jl. Senayan 28–30 Blok S Jakarta/ Kebayoran Tel. 77 22 85, 71 32 47	4	40	40	15	2	10	Merak Beach Hotel* Jl. Raya Merak Merak Tel. 15	3	35	35	–	2	–
Karya Jl. Jaksa 32–34 Jakarta Tel. 34 04 84, 35 25 97	3	46	36	4	1	0,5	Batu Kuwung Motel & Cottages Jl. Ciomas Padarincang Tel. 144/Banten	2	23	23	–	–	–
Bandung Savoy Homann Hotel*** Jl. Asia Africa 112 Bandung Tel. 5 80 91	4	100	100	4	2	1	**Bogor** Evergreen** Jl. Raya Puncak (km 84) Bogor Tel. 40 75, code 9	3	110	110	90	20	32
Cisitu International** Jl. Cisitu 45 B Bandung Tel. 8 22 85-6, 8 47 07	3	50	40	4	4	3	Lembah Nyiur* Jl. Raya Cisarna Puncak Tel. 48 91, code 9	2	30	30	60	20	20
Arjuna Plaza* Jl. Ciumbulleuit 128 Bandung Tel. 8 13 28	2	22	18	3	3	3	Gondangdia Jl. Raya Puncak (km 79) Cisarna/Bogor Tel. (02 51) 40 62	2	24	24	82	22	24
Yelita Parahyangan Jl. Pasir Kaliki 61 Bandung Tel. 5 11 33	2	55	55	5	2	1	Cibulan Indah Jl. Raya Cisarna Puncak Tel. 40 55, code 9	2	16	16	85	25	27
Nirmala Jl. Cipaganti 150 Bandung Tel. 8 13 18	2	18	18	4	3	2							

Hotel						
Ciamis						
Damai Jl. Pantai Pananjung/ Pangandaran	2	18	11	–	–	–
Banjar Indah Jl. Cimenyan 1 Banjar	1	23	23	–	–	–
Cianjur						
Bukit Indah Hotel & Cottages** Jl. Raya Cipanas/Ciloto Tel. 49 Cianjur	3	41	41	–	–	–
Sindanglaya* Jl. Raya Pasekon 43 Cipanas/Cianjur Tel. 02 55/21 16	2	25	25	–	–	–
Pondok Gedeh Ciloto-Pacet/ Cianyur Tel. 56	2	25	25	–	–	–
Pusaka Mulya Jl. Raya Panembangan 1 Cianyur Tel. 8 15 09	1	17	17	130	3	3
Cirebon						
Omega*** Jl. Tuparev 20 Cirebon Tel. 30 72, 30 73, 50 23	3	60	53	6	1	2
Grand Hotel Cirebon** Jl. Siliwangi 110 Cirebon Tel. 20 14, 20 15, 22 86, 22 87	2	66	66	5	0,5	2,5
Plaza Hotel Cirebon** Jl. R. A. Kartini 54 Tel. 20 61, 20 62, 20 63	3	34	34	5	2	1
Indah Mulyana Jl. By Pass Cirebon Tel. 49 06	1	20	14	0,2	3	11
Cordova Jl. Siliwangi 77 Cirebon Tel. 46 77	1	30	30	–	2,5	0,6
Garut						
Sari Panas Jl. Cipanas Garut/Tarogong	2	14	14	–	–	–
Nasional Jl. Kenanga 19 Garut	1	13	–	–	–	–
Indramayu						
Aneka Baru Jl. Tuparev 29 Indramayu	1	10	10	–	50	–
Trisula Jl. Panjaitan 4 Indramayu/ Jatibarang Tel. 1 11	1	11	11	–	0,2	–
Karawang						
Dewi Jl. Dewi Sartika 26 Karawang Tel. 6 12 68	1	26	–	–	0,3	0,5
Baru Jl. Tuparev 379 Karawang	1	19	19	–	1	1
Kuningan						
Anggrek Jl. Otto Iskardinata 100 Kuningan	1	12	12	–	–	–
Budi Jasa Jl. Jend Sudirman 22 Kuningan	1	12	12	–	–	–
Purwakarta						
Pariwisata Yatiluhur*** Yatiluhur Tel. 2 15 25	3	74	74	85	10	10

Bonita Jl. Dr. Kusuma Atmaja 1 Purwakarta	1	12	7	0,5	0,2	–
Serang Abadi* Jl. Jendr. Sudirman Serang	2	22	22	–	–	–
Hotel Serang* Jl. A. Yani 3 Serang Tel. 8 11 68	1	43	34	–	1	–
Sukabumi Distrikt Sumudra Beach Hotel**** Pelabuhan Ratu Tel. 23	4	106	106	180	9	9
Selabintana** Jl. Selabintana (km 7) Sukabumi utara Tel. 81 15 01	3	55	55	–	–	–
Pondok Dewata Motel* Pelabuhan Ratu	2	14	14	–	–	–
Selabatu Jl. Suryaken- cana 112 Sukabumi	1	14	14	–	–	–
Sumedang Murni Jl. Mayor Abdurachman Sumedang	1	12	12	–	0,5	–
Abadi Jl. Pangeran Geusan Ulun Sumedang	1	11	–	–	0,5	–
Tasikmalaya Santosa Jl. Gunung Sabeulah 45 Tasikmalaya Tel. 4 12 02	2	52	52	–	–	–
Kencana Jl. Yudha Negara 17 Tel. 2 16 21	1	36	36	–	–	–

Zentral-Java						
Ambarawa Pasangrahan PJKA Indah Badengan Ambarawa Tel. 78	2	26	25	50	0,35	47
Blue Safir Bandengan Ambarawa	1	11	11	50	0,35	47
Gaya Bandengan Ambarawa Tel. 1 18	1	37	–	50	0,2	47
Banyumas Kemuning Karangmangu Banyumas/ Baturaden	2	14	–	–	1	3
Widodo Asli Jl. Komp. Suprapto 33 Banyumas Tel. 4 16 34	1	27	7	–	2	3
Cilacap Grand Hotel* Jl. Dr. Wahidin 5–11 Cilacap Tel. 2 13 32, 2 29 64	2	78	78	7	4	2
Delima Hotel* Jl. Jenderal Sudirman 3 Cilacap Tel. 2 14 10	3	15	15	15	5	0,5
Peniwijaya Jl. Letjen Suprapto No. 4 Cilacap Tel. 22 56	1	41	20	–	3	–
Jepara Menno Jaya Inn Jl. Dipone- goro 40/B Jepara Tel. 1 43	1	10	–	–	0,5	–

Hotel						
Kudus						
Notosari* Jl. Kepodang 12 Kudus Tel. 0291/ 21245	3	36	36	–	1,5	0,5
Slamet Jl. Jend. Sudirman 63 Kudus Tel. 21534	1	15	9	63	3	2
Magelang						
City Hotel Jl. Tengkon 23 Magelang Tel. 3347, 3348	4	17	17	–	1	–
Senopati Jl. Panembahan Senopati 5 Magelang	3	14	8	45	3	–
Safari Jl. Jend. A. Yani 131 Magelang	1	36	25	–	4	–
Pati						
Anna Jl. Jend. Sudirman 36 Pati Tel. 81155	1	20	–	–	0,1	–
Kurnia Jl. Tondonegoro 12 Pati Tel. 81133	1	36	26	–	1	0,5
Pekalongan						
Nirwana** Jl. Dr. Wahidin 11 Pekalongan Tel. 41691, 41446	3	56	56	100	1,5	1,5
Istana Hotel* Jl. Gajah Mada 32–35 Pekalongan Tel. 61581	2	32	30	100	2	1
Pemalang						
Dirgahayu Jl. Sindoro 15 Pemalang Tel. 82126	1	10	2	–	3,5	2
Purwokerto						
Borobudur Jl. Yosodarno 32 Purwokerto Tel. 21341, 61747	3	35	35	50	2	0,5
Grand Santoso Jl. Jend. Sudirman 187 Purwokerto Tel. 41144	1	25	10	50	3	2
Rembang						
Wijaya Jl. Raya 105 Rembang/Lasem Tel. 95	1	28	10	–	1	–
Salatiga						
Kopeng/Pesanggrahan Kopeng/Salatiga Tel. 81334	1	28	13	13	0,1	0,5
Beringin Jl. Jend. Sudirman 160 Salatiga Tel. 81129	2	46	46	60	2	–
Semarang						
Patrayasa Hotel**** Jl. Sisingamangaraja Semarang/ Candi Baru Tel. 314441	4	72	72	15	10	10
Metro Grand Park Hotel*** Jl. H. Agus Salim 2–4 Semarang Tel. 27371	3	82	82	5	1	1
Siranda Tourist Hotel** Jl. Diponegoro 1 Semarang Tel. 313271	3	60	60	6	5	5
Candi Indah* Jl. Dr. Wahidin 112 Semarang Tel. 312515, 312813	3	32	31	8	5	5

Green Guest House Jl. Kesambi 7 Semarang Tel. 31 25 28, 31 26 42, 31 26 43	3	21	21	10	7	7
Johar Jl. Empu Tantular 1 Semarang Tel. 28 85 85	2	19	19	6	1	1
Surakarta (Solo) Solo Inn*** Jl. Slamet Riyadi 318 Solo Tel. 60 75, 60 76, 60 77	4	32	32	10	2	2
Mangkunegaran Palace Hotel** Jl. Mangkunegaran Solo Tel. 56 83	4	50	50	15	2	1
Sahid Sala** Jl. Gajah Mada 104 Solo Tel. 58 89	4	40	40	12	2	1
Dana* Jl. Slamet Riyadi 232 Solo Tel. 38 91	2	47	31	12	3	1,5
Banon Cinawi Jl. A. Yani 1/3 Solo Tel. 28 17	1	12	12	5	7	10
Karya Sari Jl. A. Yani 47 Solo Tel. 45 12	2	16	16	6	4	4
Kaloka Jl. Gajah Mada 69 Solo Tel. 28 04	1	22	22	13	0,5	1,5
Tawangmangu Duta Indah Jl. Tawangmangu Tawangmangu Tel. 51	2	10	10	50	2	40
Pondok Lawu Jl. Raya Lawu Tawangmangu Tel. 20	3	15	15	50	2	40
Tegal Karlita Hotel* Jl. Brigjen. Katamso 31 Tegal Tel. 4 13 14, 4 11 21	4	20	20	7	1	1
Grand Jl. Jend. Sudirman 17 Tegal Tel. 4 17 73	1	46	40	–	1	1,5
Wonosobo Bhima Jl. A. Yani 5 Wonosobo Tel. 7 45	2	45	30	110	2	–
Jawa Tengah Jl. A. Yani 54 Wonosobo Tel. 2 02	1	16	–	110	1	–
Yogyakarta Ambarrkmo Palace**** Jl. Laksda Adisucipto P.O. Box 10 Yogyakarta Tel. 8 84 88, 8 89 84	4	240	240	5	7	6
Mutiara*** Jl. Malioboro 18 Yogyakarta Tel. 45 30, 45 31, 45 73	4	115	115	8	2	1
Puri Artha Cottages*** Jl. Cendrawasih 9 Yogyakarta Tel. 59 34	4	60	60	8	12	5

Srimanganti** Jl. Urip Somoharjo 63 Yogyakarta Tel. 28 81	4	41	41	5	6	3	Pariwisata Jl. Pasar Kembang 63 Yogyakarta Tel. 31 81	2	29	15	8	6	0,3
Arjuna Plaza* Jl. Mangkubumi 48 Yogyakarta Tel. 86 82	4	24	24	7	4	0,5	Ost-Java						
Batik Palace Hotel* Jl. Pasar Kembang 29 Yogyakarta Tel. 21 49	3	48	48	7	2	0,2	**Banyuwangi** Manyar Hotel Bulusan Ketapang Banyuwangi** P.O. Box 36 BWI Tel. 4 17 41, 4 17 42	4	45	40	300	6	10
							Asia Afrika Jl. Dr. Wahidin 1 Banyuwangi Tel. 2 17 85	1	38	18	300	3	1
Airlangga Guest House Jl. Prawirotaman 4 Yogyakarta Tel. 33 44	3	16	16	10	1	3	**Blitar** Lestari Jl. Merdeka 123 Blitar Tel. 8 17 66	2	43	17	151	1	1
Asia Afrika Jl. Pasar Kembar 25 Yogyakarta Tel. 44 89	1	47	–	10	3	0,4	Blitar Indah Jl. A. Yani 60 Blitar	1	19	19	151	2	2
Bhinneka Jl. P. Mangkubumi 3b Yogyakarta Tel. 33 53	1	13	13	10	5	0,3	**Jember** Safari Hotel* Jl. Setiakawan 26–28 Jember Tel. 2 10 58, 4 10 64	2	30	27	202	3	2
Duta Widya Jl. Babarsari 6 Yogyakarta Tel. 52 19	3	24	24	1,5	3	5	Anugerah Jl. Trunojoyo V/15 Jember Tel. 4 12 72	1	24	24	202	2	1,5
Intan Jl. Sosrokusuman I/16 Yogyakarta	1	17	17	9	1,5	0,5	Kawi Jl. Mangunsarkoro 37 Jember	1	26	26	200	2	1,5
Merdeka Jl. Jend. Sudirman 9 Yogyakarta Tel. 31 38	1	33	33	2	4	1	**Jombang** Agung Jl. Sudirman 72 Jombang Tel. 8 17 91	2	28	28	80	1,5	1,5
Mustokoweni Jl. A. M. Sangaji 60 Yogyakarta Tel. 52 68	1	20	20	7	5	1,5	Fatma Jl. Urip Sumoharjo 22 Jombang Tel. 8 16 65	1	26	9	–	2,5	2,5

Hotel						
Kediri Penataran Hotel* Jl. Dhoho 190 Kediri Tel. 4 11 26, 2 16 57	3	60	60	130	2	0,5
Lumajang Baru Jl. Dr. Sutomo 25–27 Lumajang	1	22	–	–	1	2
Madiun Merdeka* Jl. Pahlawan 42 Madiun Tel. 25 47	2	49	44	169	2	1
Indah Jl. Kalimantan 30 Madiun Tel. 44 75	2	20	20	169	–	–
Malang Asida** Jl. Sudirman 99 Malang/Batu Tel. 2 59, 5 19	3	40	40	107	1	18
Purnama** Jl. Raya Selecta Malang/Batu Tel. 1 95	2	70	70	113	4	25
Mojokerto Sriwijaya Jl. Desa Pacet Mojokerto	2	28	19	–	21	21
Pasuruan Natour Bath Hotel*** Jl. Pesanggrahan 2 Tretes Tel. 8 11 61, 8 17 18	4	50	50	44	9	19
Tanjung Plaza Hotel** Jl. Wilis 7 Tretes/Pasuruan Tel. 8 11 02, 8 11 73	4	61	61	55	15	21
Probolinggo Bromo Permai Jl. Raya Panglima Sudirman 242 Probolinggo Tel. 2 19 83	2	8	–	–	2	–
Situbondo Bhayangkara Jl. Pasir Putih Situbondo	1	37	32	–	21	–
Surabaya ELMI*** Jl. P. Sudirman 42–44 Surabaya Tel. 47 15 71-78	4	74	74	19	3	2
Garden Hotel*** Jl. Pemuda 21 Surabaya Tel. 47 00 01	4	100	100	20	5	0,5
Hyatt Bumi*** Jl. Jenderal Basuki Rachmat 124–129 Surabaya Tel. 47 08 75, 4 66 42	4	268	268	15	5	2
Cendana Indah* Jl. B. K. P. M. Duryat 8 Surabaya Tel. 4 22 51	3	23	23	20	5	3
Bristol Jl. Pregolan 3 Surabaya Tel. 4 23 79	3	17	17	17	5	1
Tuban Irwan Jl. Diponegoro Tuban Tel. 3 24	2	40	11	–	3	–
Tulung Agung Banteng Sumoro Jl. Mayor Suyadi 164 Tulung Agung Tel. 8 16 08	1	24	–	175	28	28

Hotels in Nusa Tenggara

Name/Anschrift	Preisgruppe	Anz. d. Zimmer	Mit WC/Bad	Km z. Flugh.	Km z. Bus	Km z. Bahnh.
Bali						
Denpasar						
Natour Bali*** Jl. Veteran 3 Denpasar Tel. 2 56 81-5	4	71	71	15	2	–
Hotel Denpasar** Jl. Diponegoro 103 Denpasar Bali	3	83	83	13	4	–
Hotel Damai* Jl. Diponegoro 117A Denpasar Tel. 2 24 76	2	30	30	12	4	–
Artha Jl. Diponegoro 131A Denpasar Tel. 28 04	2	54	54	11	2,5	–
Chandra Garden Hotel Jl. Diponegoro 114 Denpasar Tel. 64 25	1	25	25	8	2	–
Dirga Pura Jl. Diponegoro Denpasar Tel. 2 69 24	1	28	28	–	–	–
Kayumas Inn Jl. Suropati 23 Denpasar Tel. 2 69 34	1	22	22	13	3	–
Mertesari Jl. Hasanudin 24 Denpasar Tel. 2 24 28	2	10	10	12	4	–
Raya Jl. Hasanudin 51 Denpasar Tel. 2 20 12	2	47	47	13	3	–
Sari Tourist Centre Jl. G. Agung 9 Denpasar Tel. 2 40 42	2	12	12	13	1	–
Gianjar Distrikt						
Iwayan Munut Campuhan Ubud	2	18	18	–	–	–
Mumbul Inn Jl. Ubud Campuhan Ubud/Gianyar	3	20	20	40	0,1	–
Rama Jl. Raya Gianyar Gianyar Tel. 2 58 45	1	14	14	–	–	–
Kuta						
Pertamina Cottages***** Kuta Beach Tel. 2 30 61	4	178	178	2	0,5	–
Bali Oberoi*** Kayu Aya Beach Kuta Tel. 2 55 81	4	75	75	6	–	–
Kuta Cottages** Jl. Bakung Sari Kuta Tel. 41 00	3	31	31	3	–	–
Legian Beach Hotel** Jl. Melasti Kuta/Legian Tel. 2 68 11	4	110	110	6	–	–
Natour Beach Hotel** Jl. Pantai Kuta 1 Kuta Tel. 2 57 91	4	32	32	5	–	–
Three Brothers* Jl. Legian Kelod Kuta/Legian	3	25	25	6	–	–

Name						Name					
Agus Bungalow Br. Pande Kuta Kuta	2	50	50	5	–	–	**Sanur** Bali Beach**** Sanur Tel. 85 11	4	605	605	18	–	–
Arena Bungalow Br. Panda Kuta Kuta	2	19	19	6	–	–	Bali Hyatt**** Sanur Tel. 82 71	4	387	387	15	–	–
Bali Nandra Cottage Kuta P.O. Box 1033	2	48	48	–	–	–	Sanur Beach Hotel & Seaside Cottages**** P.O. Box 279 Sanur Tel. 80 11	4	321	321	18	–	–
Baruna Beach Inn Br. Legian Kuta	1	9	–	6	–	–	Natour Sindhu*** Beach Hotel Sanur Tel. 83 51, 83 52	4	50	50	13	–	–
Balindo Cottage Jl. Raya Airport Kuta Tel. 2 50 54	2	30	30	4	–	–	Alit's Beach Bungalows** Jl. Raya Sanur Tel. 85 67, 85 60	4	98	98	14	–	–
Cempaca Jl. Legian Kuta	1	15	–	5	–	–	Santrian Beach Cottages** Sanur Tel. 81 81, 81 82	4	80	80	15	–	–
Kuta Sea View Cottages Jl. Pantai Kuta Kuta Tel. 2 39 91	4	36	36	3	–	–	Tanjung Sari Hotel** Jl. Tanjung Sanur Tel. 84 41	4	24	24	18	–	–
Koja Beach Inn Jl. Pantai Kuta Kuta	1	10	10	4	–	–	Bali Sanur Bungalows** Jl. Tanjung Sari Sanur Tel. 2 84 24	4	50	50	15	–	–
Nusa Dua Hotel Bali Nusadua***** P.O. Box 301 Denpasar Tel. 7 10 20, 7 14 20, Telex: 3 5247 HBN DPR Nusa Dua	4	425	425	10	–	–	Puri Mas Jl. Raya Sanur 173 Sanur	1	12	8	16	–	–
Nusa Dua Bualu Hotel**** Desa Bualu/ Nusa Dua Tel. 9 73 10	4	50	50	12	–	–	Sanur Indah Jl. Segara Sanur Tel. 2 85 68	2	10	10	15	–	–
							Taman Agung Inn Jl. Batu Jimbar Sanur Tel. 85 49	3	18	18	–	–	–
Nusa Dua Beach Hotel**** Nusa Dua Tel. 7 12 10, 7 12 20	4	450	450	12	–	–	Werda Pura Jl. Pantai Sanur Sanur	3	75	75	–	–	–

Nusa Tenggara Timur

Hotel						
Alor						
Adhi Dharma Kalabahi Pulau Alor	1	10	5	5	0,5	–
Ende/Flores						
Wisma Flores Jl. Jend. Sudirman 18 Ende	1	10	10	2	1	–
Karya Jl. Pelabuhan Ende	1	10	4	3	1	–
Mansur Jl. Aembonga 11 Ende	1	14	14	3	1	–
Kefamenamu/ Timor						
Ariesta Jl. Kenari Kefamenamu	1	17	–	–	–	–
Sederhana Jl. Pattimura Kefamenamu	1	14	8	200	1	–
Kupang/Timor						
Flobamor* Jl. Kenanga 1 Kupang Tel. 2 19 63	3	25	25	15	3	–
Astiti Jl. Jend. Sudirman 98 Kupang Tel. 2 18 10	3	31	31	15	4	–
Laguna Inn Jl. Gg. Kelimutu 7A Kupang Tel. 2 15 59	3	33	20	12	1	–
Marina Jl. Jend. A, Yani 67 Kupang Tel. 2 25 66	2	18	15	13	1,5	–
Maya Jl. Kosasi 77 Kupang Tel. 2 26 48	1	15	15	12	1	–
Nusalontar Jl. Cak Doko 48 Kupang Tel. 2 14 06	1	14	14	13	2	–
Safariah Jl. Dr. Moh. Hatta 34 Kupang Tel. 2 15 96	1	10	10	13	3	–
Susi Jl. Sumatera 37 Kupang Tel. 2 21 72	1	18	18	12	1	–
Lewoleba- Distrikt/Flores						
Mutiara Larantuka Flores-Timur	1	10	4	5	0,5	–
Sumber Rejeki Lewoleba Flores Timur	1	12	2	3	–	–
Maumere/ Flores						
Ben Goan Jl. Pasar Baru Timur Maumere Tel. 41	1	21	21	5	1	–
Sea World Club Maumere Flores P.O. Box 3	4	11	11	8	–	–
Ruteng/Flores						
Agung Wisma Jl. Wae Ces 10 Ruteng	1	15	15	4	–	–
Sindha Ruteng	1	10	10	3	–	–
Soe/Timor						
Bahagia Jl. Hayam Wuruk 11 Soe	1	11	–	–	–	–
Cahaya Jl. Kartini Soe Timor	1	15	–	–	–	–
Waikabubak/ Sumba Barat						
Pelita Jl. Waikabubak Waikabubak	1	15	–	40	0,5	–
Rakuta Jl. Veteran Waikabubak	2	11	3	41	0,5	–

Waingapu/ Sumba Timur Elim Jl. Jend. A. Yani 55 Waingapu Tel. 32	2	18	18	7	1	–
Lima Saudara Jl. Wanggameti 2 Waingapu Tel. 32	2	16	16	7	7	–
Surabaya Jl. Eltori 2	2	17	17	6	0,2	–

Nusa Tenggara barat

Ampenan/ Lombok Wisma Melati** Jl. Langko 80 Ampenan Tel. 2 37 80	4	20	20	2	7	–
Sasaka Beach Hotel* Jl. Meninting Apenan Tel. 2 27 11	4	24	24	4	7	–
Pabean Jl. Yos Sudarso 146 Ampenan Tel. 2 17 58	1	18	–	4	8	–
Zahir Jl. Saleh Sungkar Tel. 173 (Ampenan)	1	19	–	–	–	–
Bima Selaparang* Jl. Sela- parang 40–42 Cakranegara Tel. 2 26 70, 2 32 35	2	19	19	5	4	–
Kartini Jl. Pasar 10 Bima Tel. 72	1	10	–	–	–	–
Lila Graha Belakang Bioskop Merdeka Bima Tel. 7 40	1	15	4	16	0,3	–
Cakranegara/ Lombok Mataram* Jl. Pejangi 105 Cakranegara Tel. 2 34 11, 2 34 15	1	18	18	3	3	–
Merpati Jl. Sultan Hasanudin 17 Cakranegara Tel. 2 22 12	1	15	–	–	–	–
Pusaka Jl. Hasanudin 23 Cakranegara	1	40	40	6	1	–
Ratih Jl. Sela- parang 71 Cakranegara Tel. 2 10 96	1	50	50	–	–	–
Tanggun Jl. Koak Koak 2 Cakranegara Tel. 2 18 22	1	16	–	–	–	–
Mataram/ Lombok Cempaka Jl. Cempaka 31 Mataram Tel. 2 32 22	1	11	–	–	–	–
Kamboja Jl. Kamboja Mataram Tel. 2 22 11	–	14	–	–	–	–
Maraje Jl. Parawisata 9 Mataram Tel. 2 17 11	1	11	7	4	4	–
Rinjani Jl. Cempaka 5 Mataram Tel. 2 16 33	1	15	–	–	–	–
Suranadi/ Lombok Suranadi Hotel* Jl. Suranadi Suranadi/ Mataram Tel. 2 36 86	2	17	13	20	14	–
Sumbawa Besar/ Sumbawa Asia Jl. Dr. Sutomo 4 Sumbawa Besar	1	10	10	–	–	–

Hotels in Sumatra

Name/Adresse	Preisgruppe	Anz. d. Zimmer	Mit WC/Bad	Km z. Flugh.	Km z. Bus	Km z. Bahnh.
Nord-Sumatra						
Brastagi						
Rudang** Jl. Sempurna Brastagi Tel. 43	3	70	70	–	–	–
Bukit Kubu* Jl. Sempurna 2 Brastagi Tel. 2	2	21	21	65	2	66
Medan						
Danau Toba International**** Jl. Imam Bonjol 7 Medan Tel. 32 70 00	4	280	280	3	25	4
Garuda Plaza Hotel*** Jl. Sisingamangaraja 18 Medan Tel. 32 62 55	4	160	160	3.5	45	2
Pardede International** Jl. H. Juanda 14 Medan Tel. 32 38 66	4	112	112	2	3	4
Angkasa* Jl. Sutomo 1 Medan Tel. 32 12 44	3	19	19	1.5	0.5	0.2
Sumatra Jl. Sisingamangaraja 21 Medan Tel. 2 49 73	2	60	60	1	1	1

Name/Adresse	Preisgruppe	Anz. d. Zimmer	Mit WC/Bad	Km z. Flugh.	Km z. Bus	Km z. Bahnh.
Parapat						
Natour Hotel*** Jl. Marihat 1 Parapat Tel. 4 10 12, 4 10 18	4	85	85	176	0.2	48
Atsari Hotel** Jl. P. Samosir Parapat Tel. 4 12 19, 4 12 75	3	55	55	176	0.2	48
Budi Mulya* Jl. P. Samosir Parapat Tel. 4 12 16, 4 14 85	3	28	28	174	–	48
Karona Jl. Gereja Parapat Tel. 46	2	14	14	176	–	46
Pematang Siantar						
Siantar*** Jl. W. R. Supratman 5 Tel. 2 10 91, 2 16 67, 2 17 36 Pematang Siantar	3	85	85	130	1	1
Sinar Baru Jl. Bukit Barisan Pematang Siantar Tel. 79	1	13	13	134	2	1
Pulau Samosir						
Toba Beach* Tomok/Samosir Tel. 2 48 50 (Medan) Tel. 4 18 02 (Parapat)	3	40	40	176	–	–

Pulo Tao Cottage Pulo Tao/ Samosir Representative: Jl. Ampera 9, Medan/ Glugur darat Tel. 2 08 60	4	10	10	184	–	–
Tuk Tuk Hotel Tuk Tuk/ Samosir Representative: Jl. Samosir Parapat Tel. 2 39 81	3	28	–	–	–	–

Süd-Sumatra

Lubuk Linggau Lintas Sumatra* Jl. Yos Sudarso 21 Lubuk Linggau	2	24	24	–	0.5	1
Palembang Swarna Dwipa*** Jl. Tasik 2 Palembang Tel. 2 23 22	4	82	82	12	4	5
Puri Indah* Jl. Merdeka 38 Palembang Tel. 2 06 85, 2 69 12	4	37	37	12	3	5
Rivano Jl. Kol. H. Barlian 56 Palembang Tel. 2 33 25	3	20	–	6	6	10
Sintera Jl. Jend. Sudirman 30–38 Palembang Tel. 2 06 14/ 2 16 18	2	75	66	12	1	5
Sri Wijaya Jl. Jend. Sudirman 48 Palembang Tel. 2 61 93	2	50	50	12	2	5

Tanjung Pandan Martani* Jl. Pantai Tanjung Pandan	2	42	42	15	3	–
Pangkal Pinang Geulis Jaya Baru Jl. Deputi Amir 12 Pangkal Pinang Tel. 755	3	14	14	10	0.5	6
Ranggi Jl. Jend. Sudirman Lembawai III/ 1–38 Pangkal Pinang Tel. 429	2	14	14	6	2	–
Karya Bhakti Jl. Jend. Sudirman Pangkal Pinang	1	16	16	7	–	–

West-Sumatra

Bukit Tinggi Dymens International*** Jl. Nawawi 3 Bukit Tinggi Tel. 2 37 81, 2 27 02, 2 10 15	4	54	54	85	1.5	0.5
Benteng* Jl. Benteng 1 Bukit Tinggi Tel. 2 25 96, 2 11 15	2	18	18	85	0.8	–
Denai Jl. Rivai 26 Bukit Tinggi Tel. 2 14 60	2	33	33	83	1.5	2
Limas Jl. Kesehatan 34 Bukit Tinggi Tel. 2 26 41	1	22	22	83	2	–
Yani Jl. Jend. A. Yani 101 Bukit Tinggi Tel. 2 27 40	2	14	14	82	0.5	1

Padang						
Mariani International** Jl. Bundo Kandung 35 Padang Tel. 2 54 66	3	33	29	10	1	2
Aldilla* Jl. Damar No. 2 Padang Tel. 2 39 62	2	15	15	7	1	5
Wisma Bougainville Jl. Bgd. Azis Chan 2 Padang Tel. 2 21 49	2	30	20	7	1	1.5
Wisma Femina Jl. Bgd. Azis Chan 15 Padang Tel. 2 19 50	1	12	12	10	1	1.3
Minang International Jl. Diponegoro 17 Padang Tel. 2 17 19	1	30	30	10	0.5	–
Maninjau						
Parawisata Maninjau Indah Maninjau Tel. 16	2	18	18	113	–	–
Singkarak						
Jayakarta Singkarak Jl. Batang Hari 2 Tel. 2 12 79	1	16	16	100	–	–
Riau						
Pekanbaru						
Sri Indrayani** Jl. Bangka 2 Pekanbaru Tel. 2 18 70	3	53	53	12	1	–
Anom* Jl. Gatut Subroto 3 Pekanbaru Tel. 2 26 36	2	40	40	12	1	–
Kelabang sakti Jl. Diponegoro 53 Pekanbaru	2	11	11	9	1	–
Bintan Jl. Tangkuban Prahu Riau	1	14	14	–	–	–
Dharma Utama Jl. Sisingamangaraja 2 Pekanbaru	1	52	18	–	–	–
Rengat						
Bintang Tujuh Jl. Veteran Rengat Tel. 93	1	32	18	25	0.2	–
Lampung						
Lampung						
Marco Polo* Jl. Dr. Susilo 4 Bandar Lampung Tel. 4 15 11	3	81	81	26	1.5	2.5
Kota Bumi						
Lampung Jl. Cokro Aminoto	2	25	–	78	0.8	0.1
Tanjung Karang						
Ria Hotel Jl. Dewi Warna 7 Tanjung Karang Tel. 5 39 74	2	24	24	25	3	0.2
Kurnia Dua Jl. Raden Intan 75 Tanjung Karang Tel. 5 29 05	1	30	30	26	1	2
Wijaya Kesuma Jl. Dr. Susilo Tanjung Karang Tel. 5 21 63	2	12	12	2	2	3
Teluk Betung						
New Jakarta Hotel Teluk Betung Jl. Belanak 28	2	50	50	28	1	2
Shintana Jl. Selat Berhala 95 Teluk Betung Tel. 4 29 41	1	12	12	28	–	–

Hotels in Kalimantan

Name/Adresse	Preisgruppe	Anz. d. Zimmer	Mit WC/Bad	Km z. Flugh.	Km z. Bus
Ost-Kalimantan					
Balikpapan Balikpapan Hotel* Jl. Garuda 2 Balikpapan Tel. 214 90	4	33	33	3	6
Hotel Benakutai**** Jl. Pangeran Antasari Balikpapan Tel. 218 13, 218 04	4	220	220	6	6
Tirta Plaza Jl. D. I. Panjaitan XX/5152 Balikpapan Tel. 2 23 24, 2 23 64	3	29	29	–	–
Samarinda Mesra** Jl. Pahlawan 1 Samarinda Tel. 2 10 11, 2 10 13, 2 10 14	4	53	53	2	2
Lamin Indah* Jl. Bhayangkara Samarinda	3	18	18	–	–
Tarakan Tarakan Plaza Jl. Yos Sudarso Tarakan Tel. 501, 502, 503	4	44	44	4	–
Süd-Kalimantan					
Banjar Baru Loktabat* Jl. Ahmad Yani (km 33.5) Banjar Baru Tel. 20 84, 22 80	2	35	35	7	7
Banjarmasin New River City* Jl. Martadinata 3 Banjarmasin Tel. 29 83	2	48	48	25	1
Zentral-Kalimantan					
Palangkaraya Salendra Jl. Halmahera 42 Palangkaraya Tel. 213 98	1	13	–	12	3
Virgo Jl. A. Yani 78 Palangkaraya Tel. 212 65	3	21	21	2	2
Muara Teweh Barito Muara Teweh	3	12	–	–	1
Gunung Sintuk Muara Teweh	2	28	–	–	–
Sampit Rochmat Sampit	2	19	–	–	–
Mutiara Sampit	2	12	–	7	–
West-Kalimantan					
Pontianak Dharma* Jl. Imam Bonjol Pontianak Tel. 47 59	3	84	84	17	2
Orient Jl. Tanjungpura Pontianak Tel. 26 50	3	67	67	17	1
Pontianak City Hotel Jl. Pak Kasih Pontianak Tel. 24 96	3	16	16	18	0.7
Ketapang Pasifik Jl. Merdeka selatan Ketapang Tel. 66	3	11	–	5	–

Hotels in Sulawesi

Name/Adresse	Preisgruppe	Anz. d. Zimmer	Mit WC/Bad	Km z. Flugh.	Km z. Bus
Süd-Sulawesi					
Bantaeng					
Wisma Ahriani Jl. Raya Lanto 3 Bantaeng Tel. 2 88 27	1	18	18	–	–
Bone					
Pasanggrahan Jl. Taman Bunga Tel. 90	1	11	4	0.7	–
Bulukumba					
Sinar Fajar Jl. H. A. Sultan 27/29 Bulukumba Tel. 68	1	12	–	–	–
Gowa					
Malino Jl. Endang 10 Tel. 15	2	15	15	–	–
Pare Pare					
Gandaria Hotel Jl. Bau Massepe 171 Pare Pare Tel. 2 10 93	2	13	13	–	–
Kartika Jl. Lompobattang 110 Pare Pare Tel. 2 14 76	3	12	12	–	1
Pare Indah Jl. Lompobattang 116 Pare Pare Tel. 2 18 88	2	12	10	–	1
Yusida Jl. Pinggir Laut Pare Pare Tel. 2 18 13	2	14	14	–	2
Palopo					
Adipati Jl. Pattimura 2 Palopo Tel. 12 91 27	1	28	28	60	1
Rio Rita Jl. Jemma 18 Palopo Tel. 130	1	12	12	59	1.5
Ujung Pandang					
Raodah*** Jl. Khairil Anwar 5 Ujung Pandang Tel. 70 55, 70 75	4	96	96	21	6
Grand Hotel** Jl. Jend A, Yani 5 Ujung Pandang Tel. 58 81, 58 82	3	65	65	21	5
Alaska Hotel* Jl. S. Saddang 52 Ujung Pandang Tel. 8 35 24	1	40	18	25	5
Benteng* Jl. Ujung Pandang 9 Ujung Pandang Tel. 2 21 72	2	30	30	26	6
Kenari Pantai Jl. Semba Opu 283 Ujung Pandang Tel. 8 21 83	2	15	15	22	5
Purnama Jl. Pattimura 33 a Ujung Pandang Tel. 2 29 90 - 38 33	2	28	21	22	7
Tiatira House Jl. Dr. Sutomo 25 Ujung Pandang Tel. 2 89 48	3	10	10	21	5
Wajo					
Ayuni Jl. Puang Rimagalatung 18 Wajo Tel. 9 Senkang	1	12	8	–	0.2

Südost-Sulawesi					
Kendari Kendari Beach Hotel** Jl. Sultan Hasanuddin 44 Kendari Tel. 21988	3	26	26	20	–
Arnin's Hotel Jl. Jand A. Yani 55 Kendari Tel. 21615	3	15	15	30	1
Kolaka Wonua Beringin Hotel Kolaka	2	–	–	–	3
Pinrang Buana Jl. Hasanuddin 89 Pinrang Tel. 69	3	15	12	–	2
Purnama Jl. Hasanuddin 76 Pinrang Tel. 76	1	10	10	–	2
Polmas/Mamasa Wisma Anda Jl. A. Yani 96 Polewali	1	12	12	–	1
Soreang Jl. K. H. A. Saleh Polewali	1	12	–	–	0.3
Selayar Harmita Jl. Haijam 107 Selayar	1	11	–	–	–
Sinjai Linggarjati Jl. Pemuda 38 Sinjai	1	18	4	–	15
Nusantara Jl. Kesatuan Raya 73 Sinjai	1	12	2	–	1
Sanrego Jl. Hasanuddin 27 Sinjai	1	15	4	–	0,5

Soppeng					
Aman Jl. Merdeka 48 Tel. 103	1	11	8	–	2
Makmur Jl. Kemakmuran 66 Tel. 36	1	10	10	–	1
Tana Toraja Indra Jl. Pasar 63 Rantepao Tel. 97	2	14	14	24	1
Victoria Rantepao, Tel. 99	2	12	12	24	1
Zentral-Sulawesi					
Luwuk Kawanua Jl. Niaga II Luwuk Phone 77	1	12	–	–	–
Ramayana Beach Jl. Dr. Sudary No. 7 Luwuk Phone 338, 502	3	15	15	12	1
Palu Bumi Nyiur City H.* Jl. Letjen S. Parman 24 Palu Tel. 21075, 21076	2	15	15	5	4
Wisata* Jl. S. Parman 39 Palu Tel. 379	2	15	15	15	4
Angkasa Raya Jl. Danau Poso Palu	1	27	–	7	0.5
Buana Jl. R. A. Kartini 6 Palu Tel. 21476	1	12	10	4	1.5
Fahmil Jl. Jend. A. Yani I Palu	2	11	11	6	1
Garuda Jl. Hasanudin 33 Palu Tel. 48	1	14	11	4	1

Latimojong II Jl. Gaja Mada Palu	1	10	10	7	1
Palu Beach Grand Park Hotel** Raden Saleh 22 Palu Tel. 2 11 26	4	55	55	7	5
Pattimura Jl. Pattimura 18 Palu Tel. 2 17 75	1	16	10	4	1
Taurus Jl. Hasanudin Palu	1	14	7	5	1
Viscana Jl. Pattimura 57 Palu Tel. 2 13 75	2	10	10	4	2
Poso H.G.H. Jl. Hasanudin Poso Tel. 436	1	19	19	5	3
Hok Jl. Wolter Monginsidi Poso	1	12	–	15	3
Nels Jl. Yos Sudarso 9 Poso Tel. 12-386	1	12	6	15	2
Samangat Jl. Wolter Monginsidi Poso Tel. 69	1	12	–	13	2

Nord-Sulawesi

Manado Kawanua City Hotel*** Jl. Sam Ratulangi 1 Manado Tel. 5 22 22	4	100	100	13	1
Angkasa Raya* Jl. Kol. Soegijono 12 Manado Tel. 20 39	3	20	20	14	1
Manado Inn* Jl. 14 February Manado	3	10	10	14	1
Tentram Jl. Serapung Manado Tel. 31 27	2	12	3	13	3
Yepindra Jl. Sam Ratulangi 37 Manado Tel. 40 49	3	16	16	12	1
Tomohon Indraloka Jl. Raya Tomohon	–	–	–	–	–
Wisma Merdeka Jl. Raya Tomohon Tomohon	–	–	–	–	–
Tondano Wisma Nusantara Jl. Toar Kampung Tounkuramber	–	–	–	–	–
Tamaska Jl. Tataaran Tondano	–	–	–	–	–
Kotamobagu Kabela Jl. Mayien Sutoyo Kotamobagu	1	14	–	195	1
New Plaza Hotel Jl. Mayien Sutojo Kotamobagu	2	10	–	195	–
Ramayana Jl. Adampo Dolot Kotamobagu	1	10	–	195	1
Gorontalo Asparaga Centrum H. Jl. Kartini 36 Gorontalo Tel. 11 22	3	21	21	25	0,5
City Hotel Jl. Basuki Rahmat Gorontalo	2	10	10	25	25
Irene Jl. Medan Gorontalo	2	10	10	25	1

Hotels auf den Molukken

Name/Adresse	Preisgruppe	Anz. d. Zimmer	Mit WC/Bad	Km z. Flugh.	Km z. Bus
Ambon					
Abdulalie* Jl. Sultan Babullah Ambon Tel. 20 57, 20 58	2	42	28	36	1.5
Amboina* Jl. Kapten Ulu Paha Ambon Tel. 33 54	3	42	42	36	1
Cendrawasih* Jl. Tulukabesy Ambon Tel. 24 87	4	18	18	36	1
Eleonoor* Jl. Anthony Rhebok Ambon Tel. 28 34	4	10	10	37	1
Mutiara* Jl. Raya Pattimura Ambon Tel. 30 75, 30 76	4	12	12	36	0.5
Anggrek Jl. Jend. A. Yani Ambon Tel. 21 39	1	24	24	36	1.5
Irama Jl. Sultan Babullah Ambon	2	20	13	37	1
Ramayana Jl. Sirimau Ambon Tel. 33 69	2	10	10	36	0.5
Sylvana Jl. A. M. Sangaji Ambon Tel. 29 65	3	15	15	36	0.2
Halong Inn Cottages Halong Ambon Tel. 21 52	3	15	15	16	6
Monalisa Tantui/Ambon Tel. 26 67	2	80	80	32	5
Ternate					
Anda Baru Jl. Ketilang 49 Ternate Tel. 2 12 62	3	14	14	4	0.3
Chrysant Jl. Ahmad Yani Ternate Tel. 377, 210	3	10	10	5	1
Indah Jl. Busouri 3 Ternate Tel. 217	4	10	10	5	1
Sejahtera Jl. Salim Febanyo Ternate Tel. 2 11 39	1	10	10	4	1
Bandanaira					
Laguna Inn Jl. Pelabuhan Banda	–	–	–	–	–
Ceram					
Mess „Ole-Sio" Jl. Salahutu Masohi	–	–	–	–	–
Kai-Inseln					
Rosemgen Jl. Karel Satsuitubun Tual Kai Kecil	–	–	–	–	–
Mirah Boarding House Tual Kai Kecil	–	–	–	–	–

Hotels in Irian Jaya

Name/Adresse	Preisgruppe	Anz. d. Zimmer	Mit WC/Bad	Km z. Flugh.	Km z. Bus
Biak Irian Jl. Moh. Yamin Biak P.O.Box 546 Tel. 21139, 21839	4	50	50	0.2	2
Titawaka Jl. Selat Makasar Biak P.O.Box 536 Tel. 21835, 21885, 21658	3	53	53	2	1
Mapia Jl. Jend. A. Yani Biak P.O.Box 541 Tel. 21383, 21961	3	44	44	3	2
Maju Jl. Imam Ronjol 45 Biak Tel. 21218	2	11	–	2	0.1
Jayapura GKI Jl. Sam Ratulangi 6 Jayapura Tel. 21574	3	14	–	35	0.4
Dafonsoro Jl. Percetakan 20 Jayapura Tel. 21870, 21285	4	27	20	34	0.5
Asia Jl. Pasar Sentral 18 Tel. 41277	2	18	9	30	5
Lawu Jl. Sulawesi 22 Jayapura Tel. 21937	4	11	–	35	1.5
Irian indah Jl. A. Yani Jayapura	3	15	15	35	0.5
Sederhana Jl. Halmahera Nr. 2 Jayapura Tel. 21297, 41157	3	15	15	35	0.35
Manokwari Arfak Jl. Brawijaya 18 Manokwari Tel. 21293	3	24	–	10	4
Merauke Praja Jl. Sabang Merauke Tel. 190	2	24	–	3.5	2
Nabire Titawaka Jl. Wolter Nabire P.O.Box 536	3	10	–	2.5	–
Serui Bonsera Jl. Yos Sudarso Serui	3	10	–	–	–
Sorong Batanta Jl. Barito 1 P.O.Box 451 Sorong Tel. 21569	3	18	18	–	–
Cendrawasih Jl. Sam Ratulangi 54 Sorong Tel. 21740, 21966	4	21	21	5	2
Wamena Baliem Cottage P.O.Box 3 Wamena	3	18	18	1.5	–
Nayak Jl. Angkasa 1 Wamena	2	12	–	0.2	–

Indonesien

Folgende Sortierungen sind im Gebrauch:
Noten: Rupiah 100, 500, 1 000, 5 000, 10 000
Münzen: Rupiah 10, 25, 50, 100

Register

Aceh-Provinz	158, 290
Adonara	156
Agats	290
Agung Gunung	290
Airmadidi	222
Alor	156
Amahai	233
Ambarawa	290
Ambarita	168, 290
Ambon	228, 290
Ambunten	109
Amlapura	133
Ampenan	135, 137, 290
Anai Valley	178
Anak Krakatau	100
Anakalang	141
Api Abadi	110
Arjuna-Vulkan	108, 290
Aru-Inseln	244
Asmat-Gebiet	276
Atambua	154
Atapupu	153
Babar	244
Bacan	241
Bajang Ratu	291
Bajawa	148
Bali	128, 291
Baliem	267, 291
Balikpapan	200, 291
Baluran	291
Banda Aceh	159, 291
Banda-Inseln	233, 291
Bandaneira	234
Bandung	101, 291
Bangka	291
Bangli	292
Banjarmasin	206, 292
Banten	100, 292
Bantimurung-Reservat	210
Banyuniba	292
Banyuwangi	109, 292
Barito-Fluß	206, 292
Barombong	210
Barong Tongkok	202
Barusjahe	169
Batanghari	292
Batu Itam	231
Batu Tulis	293
Batuan	292
Batubulan	292
Batuk-Vulkan	109
Batukau	293
Batur-Vulkan	132
Batusangkar	177, 293
Batutumonga	213
Bawamataluo	171, 174, 293
Bayan	135
Bedugul	133, 293
Bedulu	293
Belahan	293
Bena	148
Bengkulu	186, 293
Besakih	132, 293
Biak	283, 293
Bima	139, 293
Binjei	166
Bitung	220
Bogor	101
Bohorok	161
Boletambu	210
Bondowoso	294
Borneo	294
Borobudur	105, 106, 294
Brastagi	169, 294
Bratan-See	133, 294
Bromo-Vulkan	109, 294
Bukit Barisan-Gebirge	157
Bukittinggi	177, 294
Buntukalando	215
Burkit Barisan	294
Buru	234
Cakranegara	136
Camplong	153
Candi Jawi-Tempel	108
Candi Suku-Tempel	103
Celebes	294
Celuk	133, 294
Cempaka	206
Ceram	232, 294
Ceta	294
Cikorok	210
Compang	148
Danau Diatas	177
Danau Dibawah	177
Danau Maninjau	177
Danau Singarak	177
Denpasar	129, 295
Desa Anyar	135
Dieng-Plateau	107, 295
Dobo	244
Duma-See	239
Elat	242
Enarotali	295
Ende	148, 295
Enggano	295
Flores	145
Galumpang	295
Gamalama-Vulkan	236
Gilimanuk	296
Goa Gajah-Höhle	131
Gomo	175
Gorontalo	224

Gunongan-Palast	160
Gunung Api-Vulkan	234
Gunung Arab	143
Gunung Batur	293
Gunung Leuser-Reservat	160
Gunung Pengsang	136
Gunungsitoli	173
Habema-See	271
Halmahera	239, 296
Harau-Tal	178
Haruku	235
Hila	231, 296
Hilisimaetano	174, 296
Hilisitare	174
Hitu	296
Inobonto	224
Irian Jaya	245, 296
Istiglal	296
Jagaraga	296
Jailolo	239
Jakarta	110, 296
Jambi	187
Jareweh	139
Jati Luhur	101
Java	100
Jayapura	284, 297
Jayawijaya	297
Jempang-See	202
Jepara	297
Jiwika	297
Jopu	149
Kai Besar	242
Kai-Inseln	242
Kalabahi	156
Kalasan-Tempel	297
Kalimantan	194, 297
Kaliurang	297
Kampong Komodo	143
Kapuas-Fluß	207, 297
Karang Panjang	229
Kawah-See	297
Kawalibu	149
Kawar-See	169
Kayan	297
Kayangan	210
Kelapa Lima	153
Keli Mutu-Vulkan	146, 297
Kelud Gungung	297
Kendari	217, 297
Kepulauan Seribu	126
Kerinci-Vulkan	157, 187, 297
Kete Kusu	212, 214, 297
Kidal-Tempel	298
Kintamani	132, 298
Kleine Sunda-Inseln	127
Klungkung	132
Komodo	142, 298
Kontilola-Höhle	270
Kota Cina	165
Kota Gadang	298
Kota Gede	105, 298
Kota Raja	136
Kotamobagu	224
Koting	149
Krakatau	298
Kraton-Palastanlage	104, 298
Kudus	298
Kupang	152, 298
Kusambe	132, 298
Kuta	130, 298
Kutai	298
Labuhan Lombok	137
Labuhanbajo	146
Laguna-See	237
Lagundri	175
Lai Lai	210
Lamakera	155
Lamalera	149
Lampuk	160
Lampung	190
Lantor	234
Larantuka	149
Larat	243
Lawu	298
Ledalero	149
Legian	130, 298
Lela	149
Lembang	101
Lembar	137
Lembata	156
Lemo	212, 215, 299
Lewokluok	149
Lewoloba	149
Liang Bua	148
Lima	231
Lingga	169, 299
Loa Janan	200
Lokomata	213
Lombok	134, 299
Londa	212, 214, 299
Longiram	202
Longpahangai	202
Lovian Beach	130
Loyok	136
Lumban Binaga	170
Lumban Garaga	170
Madura	109, 299
Mahakam	299
Mahalona-See	217
Makale	211, 299
Makassar	299
Malino	210
Mamasa	213
Manado	218, 299
Mangili	141
Maninjau-See	178, 300
Manokwari	285, 300
Mantasi	153

347

Manuk	234	Pangala	213
Maros	210	Pangururan	169
Martapura	206	Paniai	301
Maru	141	Pantai Koka	149
Mas	133, 300	Pantai Laisiana	153
Masohi	233	Parangtritis	301
Mataira	237	**Pare Pare**	210
Matana-See	217	**Pariaman**	176
Mataram	135	Pasir Putih	301
Maumere	145, 149	Pawon-Tempel	301
Medan	164, 300	Payakumbuh	179
Melak	202	Pekalongan	302
Melolo	141	Pekanbaru	189, 302
Mendut	300	Pematang Purba	166
Mengwi	132, 300	Pematang Siantar	166, 302
Mentawai-Inseln	180, 300	Penelokan	132, 302
Merak	300	Pinabetengan	221
Merapi	300	Plaosan-Tempel	107, 302
Merauke	286, 300	Podor	149
Meru-Tempel	137	Pontianak	207, 302
Minimo	270	Poso-See	217
Molukken	226, 300	Potar Besar	244
Mone	149	Prailiu	141
Morotai	239	Prambanan-Tempel	105, 302
Muara Ancalong	205	Prapat	166, 302
Muara Kaman	202	Pulau Bintan	189
Muara Muntai	202	Pulau Biram Dewa	190
Muara Siberut	181	Pulau Kaget	206
Muara Takus	179	Pulau Kembang	206
Mumie von Akima	270	Pulau Mata Hari	126, 303
Müller-Gebirge	205	Pulau Pisang	176
Naku	231	Pulau Putri	126
Namlea	235	Pulau Seribu	303
Nduaria	149	Puncak Lawang	178
Ngadisari	109	Puncak-Paß	101, 302
Ngalau Kamang	178	Pura Panataran Agung-Tempel	132
Nggela	149	Pura Taman Agung-Tempel	132
Nias	170, 301	Putussibau	207
Niki-Niki	154	Rantekombola	209
Nita	149	Rantepao	211, 303
Nord-Pagai	180	Ratubarka	303
Nusa Dua	131, 301	Rende	141
Nusa Laut	235	Riau	189, 303
Nusa Penida	130	Rimba Panti-Reservat	178
Nusa Tenggara	301	Rinjani-Vulkan	134, 303
Padang	176, 301	Roti	155
Padang Bay	301	Rum	238
Padang Luwai-Reservat	202	Ruteng	148, 303
Padangpangjang	177	Sadan	214, 303
Palangkaraya	207	Samalona	210
Palawa	214	Samarinda	200, 303
Palembang	191, 301	Samosir	162, 303
Pallingo	210	Sangeh	131, 303
Palopo	215	Sangir Besar	225
Palu	217	Sangir-Inseln	225
Pamekasan	109	Sangiran	103, 303
Panataran-Tempelkomplex	108, 301	Sangsit	303
Pandaan	301	Sanur	129, 304
Pandai Sikat	179	Saparua	235

Sape	139	Tangkoko Batuangus-Reservat	222
Saranadi	136	Tangkuban-Prahu-Vulkan	101
Sarangan	304	Tanimbar	307
Saumlaki	243	Tanimbar Inseln	243
Sawu	155	Tanjung Issuy	202, 307
Sebulu	202	Tanjung Karang	191
Semarang	102, 304	Tanjung Pinang	189
Semayang-See	202	Tanjung Selor	205
Semeru-Vulkan	108, 304	Tao	169
Senaro	135	Tapanuli	161
Sentani	304	Tara Tara	220
Serangan	304	Tarakan	205
Sewu-Tempelanlage	105, 304	Tarung	141
Sianok-Canyon	178	Tasik Ria	222
Sibayak	304	Tawar-See	160
Sibelo-Vulkan	241	Telaga Warna	307
Siberut	181, 305	Teluk Dalam	174, 307
Sibolangit	166	Tenganan	307
Sibolga	170, 305	Tenggarong	201
Sigura Gura-Wasserfälle	170	Tengger	307
Sika	149	Tepar	244
Sikabaluan	181	Tering	202
Simanindo	168, 305	Ternate	236, 307
Singaraja	130, 305	Tidore	238, 307
Singarak	305	Tilanga	215
Singgalang-Vulkan	178	Timor	151, 307
Singosari	305	Tirtha Empul	308
Sipisopiso-Wasserfall	169, 305	Toba-See	161, 166, 308
Sipora	180	Tobelo	239
Sobayak-Vulkan	169	Tolire-See	237
Soe	154	Tomohon	220
Solo	102, 305	Tomok	167, 308
Solok	177	Tondano-See	222, 308
Solor	155	Tongging	169
Sommerpalast von Narmada	136	Toraja-Land	211
Sorong	286, 305	Towuti-See	217
Soya	231	Trikora-Berg	271
Sukuh	306	Trowulan	108, 308
Sula-Inseln	241	Trunyan	132, 308
Sulawesi	208, 306	Tual	242
Sulitair	177	Tuk Tuk	168, 308
Sullukang	215, 306	Ubud	133, 308
Sumatra	157, 306	Ujung Kulon	308
Sumba	140, 306	Ujung Pandang	209, 308
Sumbawa	138, 306	Ulu Watu-Meerestempel	131, 309
Sumbawa Besar	139	Waiara	149
Sumberawan	306	Waingapu	140
Sumenep	109	Wairana	148
Sungguminasa	210	Wakolo-See	235
Surabaya	108, 306	Wakpapapi	244
Süd-Pagai	180	Wamar	244
Tahuna	225	Wamena	268, 309
Talaud-Inseln	225	Way Kambas-Reservat	191
Taman Mayura-Wasserpalast	137	Wolotopo	148
Taman Sari-Schloß	104	Wolowaru	149
Tambora-Vulkan	138, 307	Wunumutu	141
Tampak Siring	131	Wuring	149
Tanah Lot-Meerestempel	130, 307	Yatoke	244
Tanaka Peak	148	Yogyakarta	103, 309

Index

Fototeil

Impressionen im Bild	6
Bildlegenden	38

Impressionen

Selamat datang – Herzlich willkommen	42
Strandleben	45
Selamat makan – Guten Appetit	48
Welt unter Wasser	50
Menschen	53
Wunderwelt Dschungel	55
Faszination eines alten Erbes	58

Informationen

Indonesien: Gestern und Heute	64
☐ Aufbau und Zuständigkeit der Gebietskörperschaften	69
☐ Die Gebietskörperschaften	70
Lage und Landschaften	71
☐ Vulkanismus	72
Klima	74
Flora und Fauna	75
☐ Die Kokospalme – Ein Symbol stirbt aus	77
Bevölkerung	81
☐ Islam	84
Wirtschaft und Verkehr	86
☐ Reis	87
Essen und Trinken	91
ABC des guten Tons	92
Kleiner indonesischer Sprachkurs	95

Regionalteil

Java	100
Karte Nationalparks in Java	105
☐ Der Borobudur	106
Stadtplan Jakarta	115
☐ Wie weit ist es nach . . .	125
Karte Kepulauan Seribu	126
Kleine Sunda-Inseln	127
Karte Lombok und Sumbawa	136
Karte Sumba	140
☐ Sumba – Entfernungen in Kilometern	142
Karte Flores	146
☐ Flores – Entfernungen in Kilometern	150
Karte Timor	152
☐ West-Timor – Entfernungen in Kilometern	154
Sumatra	157
Karte Toba-See	162
Karte Nias	173
Karte Mentawai-Inseln	182
Kalimantan	194
Karte Ost-Kalimantan	201
☐ Chinesen – Eine starke Minderheit	203
Karten Monsun	206
Sulawesi	208
Kurzbeschreibung der bekanntesten Tauchreviere Nord-Sulawesis	223
Die Molukken	226
Karte Ambon	229
☐ Pela oder: Einigkeit macht stark	230
Karte Ceram	232
Karte Halmahera	238
☐ Der Stoff, aus dem einst die Träume waren	240
Karte Kai-Inseln	242
Karte Aru-Inseln	244
Irian Jaya	245
Karte Irian Jaya	246
☐ Cargo-Kulte	259
☐ Le Roux und die Bergpapuas	262

☐ Muschel- oder Papiergeld	265	Karte Flugliniennetz	314
☐ Einmaleins des Hochlandes	266	Soecarno-Hatta Airport –	
Karte Baliem-Tal	268	Jakartas neuer Flughafen	322
☐ Auszug aus dem		Mit einem Bugis-Schoner	
„Dani-Knigge"	273	auf Schiffsexpedition	323
☐ Der Schöpfungsmythos		☐ Hotels	323
der Danis	275	Hotels in Java	324
Karte Asmat-Gebiet	277	Hotels in Nusa Tenggara	332
Karte Biak	284	Hotels in Sumatra	336
Voraussetzungen für einen		Hotels in Kalimantan	339
Besuch im Naturreservat	268	Hotels in Sulawesi	340
Karte Nationalparks und		Hotels auf den Molukken	343
Naturreservate in Indonesien	288	Hotels in Irian Jaya	344
Indonesien von A – Z	290	Geld	345
Stadtplan Denpasar	295	Register	346
Stadtplan Yogyakarta	309	Index	350
Übersichtskarte Indonesien	310		
Praktische Hinweise	311	**Kartenteil**	

Hildebrand's Urlaubsführer

Band 1 Sri Lanka (Ceylon)
von Professor Dr. Manfred Domrös
und Rosemarie Noack

Band 2 Malediven
von Wolfgang Freihen und
Professor Dr. Manfred Domrös

Band 3 Indien, Nepal
von Klaus Wolff

Band 4 Thailand, Burma
von Dr. Dieter Rumpf

Band 5 Malaysia, Singapur
von Kurt Goetz Huehn und
Anthony Wong Kim Hooi

Band 6 Indonesien
Von Kurt Goetz Huehn

Band 7 Philippinen
von Dr. Dieter Rumpf, mit Beiträgen
von Dr. Gerhard Beese und
Wolfgang Freihen

Band 8 Hongkong
von Dieter Jacobs und
Franz-Joseph Krücker

Band 9 Taiwan
von Professor Dr. Peter Thiele

Band 10 Australien
von Michael Schweizer und
Heinrich von Bristow

Band 11 Kenia
von Reinhard Künkel und Nana
Claudia Nenzel, mit Beiträgen von
Dr. Arnd Wünschmann, Dr. Angelika
Tunis und Wolfgang Freihen

Band 13 Jamaica
von Tino Greif und Dieter Jacobs

Band 14 Hispaniola (Haiti, Dominikanische Republik)
von Tino Greif und Dr. Gerhard Beese,
mit Beiträgen von Wolfgang Freihen

Band 15 Seychellen
von Clausjürgen Eicke, mit Beiträgen
von Christine Hedegaard und
Wolfgang Debelius

Band 16 Südl. Afrika
von Clausjürgen Eicke, mit Beiträgen
von Peter Gerisch und Hella Tarara

Band 17 Mauritius, Réunion
von Clausjürgen Eicke, mit Beiträgen
von Peter Gerisch, Joachim Laux,
Frank Siegfried, Elke Oßwald und
Dr. Gerhard Beese

Band 18 China
von Manfred Morgenstern

Band 19 Japan
von Dr. Norbert Hormuth

Band 20 Cuba
von Heidi Rann und Peter Geide, mit
Beiträgen von Michael Schweizer und
Paula DiPerna

Band 21 Mexico
von Matthias von Debschitz und
Dr. Wolf-Günter Thieme, mit
Beiträgen von Werner Schmidt,
Rudolf Wicker, Dr. Gerhard Beese,
Hans-Horst Skupy, Ortrun Egelkraut
und Dr. Elisabeth Siefer

Band 24 Korea
von Dr. Dieter Rumpf und
Professor Dr. Peter Thiele

Band 25 Neuseeland
von Robert Sowman und
Johannes Schultz-Tesmar

Band 26 Frankreich
von Uwe Anhäuser, mit Beiträgen
von Wolfgang Freihen